Stimmen zum Buch *Datenarchitekturen*

In *Datenarchitekturen* leistet James Serra einen tollen Job, indem er die Entwicklung der führenden Datenarchitekturen und die Kompromisse zwischen ihnen erläutert. Dieses Buch sollte zur Pflichtlektüre für derzeitige und angehende Datenarchitektinnen und -architekten werden.

– Bill Anton, Data Geek, Opifex Solutions

James hat über 30 Jahre Wissen und Weisheit über Datenarchitekturen in diesem umfassenden und sehr lesenswerten Buch zusammengefasst. Für diejenigen, die die eigentliche Arbeit bei der Bereitstellung von Analysen leisten müssen, anstatt Lobeshymnen darüber anzustimmen, ist dieses Buch ein Muss.

– Dr. Barry Devlin, Gründer und Direktor, 9sight Consulting

Diese Referenz sollte im Bücherregal eines jeden Datenarchitekten stehen. Mit klaren und aufschlussreichen Beschreibungen der aktuellen und geplanten Technologien werden die Leserinnen und Leser ein gutes Gefühl dafür bekommen, wie sie ihre Unternehmen steuern, um die Herausforderungen der sich ständig weiterentwickelnden Datenlandschaft zu meistern. Dies ist eine für Neueinsteiger und erfahrene Datenarchitekten gleichermaßen unschätzbare Referenz.

– Mike Fung, Master Principal Cloud Solution Architect, Oracle

Das Marketing-Getöse und das Gerede von Vordenkern der Branche haben viel Verwirrung über Datenarchitekturmuster gesät. Mit seiner umfassenden Erfahrung und seinen Kommunikationsfähigkeiten durchbricht James Serra die Störgeräusche und verschafft Klarheit sowohl über altbewährte Datenarchitekturmuster als auch über die neuesten Methoden in der Branche, die sowohl Datenpraktikern als auch Datenverantwortlichen helfen werden. Legen Sie es auf Ihren Schreibtisch – Sie werden es oft zurate ziehen.

– Sawyer Nyquist, Inhaber, Autor und Consultant, The Data Shop

Die Welt der Datenarchitekturen ist komplex und voller Störgeräusche. Dieses Buch bietet eine frische, praktische Perspektive, die auf jahrzehntelanger Erfahrung aufbaut. Egal ob Sie Einsteiger oder Expertin sind, jeder mit einem Interesse an Daten muss dieses Buch lesen!

– Piethein Strengholt, Autor von »Data Management at Scale«

Ein lehrreiches Juwel! *Datenarchitekturen* schafft ein perfektes Gleichgewicht zwischen Einfachheit und Tiefe, sodass Technologieexpertinnen und -experten aller Ebenen die entscheidenden Datenkonzepte erfassen und die wesentlichen Kompromissentscheidungen verstehen, die bei der Planung einer Datenreise wirklich wichtig sind.

– Ben Reyes, Mitbegründer und Managing Partner, ZetaMinusOne LLC

Ich empfehle *Datenarchitekturen* als Quelle, die das Wissen liefert, um die verfügbaren Optionen zu verstehen und sich darin zurechtzufinden, wenn es darum geht, eine Datenarchitektur zu entwickeln.

– Mike Shelton, Cloud Solution Architect, Microsoft

Datenmanagement ist entscheidend für den Erfolg eines jeden Unternehmens. Das Buch *Datenarchitekturen* zerlegt die Schlagwörter in einfache und verständliche Konzepte sowie praktische Lösungen, um Ihnen zu helfen, die richtige Architektur für Ihren Datensatz zu finden.

– Matt Usher, Director, Pure Storage

Als Berater und Community-Leiter verweise ich oft auf das Blog von James Serra, um aktuelle und ausführliche Informationen über moderne Datenarchitekturen zu erhalten. Dieses Buch ist eine großartige Sammlung, die Serras Reichtum an herstellerneutralem Wissen verdichtet. Mein Favorit ist Teil III, in dem James die Vor- und Nachteile der einzelnen Architekturen diskutiert. Ich glaube, dass dieses Buch jedem Unternehmen, das seinen Datenbestand modernisieren will, ungemein nützen wird.

– Teo Lachev, Consultant, Prologika

Das Blog von James ist meine erste Anlaufstelle, wenn es darum geht, Architekturkonzepte zu entmystifizieren, technische Fachbegriffe zu verstehen und sich im Leben eines Lösungsarchitekten oder Dateningenieurs zurechtzufinden. Seine Fähigkeit, komplexe technische Konzepte in klare, leicht verständliche Erklärungen zu verwandeln, ist wirklich bemerkenswert. Dieses Buch ist eine unschätzbare Sammlung seiner Arbeit und dient als umfassendes Nachschlagewerk, um Architekturen zu entwerfen und nachzuvollziehen.

– Annie Xu, Senior Data Customer Engineer, Google

James hatte schon immer die Superkraft, komplexe Themen aufzugreifen und sie auf einfache Weise zu erklären. In diesem Buch trifft er alle wichtigen Punkte, um Ihnen zu helfen, die richtige Datenarchitektur auszuwählen und häufige (und teure!) Fehler zu vermeiden.

– Rod Colledge, Senior Technical Specialist (Daten und KI), Microsoft

Dieses Buch ist ein großer Meilenstein in der Entwicklung unseres Umgangs mit Daten in der Technologiebranche, und zwar über mehrere Jahrzehnte hinweg, was für die meisten wohl einer ganzen Karriere entspricht. Der Inhalt bietet großartige Einblicke für die nächste Generation von Datenexperten in Bezug darauf, was sie bei der Entwicklung zukünftiger Lösungen bedenken müssen.

– Paul Andrew, CTO, Cloud Formations Consulting

Ein fantastischer Leitfaden für Datenarchitekten, dieses Buch ist vollgepackt mit Erfahrungen und Einsichten. Die umfassende Abdeckung sich entwickelnder Trends und verschiedene Ansätze machen es zu einem unverzichtbaren Nachschlagewerk für alle, die ihr Verständnis des Fachgebiets erweitern möchten.

– Simon Whiteley, CTO, Advancing Analytics Limited

Es gibt niemanden, dem ich mit seinem Wissen über Datenarchitekturen und Datenprozesse mehr vertraue als James Serra. Dieses Buch bietet nicht nur eine umfassende und klare Beschreibung der wichtigsten architektonischen Prinzipien, Ansätze und Fallstricke, sondern befasst sich auch mit den überaus wichtigen menschlichen, kulturellen und organisatorischen Problemen, die Datenprojekte allzu oft gefährden, bevor sie in Gang kommen. Dieses Buch ist dazu prädestiniert, ein Grundlagenwerk für die Branche zu werden, und zwar sowohl für Hochschulstudentinnen und -studenten als auch für Geschäftsleute, die zum ersten Mal mit Daten in Berührung kommen (und vielleicht auch zum zweiten und dritten Mal)!

– Wayne Eckerson, Präsident der Eckerson Group

Das Buch *Datenarchitekturen* ist ein unverzichtbarer herstellerneutraler Leitfaden für die Datenexperten von heute. Es vergleicht aufschlussreich historische und moderne Architekturen. Hervorgehoben werden dabei die wichtigsten Kompromisse und Nuancen der Entscheidungsfindung bei der Auswahl einer geeigneten Architektur für die sich entwickelnde datengesteuerte Landschaft.

– Stacia Varga, Autorin und Data Analytics Consultant, Data Inspirations

Mit tiefgehender Praxiserfahrung ausgestattet, haben die neuesten Szenarien auf dem heutigen Markt eine anbieterspezifische Ausrichtung, inklusive Terminologie und Verkaufsoptionen. James nutzt seine jahrelange Expertise, um anbieterunabhängige, Cloud-übergreifende und branchenübergreifende Ansätze für kleine bis große Unternehmen zu zeigen.

– Jordan Martz, Senior Sales Engineer, Fivetran

Data Lake, Data Lakehouse, Data Fabric, Data Mesh ... Es ist nicht einfach, die Spreu vom Weizen zu trennen. Das Wissen und die Erfahrung von James Serra sind eine großartige Ressource für alle, denen Verantwortung für die Datenarchitektur übertragen wurde.

– Dave Wells, Industry Analyst, eLearningcurve

Zu oft findet man in Büchern Anleitungen ohne Hintergrund oder Logik – dieses Buch löst dies. Mit einem umfassenden Überblick darüber, warum Daten auf eine bestimmte Art und Weise angeordnet sind, erfahren Sie mehr über den richtigen Weg, das »Wie« zu implementieren.

– Buck Woody, Principal Data Scientist, Microsoft

Datenarchitekturen ist nicht nur gründlich und detailliert, sondern bietet auch eine kritische Perspektive auf das, was funktioniert, und – was vielleicht noch wichtiger ist – auf das, was vielleicht nicht gut funktioniert. Egal ob ältere Datenansätze oder neuere wie Data Mesh diskutiert werden, das Buch bietet Weisheiten und Erkenntnisse, die jedem Datenpraktiker helfen, seine Datenreise zu beschleunigen.

– Eric Broda, Unternehmer, Data Consultant, Autor von »Implementing Data Mesh« (O'Reilly)

Kein anderes Buch, das ich kenne, erklärt so umfassend Data Lake, Warehouse, Mesh, Fabric und Lakehouse! Es ist Pflichtlektüre für alle Datenarchitektinnen und -ingenieure.

– Vincent Rainardi, Datenarchitekt und Autor

Zum liebevollen Andenken an meine Großeltern – Dolly, Bill, Martha und Bert

Datenarchitekturen

Datenarchitekturen

Modern Data Warehouse, Data Fabric, Data Lakehouse und Data Mesh richtig einsetzen

James Serra

Übersetzung von Frank Langenau

O'REILLY®

James Serra

Lektorat: Alexandra Follenius
Übersetzung: Frank Langenau
Copy-Editing: Sibylle Feldmann, *www.richtiger-text.de*
Satz: III-satz, *www.drei-satz.de*
Herstellung: Stefanie Weidner
Umschlaggestaltung: Karen Montgomery, Michael Oréal, *www.oreal.de*
Druck und Bindung: mediaprint solutions GmbH, 33100 Paderborn

Bibliografische Information der Deutschen Nationalbibliothek
Die Deutsche Nationalbibliothek verzeichnet diese Publikation in der Deutschen Nationalbibliografie; detaillierte bibliografische Daten sind im Internet über *http://dnb.d-nb.de* abrufbar.

ISBN:
Print 978-3-96009-254-4
PDF 978-3-96010-874-0
ePub 978-3-96010-875-7

1. Auflage 2025

Wieblinger Weg 17
69123 Heidelberg

Hinweis:
Dieses Buch wurde mit mineralölfreien Farben auf PEFC-zertifiziertem Papier aus nachhaltiger Waldwirtschaft gedruckt. Der Umwelt zuliebe verzichten wir zusätzlich auf die Einschweißfolie. Hergestellt in Deutschland.

PEFC-zertifiziert
Dieses Buch stammt aus nachhaltig bewirtschafteten Wäldern und kontrollierten Quellen
PEFC
PEFC/04-31-0810 www.pefc.de

Schreiben Sie uns:
Falls Sie Anregungen, Wünsche und Kommentare haben, lassen Sie es uns wissen: *kommentar@oreilly.de*.

5 4 3 2 1 0

Inhalt

Teil II: Allgemeine Datenarchitekturkonzepte

Teil IV: Menschen, Prozesse und Technologien

Vorwort

Noch nie in der Geschichte des modernen, technologiegestützten Unternehmens hat sich die Datenlandschaft so schnell entwickelt. Da sich das Tempo des Wandels weiter beschleunigt, wird das Datenökosystem immer komplexer – insbesondere die Wertschöpfungsketten, die Zulieferer und Kunden mit dem Unternehmen verbinden. Daten scheinen überall zu fließen. Sie sind zu einem der strategischsten Vermögenswerte eines jeden Unternehmens geworden und bilden die Grundlage für die digitale Transformation, Automatisierung, künstliche Intelligenz, Innovation und vieles mehr.

Dieses zunehmende Tempo des Wandels macht es umso wichtiger, die Datenarchitektur Ihres Unternehmens zu optimieren, um kontinuierliche Anpassungsfähigkeit, Interoperabilität und Wartungsfreundlichkeit zu gewährleisten. In diesem Buch stellt James Serra eine Reihe klarer Entscheidungen für den Datenarchitekten vor, unabhängig davon, ob Sie ein belastbares Design erstellen oder einfach die technische Schuld reduzieren möchten.

Scheinbar jeder Wissensarbeiter kennt eine Geschichte eines Meetings mit Dateningenieuren und -architekten, das sich wie ein Dilbert-Cartoon anfühlte, in dem niemand die gleiche Sprache zu sprechen schien und die Entscheidungen zu kompliziert und undurchsichtig waren. Indem er Konzepte definiert, Bedenken ausräumt, Mythen aufklärt und Workarounds für Fallstricke vorschlägt, vermittelt James den Leserinnen und Lesern brauchbare Kenntnisse über Datenarchitekturen und das nötige Vertrauen, um fundierte Entscheidungen zu treffen. Als Führungskraft bin ich sehr zufrieden damit, wie gut die Inhalte des Buchs dazu beitragen, die Ausrichtung meines Datenteams zu stärken, indem sie ihnen ein gemeinsames Vokabular und Referenzen an die Hand geben.

Als ich James vor etwa 15 Jahren kennenlernte, überlegte er, sein Fachwissen über die Datenbankadministration hinaus auf Business Intelligence und Analytik auszuweiten. Sein unstillbares Verlangen, Neues zu lernen und das Gelernte mit anderen zu teilen, um dem Allgemeinwohl zu dienen, hat mich stark beeindruckt. Das treibt ihn auch heute noch an. Die unzähligen Blogposts, Präsentationen und Vorträge, in denen er seine tiefgreifenden Erfahrungen weitergibt, kulminieren nun in dieser umfassenden Ressource. Dieses Buch wird uns allen, die wir mit Daten umgehen, auf dem Weg in eine ungewisse Zukunft von Nutzen sein.

Wenn Sie die Grundprinzipien der Datenarchitektur verstehen, können Sie auf den Wellen des Wandels reiten, wenn neue Datenplattformen, Technologieprovider und Innovationen auftauchen. Dankenswerterweise hat James eine grundlegende Ressource für uns alle geschaffen. Dieses Buch wird Ihnen helfen, das große Ganze zu sehen und eine strahlende Zukunft zu gestalten, in der Ihre Daten den Wettbewerbsvorteil schaffen, den Sie suchen.

– Sean McCall, Chief Data Officer, Oceaneering International

Houston, Dezember 2023

Einführung

Seit fast 40 Jahren bin ich in der Informationstechnologie (IT) unterwegs. Ich habe in Unternehmen aller Größenordnungen gearbeitet, war als Berater tätig und habe mein eigenes Unternehmen gegründet. Ich arbeite seit neun Jahren als Datenarchitekt bei Microsoft, und in den letzten 15 Jahren habe ich mich mit Data Warehousing beschäftigt. Ich habe schon Tausende Male vor Kunden und Gruppen über Daten gesprochen.

Im Laufe meiner Karriere habe ich viele Datenarchitektinnen und -architekten kommen und gehen sehen. Ich habe zu viele Unternehmen gesehen, die sich über den besten Ansatz streiten und am Ende die falsche Datenarchitektur aufbauen – ein Fehler, der sie Millionen von Dollar und Monate an Zeit kosten kann und sie weit hinter ihre Konkurrenten zurückwirft.

Hinzu kommt, dass Datenarchitekturen sehr komplex sind. Ich habe aus erster Hand erfahren, dass den meisten Menschen die damit verbundenen Konzepte nicht klar sind, sofern sie sie überhaupt kennen. Jeder scheint mit Begriffen wie *Data Mesh*, *Data Warehouse* und *Data Lakehouse* um sich zu werfen – aber wenn Sie zehn Menschen fragen, was ein Data Mesh ist, werden Sie elf verschiedene Antworten erhalten.

Wo soll man da überhaupt anfangen? Handelt es sich dabei nur um Schlagwörter mit viel Hype, aber wenig Substanz, oder sind es praktikable Ansätze? In der Theorie mögen sie toll klingen, aber wie praktisch sind sie? Was sind die Vor- und Nachteile der einzelnen Architekturen?

Keine der in diesem Buch besprochenen Architekturen ist »falsch«. Alle haben ihre Berechtigung, aber nur in bestimmten Anwendungsfällen. Es gibt keine Architektur, die für jede Situation geeignet ist. Daher geht es in diesem Buch nicht darum, Sie davon zu überzeugen, eine bestimmte Architektur den anderen vorzuziehen. Stattdessen erhalten Sie ehrliche Meinungen zu den Vor- und Nachteilen der einzelnen Architekturen. Bei allen gibt es Kompromisse, und es ist wichtig, diese zu verstehen und sich nicht einfach für eine Architektur zu entscheiden, die mehr als die anderen angepriesen wird. Außerdem kann man von jeder Architektur viel lernen, auch wenn man sie nicht nutzt. Wenn Sie zum Beispiel verstehen, wie ein Data Mesh funktioniert, werden Sie über Datenbesitz nachdenken, ein Konzept, das sich auf jede Architektur anwenden lässt.

Dieses Buch bietet eine grundlegende Einführung in gängige Datenarchitekturkonzepte. Es gibt *so* viele Konzepte, dass es einschüchternd sein kann, sich für eines zu entscheiden und herauszufinden, wie es zu implementieren ist. Ich möchte Ihnen helfen, all diese Konzepte und Architekturen auf einem hohen Niveau zu verstehen, damit Sie ein Gefühl für die Optionen bekommen und erkennen können, welche für Ihre Situation am besten geeignet ist. Das Ziel des Buchs ist es, Ihnen zu ermöglichen, auf intelligente Weise über Datenkonzepte und -architekturen zu sprechen und sich dann mit denjenigen zu befassen, die für die Lösung, die Sie aufbauen, relevant sind.

Es gibt keine Standarddefinitionen von Datenkonzepten und Architekturen. Andernfalls wäre dieses Buch überflüssig. Meine Hoffnung ist, Standarddefinitionen zur Verfügung zu stellen, damit alle auf Augenhöhe miteinander diskutieren können. Allerdings mache ich mir keine Illusionen darüber, dass meine Definitionen allgemein akzeptiert werden, aber ich möchte uns allen einen Ausgangspunkt für Gespräche darüber geben, wie wir diese Definitionen anpassen können.

Ich habe dieses Buch für jeden geschrieben, der daran interessiert ist, Nutzen aus Daten zu ziehen, egal ob Sie Datenbankentwickler oder -administratorin, Datenarchitekt, CTO oder CIO oder sogar jemand in einer Rolle außerhalb der IT sind. Sie können am Anfang Ihrer Karriere stehen oder ein erfahrener Veteran sein. Die einzigen Fähigkeiten, die Sie benötigen, sind ein wenig Vertrautheit mit Daten aus Ihrer Arbeit und ein gewisses Maß an Neugierde.

Für Leserinnen und Leser, die weniger Erfahrung mit diesen Themen haben, biete ich einen Überblick über Big Data (Kapitel 1) und Datenarchitekturen (Kapitel 2) sowie über grundlegende Datenkonzepte (Teil II). Wenn Sie schon eine Weile mit Daten zu tun haben, aber neue Architekturen verstehen müssen, könnte Ihnen Teil III von großem Nutzen sein, in dem ich auf die Details bestimmter Datenarchitekturen eingehe und einige der Grundlagen wiederhole. Diesen Teil können Sie auch überfliegen – überspringen Sie einfach die Abschnitte mit dem Material, das Sie bereits gut kennen. Der Schwerpunkt liegt zwar auf Big Data, doch gelten die Konzepte und Architekturen auch für »kleine« Daten.

Dies ist ein anbieterneutrales Buch. Die Architekturen und Konzepte, die Sie hier lernen, sollten Sie also auch bei jedem Cloud-Provider anwenden können.

An dieser Stelle möchte ich erwähnen, dass ich bei Microsoft beschäftigt bin. Die hier geäußerten Meinungen sind jedoch allein meine und spiegeln nicht die Ansichten meines Arbeitgebers wider.

Ich habe dieses Buch geschrieben, weil ich eine angeborene Neugier habe, die mich dazu antreibt, Dingen auf den Grund zu gehen und sie dann so weiterzugeben, dass sie jeder verstehen kann. Dieses Buch ist die Summe meines bisherigen Schaffens. Ich hoffe, es wird ein wertvolles Arbeitsmittel für Sie.

Konventionen in diesem Buch

In diesem Buch werden die folgende typografische Konventionen verwendet:

Kursiv
: Kennzeichnet neue Begriffe, URLs, E-Mail-Adressen, Dateinamen und Dateierweiterungen.

`Schreibmaschinenschrift`
: Wird in Programmlistings verwendet und im Fließtext für Programmelemente wie zum Beispiel Variablen- oder Funktionsnamen, Datenbanken, Datentypen, Umgebungsvariablen, Anweisungen und Schlüsselwörter.

> Dieses Element kennzeichnet einen Tipp oder Vorschlag.

Danksagungen

Dieses Buch wäre ohne die unermüdliche Unterstützung und Geduld meiner Frau Mary nicht möglich gewesen. Ihre Ermutigung war in den langen Nächten, die ich mit dem Schreiben verbracht habe, ein entscheidender Antrieb, selbst wenn das bedeutet hat, dass ich auf Kartenspiele mit Familie und Freunden verzichten musste. Ihre Anwesenheit war eine ständige Quelle des Trostes und der Motivation.

Meine Reise wurde durch die Unterstützung meiner Familie bereichert: meine Eltern Jim und Lorraine, meine Schwestern Denise, Michele und Nicole und meine inzwischen erwachsenen Kinder Lauren, RaeAnn und James, die eine Quelle der Inspiration waren, obwohl sie keine Ahnung hatten, worum es in dem Buch geht!

Ein herzliches Dankeschön geht an meine Mentoren und Kollegen aus meinen Jahren bei Microsoft. Menschen wie Steve Busby, Eduardo Kassner und Martin Lee haben meine Karriere geprägt und mir Ratschläge mit auf den Weg gegeben, die an vielen Stellen in dieses Buch eingeflossen sind.

Mein Dank gilt auch denjenigen, die mir ihr kritisches Auge und konstruktives Feedback geschenkt haben, insbesondere Piethein Strengholt, Barry Devlin, Bill Inmon und Mike Shelton. Ihre Einblicke waren unschätzbar.

Besonders dankbar bin ich Sean McCall, der mich vor vielen Jahren in die Welt des Data Warehousing eingeführt hat, aber auch ein treuer Freund ist und sich bereit erklärt hat, das Vorwort zu diesem Buch zu schreiben.

Schließlich möchte ich all den großartigen Menschen bei O'Reilly danken, die dieses Buch möglich gemacht haben: Sarah Grey, deren großartiges Lektorat und deren Vorschläge dieses Buch so viel besser gemacht haben, als wenn ich nur auf mich selbst gestellt gewesen wäre, Aaron Black, der mir geholfen hat, den Abstract zum Buch zu erstellen und ihn bestätigen zu lassen, Paula Fleming für ihr außergewöhnliches Copyediting, Katie Tozer, die die Herstellung des Buchs geleitet hat, Kristen Brown, die dafür gesorgt hat, dass alles reibungslos gelaufen ist, und Suzanne Huston für ihre wunderbare Vermarktung des Buchs.

Ich möchte Ihnen, den Leserinnen und Lesern, meine tiefe Dankbarkeit aussprechen, denn Ihr Interesse und Ihr Engagement für dieses Werk machen die unzähligen Stunden, die ich mit dem Schreiben zugebracht habe, nicht nur lohnenswert, sondern zutiefst erfüllend.

Während ich dieses Kapitel meines Lebens abschließe und mich auf die neuen Horizonte freue, die vor mir liegen, bin ich zutiefst dankbar für die Reise, auf die mich dieses Buch geführt hat, und für die unglaublichen Menschen, die daran teilgenommen haben.

TEIL I
Grundlagen

In Teil I dieses Buchs geht es um die Grundlagen für die Entschlüsselung von Datenarchitekturen. Zunächst beschreibt Kapitel 1, was man unter Big Data versteht, während Kapitel 2 einen Überblick über die Arten von Datenarchitekturen und deren Entwicklung gibt. Kapitel 3 zeigt, wie Sie eine Architektur-Design-Sitzung (*Architecture Design Session*) durchführen können, um die beste Datenarchitektur für Ihr Projekt zu bestimmen.

Dieser Teil des Buchs bietet Ihnen einen guten Ausgangspunkt, um den Wert von Big Data und die Geschichte der Architekturen, die diese Daten erfasst haben, zu verstehen. In den späteren Kapiteln befassen wir uns dann ausgiebiger mit den Details.

KAPITEL 1

Big Data

Die Anzahl der Firmen, die Datenarchitekturen erstellen, ist in den 2020er-Jahren sprunghaft gestiegen. Es ist unwahrscheinlich, dass sich dieses Wachstum in absehbarer Zeit verlangsamt, vor allem weil mehr Daten als je zuvor zur Verfügung stehen: angefangen bei sozialen Medien über IoT-Geräte (Internet der Dinge) bis hin zu selbst entwickelten Anwendungen und Software von Drittanbietern, um nur einige Quellen zu nennen. Laut einer BCG-Studie aus dem Jahr 2023 (*https://oreil.ly/hpOPt*) »hat sich der Umfang der generierten Daten von 2019 bis 2021 auf etwa 84 ZB ungefähr verdoppelt, wobei zu erwarten ist, dass es mit dieser Wachstumsrate weitergeht«. Die Forscher »schätzen, dass der Umfang der generierten Daten mit einer jährlichen Wachstumsrate (*Compound Annual Growth Rate*, CAGR) bei 21 % von 2021 bis 2024 auf 149 ZB ansteigen wird. Die Unternehmen wissen, dass sie Millionen Dollar sparen und den Umsatz erhöhen können, indem sie diese Daten sammeln und anhand der Vergangenheits- und Gegenwartsdaten Vorhersagen über die Zukunft treffen – doch um das zu tun, brauchen sie eine Möglichkeit, um alle diese Daten zu speichern.

Überall in der Geschäftswelt wird versucht, so schnell wie möglich Datenarchitekturen aufzubauen. Diese Architekturen müssen auch in der Lage sein, zukünftig zu erfassende Daten – unabhängig von ihrer Größe, Geschwindigkeit oder Art – zu verarbeiten und ihre Genauigkeit zu gewährleisten. Und diejenigen von uns, die mit Datenarchitekturen arbeiten, müssen genau wissen, wie sie funktionieren und welche Möglichkeiten sie bieten. Genau hier setzt dieses Buch an. Ich habe aus erster Hand erfahren, was passiert, wenn man die Konzepte der Datenarchitektur nicht richtig versteht. Ein mir bekanntes Unternehmen hat in zwei Jahren eine Datenarchitektur für 100 Millionen Dollar aufgebaut, nur um dann festzustellen, dass die Architektur die falsche Technologie verwendet hat, zu schwierig in der Anwendung und nicht flexibel genug war, um bestimmte Datentypen zu verarbeiten. Sie musste verworfen und von Grund auf neu aufgebaut werden. Lassen Sie nicht zu, dass Ihnen das passiert!

Es geht darum, die richtigen Informationen zur richtigen Zeit und im richtigen Format an die richtigen Personen weiterzugeben. Dazu benötigen Sie eine Datenstruktur, mit der Sie die Daten erfassen, speichern, umwandeln und modellieren können (Big-Data-Verarbeitung), damit sie präzise und einfach genutzt werden können. Sie benötigen eine Architektur, die es jedem Endbenutzer, selbst einem mit sehr geringem technischem Wissen, ermöglicht, die Daten zu analysieren und Berichte und Dashboards zu erstellen, anstatt sich darauf zu verlassen, dass IT-Mitarbeiter mit profundem technischem Wissen dies für sie tun.

Kapitel 1 führt in Big Data und einige seiner grundlegenden Ideen ein. Anschließend erörtere ich, wie Unternehmen ihre Daten nutzen, wobei der Schwerpunkt auf Business Intelligence liegt, und wie diese Nutzung zunimmt, wenn die Datenstruktur eines Unternehmens reift.

Was ist Big Data, und wie kann Big Data Ihnen helfen?

Auch wenn *Big Data* das Adjektiv *big* (groß) enthält, geht es nicht nur um die Größe der Daten. Vor allem geht es um alle Daten, egal ob groß oder klein, die in Ihrem Unternehmen existieren, sowie alle Daten außerhalb Ihres Unternehmens, die für Sie hilfreich sein könnten. Die Daten können in jedem Format vorliegen und mit beliebiger Regelmäßigkeit gesammelt werden. Um Big Data zu definieren, betrachtet man sie am besten als die Daten *in ihrer Gesamtheit*, unabhängig von ihrer Größe (*Volume*), Geschwindigkeit (*Velocity*) oder Vielfalt (*Variety*). Neben diesen Kriterien gibt es drei weitere Faktoren, mit denen Sie Daten beschreiben können: Wahrhaftigkeit (*Veracity*), Variabilität (*Variability*) und Wert (*Value*). Nach den Anfangsbuchstaben der englischen Bezeichnungen sind sie allgemein als »die sechs Vs« von Big Data bekannt, wie Abbildung 1-1 zeigt.

Sehen wir uns jedes einzelne V genauer an:

Volume (Datenvolumen)
: Das Datenvolumen ist die schiere Menge der erzeugten und gespeicherten Daten. Das Volumen kann von Terabyte bis Petabyte reichen, und die Daten können aus einer Vielzahl von Quellen stammen, darunter soziale Medien, E-Commerce-Transaktionen, wissenschaftliche Experimente, Sensordaten von IoT-Geräten und viele mehr. Beispielsweise können die Daten von einem Auftragseingabesystem pro Tag mehrere Terabyte ausmachen, während IoT-Geräte Millionen von Ereignissen pro Minute streamen und Hunderte von Terabytes an Daten pro Tag erzeugen können.

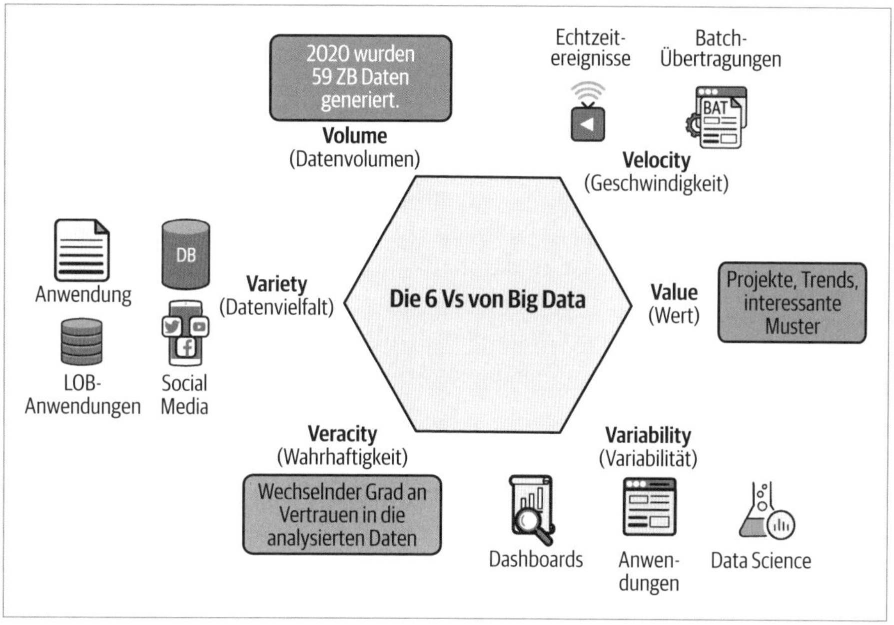

Abbildung 1-1: Die sechs Vs von Big Data (Quelle: The Cloud Data Lake von Rukmani Gopalan [O'Reilly, 2023])

Variety (Datenvielfalt)

Die *Datenvielfalt* bezieht sich auf das breite Spektrum an Datenquellen und -formaten. Diese lassen sich weiter unterteilen in *strukturierte Daten* (aus relationalen Datenbanken), *teilstrukturierte Daten* (wie zum Beispiel Protokolle und Daten in den Formaten CSV, XML und JSON), *unstrukturierte Daten* (wie E-Mails, Dokumente und PDFs) und *binäre Daten* (Bilder, Audio, Video). Zum Beispiel wären Daten aus einem Auftragseingabesystem strukturierte Daten, da sie aus einer relationalen Datenbank stammen, während Daten von einem IoT-Gerät wahrscheinlich im JSON-Format vorliegen.

Velocity (Geschwindigkeit)

Die *Geschwindigkeit* gibt an, wie schnell Daten erzeugt und verarbeitet werden. Wenn Daten eher selten erfasst werden, spricht man oft von *Stapelverarbeitung* (*Batch Processing*). Zum Beispiel könnten die tagsüber eingegangenen Bestellungen jede Nacht zusammengefasst und verarbeitet werden. Es ist aber auch üblich, dass Daten sehr häufig oder sogar in Echtzeit erfasst werden, insbesondere wenn sie mit hoher Geschwindigkeit entstehen, wie es beispielsweise bei Daten von sozialen Medien, IoT-Geräten und mobilen Anwendungen der Fall ist.

Veracity (Wahrhaftigkeit)

Mit *Wahrhaftigkeit* sind Genauigkeit und Zuverlässigkeit der Daten gemeint. Die Quellen für Big Data könnten unterschiedlicher nicht sein. Unzuverlässige oder unvollständige Daten beeinträchtigen gegebenenfalls die Qualität der Daten. Wenn die Daten zum Beispiel von einem IoT-Gerät kommen, etwa von einer Sicherheitskamera vor Ihrem Haus, die auf die Einfahrt gerichtet ist, und die Ihnen eine Textnachricht sendet, wenn eine Person erkannt wird, ist es durchaus möglich, dass Umgebungseinflüsse wie zum Beispiel das Wetter dazu führen, dass eine Person statt einer Katze erkannt wird, und das Überwachungsgerät somit verfälschte Daten sendet. Daher ist es unumgänglich, die Daten zu validieren, sobald sie empfangen werden.

Variability (Variabilität)

Variabilität meint die Konsistenz (oder Inkonsistenz) von Daten hinsichtlich ihres Formats, ihrer Qualität und ihrer Bedeutung. Strukturierte, teilstrukturierte und unstrukturierte Datenformate zu verarbeiten, verlangt verschiedene Tools und Techniken. So können beispielsweise Art, Häufigkeit und Qualität der Sensordaten von IoT-Geräten sehr unterschiedlich sein. Temperatur- und Luftfeuchtigkeitssensoren können Datenpunkte in regelmäßigen Intervallen erzeugen, während Bewegungssensoren möglicherweise nur dann Daten liefern, wenn sie eine Bewegung erkennen.

Value (Wert)

Das wichtigste V steht für *Value*, d.h. den Wert, der sich auf die Nützlichkeit und Relevanz der Daten bezieht. Unternehmen nutzen Big Data, um Erkenntnisse zu gewinnen und Entscheidungen zu treffen, die zu einem geschäftlichen Nutzen führen können, zum Beispiel zu höherer Effizienz, zu Kosteneinsparungen oder zu neuen Einnahmequellen. So können Unternehmen das Verhalten, die Vorlieben und die Bedürfnisse ihrer Kunden besser verstehen, indem sie die Kundendaten analysieren. Anhand dieser Informationen sind sie in der Lage, zielgerichtete Marketingkampagnen zu entwickeln, die Kundenzufriedenheit zu verbessern und den Umsatz zu steigern.

Mithilfe von Big Data können Unternehmen Erkenntnisse gewinnen, die ihnen helfen, bessere Geschäftsentscheidungen zu treffen. Die *prädiktive Analyse* ist eine Art der Datenanalyse, die statistische Algorithmen und Machine Learning einbezieht, um historische Daten zu analysieren und Vorhersagen über zukünftige Ereignisse und Trends zu treffen. Dadurch können Unternehmen proaktiv und nicht nur reaktiv handeln.

Viele Unternehmen bezeichnen Daten als »das neue Öl«, denn sie sind in der heutigen digitalen Wirtschaft zu einer unglaublich wertvollen Ressource geworden, ähnlich wie es das Öl in der industriellen Wirtschaft war. In vielerlei Hinsicht ähneln Daten Öl, denn sie ...

- sind ein Rohstoff, der extrahiert, verfeinert und verarbeitet werden muss, um nützlich zu sein. Im Fall der Daten bedeutet dies, dass sie gesammelt, gespeichert und analysiert werden müssen, um Erkenntnisse zu gewinnen, die für Geschäftsentscheidungen von Bedeutung sind.
- sind unglaublich wertvoll. Unternehmen, die große Datenmengen sammeln und analysieren, können sie nutzen, um ihre Produkte und Dienste aufzuwerten, bessere Geschäftsentscheidungen zu treffen und sich einen Wettbewerbsvorteil zu verschaffen.
- können auf vielfältige Art und Weise genutzt werden. Wenn Sie beispielsweise Daten heranziehen, um Algorithmen für maschinelles Lernen zu trainieren, können Sie diese Algorithmen dann einsetzen, um Aufgaben zu automatisieren, Muster zu erkennen und Prognosen zu treffen.
- sind eine mächtige Ressource mit einer Wirkung, die die Gesellschaft verändert. Die weitverbreitete Nutzung von Öl hat das Wachstum von Industrien vorangetrieben und neue Technologien ermöglicht, während Daten zu Fortschritten in Branchen wie künstliche Intelligenz, Machine Learning und prädiktive Analytik geführt haben.
- können dank aller Vorhersagefaktoren eine Quelle von Macht und Einfluss sein.

Zum Beispiel können Sie mithilfe von Big Data Berichte und Dashboards erstellen, die Ihnen zeigen, wo die Umsätze zurückbleiben, und im Nachhinein Maßnahmen zur Verbesserungen dieser Umsätze ergreifen. Zudem lässt sich mithilfe von Machine Learning vorhersagen, wo der Umsatz in Zukunft zurückgehen wird. So kann man proaktive Schritte einleiten, um diesen Rückgang zu verhindern. Hierbei handelt es sich um die sogenannte *Business Intelligence* (BI): den Prozess, Daten zu sammeln, zu analysieren und zu verwenden, um Unternehmen zu helfen, fundierte Entscheidungen zu treffen.

Wie Abbildung 1-2 zeigt, kann man Daten aus neuen Quellen generieren, wie zum Beispiel IoT-Geräten, Weblogs und sozialen Medien, sowie aus älteren Quellen, etwa Branchen- oder Unternehmensressourcenplanung (*Enterprise Resource Planning*, ERP) und Anwendungen für Kundenbeziehungen (*Customer Relationship Management*, CRM). Diese Daten können in mehreren Formaten vorliegen, beispielsweise als CSV-Dateien, JSON-Dateien und *Parquet-*

Dateien. Übertragen werden sie in Stapeln, beispielsweise einmal pro Stunde, oder mehrmals pro Sekunde in Streams (genannt *Echtzeit-Streaming*).

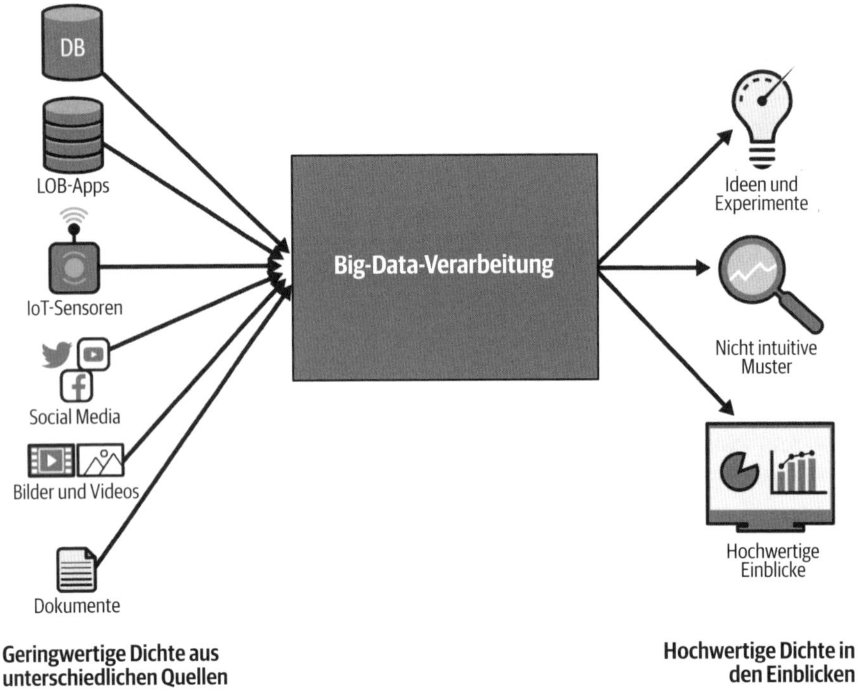

Abbildung 1-2: Verarbeitung von Big Data (Quelle: The Cloud Data Lake by Rukmani Gopalan [O'Reilly, 2023])

Unternehmen müssen wissen, wo sie sich im Vergleich zu anderen Unternehmen auf ihrem Weg zur Datennutzung befinden. Dies wird als *Data Maturity* (Datenreife) bezeichnet. Der nächste Abschnitt erläutert die Stufen der Datenreife, damit Sie verstehen können, wo Ihr Unternehmen steht.

Data Maturity

Vielleicht ist Ihnen in der IT-Branche schon einmal der Begriff *digitale Transformation* (*Digital Transformation*) begegnet. Er bezieht sich darauf, wie Unternehmen Technologien in ihr gesamtes Unternehmen einbinden, um die Art und Weise, wie sie Daten nutzen und wie sie einen Mehrwert für den Kunden kreieren, grundlegend zu verändern. Prinzipiell geht es darum, von herkömmlichen manuellen oder papierbasierten Prozessen auf digitale Prozesse umzustellen und dabei die Technologie auszunutzen, Effizienz, Produktivität und Innovation zu verbessern. Ein großer Teil dieser Transformation nutzt in der Regel Daten, um das Geschäft eines Unternehmens zu verbessern. Hier wird gegebenenfalls ein 360-Grad-Kundenprofil (*https://oreil.ly/rSF6P*) erstellt, um die Kundenerfahrung zu verbessern oder mithilfe von Machine Learning die Geschwindigkeit und Genauigkeit von Fertigungsstraßen zu erhöhen.

Diese digitale Transformation lässt sich in vier Stufen unterteilen, die sogenannten *Reifegrade einer Organisation im Umgang mit Unternehmensdaten*, wie sie Abbildung 1-3 zeigt. Obwohl dieser Begriff in der IT-Branche sehr verbreitet ist, habe ich meine eigene Vorstellung davon, wie diese Stufen aussehen. Sie beschreiben den Entwicklungs- und Reifegrad, den ein Unternehmen bei der Verwaltung, Nutzung und Wertschöpfung seiner Daten erreicht hat. Anhand dieses Modells lassen sich die Datenverwaltungsfähigkeiten eines Unternehmens und die Bereitschaft für erweiterte Analysen, künstliche Intelligenz und andere datengesteuerte Initiativen beurteilen. Jede Stufe verkörpert einen Fortschritt bei der Nutzung von Daten für den Unternehmenswert und die Entscheidungsfindung. Der Rest dieses Abschnitts beschreibt jede Stufe im Einzelnen.

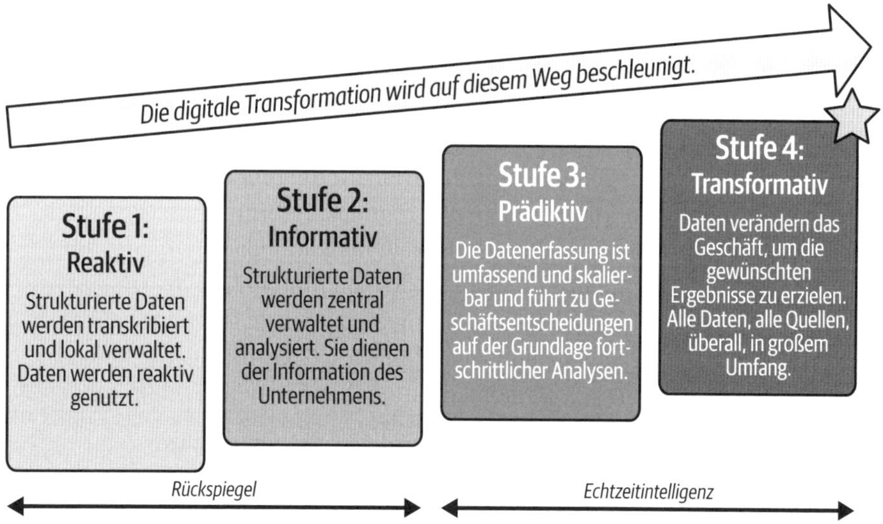

Abbildung 1-3: Reifegrade einer Organisation im Umgang mit Unternehmensdaten

Stufe 1: Reaktiv

In der ersten Phase liegen die Daten in einem Unternehmen an vielen Plätzen verstreut vor, wahrscheinlich in einigen Excel-Tabellen und/oder Desktop-Datenbanken auf mehreren verschiedenen Dateisystemen, wobei sie überallhin per E-Mail versendet werden. Datenarchitekten nennen dies den *Spreadmart* (kurz für »Spreadsheet Data Mart«): eine formlose, dezentralisierte Datensammlung, die man häufig in einer Organisation antrifft, die sich auf Kalkulationstabellen stützt, um Daten zu speichern, zu verwalten und zu analysieren. Einzelpersonen oder Teams erstellen und pflegen Spreadmarts in der Regel unabhängig vom zentralisierten Datenverwaltungssystem oder vom offiziellen Data Warehouse des Unternehmens. Bei Spreadmarts müssen Sie allerdings mit inkonsistenten Daten, fehlender Koordinierung, beschränkter Skalierbarkeit und Ineffizienz rechnen (da sie oftmals zu einem erheblichen Mehraufwand führen).

Stufe 2: Informativ

Unternehmen erreichen den zweiten Reifegrad, wenn sie ihre Daten zentralisieren, was Analysen und das Berichtswesen erheblich erleichtert. Die Stufen 1 und 2 dienen der Berichterstattung im herkömmlichen Sinne oder dem Erkennen von Trends und Mustern aus der Vergangenheit, weshalb sie in Abbildung 1-3 auch als *Rückspiegel* betitelt werden. In diesen Stufen reagieren Sie auf etwas, das bereits geschehen ist.

In Stufe 2 ist die Lösung, die zur Erfassung der Daten entwickelt wurde, in der Regel nicht sehr skalierbar. Im Allgemeinen sind Umfang und Art der Daten, die sie verarbeiten kann, begrenzt, und nur selten (zum Beispiel jede Nacht) können Daten eingelesen werden. Die meisten Unternehmen befinden sich auf Stufe 2, insbesondere wenn ihre Infrastruktur lokal zugänglich ist.[1]

Stufe 3: Prädiktiv

In Stufe 3 sind die Unternehmen in die Cloud umgezogen und haben ein System aufgebaut, das größere Datenmengen, unterschiedliche Arten von Daten sowie Daten, die häufiger (stündlich oder per Stream) eingelesen werden, verarbeiten kann. Außerdem haben sie ihre Entscheidungsfindung verbessert, indem sie Machine Learning (fortgeschrittene Analytik) einbeziehen, um Entscheidungen in Echtzeit zu treffen. Wenn sich eine Benutzerin beispielsweise in einem Onlinebuchladen befindet, kann das System auf der Kassenseite zusätzliche Bücher empfehlen, die auf früheren Käufen der Benutzerin basieren.

1 *Lokal zugänglich* (engl. On Premises) heißt, dass eine Organisation ihre IT-Infrastruktur – wie Server, Speicher und Netzwerktechnik – innerhalb ihrer eigenen physischen Einrichtungen (Rechenzentrum genannt) hostet und verwaltet. Dies steht im Gegensatz zu Cloud-basierten Diensten, bei denen diese Ressourcen von Drittanbietern wie Azure, Amazon Web Services (AWS) oder Google Cloud Platform (GCP) in entfernten (remote) Rechenzentren gehostet und verwaltet werden. In Kapitel 16 werde ich die Vorteile erläutern, die ein Umzug von lokalen Servern in die Cloud mit sich bringt, doch bis dahin sollten Sie schon mal wissen, dass der Umzug von lokalen Servern in die Cloud für die meisten Unternehmen einen sehr großen Anteil an der digitalen Transformation ausmacht.

Stufe 4: Transformativ

Auf Stufe 4 hat das Unternehmen schließlich eine Lösung entwickelt, die mit allen Daten umgehen kann, unabhängig von ihrer Größe, Geschwindigkeit oder Art. Neue Daten lassen sich mit einer kürzeren Vorlaufzeit einbinden, da die Architektur sie verarbeiten kann und über entsprechende Infrastrukturkapazität verfügt, um sie zu unterstützen. Mit dieser Lösung können auch technisch nicht versierte Benutzer problemlos Berichte und Dashboards mit den Tools ihrer Wahl erstellen.

Die Stufen 3 und 4 stehen im Mittelpunkt dieses Buchs. Insbesondere wenn Benutzer ihre eigenen Berichte erstellen, bezeichnet man diese Aktivität als *Self-Service Business Intelligence*, die das Thema des folgenden Abschnitts ist.

Self-Service Business Intelligence

Wenn früher jemand in einer Organisation einen Bericht oder ein Dashboard benötigte, musste er viele Jahre lang alle geforderten Daten zusammenstellen (die benötigten Quelldaten sowie eine Beschreibung, wie der Bericht oder das Dashboard aussehen sollte), ein IT-Anforderungsformular ausfüllen und warten. Die IT-Abteilung erstellte dann den Bericht, d. h., sie extrahierte die Daten, lud sie in das Data Warehouse, entwickelte ein Datenmodell und erstellte schließlich den Bericht oder das Dashboard. Der Endbenutzer prüfte den Bericht und gab ihn entweder frei oder forderte Änderungen an. Oftmals resultierte dies in einer langen Warteschlange von IT-Anfragen, sodass die IT-Abteilung zu einem regelrechten Flaschenhals wurde. Es dauerte Tage, Wochen oder sogar Monate, bis der Endbenutzer die Daten in einen Wert überführen konnte. Man nennt diesen Prozess heute »herkömmliche Business Intelligence«, denn in den letzten Jahren hat sich etwas Besseres entwickelt: *Self-Service Business Intelligence* oder *Self-Service BI*.

Das Ziel jeder Datenarchitekturlösung, die Sie entwickeln, sollte sein, dass jeder Endbenutzer unabhängig von seinen oder ihren technischen Fähigkeiten die Daten schnell und einfach abfragen und damit Berichte und Dashboards erstellen kann. Für keine dieser Aufgaben sollten die Nutzer die IT-Abteilung einschalten müssen – vielmehr sollten sie in der Lage sein, alles in eigener Regie abzuwickeln.

Dieses Ziel verlangt etwas mehr Aufwand bei der Vorbereitung: Die IT muss sich mit allen Endbenutzern in Verbindung setzen, um herauszufinden, welche Daten sie benötigen, und dann die Datenarchitektur unter Berücksichtigung ihrer Bedürfnisse aufbauen. Allerdings wird dieser Mehraufwand durch die

Zeitersparnis beim Erstellen der Berichte allemal wettgemacht. Außerdem entfallen bei diesem Ansatz die Warteschlange und das Hin und Her mit der IT-Abteilung, deren Mitarbeitende in der Regel wenig Ahnung von den Daten haben. Stattdessen greift der Endbenutzer, der die Daten am besten kennt, direkt auf die Daten zu, bereitet sie auf, entwickelt das Datenmodell, erstellt die Berichte und prüft, ob die Berichte korrekt sind. Dieser Arbeitsablauf ist viel produktiver.

Die Schaffung dieser einfach zu nutzenden Datenlösung führt zu Self-Service BI. Ein Bericht sollte leicht zu erstellen sein, indem man Felder in einen Arbeitsbereich zieht und dort platziert. Endbenutzer müssen nicht wissen, wie man Daten aus verschiedenen Tabellen zusammenführt, oder sich Sorgen machen, dass ein Bericht zu langsam läuft. Wenn Sie eine Datenlösung erstellen, sollten Sie sich immer fragen: *Wie einfach wird es für die Mitarbeitenden sein, ihre eigenen Berichte zu erstellen?*

Zusammenfassung

In diesem Kapitel haben Sie erfahren, was Big Data ist und wie Big Data Ihnen und Ihrem Unternehmen helfen kann, bessere Entscheidungen zu treffen, insbesondere in Kombination mit Machine Learning. Sie haben gesehen, wie Big Data mithilfe der sechs Vs beschrieben werden kann, und Sie haben gelernt, was Datenreife bedeutet und wie man ihre Stufen identifiziert. Schließlich haben Sie den Unterschied kennengelernt zwischen herkömmlicher BI und Self-Service BI, bei der das Ziel darin besteht, dass jeder die Daten verwenden kann, um schnell und einfach Berichte zu erstellen und Erkenntnisse zu gewinnen.

Lassen Sie mich Ihnen nun einen Überblick darüber geben, was Sie in den folgenden Kapiteln erwartet. Kapitel 2 geht darauf ein, was eine Datenarchitektur ist, und vermittelt im Überblick, wie sich die Arten von Datenarchitekturen im Laufe der Jahre verändert haben. Kapitel 3 zeigt, wie Sie eine Architektur-Design-Sitzung durchführen können, um die bestmögliche Datenarchitektur zu ermitteln.

Teil II, »Allgemeine Datenarchitekturkonzepte«, geht näher auf die verschiedenen Architekturen ein. Kapitel 4 beschreibt, was ein Data Warehouse ist, was es nicht ist und warum Sie ein solches nutzen sollten. Ich erörtere den Top-down-Ansatz, stelle die Frage, ob das relationale Data Warehouse tot ist, und gehe auf die Möglichkeiten ein, ein Data Warehouse zu füllen. Kapitel 5 beschreibt, was ein Data Lake ist und weshalb Sie einen solchen verwenden sollten. Außerdem wird der Bottom-up-Ansatz erläutert. Dabei gehe ich auf das

Data-Lake-Design ein und zeige, wann mehrere Data Lakes verwendet werden sollten.

Kapitel 6 befasst sich mit allgemeinen Datenarchitekturkonzepten, die sich auf Datenspeicher beziehen. Das betrifft unter anderem Data Marts, operative Datenspeicher, das Stammdatenmanagement und die Datenvirtualisierung. Thema von Kapitel 7 sind allgemeine Datenarchitekturkonzepte, die sich auf den Entwurf beziehen. Hierzu gehören OLTP vs. OLAP, operative vs. analytische Daten, SMP vs. MPP, Lambda-Architektur, Kappa-Architektur und Polyglot-Persistenz. Kapitel 8 ist der Datenmodellierung gewidmet, einschließlich relationaler und dimensionaler Modellierung, der Komball- vs. Inmon-Debatte, dem allgemeinen Datenmodell und Datentresoren. Und in Kapitel 9 erfahren Sie mehr über Datenerfassung in den Abschnitten zu ELT vs. ETL, Reverse-ELT, Batch- vs. Echtzeitverarbeitung und Data Governance.

Teil III konzentriert sich auf spezifische Datenarchitekturen. Kapitel 10 beschreibt das Modern Data Warehouse und die fünf Phasen seines Aufbaus. Kapitel 11 behandelt die Data-Fabric-Architektur und ihre Anwendungsfälle. Kapitel 12 liefert Ihnen einen Überblick über die Data-Lakehouse-Architektur und die Kompromisse, die man eingehen muss, wenn man auf ein relationales Data Warehouse verzichtet.

In Kapitel 13 und 14 geht es um Data-Mesh-Architekturen – darüber gibt es viel zu sagen! Kapitel 13 konzentriert sich auf den dezentralisierten Ansatz und die vier Prinzipien eines Data Mesh. Außerdem beschreibt es, was Datendomains und Datenprodukte sind. Kapitel 14 befasst sich mit den Bedenken und Herausforderungen beim Aufbau eines Data Mesh und räumt mit einigen verbreiteten Mythen zum Thema Data Mesh auf. Es dürfte hilfreich sein, wenn Sie überprüfen, ob Sie bereit sind, ein Data Mesh einzuführen. Abschließend wird dargelegt, wie die Zukunft von Data Mesh aussehen könnte.

Kapitel 15 befasst sich mit der Frage, warum Projekte erfolgreich sind und warum sie scheitern. Zudem beschreibt es die Teamorganisation, die Sie für den Aufbau einer Datenarchitektur benötigen. Schließlich beschäftigt sich Kapitel 16 mit Open Source, den Vorteilen der Cloud, den wichtigsten Cloud-Anbietern, was Multi-Cloud bedeutet und welche Software-Frameworks es gibt.

Mein Plan ist es, Ihre Datenwelt zu revolutionieren. Sind Sie bereit?

KAPITEL 2

Arten von Datenarchitekturen

Es ist absolut wichtig, im Vorfeld Zeit in die Entwicklung und den Aufbau der richtigen Datenarchitektur zu investieren. Diese Erkenntnis habe ich schon früh in meiner Karriere auf die harte Tour erfahren. Ich war so begeistert, mit dem Aufbau meines Projekts zu beginnen, dass ich wichtige Entscheidungen über das Design der Architektur und die zu verwendenden Produkte übergangen habe. Drei Monate nach Projektbeginn wurde mir klar, dass die Architektur einige der erforderlichen Datenquellen nicht unterstützen würde. Wir mussten das Projekt von Grund auf neu angehen und eine andere Architektur und andere Produkte entwickeln, was eine Menge Geld und Zeit gekostet hat. Ohne die richtige Planung werden die Endanwenderinnen und Endanwender keinen Nutzen aus Ihrem Projekt ziehen, sie werden verärgert sein, über die verpassten Deadlines und Ihr Unternehmen läuft Gefahr, immer weiter hinter seine Konkurrenten zurückzufallen.

Wenn Sie ein Datenprojekt aufbauen, brauchen Sie einen gut durchdachten Plan, an dem Sie sich orientieren können. Hier kommt eine Datenarchitektur ins Spiel. Eine *Datenarchitektur* definiert einen High-Level-Architekturansatz und ein Konzept, das zu befolgen ist, umreißt eine Reihe von zu verwendenden Technologien und legt den Datenfluss fest, der für den Aufbau Ihres Datenprojekts maßgebend ist, um Big Data zu erfassen. Die Entscheidung für eine Datenarchitektur kann eine große Herausforderung sein, da es keine allgemeingültige Einheitsarchitektur gibt. Man kann nicht in einem Buch blättern, um eine Liste von Architekturansätzen mit den zu verwendenden Produkten zu finden. Es gibt kein einfaches Flussdiagramm mit Entscheidungsbäumen, das Sie zur perfekten Architektur führt. Ihr Architekturansatz und die von Ihnen verwendeten Technologien werden sich von Kunde zu Kunde und von Anwendungsfall zu Anwendungsfall stark unterscheiden.

Die wichtigsten Arten von High-Level-Architekturansätzen und -konzepten sind genau das, worum es in diesem Buch geht. Es ist keine vollständige Liste, aber sie vermittelt Ihnen zumindest einen Eindruck davon, worum es geht. Es ist zwar sinnvoll, Datenarchitekturen anhand ihrer Merkmale in verschiedene Typen zu unterteilen (was ich in diesem Buch auch tun werde), doch ist das nicht dasselbe wie, aus einer Reihe von vordefinierten Einheitsvorlagen, die für alles passen, auszuwählen. Jede Datenarchitektur ist einzigartig und erfordert einen maßgeschneiderten Ansatz, um die spezifischen Geschäftsanforderungen zu erfüllen.

Datenarchitektur bezieht sich auf den Gesamtentwurf und die Organisation von Daten innerhalb eines Informationssystems. Vordefinierte Vorlagen für Datenarchitekturen scheinen eine einfache Möglichkeit zu sein, ein neues System schnell einzurichten. Allerdings berücksichtigen Architekturvorlagen oftmals keine spezifischen Anforderungen und Beschränkungen des Systems, auf das sie angewendet werden, was zu Problemen mit Datenqualität, Systemleistung und Wartung führen kann. Hinzu kommt, dass sich die Anforderungen des Unternehmens und die Datensysteme im Laufe der Zeit wahrscheinlich ändern werden, was Updates und Anpassungen der Datenarchitektur erforderlich macht. Eine standardisierte Vorlage ist möglicherweise nicht flexibel genug, um diese Änderungen zu berücksichtigen. Die Folge können ineffiziente und eingeschränkte Systeme sein.

Dieses Kapitel gibt einen kurzen Überblick über die wichtigsten Arten von Datenarchitekturen, die in diesem Buch behandelt werden: relationales Data Warehouse, Data Lake, Modern Data Warehouse, Data Fabric, Data Lakehouse und Data Mesh. Jeder Art ist später im Buch ein eigenes Kapitel mit vielen Details gewidmet.

Entwicklung von Datenarchitekturen

Eine *relationale Datenbank* speichert Daten in einer festgelegten Struktur, wobei Beziehungen zwischen den Datenelementen durch Schlüssel definiert sind. Die Daten sind in der Regel in Tabellen organisiert, wobei jede Tabelle aus Zeilen und Spalten besteht. Jede Zeile repräsentiert eine einzelne Instanz von Daten, während jede Spalte ein bestimmtes Attribut der Daten darstellt.

Relationale Datenbanken sind für den Umgang mit strukturierten Daten konzipiert und bieten ein Framework, um Daten mithilfe einer standardisierten Sprache – der *Structured Query Language* (SQL) – erstellen, ändern und abfragen zu können. Das relationale Modell wurde erstmals 1970 von Edgar F. Codd vorgeschlagen[1] und hat sich Mitte der 1970er-Jahre als vorherrschendes Modell für Datenbankverwaltungssysteme etabliert. Die meisten operativen Anwendungen müssen Daten dauerhaft speichern, und eine relationale Datenbank ist für die große Mehrheit das Mittel der Wahl.

In relationalen Datenbanken, bei denen Konsistenz und Datenintegrität von größter Bedeutung sind, werden die Daten in der Regel mit einem als *Schema-on-Write* genannten Ansatz organisiert. Hierbei bezieht sich *Schema* auf die formale Struktur, die die Organisation von – und die Beziehungen zwischen – Tabellen, Feldern, Datentypen und Einschränkungen definiert. Es dient als Vorlage für das Speichern und Verwalten von Daten und gewährleistet Konsistenz, Integrität und effiziente Organisation innerhalb der Datenbank. Relationale Datenbanken (und relationale Data Warehouses) erfordern ein wenig Vorarbeit, bevor sie tatsächlich Daten aufnehmen können. Zunächst müssen Sie die Datenbank mit ihren Tabellen, Feldern und dem Schema erstellen und dann den Code schreiben, um die Daten in die Datenbank zu übertragen. Bei einem *Schema-on-Write-Ansatz* wird das Datenschema definiert und durchgesetzt, wenn die Daten geschrieben oder in die Datenbank aufgenommen werden. Die Daten müssen dem vordefinierten Schema einschließlich dessen Datentypen, Einschränkungen und Beziehungen entsprechen, bevor sich Daten speichern lassen.

Im Gegensatz dazu wird bei einem *Schema-on-Read-Ansatz* das Schema angewendet, wenn die Daten gelesen oder wenn auf sie zugegriffen wird, und nicht beim Schreiben der Daten. Daten können in das Speichersystem eingetragen werden, ohne dass sie einem strengen Schema entsprechen. Die Struktur wird erst definiert, wenn die Daten abgefragt oder konsumiert werden. Dieser Ansatz ist flexibler bei der Speicherung unstrukturierter oder halb strukturierter Daten und kommt häufig zum Einsatz in Data Lakes, auf die dieses Kapitel später eingeht.

Im Großen und Ganzen bieten Datenarchitekturen ein Framework für die Organisation und Verwaltung von Daten auf eine Art und Weise, die den Bedürfnissen eines Unternehmens entspricht. Dabei wird unter anderem definiert, wie Daten erfasst, gespeichert, verarbeitet und abgerufen werden und wie sich die Datenqualität, die Sicherheit und der Datenschutz gewährleisten lassen. Auch wenn Datenarchitekturen viele verschiedene Formen annehmen können, gibt es einige gemeinsame Elemente:

Datenspeicherung
: Alle Datenarchitekturen müssen festlegen, wie Daten gespeichert werden, einschließlich des physischen Speichermediums (zum Beispiel Festplatten-

1 E. F. Codd, »Derivability, Redundancy, and Consistency of Relations Stored in Large Data Banks«, *Communications of the ACM, 13*, no. 6 (1970): 377–87, verfügbar unter *A Relational Model of Data for Large Shared Data Banks* (*https://oreil.ly/vJwgQ*).

laufwerke oder Cloud-Speicher) und der Datenstrukturen, in denen die Daten organisiert sind.

Datenverarbeitung
: Datenarchitekturen müssen definieren, wie Daten verarbeitet werden, einschließlich aller Transformationen oder Berechnungen an den Daten, bevor sie gespeichert oder analysiert werden.

Datenzugriff
: Datenarchitekturen müssen Mechanismen für den Datenzugriff bereitstellen, einschließlich UI (*User Interface*, Benutzeroberfläche) und APIs (*Application Program Interfaces*, Anwendungsprogrammierschnittstellen), über die sich Daten abfragen und analysieren lassen.

Datensicherheit und Datenschutz
: Datenarchitekturen müssen Mechanismen vorsehen, um Sicherheit und Datenschutz zu gewährleisten, beispielsweise Zugriffskontrollen, Verschlüsselung und Datenmaskierung.

Data Governance
: Datenarchitekturen müssen Frameworks bereitstellen, um Daten zu verwalten, einschließlich Qualitätsstandards, Nachverfolgung der Herkunft und Aufbewahrungsrichtlinien.

Insgesamt besteht das Hauptziel einer Datenarchitektur darin, ein Unternehmen in die Lage zu versetzen, seine Datenbestände effektiv zu verwalten und zu nutzen, um seine Geschäftsziele und Entscheidungsprozesse zu unterstützen.

In Tabelle 2-1 sehen Sie einen umfangreichen High-Level-Vergleich der Eigenschaften von Datenarchitekturen, die ich in diesem Buch behandle. Er soll Ihnen als Orientierungshilfe dienen bei der Entscheidung, welche Architektur für Ihren Anwendungsfall am besten geeignet ist.

Tabelle 2-1: Vergleich von Datenarchitekturen

Eigenschaft	Relationales Data Warehouse	Data Lake	Modern Data Warehouse	Data Fabric	Data Lakehouse	Data Mesh
Einführungsjahr	1984	2010	2011	2016	2020	2019
Zentralisiert/dezentralisiert	zentralisiert	zentralisiert	zentralisiert	zentralisiert	zentralisiert	dezentralisiert
Speichertyp	relational	Objekt	relational und Objekt	relational und Objekt	Objekt	domainspezifisch

→

Tabelle 2-1: Vergleich von Datenarchitekturen (Fortsetzung)

Eigenschaft	Relationales Data Warehouse	Data Lake	Modern Data Warehouse	Data Fabric	Data Lakehouse	Data Mesh
Schematyp	Schema-on-Write	Schema-on-Read	Schema-on-Read und Schema-on-Write	Schema-on-Read und Schema-on-Write	Schema-on-Read	domain-spezifisch
Datensicherheit	hoch	gering bis mittel	mittel bis hoch	hoch	mittel	domain-spezifisch
Datenlatenz	gering	hoch	gering bis hoch	gering bis hoch	mittel bis hoch	domain-spezifisch
Amortisierungszeit	mittel	gering	gering	gering	gering	hoch
Gesamtkosten des Projekts	hoch	gering	mittel	mittel bis hoch	gering bis mittel	hoch
Unterstützte Anwendungsfälle	gering	gering bis mittel	mittel	mittel bis hoch	hoch	hoch
Schwierigkeitsgrad der Entwicklung	gering	mittel	mittel	mittel	mittel bis hoch	hoch
Reifegrad der Technologie	hoch	mittel	mittel bis hoch	mittel bis hoch	mittel bis hoch	gering
Benötigte Spezialkenntnisse für das Unternehmen	gering	gering bis mittel	mittel	mittel bis hoch	mittel bis hoch	hoch

Relationales Data Warehouse

Relationale Datenbanken waren mehrere Jahrzehnte lang die Hauptstütze der Datenspeicherung. Das erste in der Produktion eingesetzte relationale Data Warehouse war das Teradata-System, das an der Stanford University von Dr. Jack E. Shemer entwickelt wurde, der 1979 die Teradata Corporation gründete. Wells Fargo Bank installierte das erste Teradata-System 1983 (*https://oreil.ly/BMbzc*) und nutzte es, um Finanzdaten zu analysieren.

Als die Unternehmen immer größere Datenmengen erzeugten, wurde es schwieriger, diese Daten ohne eine lange Verzögerung zu verarbeiten und zu analysieren. Die Einschränkungen relationaler Datenbanken führten zur Entwicklung relationaler Data Warehouses[2], die in den späten 1980er-Jahren[3] immer beliebter wurden – ungefähr 15 Jahre, nachdem sich relationale Datenbanken etabliert hatten. Ein *relationales Data Warehouse* (RDW) ist eine spezielle Art von relationaler Datenbank, die für Data-Warehousing- und BI-Anwendungen konzipiert ist, eine optimierte Abfrageleistung bietet und die Analyse großer Datenmengen unterstützt. Während sich sowohl relationale Data Warehouses als auch die transaktionale Verarbeitung auf das relationale Modell stützen, um Daten zu organisieren, ist ein relationales Data Warehouse in der Regel größer und für analytische Abfragen optimiert.

RDWs verfügen sowohl über ein Berechnungs- als auch über ein Speichermodul. Das Berechnungsmodul verkörpert die Verarbeitungsleistung, die für die Abfrage von Daten erforderlich ist. Der Speicher orientiert sich am *relationalen Modell* und nimmt Daten auf, die über Tabellen, Zeilen und Spalten strukturiert sind. Die Berechnungsleistung des RDW steht nur für dessen relationalen Speicher bereit – beide Module sind miteinander verknüpft.

Zu den wichtigsten Merkmalen von RDWs gehören die Unterstützung für Transaktionen (Sicherstellen, dass Daten zuverlässig und konsistent verarbeitet werden), Audit Trails (Aufzeichnung aller Aktivitäten, die mit den Daten im System durchgeführt werden) und Schemaerzwingung (sicherstellen, dass die Daten in einer vordefinierten Weise organisiert und strukturiert sind).

In den 1970er und 1980er Jahren haben Unternehmen relationale Datenbanken für operative Anwendungen wie Auftragserfassung und Bestandsverwaltung eingesetzt. Diese Anwendungen sind sogenannte Systeme für die *Online-Transaktionsverarbeitung* (*Online Transaction Processing*, OLTP). OLTP-Systeme können Daten in einer Datenbank erzeugen (*create*), lesen (*read*), aktualisieren (*update*) und löschen (*delete*). Den Anfangsbuchstaben der englischen Begriffe entsprechend spricht man von *CRUD-Operationen*. Sie bilden die Grundlage für die Datenmanipulation und -verwaltung in Datenarchitekturen und sind unerlässlich für den Entwurf und die Implementierung von Datenspeichersystemen und Benutzeroberflächen, die mit den Daten interagieren.

---

2 Eine Anmerkung zur Sprache: Oft wird die relationale Data-Warehouse-Architektur als *herkömmliches Data Warehouse* bezeichnet. In diesem Buch verwende ich meist den Begriff *relationales Data Warehouse* (RDW), manchmal verkürzt als *Data Warehouse*. Diese Begriffe beziehen sich alle auf dieselbe Sache.

3 Die Popularität von RDW hat vor allem dank Barry Devlin und Bill Inmon zugenommen, worauf ich in Kapitel 8 eingehe.

CRUD-Operationen setzen kurze Reaktionszeiten der Anwendung voraus, damit sich die Endbenutzer nicht darüber ärgern, wie lange es dauert, Daten zu aktualisieren. Zwar können Sie in einer relationalen Datenbank, die von einer operativen Anwendung verwendet wird, Abfragen ausführen und Berichte generieren, doch verbraucht dies viele Ressourcen, und es können Konflikte mit anderen, gleichzeitig laufenden CRUD-Vorgängen auftreten. Das kann alles verlangsamen.

RDWs wurden unter anderem deshalb erfunden, um dieses Problem zu lösen. Die Daten aus der relationalen Datenbank werden in ein Data Warehouse kopiert, und die Benutzer können Abfragen und Berichte gegen das Data Warehouse statt gegen die relationale Datenbank ausführen. Auf diese Weise belasten sie weder das System, das die relationale Datenbank beherbergt, noch bremsen sie die Anwendung für Endbenutzer aus. Zudem zentralisieren RDWs die Daten aus mehreren Anwendungen, um das Berichtswesen zu verbessern, wie Abbildung 2-1 veranschaulicht.

Kapitel 4 beschäftigt sich ausführlich mit RDWs.

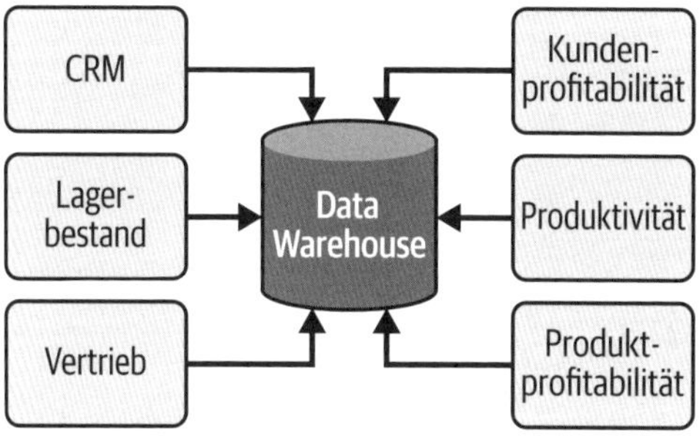

Abbildung 2-1: Data Warehousing

Data Lake

Der Data Lake (wörtlich Datensee) ist ein neueres Konzept, das erstmals um 2010 auftauchte. Einen Data Lake können Sie sich vorstellen als ein besseres Dateisystem, das sich nicht sehr vom Dateisystem auf Ihrem Laptop unterscheidet. Ein *Data Lake* ist einfach ein Speicher – anders als bei einem relationalen Data Warehouse ist ihm kein Berechnungsmodul zugeordnet. Erfreulicherweise gibt es viele Berechnungsmodule, die mit Data Lakes zusammenarbeiten können, sodass die Rechenleistung für einen Data Lake in der Regel billiger ist als für ein relationales Data Warehouse. Ein weiterer Unterschied besteht darin, dass RDWs die Daten nach dem relationalen Modell speichern, während Data Lakes *Objektspeicher* verwenden, bei denen die Daten nicht in Zeilen und Spalten strukturiert sein müssen.

Die Data-Lake-Speichertechnik begann mit dem *Apache Hadoop Distributed File System* (HDFS), einer kostenlosen Open-Source-Technik, die fast ausschließlich lokal gehostet wurde und in den frühen 2010er-Jahren sehr beliebt war.[4] HDFS ist ein skalierbares, fehlertolerantes verteiltes Speichersystem, das für den Betrieb auf Standardhardware ausgelegt ist. Es ist eine Kernkomponente des Apache-Hadoop-Ökosystems, auf das ich in Kapitel 16 ausführlicher eingehe. Mit zunehmender Bedeutung des Cloud Computing wurden Data Lakes in der Cloud mithilfe eines anderen Speichertyps erstellt, und die meisten Data Lakes existieren jetzt in der Cloud.

Im Gegensatz zu einem relationalen Data Warehouse gehört ein Data Lake zur Kategorie Schema-on-Read, was bedeutet, dass keine Vorarbeiten erforderlich sind, um Daten in den Data Lake zu stellen: Es genügt, die Daten zu kopieren, so wie Sie es mit Ordnern auf Ihrem Laptop machen würden. Die Daten im Data Lake werden in ihrem natürlichen (oder rohen) Format gespeichert, sodass sie von ihrem Quellsystem in den Data Lake gelangen können, ohne sie in ein anderes Format transformieren zu müssen. Wenn Sie zum Beispiel Daten aus einer relationalen Datenbank in eine Datei im rohen CSV-Format exportieren, können Sie diese unverändert in einem Data Lake speichern. Möchten Sie sie aber in einem relationalen Data Warehouse speichern, müssten Sie sie zunächst transformieren, damit sie in die Zeilen und Spalten einer Tabelle passen.

Wenn Sie eine Datendatei in einen Data Lake kopieren, wird deren Schema möglicherweise nicht mitkopiert, oder das Schema befindet sich in einer anderen Datei. Deshalb müssen Sie das Schema definieren, indem Sie es erstellen oder aus einer separaten Datei abrufen – daher der Begriff *Schema-on-Read*. Wie Abbildung 2-2 zeigt, können im Data Lake Daten aus verschiedensten Quellsystemen wie operativen Anwendungsdatenbanken, Sensordaten und Daten aus sozialen Medien landen. Diese Dateien können Daten enthalten, die strukturiert sind (wie zum Beispiel Daten aus relationalen Datenbanken), teilweise strukturiert (wie CSV-, Protokoll-, XML- oder JSON-Dateien) oder unstrukturiert (wie etwa aus E-Mails, Dokumenten und PDFs). Sogar binäre Daten (wie Bilder, Audio und Video) lassen sich darin ablegen.

4 Open Source bezeichnet Software, deren Quellcode der Öffentlichkeit kostenlos zur Nutzung, Änderung und Verbreitung zur Verfügung gestellt wird.

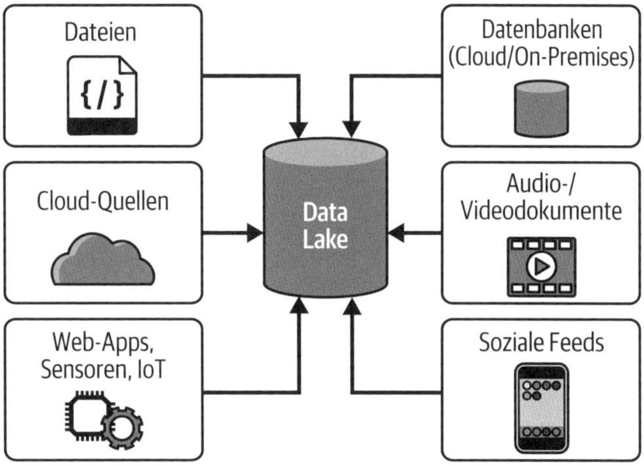

Abbildung 2-2: Data Lake

Data Lakes waren ursprünglich das Projekt für alle Probleme mit relationalen Data Warehouses, unter anderem hohe Kosten, begrenzte Skalierbarkeit, schlechte Performance, Overhead bei der Datenaufbereitung und begrenzte Unterstützung für komplexe Datentypen. Unternehmen, die Hadoop und Data Lakes verkaufen, wie zum Beispiel Cloudera, Hortonworks und MapR, haben sie angepriesen, als wären sie voller Einhörner und Regenbogen, die Daten kopieren, bereinigen und sie den Endbenutzern mit magischer Leichtigkeit zur Verfügung stellen würden. Dabei haben sie behauptet, dass Data Lakes relationale Data Warehouses nach dem Motto »eine Technologie für alles« vollständig ersetzen könnten. Nicht wenige Unternehmen wollten Geld sparen, indem sie ihre gesamte Technologie mit kostenlosen Open-Source-Tools bestritten.

Das Problem war, dass die Abfrage von Data Lakes nicht ganz ohne ist: Es sind einige ziemlich ausgefeilte Fähigkeiten erforderlich. Die IT-Leute sagten den Endbenutzern: »Hey, wir haben alle Daten, die ihr braucht, in diesen Data Lake kopiert. Öffnet einfach ein Jupyter Notebook und verwendet Hive und Python, um eure Berichte mit den Dateien in diesen Ordnern zu erstellen.« Dies ist aber kläglich gescheitert, da die meisten Endbenutzer nicht annähernd über die erforderlichen Fähigkeiten verfügten, um all dies zu tun. Unternehmen mussten auf die harte Tour feststellen, dass diese komplexen, schwer zu bedienenden Projekte aufgrund von Hardware- und Supportkosten, Produktionsverzögerungen und Produktivitätsverlusten tatsächlich teurer waren. Außerdem ließen Data Lakes einige der Features vermissen, die man bei Data Warehouses schätzen gelernt hatte, beispielsweise Transaktionsunterstützung, Schemaerzwingung und Audit Trails. Das führte dazu, dass zwei der drei führenden Data-Lake-Anbieter – Hortonworks und MapR – ihr Geschäft aufgeben mussten.

Aber der Data Lake ist nicht verschwunden. Stattdessen hat sich sein Zweck in einen anderen, aber sehr nützlichen Zweck gewandelt: die Bereitstellung und Vorbereitung von Daten. Kapitel 5 beschäftigt sich ausführlich mit Data Lakes.

Modern Data Warehouses

Relationale Data Warehouses und Data Lakes sind an sich einfache Architekturen. Sie verwenden nur eine Technologie, um die Daten zu zentralisieren, und kommen ohne oder mit nur wenigen unterstützenden Produkten aus. Wenn Sie weitere Technologien und Produkte hinzuziehen, um relationale Data Warehouses oder Data Lakes zu unterstützen, entwickeln sie sich zu Architekturen, wie sie dieses und die folgenden Kapitel beschreiben. Data Lakes konnten relationale Data Warehouses zwar nicht ersetzen, boten aber dennoch Vorteile für die Bereitstellung und Aufbereitung von Daten. Warum als nicht die Vorteile von beidem nutzen? Um 2011 begannen viele Unternehmen, Architekturen aufzubauen, in denen sie Data Lakes neben relationalen Data Warehouses einsetzten, um die Datenarchitektur zu bilden, die wir heute als *Modern Data Warehouse* (MDW) bezeichnen (siehe Abbildung 2-3). In dieser Bezeichnung bezieht sich das Wort *Modern* auf die Verwendung neuerer Technologien und Ansätze für das Data Warehousing.

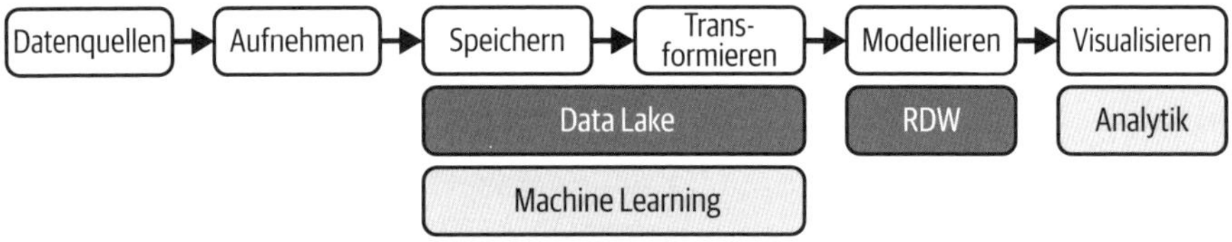

Abbildung 2-3: Modern Data Warehouse (MDW)

Es ist ein Ansatz, der das Beste aus beiden Welten vereint: Der Data Lake dient der Bereitstellung und Aufbereitung von Daten, und Data Scientists erstellen damit Modelle für Machine Learning; das Data Warehouse dient der Bereitstellung, Sicherheit und Einhaltung von Vorschriften, und Geschäftsanwender realisieren damit ihre Abfragen und Berichte. Kapitel 10 geht ausführlicher auf Architekturen für Modern Data Warehouses ein.

Data Fabric

Data Fabrics (Datengefüge) sind seit etwa 2016 auf dem Markt. Man könnte die *Data-Fabric-Architektur* als Weiterentwicklung der Modern-Data-Warehouse-Architektur betrachten, bei der Technologie hinzugekommen ist, um mehr Daten zu beschaffen, sie zu sichern und verfügbar zu machen. Außerdem wurde die Art und Weise verbessert, wie das System Daten erfasst, transformiert, abfragt, sucht und anspricht, wie Abbildung 2-4 zeigt. Mit all diesen Ergänzungen wird das System zu einem »Gefüge« (engl. *Fabric*) – einem großen Framework, das alle Arten von Daten aufnehmen kann. Kapitel 11 geht ausführlicher darauf ein.

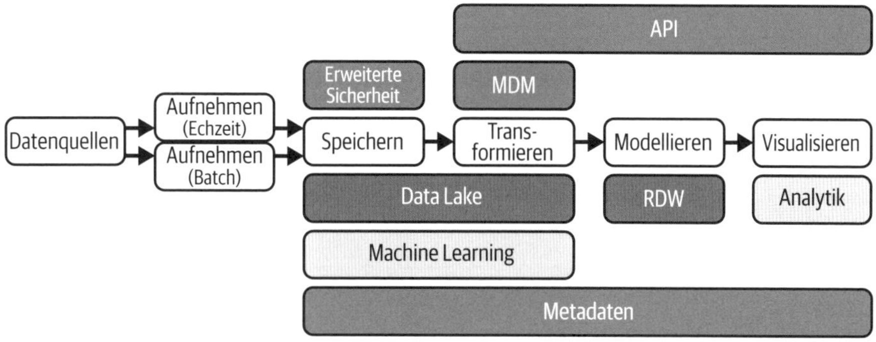

Abbildung 2-4: Data Fabric

Data Lakehouse

Der Begriff *Data Lakehouse* ist ein Kofferwort (eine Verschmelzung) aus *Data Lake* und *Data Warehouse*. Data-Lakehouse-Architekturen wurden um 2020 populär, als das Unternehmen Databricks diesen Begriff einführte. Konzeptionell wirft ein Lakehouse das relationale Data Warehouse über Bord und übernimmt lediglich ein Repository – einen Data Lake – in Ihre Datenarchitektur. Alle Arten von Daten – strukturiert, teilstrukturiert und unstrukturiert – werden in den Data Lake aufgenommen.

Ich weiß, was Sie jetzt denken: »Moment mal. Sie sagten, dass Data Lakes bei ihrer Einführung genau diesen Ansatz verfolgt haben und kläglich gescheitert sind! Was hat sich geändert?« Die Antwort ist, wie Abbildung 2-5 zeigt, eine transaktionale Speichersoftwareschicht namens Delta Lake, die auf einem vorhandenen Data Lake aufsetzt und ihn mehr wie eine relationale Datenbank funktionieren lässt. Zu den konkurrierenden Open-Source-Optionen für diese Schicht gehören Delta Lake, Apache Iceberg und Apache Hudi. All dies wird in Kapitel 12 ausführlicher behandelt.

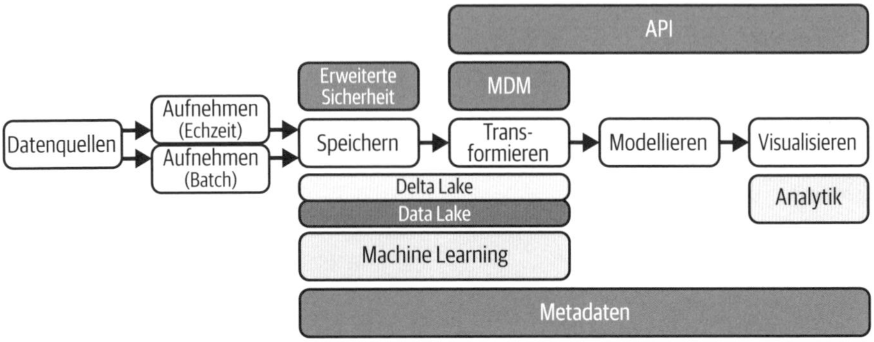

Abbildung 2-5: Data Lakehouse

Data Mesh

Der Begriff *Data Mesh* wurde erstmals in einem Blogbeitrag (*https://oreil.ly/nvu79*) von Zhamak Dehghani, der Gründerin und CEO von Nextdata und Autorin von *Data Mesh: Eine dezentrale Datenarchitektur entwerfen* (O'Reilly 2023, *https://dpunkt.de/produkt/data-mesh/*), im Mai 2019 eingeführt. Im Dezember 2020 konkretisierte Dehghani weiter, was ein Data Mesh ist (*https://oreil.ly/trtvm*), und formulierte vier fundamentale Prinzipien. Seitdem sind Data-Mesh-Architekturen ein äußerst heißes Thema, über das in zahlreichen Blogs, Präsentationen, Konferenzen und Medienberichten gesprochen wird und das sogar im *Gartner Hype Cycle for Data Management* auftaucht (*https://oreil.ly/n4Lzr*). An der Data-Mesh-Architektur gibt es eine Menge zu mögen, aber trotz des Hypes ist sie nur für eine kleine Anzahl von Anwendungsfällen geeignet.

Bei den Architekturen Modern Data Warehouse, Data Fabric und Data Lakehouse geht es prinzipiell darum, Daten zu zentralisieren, d.h. operative Daten an einen zentralen Speicherort zu kopieren, der sich im Besitz der IT-Abteilung befindet, und zwar unter einer von der IT-Abteilung kontrollierten Struktur, auf der die IT dann Analysedaten erzeugt (linke Seite von Abbildung 2-6). Dieser zentralisierte Ansatz bringt drei große Herausforderungen mit sich: Besitz der Daten, Datenqualität und organisatorische/technische Skalierung. Data Mesh verfolgt das Ziel, diese Herausforderungen zu meistern.

Ein Data Mesh speichert die Daten in mehreren Bereichen einer Firma, zum Beispiel Fertigung, Vertrieb und Lieferanten (rechte Seite von Abbildung 2-6). Jeder Bereich verfügt über ein eigenes kleines IT-Team, das seine Daten besitzt, sie bereinigt, die analytischen Daten erzeugt und sie zugänglich macht. Darüber hinaus gehört zu jedem Bereich eine eigene Berechnungs- und Speicherinfrastruktur. Dies führt zu einer *dezentralisierten* Architektur, bei der Daten,

Mitarbeitende und Infrastruktur skaliert werden – je mehr Bereiche Sie haben, desto mehr Mitarbeitende und Infrastruktur bekommen Sie. Das System kann mehr Daten verarbeiten, und die IT ist kein Engpass mehr.

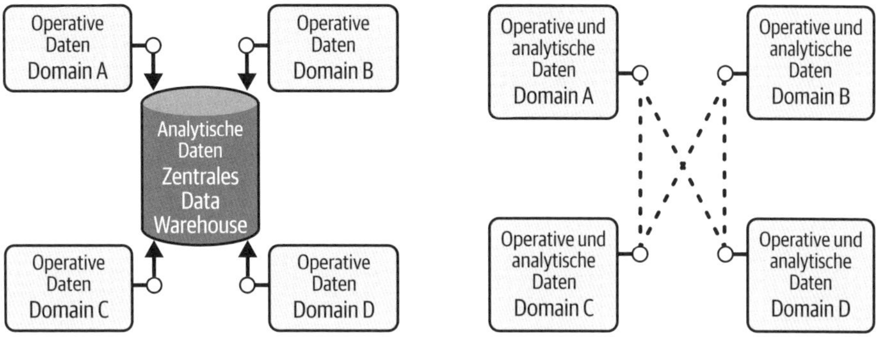

Abbildung 2-6: Data Mesh

Wichtig ist, dass Data Mesh ein Konzept verkörpert und keine Technologie. Es gibt kein »einsatzbereites Data Mesh«, das man kaufen kann. Ein Data Mesh zu implementieren, setzt erhebliche organisatorische und kulturelle Verschiebungen voraus, für die nur wenige Unternehmen bereit sind. (In der Tat sind die meisten Firmen nicht einmal groß genug, um für eine Data-Mesh-Architektur infrage zu kommen. Es handelt sich um einen unternehmensweiten Ansatz.) Um eine solche Architektur aufzubauen, muss man zunächst festlegen, welche Teile der vorhandenen Technologie wiederverwendet werden können und welche Teile man neu erstellen muss. Jeder Bereich kann selbst bestimmen, welche Technologien er für den Aufbau seines Teils des Data Mesh verwendet, zum Beispiel ein Modern Data Warehouse, eine Data Fabric oder ein Data Lakehouse. Es gibt noch viel zu sagen im Hinblick auf die Data-Mesh-Architekturen – in den Kapiteln 13 und 14 werde ich dies nachholen.

Zusammenfassung

Nachdem Sie nun ein grundlegendes Verständnis der verschiedenen Arten von Datenarchitekturen haben, erläutert das nächste Kapitel, wie Sie die beste Datenarchitektur ermitteln können: ein Prozess, den man als *Architektur-Design-Sitzung* (*Architecture Design Session*) bezeichnet.

KAPITEL 3

Die Architektur-Design-Sitzung

Ich habe Hunderte von Architektur-Design-Sitzungen durchgeführt und dabei festgestellt, dass sie unumgänglich sind, um eine erfolgreiche Datenlösung aufzubauen. In diesem Kapitel erfahren Sie, wie Sie eine Architektur-Design-Sitzung absolvieren, die Ihre Datenlösung auf den richtigen Weg bringt.

Was ist eine ADS?

Eine *Architektur-Design-Sitzung* (ADS) ist eine strukturierte Diskussion mit geschäftlichen und technischen Interessengruppen, die von technischen Experten geleitet wird und sich auf die Definition und Planung des High-Level-Designs eines Projekts konzentriert, um Daten für bestimmte Geschäftsmöglichkeiten zu sammeln. Die erste ADS leitet den Architekturprozess ein und wird zu vielen weiteren Diskussionen führen (möglicherweise auch zu anderen Architektur-Design-Sitzungen), um das Datenprojekt zu unterstützen. Die ADS sollte zwei Ergebnisse hervorbringen:

- Eine Architektur (oder »Vorlage«), die sich als Ausgangspunkt für das Datenprojekt eignet.
- Einen High-Level-Aktionsplan, der Folgedemonstrationen, Proofs of Concepts und Produktdiskussionen enthalten kann.

Eine ADS ist weder ein technischer Workshop noch eine technische Schulung, weder eine technische Demonstration noch eine Sitzung für Low-Level-Anforderungen.

Warum eine ADS abhalten?

Es gibt viele Gründe, eine ADS durchzuführen. Zum einen bringt sie oft mehrere Interessengruppen aus derselben Organisation zusammen, darunter auch solche, die sich noch nie persönlich getroffen haben. Schon allein die Tatsache, dass man sich persönlich oder virtuell trifft, kann die Kreativität und Problemlösung fördern. Darüber hinaus können Interessentinnen und Interessenten dabei sein, die ihr Geschäft perfekt beherrschen und in der Lage sind, die auf der Agenda stehenden Anwendungsfälle sehr detailliert zu beschreiben.

Die ADS differenziert auch zwischen Projekten mit einem soliden Geschäftsszenario und »wissenschaftlichen Projekten«, die dazu dienen, eine Technologie oder ein Produkt zu testen. Sie macht die Gründe für das Projekt deutlich und umreißt, sofern es sich tatsächlich um ein wissenschaftliches Projekt handelt, die dafür bereitgestellten Mittel.

Zudem bietet eine ADS einen strukturierten Rahmen für »groß denken, klein beginnen«. Wie bereits erwähnt, geht es dabei um die Entwicklung einer High-Level-Architektur, aber auch um die Frage, wie man klein anfangen kann, um schnelle Erfolge zu erzielen. Beispielsweise kann die Architektur letztendlich die Aufnahme von Daten aus Dutzenden von Quellen beinhalten, aber die ADS könnte einen Ansatz mit geringem Risiko und hohem Nutzen wählen, wie zum Beispiel mit zwei oder drei hochwertigen Datenquellen zu beginnen, die geschätzt weniger Arbeitsstunden zur Fertigstellung benötigen. Sie können auch die Kunden Ihres Unternehmens und/oder Ihrer Partnerorganisationen in eine ADS einbeziehen. Als ich meine erste ADS durchführen wollte, beschrieb ein anderer Microsoft-Architekt den Prozess als »Business-Therapie«. Ich fand schnell heraus, was er damit meinte. Wir hatten etwa ein Dutzend Teilnehmende aus einem Kundenunternehmen, von denen sich die meisten noch nie getroffen hatten. Wir begannen, die aktuelle Umgebung zu besprechen, und einige brachten Probleme zur Sprache, die den Fortschritt behinderten. Zu meiner Überraschung meldete sich einer der Teilnehmer aus diesem Unternehmen zu Wort und gab Ratschläge dazu, wie man die Blockade lösen könnte. Anschließend wurden zwei weitere Hindernisse aus dem Weg geräumt, während ich mich zurücklehnte und zuhörte. (Natürlich helfen auch meine Mitarbeitenden und ich oft bei der Beseitigung von Blockaden, aber es war schon aufschlussreich, still zu sein und den anderen zu erlauben, Probleme selbst zu lösen.)

Sie werden auch auf andere Weise von Ihren Kunden lernen, vor allem wenn Ihr Kundenmanagementteam nicht so gründlich war, wie es hätte sein können. So können Sie allen Fragen nachgehen, die Sie zur aktuellen Umgebung haben, oder zu Problemen und Zielen des Kunden, und Sie können weitere Informationen sammeln, die Sie benötigen.

Eine Kunden-ADS bietet Ihrem Kundenmanagementteam viele Möglichkeiten zur Nachbereitung, beispielsweise Demos, Machbarkeitsnachweise (*Proofs of Concepts*) und Antworten auf technische Fragen. Dies ist eine großartige Möglichkeit, einen Kunden, der nicht optimal arbeitet, wieder in Schwung zu bringen und den Verkaufszyklus zu beschleunigen. Und wenn Sie mit einem Partner zusammenarbeiten, zum Beispiel mit einem Beratungsunternehmen, sollten Sie erwägen, diesen zusammen mit dem Kunden in die ADS einzubeziehen, um beide darin zu schulen, wie die Technologie zu verwenden ist. Klären Sie dies jedoch vorher mit dem Kunden ab, insbesondere wenn es um sensible Informationen geht.

Vor der ADS

In diesem Abschnitt gehe ich davon aus, dass Sie der Architekt oder die Architektin sind, der oder die die ADS leiten wird. Aber auch wenn Sie es nicht sind, empfehle ich Ihnen, diesen Abschnitt zu lesen, bevor Sie an einer ADS teilnehmen.

Vorbereiten

Nehmen Sie sich mindestens einen Tag Zeit, um sich auf einen ADS-Workshop vorzubereiten. Das betrifft zunächst einmal die Logistik des Treffens. Findet es physisch oder virtuell statt? Wenn physisch, stellt sich die Frage, ob Sie ausreichend Platz haben. Bei einem virtuellen Workshop müssen Sie die zu verwendende Plattform klären. Steht die erforderliche Ausrüstung bereit, beispielsweise Whiteboard, Audio/Video und andere Hilfsmittel? Wer wird sich um das Mittagessen kümmern?

Wenn die ADS persönlich stattfindet und wenn vor allem eine größere Gruppe anreist, plane ich in der Regel einen ganzen Sieben- oder Achtstundentag ein, da es aus logistischen Gründen schwierig sein kann, alle Teilnehmer an mehreren Tagen in einem Raum zu versammeln. Wenn viele der Technologien für den Kunden neu sind, reichen sechs oder sieben Stunden, damit die Teilnehmenden die Informationen gut aufnehmen können. Sollten Sie merken, dass die Teilnehmenden überfordert sind, empfiehlt es sich, die ADS eher zu beenden, denn sonst wird alles andere, was Sie behandeln, ohnehin vergessen.

Für Fern-ADS sind zwei vierstündige Sessions in der Regel besser als ein ganzer Tag. Ich versuche, diese beiden vierstündigen Sitzungen an aufeinanderfolgenden Tagen oder zumindest innerhalb einer Woche abzuhalten.

Vergewissern Sie sich, dass Sie das Projektbudget, den Zeitplan und die Entscheidungsträger kennen. Dies ist unabhängig davon wichtig, ob es sich um ein internes Treffen handelt oder nicht. Wenn Sie beispielweise eine lange Liste von Kunden haben, die eine ADS abhalten wollen, können Sie sich anhand dieser Informationen besser auf die jeweiligen Perspektiven der Unternehmen konzentrieren. Findet die ADS für einen Kunden statt, lesen Sie am besten dessen letzten Unternehmensbericht, um einen Einblick in die allgemeine Interessenlage und die konkreten Anliegen des Kunden zu erhalten.

Ich empfehle Ihnen auch, ein Vorgespräch zu führen, um mit dem Kundenmanagement in Ihrem Unternehmen zu sprechen, das den Kunden betreut. Dabei werden Sie höchstwahrscheinlich Folgendes besprechen wollen:

- Einzelheiten über den Kunden und den Hintergrund sowie den Kontext des Projekts.
- Wie können Sie dem Kunden helfen?
- Die Ziele des Kundenmanagements und das gewünschte Ergebnis des Treffens (soll der Kunde zum Beispiel einen Machbarkeitsnachweis anfordern?).
- Wie gut kennt der Kunde Ihre Produkte?
- Wie werden Sie die ADS ausführen, und was erwarten Sie vom Kundenmanagement?

Die Ergebnisse dieses Treffens sind eine E-Mail an das Kundenmanagement mit einer Zusammenfassung des Gesprächs, ein Entwurf der Agenda, der an den Kunden geschickt werden kann, ein Sitzplan (wenn die ADS persönlich stattfindet) sowie eine Erinnerung an das Kundenmanagement, ein Vorgespräch mit dem Kunden zu vereinbaren.

Weisen Sie den Kunden darauf hin, dass das Vorgespräch vor allem deshalb geführt wird, um alle Beteiligten so gut wie möglich auf die ADS vorzubereiten. Anhand der gewonnenen Informationen können Sie bei Bedarf Themen auffrischen oder Fachleute hinzuziehen, die Sie in Bereichen unterstützen, mit denen Sie nicht vertraut sind. Machen Sie zudem allen die Agenda bekannt, denn gemeinsam können Sie sicherstellen, dass sie keine themenfremden Punkte enthält. Wenn der Schwerpunkt der ADS beispielsweise auf Datenarchitekturen liegt, sollten Diskussionen über Sicherheit oder DevOps am besten außerhalb der ADS geführt werden.

Die Kundenvorbesprechung sollte unter anderem folgende Punkte beinhalten:

Was ich bisher verstanden habe ...
: Rekapitulieren Sie zunächst Ihr Verständnis des Problems oder des Falls, damit der Kunde die Möglichkeit hat, etwaige falsche Vorstellungen zu korrigieren.

Erzählen Sie mir etwas über die Teilnehmenden ...
: Finden Sie heraus, wer anwesend sein wird und welche Rolle die Personen im Unternehmen spielen. So können Sie feststellen, wie tiefgründig oder hochrangig die Technologiediskussion sein wird.

So wird es ablaufen ...
: Entwerfen Sie eine Tagesordnung und gehen Sie sie mit dem Kunden durch, aber versichern Sie ihm, dass die Diskussion bei Bedarf auch anders verlaufen kann. Erläutern Sie den Ansatz, den Sie bei der Durchführung der ADS verfolgen werden, sodass der Kunde seine Erwartungen daran orientieren kann. Sagen Sie ihm zum Beispiel, dass sich die Teilnehmenden zu 100% auf das Gespräch konzentrieren sollten – keine Telefonate oder E-Mails für alle Beteiligten, und das gilt auch für Sie selbst.

Was sollen wir uns ansehen?
: Dies ist die Erkundungsphase. Ermuntern Sie Ihre Kunden, Ihnen Architekturdiagramme für ihr aktuelles Projekt zu schicken, alle Architekturen, die sie vielleicht für ihr zukünftiges Projekt entworfen haben, und alle Dokumente, die das aktuelle Projekt und zukünftige Pläne beschreiben.

Wie würde eine erfolgreiche ADS für Sie aussehen?
: Fragen Sie: »Gibt es noch etwas, das ich beachten sollte?« Diese Frage kann Fragen oder Ziele hervorbringen, die sonst vielleicht übersehen werden.

Abbildung 3-1 zeigt eine beispielhafte ADS-Agenda.

Achten Sie darauf, in der Agenda Pausen einzuplanen – übergehen Sie sie nicht. Es mag verlockend sein, eine Pause ausfallen zu lassen, wenn die Diskussion in vollem Gang ist, aber das ist meist ein Fehler. Bitten Sie jemanden aus Ihrem Kundenmanagementteam, Sie daran zu erinnern, falls Sie eine Pause übergangen haben.

Nehmen Sie sich im Vorfeld etwas Zeit, um sich mit allen Tools vertraut zu machen, die Sie für das Whiteboard verwenden werden (zum Beispiel *Surface Hub*), damit Sie nicht erst während der ADS im Bedienungshandbuch nachschlagen müssen. Tun Sie so, als befänden Sie sich in einer ADS, und verwenden Sie das Whiteboard, um Ziele, Pain Points[1] und Folgemaßnahmen aufzuschreiben und die Architektur zu skizzieren, basierend auf Ihren Vermutungen darüber, wie der Kunde Ihre Fragen beantworten wird. Sie können sogar einen Mitarbeiter bitten, in die Rolle des Kunden zu schlüpfen, um Ihnen zu helfen.

1 Pain Point, ein Problem von Kunden, Beschäftigten usw., das diese zum Handeln motiviert.

Your Company Name

Architecture Design Session

Modern Data Warehouse

Agenda

9:00 – 9:15	**Welcome and Introductions**	**Architect name**
	Review and outline the goals and outcomes that COMPANY X is looking to drive as part of this strategy briefing	
9:15 – 10:30	**Background / Discovery / Current State Review**	**All**
	Review current data platform and capture future state vision	
10:30 – 12:00	**Modern Data Warehouse Overview**	**Architect name**
	High-level discussion of the modern data warehouse architecture. Ingest, Store, Transform, Model, Visualize.	
12:00 – 12:30	**Lunch**	
12:30 – 2:00	**Data Lake Concept**	**Architect name**
	How to organize the data lake and data governance	
2:00 – 3:45	**Product use case discussion**	**Architect name**
	What products to use, their use cases, and what would the solution look like	
3:45 – 4:00	**Wrap Up Day**	**All**
	Summarize discussions and capture action items	

* Breaks will be added as needed

Abbildung 3-1: Beispiel-Agenda für eine ADS über ein Projekt für ein Modern Data Warehouse

Teilnehmerinnen und Teilnehmer einladen

Die Entscheidung, wer an der ADS teilnehmen soll, hängt ein wenig davon ab, ob es sich um einen internen Kunden (eine Gruppe innerhalb Ihres Unternehmens) oder einen externen Kunden (ein externes Unternehmen, mit dem Sie in einer Geschäftsbeziehung stehen) handelt.

Seitens des Kunden (oder bei einer internen ADS seitens der Gruppe, für die Sie die ADS durchführen) sollten folgende Personen teilnehmen:

- die Sponsoren (mindestens ein Vertreter aus dem Unternehmen und eine Vertreterin aus der IT-Abteilung),
- Vertreterinnen und Vertreter des Unternehmens,
- Vertreterinnen und Vertreter der technischen Abteilungen,
- Projektleiterinnen und -leiter sowie
- Berater, Architektinnen, Entwickler und Mitarbeiterinnen für infrastrukturelle und betriebliche Abläufe – je nach Bedarf.

Aus Ihrem Team nehmen Sie folgende Personen mit:

- einen Architekten, der die Sitzung moderiert und sicherstellt, dass die ADS ihre Ziele erreicht,
- aus dem Kundenmanagementteam einen Leiter, eine Spezialistin und/oder Architekten für Cloudprojekte,
- Expertinnen und Experten, die detailliertes Wissen zu bestimmten Themen vermitteln,
- mindestens eine Person, die Notizen macht (möglicherweise ein Mitglied des Kundenmanagementteams).

Wenn der Kunde über ein Themengebiet sprechen möchte, mit dem Sie nicht vertraut sind, ist es in den meisten Fällen besser, einen Experten oder eine Expertin hinzuzuziehen, anstatt zu versuchen, sich das Thema selbst anzueignen, insbesondere wenn Ihre Zeit begrenzt ist. Vergessen Sie nicht, diesem oder dieser hinterher zu danken und seiner oder ihrer Führungskraft anschließend eine nette E-Mail zu schicken. Wenn ein Fachexperte an der ADS teilnimmt, haben alle etwas davon: Der Kunde freut sich über den fachkundigen Rat, das Kundenmanagementteam ist zufrieden, weil der Kunde zufrieden ist, und Sie können von den Fachleuten lernen.

Beginnen Sie gerade, sich in das Moderieren einzuarbeiten, sollten Sie vielleicht auch einen Mentor bitten, an der ADS teilzunehmen, Sie während der ADS zu unterstützen (indem er Fragen beantwortet, die Sie nicht beantworten können) und Ihnen im Nachhinein Feedback zu geben, was Sie gut gemacht haben und was Sie besser machen könnten.

Manchmal stelle ich die Tagesordnung so zusammen, dass die Teilnehmenden nur an einem Teil der Veranstaltung teilnehmen müssen. So könnte ich zum Beispiel den Vormittag eher für den geschäftlichen Bereich und die Erkundung des Unternehmens einplanen und die technische Seite für den Nachmittag reservieren, wenn wir uns mit der vorgeschlagenen Architektur und den Technologien befassen. In diesem Beispiel würden die Führungskräfte der C-Ebene wahrscheinlich an der Vormittagssitzung teilnehmen und die Techniker die Sitzung am Nachmittag besuchen. Allerdings kann jeder, der möchte, den ganzen Tag über präsent sein – vielleicht sind einige C-Level-Leute an der technischen Diskussion interessiert, während ein paar technische Mitarbeitende bei der Erkundung zugegen sein möchten.

Die ADS leiten

Denken Sie daran, dass Sie das Sagen haben. Es liegt also an Ihnen, den Ton anzugeben und das Treffen in die richtigen Bahnen zu lenken. Wenn jemand einen Punkt anspricht, der nicht zum Thema gehört, verabreden Sie, dass Sie ihn offline besprechen, und schreiben Sie ihn dann zur Nachverfolgung auf das Whiteboard. Ähnlich verhält es sich, wenn Sie oder jemand anderes sich bereit erklärt, einen bestimmten Punkt weiterzuverfolgen. Notieren Sie diesen dann ebenfalls auf dem Whiteboard. Überlassen Sie es dem Kundenmanagementteam, sich Notizen zu machen – Sie müssen sich auf das Gespräch mit dem Kunden und den Inhalt des Whiteboards konzentrieren.

Überprüfen Sie nach der Hälfte der Zeit die Agenda und die Ziele. Wenn Sie im Rückstand sind, weisen Sie den Kunden darauf hin, dass das Meeting im Zeitplan bleiben muss, um sämtliche Ziele zu erörtern. Sieht es so aus, als könnten Sie aus Zeitmangel nicht alle Ziele abzuarbeiten, bitten Sie den Kunden, die Ziele neu zu priorisieren, sodass die Ziele, die nicht diskutiert werden, die niedrigste Priorität haben.

Einführungen

Bitten Sie zu Beginn der ADS alle Teilnehmenden, sich vorzustellen und ihre Namen, ihre Rollen und ihre Kenntnisse über die zu besprechende Technologie (wenn überhaupt) anzugeben. Dann – und das ist vielleicht das Wichtigste – fragen Sie die Teilnehmenden, was sie mit der ADS erreichen wollen (ihre Lernziele). Schreiben Sie die Ziele auf das Whiteboard und legen Sie gemeinsam Prioritäten fest. Sollten Personen nicht an der Vorbesprechung teilgenommen haben, stellen Sie klar, was die ADS behandeln wird.

Nutzen Sie diese Zeit, um zu erläutern, wie und warum die ADS organisiert wurde, und legen Sie Grundregeln für den Rest des Tages fest. Teilen Sie ihnen beispielsweise mit, dass Sie ihnen eine Kopie des endgültigen Whiteboards schicken werden, sodass sie keine Fotos davon zu machen brauchen, dass es eine interaktive Sitzung sein wird und Sie viele Fragen erwarten, dass die Agenda nur eine Empfehlung ist und die Gruppe andere Themen behandeln kann, die sie für wertvoll hält, und dass Sie Folgesitzungen abhalten können, um zusätzliche Themen zu behandeln, wenn Ihnen die Zeit ausgeht (es gibt keinen Grund, wichtige Gespräche durchzupeitschen).

Erkundung

Bei der *Erkundung* nehmen Sie sich zu Beginn der ADS ein oder zwei Stunden Zeit, um zum Beispiel folgende Punkte zu klären:

- die aktuellen Pain Points des Kunden
- die aktuelle Technologie und Architektur des Kunden
- die zukünftige Architektur des Kunden (falls eine solche bereits diskutiert wurde)
- alle bereits getroffenen Entscheidungen über Technologien, Produkte oder Tools, die der Kunde verwendet oder zu verwenden plant
- aktuelle und zukünftige Anwendungsfälle
- Details zum Unternehmen des Kunden

Der Kunde sollte den größten Teil des Gesprächs führen, insbesondere zu Beginn der ADS. Denn wenn Sie die ganze Zeit reden, werden Sie nichts über den Kunden erfahren. Ich beginne immer damit, eine Menge Fragen zu stellen und Antworten zu erhalten, bevor ich in den »Lehrmodus« übergehe, in dem ich anfange, länger zu reden. Doch selbst dann mache ich immer wieder Pausen für Fragen. Vielleicht sollten Sie Ihren Gesprächspartnern von Anfang an sagen, dass Sie regelmäßig Pausen für Fragen einlegen werden.

Ein guter Architekt stellt viele Fragen. Ein Sprichwort sagt: »Man weiß nicht, was man nicht weiß.« Erfahrene Architektinnen und Architekten kennen alle verfügbaren Architekturen, Techniken und Tools. Zudem halten sie sich über die sich ständig verändernde Landschaft der Technologien und Produkte auf dem Laufenden. Sie verfügen über das nötige Fachwissen, um Fragen zu stellen, die bei der Auswahl der richtigen Technologien und Produkte helfen. Erkundung ist die beste Methode, um die Produktoptionen auf eine praktikable Anzahl der für Sie infrage kommenden Produkte einzugrenzen. Dann können Sie die beste Architektur und die besten Produkte für den jeweiligen Anwendungsfall entwickeln.

Nehmen wir an, Sie verkaufen medizinische Instrumente aus einem Lieferwagen heraus, der mit 1.000 Instrumenten gefüllt ist. (Normalerweise funktioniert das nicht so, aber seien Sie nachsichtig mit mir.) Sie würden nicht einfach auf einen Arzt zugehen, auf Ihren Lieferwagen zeigen und ihn bitten, sich alle Instrumente anzusehen, um sich diejenigen herauszusuchen, die ihm gefallen. Vielmehr würden Sie dem Arzt eine Reihe von Fragen stellen – zu seinem Praxisbereich, seinen Instrumenten und seinem Budget – und ihm anhand seiner Antworten nur eine kleine Auswahl an Instrumenten zur Begutachtung präsentieren. Architekten gehen genauso vor, und die Erkundungsphase der ADS ist eine gute Gelegenheit, Ihre Fragen zu stellen, während die zuständigen Personen im Raum sind.

Ich möchte noch einen weiteren guten Ratschlag weitergeben, den ich zu Beginn meiner Karriere erhalten habe: Wenn Sie anfangen, Fragen zu stellen, sollten Sie sich von der Lösung fernhalten. Anders ausgedrückt: Sprechen Sie *nicht* über Architekturen oder Produkte, bevor Sie nicht alle Fragen zur Erkundung gestellt haben. Hat ein Kunde bei meinen ersten Architektur-Design-Sitzungen erwähnt, dass er ein Data Warehouse aufbauen wollte, bin ich unmittelbar dazu übergegangen, ein Microsoft-Produkt vorzustellen. Ich hätte abwarten und alle meine Fragen stellen sollen, um mir klarzumachen, was der Kunde tatsächlich erreichen will. Stattdessen musste ich manchmal feststellen, dass der Kunde in Wirklichkeit gar kein Data Warehouse benötigte. Demzufolge waren meine Bemühungen, ihn über das Data-Warehouse-Produkt aufzuklären, vollkommen umsonst.

ADS-Fragebogen

Werfen Sie bei der Planung Ihrer ADS einen Blick auf die Liste der Fragen, die ich im Laufe zahlreicher von mir durchgeführter Architektur-Design-Sitzungen entwickelt habe. Zu Beginn des Meetings nehme ich mir ein oder zwei Stunden Zeit für die »Erkundung« dieser Fragen. Sie werden feststellen, dass sich keine der Fragen auf ein konkretes Produkt bezieht. Sie können beginnen, eine Architektur herstellerneutral zu entwickeln. Später in der ADS können Sie fragen, welche Projekte der Kunde derzeit verwendet und welchen Cloud-Provider er bevorzugt. Daraufhin können Sie die Produkte auf dieser Architektur anwenden.

Nutzt Ihr Unternehmen die Cloud?
: Heutzutage lautet die Antwort fast immer *Ja*. Andernfalls sollten Sie herausfinden, warum das nicht so ist, und prüfen, ob Sie die Quelle des Widerstands überwinden können. Viele dieser Kunden müssen einfach nur die Vorzüge der Cloud besser verstehen (siehe Kapitel 16). Andere haben überholte Vorstellungen, die gegen die Nutzung der Cloud sprechen, wie zum Beispiel »nicht genügend Sicherheit«. Derartige Bedenken sind aber längst ausgeräumt.

Handelt es sich bei der ins Auge gefassten Datenarchitektur um eine neue Lösung oder um eine Migration?
: Bei einer Migration muss ein Teil des Gesprächs der Frage gewidmet sein, wie die bestehende Lösung auf die neue Lösung migriert werden kann.

Welche Fähigkeiten haben die Ingenieure?
: Inwieweit die Dateningenieure mit den Produkten und Technologien vertraut sind, hat großen Einfluss auf die Produkte, die ich empfehle. Wenn sie sich bereits mit dem Tool auskennen, benötigen sie weniger Zeit für Schulungen, was höchstwahrscheinlich Kosten spart.

Werden Sie nicht relationale Daten verwenden?
: Mit anderen Worten: Wie vielfältig werden die Daten sein? Wenn nicht relationale Daten aus einer der Quellen stammen, benötigt der Kunde auf jeden Fall einen Data Lake. Daher ist dies ein guter Zeitpunkt, um den Kunden in die Data-Lake-Technologien und das entsprechende Design einzuführen.

Wie viele Daten müssen Sie speichern?
: Welches Speichervolumen ist erforderlich? Die Größe der Daten hat einen großen Einfluss auf die Performance. Bei sehr umfangreichen Daten müssen Sie besprechen, wie die Architektur (zum Beispiel die Ordnerstruktur des Data Lake) zu gestalten ist, um Performanceprobleme wie langsame Abfragen und Berichte zu vermeiden.

Werden Sie Streaming-Daten verarbeiten?
: Welche Geschwindigkeiten sind erforderlich? Streaming-Datenquellen, wie zum Beispiel IoT-Geräte, beeinflussen die Art der Produkte, die zur Unterstützung derartiger Daten erforderlich sind.

Werden Sie Dashboards und/oder Ad-hoc-Abfragen verwenden?
: Die Art und Weise, wie die Daten verwendet werden sollen, beeinflusst nicht nur die Art der Produkte, die Sie empfehlen, sondern auch die Anforderungen an die Systemperformance. So brauchen Sie beispielsweise bei Dashboards Reaktionszeiten im Millisekundenbereich, damit die Endbenutzer die Daten ohne merkliche Verzögerungen detailliert analysieren können.

Werden Sie Batch- und/oder interaktive Abfragen verwenden?
: Klären Sie unbedingt, auf welche Arten die Daten abgefragt werden. Dies wirkt sich auf die Art und Weise der Speicherung aus und auch auf die für eine akzeptable Performance erforderliche Rechenleistung.

Wie schnell müssen Berichte laufen? Gibt es Service-Level-Agreements (SLAs)[2] mit spezifischen Anforderungen?
: Ob die Berichte in Millisekunden oder Minuten ausgeführt werden müssen, wirkt sich auf die Architektur, die verwendeten Produkte und die Anzahl der erforderlichen Datenkopien aus, um ein akzeptables Performanceniveau zu erreichen. Zum Beispiel kann es sein, dass die Daten aggregiert werden müssen.

2 Service-Level-Agreement, dt. Dienstleistungs-Güte-Vereinbarung; Rahmenvertrag zwischen Auftraggeber und Dienstleister.

Werden Sie diese Daten für prädiktive Analysen oder Machine Learning verwenden?

Wenn das zutrifft, erörtern Sie die für Machine Learning (ML, maschinelles Lernen) oder Analysen verwendeten Produkte und geben Methoden an, um Daten zu erfassen, die das Training der ML-Modelle erleichtern.

Was sind Ihre Anforderungen an Hochverfügbarkeit und/oder Notfallwiederherstellung (zum Beispiel Zielvorgaben für die Wiederherstellungszeit und den Wiederherstellungszeitpunkt)?

Die meisten Cloud-Provider realisieren die gesamte Hochverfügbarkeit, die ein durchschnittlicher Kunde benötigt, wobei aber für die Unterstützung spezieller Anforderungen an die Hochverfügbarkeit gegebenenfalls Änderungen in der Architektur erforderlich sind. Bei geforderter Notfallwiederherstellung müssen Sie je nach den Zielen für Wiederherstellungspunkte (*Recovery Point Objectives*, RPO) gegebenenfalls größere Ergänzungen an der Architektur vornehmen. Diese Frage ist auch eine gute Möglichkeit, den Kunden zum Nachdenken über die Wiederherstellung im Katastrophenfall anzuregen, wenn in seiner aktuellen Lösung noch keine Wiederherstellung vorgesehen ist.

Müssen Sie Stammdaten verwalten?

Bei der Stammdatenverwaltung (*Master Data Management*, MDM) wird für jede Person, jeden Ort oder jede Sache in einem Unternehmen ein einzelner Stammdatensatz erstellt, der aus internen und externen Datenquellen und Anwendungen zusammengetragen wird. Diese Stammdatensätze können dann verwendet werden, um genauere Berichte, Dashboards, Abfragen und Modelle für Machine Learning zu erstellen. Kapitel 6 beschäftigt sich ausführlich mit MDM. Wenn MDM benötigt wird, müssen Sie zeigen, wie sie sich in die Architektur einfügt, und Produkte empfehlen.

Gibt es Sicherheitsbeschränkungen beim Speichern von Daten in der Cloud (zum Beispiel festgelegt in den Kundenverträgen)?

Dies ist eine sehr wichtige Frage: Verträge können die Möglichkeiten des Unternehmens in Bezug auf die Daten seiner Kunden einschränken. Wenn Kunden beispielsweise Daten in bestimmten Ländern aufbewahren und diese Daten das Land nicht verlassen dürfen, müssen Sie eine Lösung mit mehreren Data Lakes entwickeln. Ähnlich sieht es aus, wenn der Kunde keine personenbezogenen Daten in der Cloud speichern darf. Dann müssen Sie darüber sprechen, wie und wann diese Daten anonymisiert werden sollen.

Erfordert diese Lösung einen 24/7-Kundenzugriff?

Ist das der Fall, muss die Architektur die Ausfallzeiten für die einzelnen Komponenten minimieren oder eliminieren. Wenn der Kunde beispielsweise ein relationales Data Warehouse verwendet, muss die Lösung sicherstellen, dass kein Wartungsfenster erforderlich ist, um Daten zu laden und zu bereinigen.

Wie viele gleichzeitige Benutzer werden zu Spitzenzeiten auf die Lösung zugreifen? Und wie viele sind im Durchschnitt zu erwarten?
Dies ist wichtig zu wissen, da einige Produkte nur eine begrenzte Anzahl von Benutzern unterstützen, die gleichzeitig zugreifen dürfen. Wenn die Anzahl der gleichzeitigen Benutzer über oder nahe an einer solchen Grenze liegt, sollten Sie diese Produkte vermeiden oder sie mit anderen Produkten kombinieren, um das Risiko zu minimieren, eine Grenze zu überschreiten.

Wie hoch ist das Qualifikationsniveau der Endbenutzer?
Hiervon hängt ab, welche Produkte Sie empfehlen. Bei einem niedrigen Qualifikationsniveau können Sie No-Code-/Low-Code-Produkte empfehlen. Wenn ich zum Beispiel Spark erwähne und mich der Kunde ausdruckslos anstarrt, würde ich keinesfalls weiter über Spark-artige Produkte sprechen, sondern mich stattdessen auf einfacher zu verwendende Produkte konzentrieren. Ist das Qualifikationsniveau hoch, können Sie Versionen mit einem höheren Codierungsanteil in Betracht ziehen.

Wie hoch ist Ihr Budget?
Selbstverständlich hat das Projektbudget einen erheblichen Einfluss auf die Architektur und die Produkte, die Sie auswählen. Wenn Sie über ein großes Budget verfügen, gibt es keine Beschränkungen für die Architektur – Sie können entwerfen, was immer Sie wollen. Allerdings werden Sie häufig auf Kunden mit niedrigen Budgets treffen. Dies zwingt Sie dazu, Kompromisse einzugehen: So können Sie beispielsweise die Kosten senken, indem Sie weniger Rechenleistung einsetzen, was jedoch zulasten der Leistung geht (da das Laden von Daten und das Reporting länger dauern).

Wie sieht Ihr geplanter Zeitrahmen aus?
Bei einem lang gesteckten Zeitplan, der beim Aufbau eines Data-Warehouse-Projekts üblich ist, sollten Sie sich mit dem Cloud-Provider treffen, um herauszufinden, welche Produkte in der Entwicklung sind, aber noch nicht angekündigt wurden. Dann können Sie Ihren Kunden darüber aufklären, worauf es sich zu warten lohnt. Das Letzte, was Sie wollen, ist, ein Projekt mit einem Produkt in Angriff zu nehmen, nur um dann nach vier oder fünf Monaten herauszufinden, dass der Cloud-Provider ein besseres Produkt auf den Markt bringen wird.

Sind die Quelldaten in der Cloud und/oder lokal gespeichert?
Wenn sich einige der Datenquellen vor Ort befinden, benötigen Sie eine Pipeline von der lokalen Quelle zur Cloud. Je nach Umfang der Daten könnte dies Änderungen an der Architektur erforderlich machen, zum Beispiel die Verwendung eines Produkts, das eine größere Pipeline ermöglicht.

Wie viele Daten müssen jeden Tag in das Projekt importiert werden?

Wenn jede Nacht eine große Datenmenge hochgeladen werden muss, könnte die Übertragung zu lange dauern. Anstatt jede Nacht viele große Dateien hochzuladen, muss das System die Daten möglicherweise häufiger hochladen, vielleicht stündlich. Prüfen Sie auch, ob sich das Hochladen durch architektonische Änderungen beschleunigen lässt, zum Beispiel durch parallele Daten-Uploads, das Komprimieren der Daten vor dem Hochladen oder durch den Einsatz von Produkten, die schnellere Dateiübertragungen beherrschen.

Was sind Ihre derzeitigen Pain Points oder Hindernisse in Bezug die Performance? Skalierung? Speicherung? Gleichzeitigkeit? Abfragezeiten?

Diese Pain Points müssen Sie kennen, damit Sie eine Architektur entwerfen können, die diese Probleme angeht und beseitigt. Niemand möchte Zeit und Geld in den Aufbau eines neuen Projekts stecken, das ihn mit denselben Problemen zurücklässt. Daher müssen Sie die ADS-Teilnehmenden davon überzeugen, dass die Lösung, die Sie auf dem Whiteboard vorstellen, ihre Probleme lösen wird.

Möchten Sie Tools von Drittanbietern und/oder Open-Source-Tools verwenden?

Nur sehr wenige Kunden werden sich vollständig auf einen bestimmten Cloud-Provider festlegen und nur dessen Produkte verwenden. Wenn Sie also die Erkundung der High-Level-Architektur abgeschlossen haben und zu dem Punkt kommen, an dem Sie über Produkte sprechen, können Sie die Verwendung von Drittanbieter- und Open-Source-Tools empfehlen, mit denen die Ingenieure bereits vertraut sind.

Stimmen Sie der Verwendung von Produkten zu, die sich in der öffentlichen oder privaten Vorabversion befinden?

Bevor ein Produkt allgemein verfügbar gemacht wird, befindet es sich zunächst in einer privaten Vorabversion (nur für einige wenige eingeladene Kunden) und geht dann in die öffentliche Vorabversion (die jeder nutzen kann) über. Damit will man sicherstellen, dass das Produkt so stabil und fehlerfrei wie möglich ist. Zu den Nachteilen eines Produkts, das noch nicht freigegeben ist, gehören eingeschränkte Funktionalität, potenzielle Fehler, fehlender Support, unvorhersehbare Änderungen und Ungewissheit bezüglich der Preisgestaltung. Wenn das Unternehmen bereit ist, private oder öffentliche Vorabversionen zu verwenden, kann es ein neues Produkt oder eine neue Funktion sofort nutzen.

Einige Unternehmen haben strenge Richtlinien, die die Verwendung von Produkten verbieten, bevor sie freigegeben sind. Allerdings kann diese Richtlinie nur für Produkte gelten, die das Unternehmen in die Produktion überführt hat. Es ist demnach in Ordnung, Vorabversionen zu verwenden, die bereits zu einem Zeitpunkt freigegeben sind, an dem das

Projekt in Produktion geht. (Da es recht lange dauert, eine Datenarchitektur aufzubauen, kommt dies häufig vor.)

Was sind Ihre Sicherheitsanforderungen? Brauchen Sie Datenhoheit?
Die Antworten auf diese Fragen können die Architektur in vielerlei Hinsicht verändern. Möglicherweise müssen Sie Verschlüsselung oder zusätzliche Sicherheitsfunktionen einbauen. Hier könnte auch die Forderung nach mehreren Data Lakes zutreffen, wenn Daten ein Land nicht verlassen dürfen.

Sind Datenverschiebungen eine Herausforderung?
Bei einer Datenverschiebung werden Daten aus Quellsystemen extrahiert und in das Data Warehouse oder den Data Lake gebracht. Wenn die Daten aus vielen verschiedenen Quellen stammen oder eine Mischung aus lokalen und Cloud-Quellen verkörpern, müssen sich Ihre Architekturentscheidungen an diese verschiedenen Quellen anpassen. So könnte das System beispielsweise Replikationssoftware benötigen, um Daten von einem Quellsystem schneller in den Data Lake zu übertragen.

Wie viel Self-Service BI[3] möchten Sie?
Wenn die Endbenutzer nur über begrenzte oder gar keine technischen Kenntnisse verfügen, aber in der Lage sein sollen, ihre eigenen Berichte zu erstellen, sind in der Architektur zusätzliche Vorkehrungen zu treffen, um die Daten in ein leicht konsumierbares Format zu bringen. Dies könnte ein relationales Data Warehouse (siehe Kapitel 4) und/oder ein Sternschema (siehe Kapitel 8) bedeuten. Sind die Endbenutzer alle technisch sehr versiert, kann ein Data Lakehouse (siehe Kapitel 12) die beste Architektur sein.

Whiteboarding

Verwenden Sie ein Whiteboard, keine Präsentationsfolien. Bei einer ADS geht es vor allem um Erkundung; es wird viel geredet, und dann geht es weiter mit dem Whiteboard. Wenn Sie dagegen zu viele Folien verwenden, wird die ADS nur zu einer Präsentation unter vielen. Ihr Whiteboard sollte eine grobe Darstellung der Architektur sowie Plätze für Ziele, Pain Points und Elemente zur Nachverfolgung beinhalten. Abbildung 3-2 zeigt, wie ein endgültiges Whiteboard für eine ADS aussehen könnte, die sich auf ein Modern Data Warehouse konzentriert.

3 Self-Service Business Intelligence – Verfahren, bei dem der User weitgehend eigenständig und unabhängig von der IT- oder Controlling-Abteilung Daten importiert, aufbereitet und visualisiert (*https://de.wikipedia.org/wiki/Business_Intelligence*).

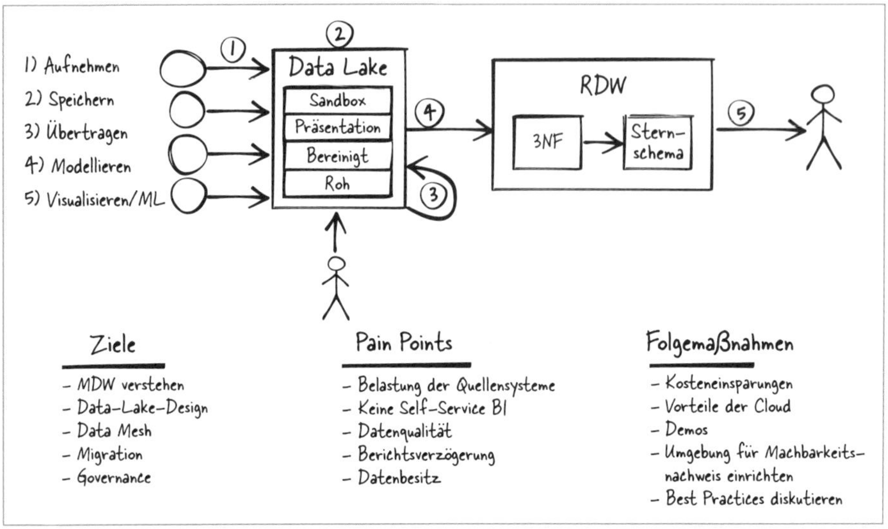

Abbildung 3-2: Ein typisches Whiteboard am Ende einer ADS

Das Whiteboard enthält nicht nur die Architektur, sondern auch priorisierte Ziele, Pain Points und Themenspeicher für Dinge, die weiterverfolgt werden müssen.

Listen Sie alle Pain Points auf dem Whiteboard auf und haken Sie sie ab, sobald sie gelöst sind. Am Ende der ADS sollten sämtliche Pain Points in der von Ihnen entworfenen Architektur berücksichtigt sein. Ist dies nicht der Fall, vereinbaren Sie mit dem Kunden ein Folgegespräch, um die nicht gelösten Probleme zu besprechen. Das Gleiche gilt für Ziele: Wenn Sie nicht alle ansprechen können, vereinbaren Sie ein Folgegespräch.

Reservieren Sie die letzten 30 Minuten der ADS, um Folgemaßnahmen zu besprechen.

Nach der ADS

Führen Sie nach der ADS eine Nachbesprechung mit dem Kundenmanagementteam durch. Fragen Sie, was gut gelaufen ist und was Sie besser machen können. Dies gehört dazu, um ein Wachstumsdenken in die Tat umzusetzen. Zudem ist es eine großartige Methode, um Feedback zu erhalten und Ihre ADS-Sitzungen zu verbessern. Die Ergebnisse der ADS sollten Sie allen Stakeholdern kommunizieren. Das könnte eine zusammenfassende Übersicht für das obere Management und ein ausführlicherer Bericht für diejenigen sein, die direkt im Projekt involviert sind. Zuletzt sollten Sie alle Materialien, die Sie für die ADS verwendet haben, in einem digitalen Ordner sammeln, damit Sie diese Materialien als Referenz für künftige ADS heranziehen können. Zum Beispiel hebe ich mir alle bisherigen Whiteboards auf. Denn ich habe festgestellt, dass sie sich hervorragend zum Nachschlagen eignen, wenn man eine ADS plant, die einer früheren ähnlich ist.

Senden Sie dem Kunden unmittelbar nach der ADS eine E-Mail mit den folgenden Informationen:

Zusammenfassung
: Fassen Sie kurz die wichtigsten Punkte zusammen, die während der ADS besprochen wurden.

Physische Architektur
: Wenn Sie ein digitales Whiteboard verwendet haben, exportieren Sie das Endergebnis in eine Datei, die Sie an die Beteiligten einschließlich des Kunden senden können.

Aktionspunkte
: Fügen Sie alle vereinbarten nächsten Schritte hinzu, zum Beispiel »Wir treffen uns nächsten Dienstag, um einen Konzeptnachweis zu besprechen« oder »Der Kunde wird ein Diagramm seiner aktuellen Architektur per E-Mail schicken«.

Themenspeicher und Folgemaßnahmen
: Diese Punkte haben Sie auf dem Whiteboard festgehalten. In der E-Mail können Sie nun ins Detail gehen und auflisten, wer für die Weiterverfolgung der einzelnen Punkte verantwortlich ist. So hat der Kunde die Möglichkeit, alles zu klären, was Sie nicht ganz richtig verstanden haben.

Umfrage
: Bei einer persönlichen ADS ist es am besten, wenn Sie jedem Teilnehmer am Ende eine Umfrage aushändigen. So werden die meisten, wenn nicht sogar alle Teilnehmer sie ausfüllen – vor allem wenn Sie ihnen scherzhaft mitteilen, dass sie erst gehen dürfen, wenn sie es getan haben! Ziehen Sie in Erwägung, diese Aufforderung während der letzten Pause des Tages auszusprechen, nicht erst am Ende der ADS. Wenn es sich um eine Fern-ADS handelt, können Sie den Link zur Umfrage kurz vor Ende der Sitzung in den Besprechungschat stellen und die Teilnehmer auffordern, »den Link zu kopieren, bevor Sie die Besprechung verlassen, damit Sie Ihr Feedback abgeben können«. Sagen Sie ihnen, dass es nur zwei Minuten dauert, die Umfrage auszufüllen (und stellen Sie sicher, dass dies der Wahrheit entspricht). Einen Link zur Umfrage können Sie auch in Ihre E-Mail mit den Nachfolgemaßnahmen einfügen.

Tipps für die Durchführung einer ADS

Auch wenn es selten vorkommt, habe ich schon einige schwierige Menschen erlebt, die mich während einer ADS herausfordern wollten. Manchmal hat eine Person im Raum Angst vor Veränderungen, fürchtet, dass sie durch eine neue Architektur arbeitslos wird (vor allem wenn es bei der ADS um eine Cloud-Migration geht), oder glaubt einfach, dass sie bereits alle Antworten kennt. Wenn Sie es mit einer solchen Person zu tun haben, lassen Sie sich nicht auf einen Streit ein – selbst wenn Sie recht haben. Antworten Sie einfach mit etwas, das den Streit entschärft und die ADS wieder auf den Boden der Tatsachen zurückholt, zum Beispiel: »Sie haben ein ausgezeichnetes Argument, auf das ich gerne näher eingehen würde, aber das müssen wir zu einem anderen Zeitpunkt offline machen, damit wir beim Thema bleiben können.«

Auch Humor kann nicht schaden. Dabei müssen Sie keine Witze erzählen, aber wenn Sie sich wohlfühlen, versuchen Sie, im Laufe des Tages lustige Kommentare zu machen, um die Stimmung aufzulockern und die Aufmerksamkeit der Teilnehmenden zu erhalten. Eine ADS kann einen langen Tag ausmachen, und Lachen ist der beste Weg, um den Energielevel der Menschen zu erhöhen.

Seien Sie bescheiden – geben Sie sich nicht als Besserwisser. Das mögen die Leute nicht. Sie bevorzugen Menschen, die zugeben, dass sie nicht alles wissen. Wenn Ihnen eine Frage gestellt wird, die Sie nicht beantworten können, sagen Sie einfach, dass Sie es nicht wissen, es aber herausfinden werden und sich dann schnell zurückmelden. Die Antwort können Sie während der Mittagspause recherchieren und am Nachmittag präsentieren. Oder Sie suchen sich einen Mitarbeiter, der die Antwort kennt, und laden ihn ein, die Frage direkt zu beantworten und gegebenenfalls für Folgefragen zur Verfügung zu stehen. Versuchen Sie niemals, eine Antwort zu erfinden oder zu verfälschen. Sie könnten ertappt werden, und selbst wenn nicht, ist das nicht die richtige Art, mit einem Kunden oder einer Kollegin umzugehen.

Natürlich sind Kunden nicht die einzigen Menschen, die etwas durcheinanderbringen können. Es ist nicht ungewöhnlich, dass ein Mitglied des Kundenmanagementteams lange redet in der Hoffnung, vor dem Kunden gut dazustehen, ohne wirklich etwas zur ADS beizutragen. Wenn das passiert, nehmen Sie diese Person in einer Pause auf ein freundliches Wort beiseite und bitten sie höflich, nicht zu viel zu reden. Sagen Sie ihr, dass Sie auch sachdienliche Fragen stellen werden, die sie während der ADS beantworten kann, sodass sie ihr Fachwissen beim Kunden einbringen kann.

Erfassen Sie auch die Stimmung im Raum. Sie wissen, wer die Entscheidungsträger sind, also halten Sie sie konzentriert und engagiert. Achten Sie auf deren

Körpersprache: Wenn sie Sie nicht mehr ansehen, sondern nur noch ihre E-Mails lesen, sind sie gelangweilt. Wechseln Sie in diesem Fall zu einem anderen Thema oder machen Sie eine Pause.

Lernen Sie, sich spontan anzupassen. Es kommt selten vor, dass ich mich vollständig an eine Agenda halte. Oftmals kommen andere Themen auf, die für den Kunden viel interessanter und nützlicher sind. Schwierig wird es, wenn Ihnen diese Themen nicht vertraut sind! Mit der Zeit erlangen Sie das Wissen, das Sie brauchen, um sich umzuorientieren und so gut wie jedes Thema zu behandeln. Ich habe etwa zwei Jahre gebraucht, in denen ich fast täglich Architektur-Design-Sitzungen abgehalten habe, um an diesen Punkt zu gelangen – haben Sie also Geduld!

Schließlich empfehle ich, dass Sie Ihre Ausdauer verbessern. Als ich anfing, ganztägige Sitzungen abzuhalten, fand ich es schwierig, meine Energie – ganz zu schweigen von meiner Stimme – sechs bis acht Stunden lang aufrechtzuerhalten, und ich brach zusammen, wenn ich nach Hause kam. In einer ADS habe ich so viel mehr gesprochen, als ich es gewohnt war, und es dauerte eine Weile, bis ich nicht mehr heiser war! Es wird ein paar Monate dauern, bis Sie Ihre Energie den ganzen Tag über aufrechterhalten können und auch Ihre Stimme mitmacht. Meine persönlichen Lieblingstipps, um die Ausdauer aufrechtzuerhalten und die Stimme zu trainieren, sind: mindestens acht Stunden Schlaf am Vortag, alle paar Minuten einen Schluck Wasser trinken, gesunde Snacks essen und unter der Woche regelmäßig Sport treiben.

Wenn Sie eine ADS in einer hybriden oder einer Remote-Umgebung moderieren, sollten Sie einige zusätzliche Tipps beachten:

- Schalten Sie in Ihrer Kommunikationssoftware Live-Untertitel ein. Dies macht die Sitzung nicht nur für alle zugänglicher, sondern hilft Ihnen auch, dem Gespräch zu folgen, und verhindert, dass Sie die Teilnehmenden bitten müssen, sich zu wiederholen.
- Melden Sie sich mit zwei verschiedenen Geräten an: einem für die Bildschirmfreigabe und das Whiteboarding und einem anderen für die Kommunikation (die meisten Kommunikationsprogramme unterstützen dies). Idealerweise ist Ihr Kommunikationsgerät ein Computer mit zwei oder drei großen Monitoren. Somit müssen Sie nicht ständig Fenster minimieren oder verschieben, und Sie können den Kunden beim Whiteboarding und Sprechen immer sehen.
- Ich empfehle, einen Rückkanal zum Kundenmanagementteam (und *nur* zum Kundenmanagementteam) im Chat-Tool der von Ihnen verwendeten Kommunikationssoftware einzurichten. Auf diese Weise können Sie mit Ih-

rem Kundenmanagementteam kommunizieren, ohne dass der Kunde etwas davon mitbekommt – zum Beispiel um es zu bitten, eine Frage zu recherchieren, die Sie nicht beantworten können, um bei Bedarf einzugreifen und zu sprechen oder um Einzelheiten über die Person zu erfahren, die gerade spricht.

- Außerdem empfehle ich folgende Tools:
  - Wenn Sie mit Microsoft Teams arbeiten, aktivieren Sie den Speaker Coach, eine Funktion, die Ihr Audio abhört, während Sie präsentieren, und privates Echtzeitfeedback und Verbesserungsvorschläge sowie eine Zusammenfassung im Anschluss liefert. Nur Sie können die Live-Einblicke sehen, und sie werden nicht in den aufgezeichneten Sitzungsprotokollen gespeichert.
  - Ich mag auch ZoomIt, ein Tool zum Zoomen, Kommentieren und Aufzeichnen von Bildschirmen für technische Präsentationen und Anwendungsdemonstrationen. Es läuft unauffällig in der Taskleiste und wird mit anpassbaren Hotkeys aktiviert, mit denen Sie einen Bereich des Bildschirms heranzoomen, sich im gezoomten Zustand bewegen und auf dem gezoomten Bild zeichnen können. Es ist eine hervorragende Möglichkeit, die Aufmerksamkeit auf bestimmte Teile Ihrer Präsentation zu lenken – viel besser als mit dem Cursor, der unter Umständen nur schwer zu erkennen ist.

Zusammenfassung

Eine Architektur-Design-Sitzung (ADS) ist ein entscheidender Bestandteil beim Aufbau einer Datenarchitektur. Sie hilft Ihnen, Entwurfsentscheidungen mit Geschäftszielen abzustimmen, potenzielle Risiken und Herausforderungen zu bewältigen, Kosten und Ressourcen zu optimieren und die Zusammenarbeit zwischen den Interessengruppen zu fördern.

Das Endergebnis einer ADS ist der Aufbau einer guten oder sogar großartigen Datenarchitektur. Eine *gute* Datenarchitektur ist robust und skalierbar und kann datengesteuerte Initiativen wirksam unterstützen. Um eine gute Datenarchitektur zu einer *großartigen* Datenarchitektur zu machen, müssen diese Anforderungen von Anfang bis Ende erfüllt werden – mit Feedback von allen Benutzerinnen und Benutzern in der Datenwertschöpfungskette, sodass die gesamte Datenstrategie die Ziele des Unternehmens erfüllen kann. Ein Datenprojekt aufzubauen, ist eine nutzerorientierte Reise in Richtung Design und Feedback. Dabei ist eine Art von Strategie und Planung erforderlich, die nur eine ADS bieten kann.

TEIL II
Allgemeine Datenarchitekturkonzepte

Bevor Sie sich eingehend mit Datenarchitekturen beschäftigen, sollten Sie sicherstellen, dass Sie alle Datenarchitekturkonzepte verstehen, die innerhalb einer Architektur verwendet werden könnten. Ich habe festgestellt, dass bei vielen dieser Konzepte große Verwirrung herrscht, die ich hoffentlich ausräumen kann. Daher werden die folgenden Kapitel über 20 derartige Konzepte besprechen. Diese Kapitel sollen unter anderem als Auffrischung für diejenigen dienen, die diese Konzepte seit einiger Zeit nicht mehr verwendet haben. Ich erhebe nicht den Anspruch, dass alle meine Definitionen dieser Konzepte von allen geteilt werden. Zumindest aber werden diese Kapitel dazu beitragen, dass alle auf Augenhöhe miteinander über Architekturen diskutieren können.

Das relationale Data Warehouse und den Data Lake habe ich unter den Konzepten und nicht unter den Architekturen aufgeführt. Früher, als sie noch die einzigen Produkte in einem Projekt waren, hätte man sie als Datenarchitekturen bezeichnen können. Heutzutage werden sie jedoch fast immer mit anderen Produkten in einem Projekt kombiniert. So gab es beispielsweise vor vielen Jahren relationale Data-Warehouse-Produkte, die den relationalen Speicher, das Berechnungsmodul, ETL-Software (Extrahieren, Transformieren und Laden) und Berichtssoftware umfassten – im Grunde alles, was man brauchte, im Bundle von einem Anbieter. Heutzutage werden Sie mehrere Produkte von möglicherweise mehreren Anbietern zusammenstellen, wobei jedes Produkt einen bestimmten Fokus hat (z. B. ETL), um Ihre Datenarchitektur zu vervollständigen.

KAPITEL 4

Das relationale Data Warehouse

Mitte der 2000er-Jahre hatte ich bereits jahrelang mit relationalen Datenbanken gearbeitet, aber ich hatte es noch nie mit relationalen Data Warehouses zu tun gehabt. Ich hatte als Datenbankadministrator (DBA) für ein Unternehmen gearbeitet, das seine finanziellen Transaktionen mithilfe eines Buchhaltungssoftwarepakets abwickelte. Da das Reporting (die Berichtserstellung) des Pakets beschränkt und langsam war, suchte das Unternehmen nach Möglichkeiten, die Performance zu verbessern, Dashboards zu erstellen, um die Daten detailliert zu analysieren, und seine Finanzdaten mit Daten aus einer selbst gestrickten Anwendung zu kombinieren, um die Geschäftsabläufe besser zu verstehen.

Mein Arbeitgeber beauftragte eine Beratungsfirma, ein sogenanntes »relationales Data Warehouse« aufzubauen, und bat mich dabei um Hilfe – eine Entscheidung, die den Verlauf meiner Karriere veränderte. Wir erstellten Dashboards, die den Endbenutzern einen Menge Zeit sparten und ihnen neue Geschäftseinblicke verschafften, die sie vorher nicht hatten. Als ich die Begeisterung auf ihren Gesichtern sah, wusste ich, dass ich meine neue Leidenschaft gefunden hatte. Ich änderte meine berufliche Laufbahn, konzentrierte mich auf Data Warehousing und blickte nie zurück.

Was ist ein relationales Data Warehouse?

Ein *relationales Data Warehouse* (RDW) speichert und verwaltet zentral große Mengen strukturierter Daten, die aus mehreren Datenquellen kopiert wurden, um sie für das Erstellen von Berichten über Verlaufs- und Trendanalysen zu verwenden, damit ein Unternehmen bessere Geschäftsentscheidungen treffen kann. Die Bezeichnung »relational« geht auf das zugrunde liegende *relationale Modell* zurück, einen weitverbreiteten Ansatz zur Darstellung und Organisation von Daten für Datenbanken. Im relationalen Modell sind die Daten in Tabellen organisiert (die man auch als Relationen bezeichnet, daher der Name). Diese Tabellen bestehen aus Zeilen und Spalten, wobei jede Zeile eine Entität (zum

Beispiel einen Kunden oder ein Produkt) und jede Spalte ein Attribut dieser Entität (wie Name, Preis oder Menge) darstellt. Eine solche Datenbank wird als *Data Warehouse* bezeichnet, weil sie riesige Mengen strukturierter Daten aus verschiedenen Quellen – zum Beispiel aus Transaktionsdatenbanken, Anwendungssystemen und externen Data Feeds – sammelt, speichert und verwaltet.

Nicht alle Data Warehouses basieren auf dem relationalen Modell. Zu den *nicht relationalen Data Warehouses* gehören spaltenorientierte Data Warehouses, auf Graphdatenbanken basierende sowie NoSQL-Data-Warehouses. Allerdings sind relationale Data Warehouses weitaus beliebter und werden häufiger eingesetzt, vor allem weil relationale Datenbanken seit Jahrzehnten das vorherrschende Paradigma für die Datenverwaltung sind. Das relationale Modell eignet sich gut für strukturierte Daten, wie sie in Geschäftsanwendungen häufig vorkommen. Es ist auch deshalb so beliebt, weil SQL sehr verbreitet und seit vielen Jahren die Standardsprache für relationale Data Warehouses ist.

Ein RDW fungiert als zentrales Repository für viele Themenbereiche und enthält die *Single Version of Truth* (SVOT, dt. die einzige Version der Wahrheit). SVOT ist ein entscheidendes Konzept im Data Warehousing und bezieht sich auf die Schaffung einer einheitlichen, konsistenten Sicht auf die Daten eines Unternehmens. Das bedeutet, dass alle Daten innerhalb des Data Warehouse in einem standardisierten, strukturierten Format gespeichert sind und eine einzige genaue Version der Informationen darstellen. Dadurch wird sichergestellt, dass alle Benutzer auf dieselben Informationen zugreifen können, wodurch Diskrepanzen oder Unstimmigkeiten beseitigt und Datensilos vermieden werden. Dies verbessert die Entscheidungsfindung, die Zusammenarbeit und die Effizienz im gesamten Unternehmen. Außerdem verringert sich das Risiko von Fehlern und Missverständnissen, die durch die Arbeit mit unterschiedlichen inkonsistenten Datenquellen entstehen können.

Stellen Sie sich vor, Sie hätten kein Data Warehouse und erstellten Berichte direkt aus mehreren Quellsystemen und vielleicht sogar aus einigen Excel-Dateien. Wenn nun eine Leserin des Berichts die Richtigkeit der Daten infrage stellt, was können Sie ihr dann sagen? Die »Wahrheit« kann über so viele Quellsysteme verstreut sein, dass es schwierig ist, nachzuvollziehen, woher die Daten stammen. Hinzu kommt, dass einige Berichte für dieselben Daten unterschiedliche Ergebnisse liefern – wenn zum Beispiel zwei Berichte auf komplexe Logik zurückgreifen, um Daten aus mehreren Quellen zu beziehen, und die Logik nicht korrekt (oder gar nicht) aktualisiert wird. Alle Daten an einem zentralen Ort zu haben, bedeutet, dass das Data Warehouse die Single Source of Truth ist und alle Fragen zu den Berichtsdaten vom Data Warehouse beantwortet werden können. Eine SVOT zu pflegen, ist unerlässlich für Unternehmen, die das volle Potenzial ihrer Daten ausschöpfen wollen.

Wenn ein *Data Warehouse* (DW) vom gesamten Unternehmen genutzt wird, spricht man oft von einem *Enterprise Data Warehouse* (EDW). Dabei handelt es sich um eine umfassendere und robustere Version eines Data Warehouse, die auf die Bedürfnisse des gesamten Unternehmens zugeschnitten ist. Während ein standardmäßiges Data Warehouse vielleicht nur einige wenige Geschäftsbereiche unterstützt und im gesamten Unternehmen mit vielen Data Warehouses gearbeitet wird, verwendet das EDW eine breitere Palette von Datenquellen und Datentypen, um *sämtliche* Geschäftsbereiche zu unterstützen. Das EDW bietet eine einzige, einheitliche Sicht auf alle Daten des Unternehmens.

Abbildung 4-1 veranschaulicht einen wichtigen Grund, warum ein Data Warehouse eingerichtet werden sollte. Die Zeichnung zeigt auf der linken Seite, wie schwierig es ist, einen Bericht mit Daten aus mehreren Anwendungen zu verwenden, wenn Sie kein Data Warehouse haben. Jede Abteilung erstellt einen Bericht, der Daten aus allen Datenbanken sammelt, die mit den einzelnen Anwendungen verbunden sind. Es sind so viele Abfragen auszuführen, dass es zwangsläufig zu Performanceproblemen und falschen Daten kommt. Es ist ein Durcheinander! Die Zeichnung zeigt auf der rechten Seite, dass es für jede Abteilung sehr einfach ist, einen Bericht zu erstellen, ohne die Performance zu beeinträchtigen, wenn alle Anwendungsdaten in das EDW kopiert werden.

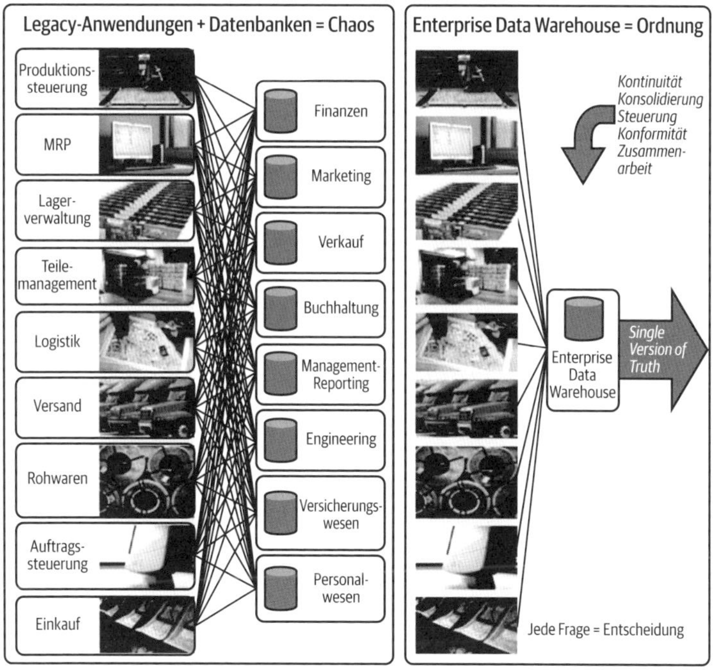

Abbildung 4-1: Situation vor und nach dem Einrichten eines Enterprise Data Warehouse

Um ein Data Warehouse aufzubauen, erstellen Sie in der Regel Datenpipelines, die die Daten in drei Schritten verarbeiten: Extrahieren, Transformieren, Laden (ETL):

1. Die Pipeline extrahiert Daten aus den Quellsystemen, wie zum Beispiel Datenbanken und linearen Dateien.
2. Die extrahierten Daten werden dann transformiert oder manipuliert, um den Anforderungen des Systems (in diesem Fall eines Data Warehouse) zu entsprechen. Hierzu kann das Bereinigen, Filtern, Aggregieren oder Kombinieren von Daten aus mehreren Quellen gehören.
3. Die transformierten Daten werden dann in das Data Warehouse geladen. Ein DBA kann die Namen der Datenbank und der Felder aussagekräftiger gestalten, sodass Endbenutzer einfacher und schneller Berichte erstellen können.

Was ein Data Warehouse nicht ist

Nachdem Sie nun wissen, was ein Data Warehouse ist, wollen wir seinen Zweck klären, indem wir uns Projekte ansehen, die nicht als Data Warehouse angesehen werden sollten (obwohl ich das schon oft erlebt habe):

DW-Präfix
: Ein Data Warehouse ist nicht einfach eine Kopie einer Quelldatenbank aus einem operativen System mit dem Zusatz *DW* im Dateinamen. Nehmen wir an, Sie kopieren eine Datenbank namens *Finance*, die 50 operative Tabellen enthält, und nennen die Kopie *DW_Finance*. Dann greifen Sie auf diese 50 Tabellen zu, um Ihre Berichte zu erstellen. Das würde zu einem Data Warehouse führen, das für *operative* Daten ausgelegt ist, obwohl Sie es eigentlich für *analytische* Daten benötigen. Mit analytischen Daten erhalten Sie eine bessere Leseperformance und können Datenmodelle erstellen, die es Endbenutzern erleichtern, Berichte zu erstellen. (Mehr dazu im nächsten Abschnitt.)

Views mit Unions
: Ein Data Warehouse ist keine Kopie mehrerer Tabellen aus verschiedenen Quellsystemen, die in einer SQL-View (Sicht) miteinander verknüpft sind. (Diese *Verknüpfung* geschieht über die SQL-Anweisung `UNION`, die die Ergebnisse von zwei oder mehr `SELECT`-Anweisungen zu einer einzigen Ergebnismenge zusammenführt.) Wenn Sie beispielsweise Daten aus drei Quellsystemen kopieren, die jeweils Kunden enthalten, würden Sie letztlich im Data Warehouse drei Tabellen namens `CustomerSource1`,

`CustomerSource2` und `CustomerSource3` haben. Somit müssten Sie eine View namens `CustomerView` erstellen, d.h. eine `SELECT`-Anweisung, die die Tabellen `CustomerSource1`, `CustomerSource2` und `CustomerSource3` per `UNION` zusammenführt. Diesen Vorgang würden Sie dann für andere Tabellen wie etwa für Produkte und Aufträge wiederholen.

Stattdessen sollten die Daten aus den drei Tabellen im Data Warehouse in eine Tabelle kopiert werden, was den zusätzlichen Aufwand erfordert, ein Datenmodell zu erstellen, das zu allen drei Tabellen passt. An dieser Stelle werden Sie wahrscheinlich auf die Stammdatenverwaltung (*Master Data Management*, MDM) zurückgreifen, mit der sich Kapitel 6 beschäftigt, um Duplikate zu vermeiden und die Zugänglichkeit und Performance zu verbessern.

Müllhalde

Ein Data Warehouse ist keine Müllhalde für Tabellen. Dieses Phänomen tritt häufig auf, wenn ein Unternehmen kein Data Warehouse hat und ein Endbenutzer einen Bericht aus einer Teilmenge von Daten aus einer Reihe von Quellsystemen erstellen möchte. Um ihm schnell zu helfen, erstellt eine Person aus der IT-Abteilung ohne großes Nachdenken ein Data Warehouse und kopiert die Daten aus diesen beiden Quellsystemen in das Data Warehouse. Andere Endbenutzer bekommen dann Wind von dem Vorteil, den der erste Endbenutzer genießen durfte, und wollen weitere Daten aus denselben Quellsystemen und einigen anderen, um ihre eigenen Berichte zu erstellen. Wieder kopiert der IT-Mitarbeiter die angeforderten Daten schnell in das Data Warehouse. Dieses Vorgehen wiederholt sich immer wieder, bis das Data Warehouse ein Wirrwarr aus Datenbanken und Tabellen geworden ist.

Viele Data Warehouses beginnen deshalb als einmalige Lösung für einige wenige Benutzer und entwickeln sich dann zu ausgewachsenen, aber schlecht konzipierten Data Warehouses für das gesamte Unternehmen. Es gibt einen besseren Weg.

Wenn die erste Anfrage eines Endbenutzers eingeht, sollten Sie stattdessen den Berichtsbedarf Ihres Unternehmens ermitteln. Finden Sie heraus, ob es sich wirklich um eine einmalige Anfrage handelt oder ob dies der Zeitpunkt sein sollte, ein Enterprise Data Warehouse aufzubauen. Wenn das zutrifft, ist dies Ihre Chance, den Führungskräften zu zeigen, warum Ihr Unternehmen ein Data Warehouse braucht. Dann aber sollten Sie auch darauf bestehen, dass Sie im Vorfeld genügend Zeit bekommen, um ein Data Warehouse zu entwickeln, das viele Datenquellen und Endbenutzer unterstützen kann. (Nutzen Sie den Abschnitt »Warum ein relationales Data Warehouse verwenden?« auf Seite 82, um Ihre Argumentation zu untermauern.)

Der Top-down-Ansatz

In einem relationalen Data Warehouse (RDW) müssen Sie im Vorfeld viel Arbeit leisten, um die Daten so aufzubereiten, dass Sie sie verwenden können, um Berichte zu erstellen. Diese Vorarbeit ist eine Entwurfs- und Implementierungsmethode, die man als *Top-down-Ansatz* bezeichnet. Dieser Ansatz eignet sich gut für Berichte mit historischen Daten, bei denen Sie zu ermitteln versuchen, was passiert ist (*deskriptive Analyse*) und warum es passiert ist (*diagnostische Analyse*). Beim Top-down-Ansatz legen Sie zunächst die Gesamtplanung, das Design und die Architektur des Data Warehouse fest und entwickeln dann die einzelnen Komponenten. Diese Methode betont, wie wichtig es ist, eine unternehmensweite Vision zu definieren und die strategischen Ziele und Informationsanforderungen des Unternehmens zu verstehen, bevor man mit der Entwicklung des Data Warehouse beginnt.

Deskriptive Analyse und diagnostische Analyse sind zwei wichtige Arten der Datenanalyse, die in der Wirtschaft häufig eingesetzt werden. Bei der deskriptiven Analyse analysiert man Daten, um vergangene oder aktuelle Ereignisse zu beschreiben, wobei häufig zusammenfassende Statistiken oder Datenvisualisierungen verwendet werden. Derartige Analysen nutzt man, um zu verstehen, was in der Vergangenheit geschehen ist, und um Muster oder Trends in den Daten zu erkennen, was bei der Entscheidungsfindung helfen kann.

Die *diagnostische Analyse* dient dazu, die Ursachen vergangener Ereignisse zu untersuchen, in der Regel durch Prüfen der Beziehungen zwischen verschiedenen Variablen oder Faktoren. Derartige Analysen können die Ursachen von Problemen ermitteln oder Probleme diagnostizieren, die sich auf die Unternehmensperformance auswirken können.

Angenommen, ein Unternehmen möchte die Verkaufsdaten des vergangenen Jahres analysieren. Bei der deskriptiven Analyse werden zusammenfassende Statistiken wie Gesamtumsatz, durchschnittlicher Umsatz pro Tag und Umsatz nach Produktkategorie berechnet, um zu verstehen, was passiert ist. Dagegen werden bei der diagnostischen Analyse die Beziehungen zwischen Faktoren (zum Beispiel Umsatz und Marketingausgaben oder Saisonalität und Kundendemografie) untersucht, um zu verstehen, warum der Umsatz im Laufe des Jahres schwankte. Indem beide Ansätze kombiniert werden, können Unternehmen ein tieferes Verständnis für ihre Daten gewinnen und sachkundigere Entscheidungen treffen.

Abbildung 4-2 zeigt die Architektur eines typischen RDW. Die Daten aus mehreren Quellen werden mithilfe von ETL in das RDW gebracht, in dem dann Berichte erstellt und andere Analysen durchgeführt werden können.

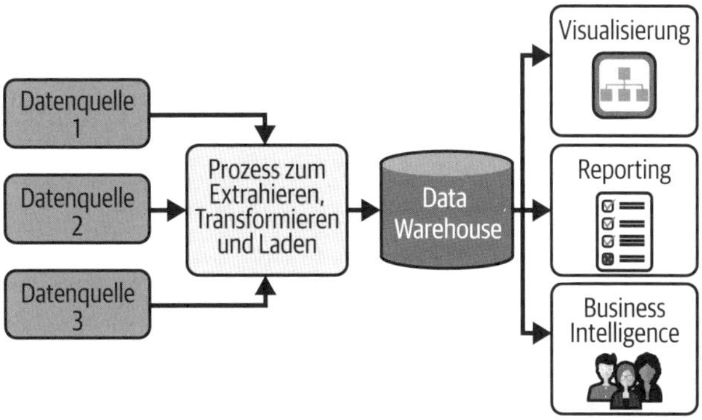

Abbildung 4-2: Architektur eines Data Warehouse

Der Top-down-Ansatz umfasst in der Regel die folgenden Schritte:

1. *Vorab einige Hypothesen formulieren*

   Mit einem klaren Verständnis der Unternehmensstrategie beginnen. Machen Sie sich dann klar, welche Fragen Sie bezüglich der Daten stellen wollen.

2. *Die Unternehmensanforderungen definieren*

   Identifizieren Sie die Ziele, Vorgaben und Leistungsindikatoren (*Key Performance Indicators*, KPIs) des Unternehmens. Erfassen und analysieren Sie den Informationsbedarf der verschiedenen Abteilungen und Benutzer. Diesen Schritt können Sie auch als Definition Ihrer Berichtsanforderungen betrachten.

3. *Die Data-Warehouse-Architektur entwerfen*

   Erstellen Sie auf der Grundlage der Unternehmensanforderungen eine High-Level-Architektur für das Data Warehouse, einschließlich seiner Struktur, der Datenmodelle und der Datenintegrationsprozesse. Dies sind Ihre technischen Anforderungen.

4. *Das Datenmodell entwickeln*

   Entwerfen Sie ein detailliertes Datenmodell für das Data Warehouse, wobei Sie die Beziehungen zwischen verschiedenen Datenentitäten und der Granularität der Daten berücksichtigen.

5. *Die Architektur aufbauen*

   Entwickeln Sie die passenden Datenbanken, Schemas, Tabellen und Felder für das Data Warehouse. Dies ist der zuvor beschriebene Ansatz, der als *Schema-on-Write* bezeichnet wird.

6. *ETL entwickeln*

   Entwickeln Sie die ETL-Prozesse, um Daten aus verschiedenen Quellsystemen zu extrahieren, sie in das gewünschte Format zu transformieren und sie in das Data Warehouse zu laden.

7. *BI-Tools und -Anwendungen entwickeln und bereitstellen*

   Implementieren Sie BI-Tools und -Anwendungen, mit denen Benutzer auf die im Data Warehouse gespeicherten Daten zugreifen, sie analysieren und in Berichten verwenden können.

8. *Das Data Warehouse testen und verfeinern*

   Führen Sie Tests durch, um Datenqualität, Performance und Zuverlässigkeit sicherzustellen. Nehmen Sie alle notwendigen Anpassungen vor, um das System zu optimieren.

9. *Das Data Warehouse pflegen und erweitern*

   Wenn sich die Bedürfnisse des Unternehmens ändern, aktualisieren und erweitern Sie das Data Warehouse entsprechend.

Der Top-down-Ansatz hat einige Vorteile, wie zum Beispiel einen umfassenden Überblick über den Datenbedarf des Unternehmens, bessere Datenkonsistenz und verbesserte Governance. Allerdings kann dieser Ansatz auch zeit- und ressourcenaufwendig sein, sodass es länger dauert, bis er einen Mehrwert liefert, als es bei dem in Kapitel 5 beschriebenen Bottom-up-Ansatz des Data Lake der Fall ist. Die in Kapitel 10 beschriebene Data-Warehouse-Architektur kombiniert die Top-down- und Bottom-up-Ansätze.

Warum ein relationales Data Warehouse verwenden?

Mit einem RDW lassen sich alle Arten von BI-Projekten viel einfacher erstellen, da BI-Projekte Daten direkt aus dem RDW abrufen können, ohne eine komplexe Logik zum Abrufen von Daten aus mehreren Quellsystemen erstellen zu müssen. Außerdem brauchen Sie die Daten weder zu bereinigen noch zusammenzuführen, da dies bereits das RDW erledigt hat. Das BI-Projekt, das aus dem RDW aufgebaut wird, könnte ein Data Mart sein (der eine Teilmenge der RDW-Daten für eine bestimmte Gruppe von Personen enthält, wie Kapitel 6 erläutert), Daten aggregieren, um Abfragen und Berichte schneller zu erstellen, und sogar in Microsoft Excel verwendbar sein. Fazit: Mit einem RDW haben Sie bereits eine solide Grundlage, auf der Sie aufbauen können.

Sehen wir uns nun einige der wichtigsten Vorteile an, die Sie durch den Einsatz eines RDW erzielen können:

Die Belastung des Produktionssystems verringern

Dieses Problem haben Sie vielleicht schon einmal erlebt: Ein verärgerter Endbenutzer ruft an und beschwert sich darüber, dass das Einfügen von Aufträgen über die Auftragserfassungsanwendung ewig dauert. Sie gehen der Sache nach, und es stellt sich heraus, dass ein anderer Endbenutzer über die Auftragseingabeanwendung einen Bericht ausführt und damit alle Ressourcen auf dem Server, auf dem die Anwendung läuft, in Anspruch nimmt. Diese Situation tritt besonders häufig auf, wenn Endbenutzer Ad-hoc-Abfragen erstellen dürfen und diese noch dazu mit schlecht geschriebenem SQL ausführen können.

Indem Sie die Datenbank für die Auftragserfassungsanwendung in ein Data Warehouse kopieren und optimieren, können Sie alle Berichte und Ad-hoc-Abfragen auf das DW verlagern und dieses Problem gänzlich vermeiden, insbesondere wenn der Endbenutzer einen Bericht ausführen muss, der auf mehrere Anwendungsdatenbanken zugreift.

Für Lesezugriff optimieren

Anwendungsdatenbanken werden so optimiert, dass sie alle CRUD-Operationen gleichermaßen unterstützen, sodass das Lesen von Daten nicht so schnell sein wird, wie es sein könnte. Andererseits ist das Data Warehouse ein einmal beschreibbares, mehrfach lesbares System, d.h., wir verwenden es hauptsächlich zum Lesen von Daten. Demzufolge lässt es sich für den Lesezugriff optimieren, insbesondere für die zeitaufwendigen sequenziellen Plattenscans, die häufig bei der Ausführung von Berichten oder Abfragen auftreten. Es gibt viele Datenbanktechniken, mit denen sich der Lesezugriff in einem Data Warehouse beschleunigen lässt – manche zum Nachteil des Schreibzugriffs, um den wir uns hier aber nicht kümmern.

Mehrere Datenquellen integrieren

Die Möglichkeit, viele Datenquellen zu integrieren, um nützlichere Berichte zu erstellen, ist einer der wichtigsten Gründe, ein Data Warehouse aufzubauen. Alle an einem Ort zu versammeln, anstatt sie über verschiedene Datenbanken zu verteilen, erleichtert es nicht nur, Berichte zu erstellen, sondern verbessert auch die Performance des Reportings (des Erstellens der Berichte) erheblich.

Genaue historische Berichte erstellen

Ohne ein Data Warehouse führen die Endbenutzer normalerweise alle ihre Berichte jeden Monat an einem bestimmten (in der Regel am letzten) Tag aus. Dann speichern sie diese auf dem Datenträger, damit sie auch in

Zukunft darauf zurückgreifen können. Ein Beispiel: Der Benutzer möchte einen Bericht von vor ein paar Monaten einsehen, in dem die Kundenverkäufe nach Bundesland aufgelistet sind. Nun ist aber ein Kunde vor Kurzem in ein anderes Bundesland umgezogen. Wenn der Benutzer einen aktuellen Bericht ausführt, würde dieser fälschlicherweise die Umsätze dieses Kunden in seinem neuen Bundesland und nicht in seinem alten Bundesland anzeigen (da sein Datensatz in der Datenbank auf sein neues Bundesland aktualisiert wurde). Daher muss der Benutzer auf einen gespeicherten älteren Bericht zurückgreifen, anstatt einen aktuellen Bericht auszuführen.

Ein Data Warehouse kann derartige Situationen berücksichtigen, indem es verzeichnet, wann ein Kunde umzieht (über die Verfolgung des Kundenstandortverlaufs mit Anfangs- und Enddatum), und auch andere Felder einbezieht, die überwacht werden müssen (zum Beispiel Arbeitgeber oder Einkommen). Nun kann der Benutzer am aktuellen Tag einen Bericht erstellen, aber verlangen, dass die Daten ab einem bestimmten Datum in der Vergangenheit abzurufen sind – und der Bericht wird korrekt sein. Außerdem ist es nicht mehr erforderlich, die Berichtsdateien jeden Monat zu speichern.

Tabellen umstrukturieren und umbenennen

Viele Datenbanken von Anwendungen verwenden Tabellen- und Feldnamen, die sehr schwer zu verstehen sind. Das gilt insbesondere für ältere ERP- und CRM-Produkte (denken Sie an Tabellennamen wie `T116` und Feldnamen wie `RAP16`). Im Data Warehouse können Sie die Daten aus diesen Quelltabellen kopieren und dabei mit aussagekräftigeren Namen versehen (zum Beispiel `Customer` statt `T116`). Zudem können Sie wahrscheinlich ein besseres Datenmodell für alle diese Tabellen entwerfen. Endbenutzer werden Berichte viel einfacher erstellen können, wenn sie keine kryptischen Tabellen- und Feldnamen interpretieren müssen.

Vor Upgrades von Anwendungen schützen

Stellen Sie sich vor, Sie hätten kein DW und die Benutzer erstellten stattdessen Berichte mit einer Anwendungsdatenbank. Alles läuft gut, und dann treten plötzlich in vielen Berichten Fehler auf. Es zeigt sich, dass die Anwendung ein Upgrade durchlaufen hat. Bei der neu installierten Version wurden mehrere Tabellen und Felder umbenannt. Nun müssen Sie jeden einzelnen von Hunderten Berichten durchgehen und die geänderten Tabellen und Felder umbenennen. Das kann Monate dauern und eine Menge verärgerter Endbenutzer zur Folge haben. Selbst danach können Berichte, die übersehen wurden, noch Fehler verursachen.

Ein DW kann Sie davor schützen. Nach einem Anwendungsupgrade muss nur der ETL-Prozess aktualisiert werden, der Daten aus den Anwendungsdatenbanken in das DW kopiert – eine schnell zu erledigende Aufgabe. Die Berichte müssen nicht geändert werden. Die Endbenutzer sehen zwar keine neuen Daten, bis die ETL-Pipeline korrigiert ist, aber ihre Berichte sind nicht fehlerhaft.

Sicherheitsbedenken verringern
Ohne ein Data Warehouse müsste Ihr Team jedem Endbenutzer Sicherheitszugriff auf jede Anwendungsdatenbank gewähren, die er für seine Berichte benötigt. Das könnten Dutzende sein; die Zuteilung von Berechtigungen könnte Wochen dauern, und manchmal hätten sie immer noch keinen Zugriff auf alles, was sie brauchen. Mit einem DW braucht jeder Endbenutzer nur auf die entsprechenden Tabellen zuzugreifen, was viel schneller und einfacher ist.

Historische Daten bewahren
Viele Produktionssysteme beschränken den Umfang der historischen Daten, die sie aufbewahren (zum Beispiel die Daten der letzten drei Jahre). Das geschieht, um Speicherplatz zu sparen und die Performance zu verbessern, in einigen Fällen aber auch, um Vorschriften einzuhalten. Ältere Daten werden in der Regel jährlich oder monatlich eliminiert. Andererseits kann ein DW die gesamte Historie speichern, sodass Sie sich keine Sorgen machen müssen, wenn Sie einen Bericht für weiter zurückliegende Jahre ausführen sollen, dafür aber keine Daten mehr finden.

Stammdatenverwaltung (Master Data Management, MDM)
Wenn Sie Daten aus mehreren Quellsystemen sammeln, müssen Sie häufig MDM verwenden, um doppelte Datensätze für Entitäten wie Kunden, Produkte und Güter zu entfernen. (Kapitel 6 geht im Detail auf MDM ein.) Das DW ist der ideale Ort, um MDM durchzuführen. Zudem ist es mit vielen MDM-Tools möglich, Hierarchien zu erstellen (zum Beispiel Unternehmen _$pfeil_ Abteilung _$pfeil_ Mitarbeiter), was das Erstellen von Stammdaten noch wertvoller macht.

Die Datenqualität verbessern, indem Löcher in Quellsystemen geschlossen werden
Viele Daten, die Sie aus den verschiedenen Quellsystemen erhalten, werden Sie bereinigen müssen, egal was die Besitzer der Anwendungen behaupten. (Ich habe sie oft sagen hören: »Unsere Daten sind sauber«, nur um dann das Gegenteil zu erfahren.) Wenn beispielsweise eine Anwendung zur Auftragseingabe das Geburtsdatum eines Kunden verlangt und die Person, die die Daten eingibt, das Geburtsdatum des Kunden nicht kennt, gibt sie vielleicht ein Datum in der Zukunft oder ein Datum einer

mehr als 100 Jahre alten Person ein, nur um den Auftrag abschließen zu können. Oder die Anwendung unterlässt es, die Richtigkeit des Buchstabencodes für ein Bundesland zu prüfen (zum Beispiel `DE-SA` für Sachsen statt `DE-SN`)[1]. Es gibt immer Dutzende von »Löchern« im Quellsystem. Es ist allerdings nicht damit getan, die Daten im DW zu bereinigen, Sie müssen auch die Verantwortlichen benachrichtigen, damit sie in ihren Systemen die Anwendungen auf solche unvollständigen Datensätze vorbereiten und Fehler beseitigen können. Auf diese Weise tragen Sie dazu bei, die Eingabe fehlerhafter Daten in Zukunft zu verhindern.

Beteiligung der IT beim Erstellen von Berichten eliminieren
: Dies geht zurück auf die in Kapitel 3 erwähnte Self-Service BI: Wird ein geeignetes Data Warehouse aufgebaut, entfällt die Notwendigkeit, die IT-Abteilung in das Erstellen von Berichten einzubeziehen. Diese Aufgabe liegt dann in den Händen der Endbenutzer. Ohne den Engpass der begrenzten IT-Ressourcen können Berichte und Dashboards früher erstellt werden. Und die IT-Abteilung wird dankbar sein, dass sie sich mit interessanteren Projekten beschäftigen kann als mit der Erstellung von Berichten!

Nachteile bei Verwendung eines relationalen Data Warehouse

Es gibt immer Kompromisse, und wenn Sie ein RDW aufbauen, sind folgende Nachteile zu beachten:

Komplexität
: Es kann kompliziert und zeitaufwendig sein, ein Data Warehouse zu entwickeln, zu erstellen und zu warten. Die erforderlichen Fachkenntnisse und Ressourcen können die Kosten hochtreiben.

Hohe Kosten
: Ein Data Warehouse zu implementieren, kann teuer sein und bedeutet erhebliche Investitionen in Hardware, Software und Personal. Laufende Wartung und Upgrades können ebenfalls zu den Kosten beitragen.

Herausforderungen bei der Datenintegration
: Die Integration von Daten aus verschiedenen Quellen kann sich als schwierig erweisen, da sie mit unterschiedlichen Datenformaten, Strukturen und Qualitätsproblemen zu tun haben kann. Infolgedessen müssen

1 Siehe *https://de.wikipedia.org/wiki/Bundesl%C3%A4nderk%C3%BCrzel* für die Codes der deutschen Länder.

Zeit und Mühe für die Datenbereinigung und -vorverarbeitung aufgewendet werden. Darüber hinaus ist es bei bestimmten Daten wie zum Beispiel Streaming-Daten von IoT-Geräten zu schwierig, sie in ein RDW einzubringen, und somit gehen die potenziellen Erkenntnisse aus diesen Informationen verloren.

Zeitaufwendige Datentransformation
Damit Daten in ein Data Warehouse geladen werden können, müssen sie möglicherweise transformiert werden, um dem Datenmodell des Data Warehouse zu entsprechen. Dieser Prozess kann sehr zeitaufwendig sein, und Fehler bei der Datentransformation können zu ungenauen Analysen führen.

Datenlatenz
Da Data Warehouses darauf ausgelegt sind, große Datenmengen zu verarbeiten, können sie langsamer sein als andere Arten von Datenbanken. Dies kann zu einer Datenlatenz führen, bei der die Daten im Warehouse nicht mit den jüngsten Änderungen in den Quelldatenbanken übereinstimmen.

Wartungsfenster
Bei einem RDW ist in der Regel ein Wartungsfenster erforderlich. Das Laden und Bereinigen der Daten ist sehr ressourcenintensiv, und wenn Benutzer dann versuchen, gleichzeitig Berichte auszuführen, werden sie eine sehr geringe Performance spüren. Daher müssen die Benutzer während der Wartungsarbeiten aus dem Warehouse ausgesperrt werden, was einen 24/7-Zugriff verhindert. Treten während des Wartungsfensters Probleme auf, wie zum Beispiel ein fehlgeschlagener ETL-Auftrag, müssen Sie das Wartungsfenster möglicherweise verbreitern. Wenn Benutzer versuchen, Berichte auszuführen, und immer noch ausgesperrt sind, verärgert sie das, weil sie ihre Arbeit nicht erledigen können.

Eingeschränkte Flexibilität
Data Warehouses sind konzeptionell darauf ausgelegt, bestimmte Arten von Analysen zu unterstützen, was ihre Flexibilität für andere Arten der Verarbeitung oder Analyse von Daten einschränken kann. Unter Umständen müssen Sie zusätzliche Tools oder Systeme in das Warehouse integrieren, um bestimmte Anforderungen zu erfüllen.

Bedenken in Bezug auf Sicherheit und Datenschutz
Große Mengen vertraulicher Daten an einem zentralen Ort zu speichern, kann das Risiko von Datenschutzverletzungen erhöhen und erfordert daher strenge Sicherheitsmaßnahmen.

Ein Data Warehouse füllen

Da sich die Quelltabellen, die in ein Data Warehouse eingespeist werden, im Laufe der Zeit ändern, muss das DW diese Änderungen widerspiegeln. Das klingt einfach, verlangt aber, viele Entscheidungen zu treffen: Wie oft sind die Daten zu *extrahieren* (oder abzurufen), welche Extraktionsmethode ist zu verwenden, wie sind die Daten physisch zu extrahieren, und wie wird festgestellt, welche Daten sich seit dem letzten Extrahieren geändert haben? Auf die einzelnen Fragen werde ich im Folgenden eingehen.

Wie oft sollen die Daten extrahiert werden?

Wie oft Sie das Data Warehouse aktualisieren müssen, hängt weitgehend davon ab, wie oft die Quellsysteme aktualisiert werden und wie zeitnah das Reporting durch den Endbenutzer sein muss. Oftmals möchten die Endbenutzer nicht die Daten des aktuellen Tages sehen, sondern lieber alle Daten bis zum Ende des Vortags. In diesem Fall können Sie Ihre Aufträge zur Extraktion der Daten aus den Quellsystemen über ETL-Tools jede Nacht ausführen, nachdem die Datenbanken der Quellsysteme aktualisiert wurden. Dabei erstellen Sie ein nächtliches Wartungsfenster, in dem der gesamte Datentransfer stattfindet. Wenn Endbenutzer tagsüber Updates benötigen, ist eine häufigere Extraktion erforderlich, beispielsweise stündlich.

Zu berücksichtigen ist auch die Größe der Daten für jeden Extraktionslauf. Wenn der Umfang sehr groß ist, dauert die Aktualisierung des Data Warehouse vielleicht zu lange, sodass Sie das Update in kleinere Blöcke aufteilen und entsprechend häufiger extrahieren und aktualisieren müssen (zum Beispiel stündlich statt täglich). Außerdem kann es zu lange dauern, große Datenmengen von den Quellsystemen in das Data Warehouse zu übertragen, insbesondere wenn die Quelldaten lokal gespeichert sind und Sie keine große Pipeline vom Quellsystem zum Internet haben. Dies ist ein weiterer Grund, von einer großen nächtlichen Übertragung zu kleineren stündlichen Übertragungen im Laufe des Tages überzugehen.

Extraktionsmethoden

Daten aus Quellsystemen lassen sich prinzipiell nach zwei Methoden extrahieren. Schauen wir uns beide an:

Vollständige Extraktion
: Bei einer vollständigen Extraktion werden alle Daten vollständig aus einer oder mehreren Tabellen im Quellsystem extrahiert. Dies funktioniert am

besten bei kleineren Tabellen. Da diese Extraktion alle Daten widerspiegelt, die derzeit im Quellsystem verfügbar sind, ist es nicht notwendig, Änderungen zu verfolgen, sodass sich diese Methode sehr einfach realisieren lässt. Die Quelldaten werden so bereitgestellt, wie sie sind, und Sie benötigen keine zusätzlichen Informationen (z.B. Zeitstempel).

Inkrementelle Extraktion

Bei der inkrementellen Extraktion werden nur die Daten abgerufen, die sich seit einem bestimmten Zeitpunkt (wie zum Beispiel der letzten Extraktion oder dem Ende eines Abrechnungszeitraums) geändert haben, und nicht die gesamte Tabelle. Dies funktioniert am besten bei großen Tabellen und auch nur, wenn es möglich ist, alle geänderten Informationen zu identifizieren (siehe unten).

Für die meisten Quellsysteme werden Sie diese beiden Methoden kombinieren.

Unabhängig davon, ob Sie eine vollständige oder eine inkrementelle Extraktion ausführen, gibt es zwei Modi, die Daten zu extrahieren: online und offline.

Bei der Onlineextraktion kann sich der Extraktionsprozess direkt mit dem Quellsystem verbinden, um auf die Quelltabellen zuzugreifen, oder er kann die Verbindung zu einem Zwischensystem herstellen, das Änderungen an den Daten in einer vorab konfigurierten Art und Weise speichert (zum Beispiel in Transaktionsprotokollen oder Änderungstabellen).

Allerdings ist ein direkter Zugriff auf das Quellsystem nicht immer gegeben. In derartigen Fällen werden die Daten außerhalb des ursprünglichen Quellsystems geparkt und durch eine Extraktionsroutine, die vom Quellsystem ausgeht, erzeugt (zum Beispiel führt ein Mainframe eine Extraktionsroutine auf einer Tabelle aus und legt die Daten in einem Ordner in einem Dateisystem ab). Die extrahierten Daten werden in der Regel in eine einfache Datei geschrieben, und zwar in einem definierten, generischen Format (zum Beispiel CSV oder JSON).

Wie man feststellt, welche Daten sich seit der letzten Extraktion geändert haben

Leider ist es bei vielen Quellsystemen schwierig, die kürzlich modifizierten Daten zu identifizieren, um sie inkrementell zu extrahieren. Die folgenden Techniken zeigen, wie Sie kürzlich modifizierte Daten identifizieren und aus den Quellsystemen extrahieren. Diese Techniken lassen sich in Verbindung mit den diskutierten Methoden zur Datenextraktion einsetzen. Einige Techniken beruhen auf den Eigenschaften der Quellsysteme, andere verlangen möglicherweise Änderungen an den Quellsystemen. Die Besitzer des Quellsystems sollten jede Technik vor der Implementierung sorgfältig prüfen:

Zeitstempel
: Zeitstempel sind die bevorzugte Option und am einfachsten zu implementieren. Die Tabellen in manchen operativen Systemen enthalten Zeitstempelspalten mit der Uhrzeit und dem Datum der letzten Änderung einer bestimmten Zeile, sodass die neuesten Daten leicht zu erkennen sind. In relationalen Datenbanken hat die Zeitstempelspalte oftmals den Datentyp `timestamp` oder `datetime`, wobei die Spalten mit `Timestamp` oder `Last Modified` benannt sind. Die Quellanwendung trägt die aktuellen Werte in diese Spalte ein. Wenn das nicht der Fall ist, können Sie die relationale Datenbank so einrichten, dass sie das aktuelle Datum beim Speichern eines Datensatzes aufzeichnet. Eine andere Möglichkeit besteht darin es, der Datenbank einen Trigger hinzuzufügen, um die Spalte zu füllen.

Änderungsdaten erfassen
: Die meisten relationalen Datenbanken unterstützen das *Erfassen von Änderungsdaten* (*Change Data Capture*, CDC). Dieses Feature zeichnet auf, wann `INSERT`-, `UPDATE`- und `DELETE`-Anweisungen auf Datenbanktabellen angewendet werden, und stellt einen Tabellendatensatz zur Verfügung, der angibt, was wo wann geändert wurde. Die Grundlage hierfür ist das Transaktionsprotokoll der Datenbank. Wenn Sie Änderungsdaten in Echtzeit benötigen, d.h., wenn die Änderungen am Quellsystem innerhalb weniger Sekunden im Data Warehouse widergespiegelt werden sollen, kann CDC die Schlüsseltechnologie sein.

Partitionierung
: Manche Quellsysteme verwenden eine Bereichspartitionierung, bei der die Quelltabellen nach einem Datumsschlüssel aufgeteilt werden, was die Identifizierung neuer Daten erleichtert. Wenn Sie beispielsweise aus einer nach Tagen partitionierten Auftragstabelle Daten extrahieren, ist es einfach, die Daten des aktuellen oder vorherigen Tags zu identifizieren.

Datenbank-Trigger
: Für die Anweisungen `INSERT`, `UPDATE` und `DELETE` können Sie Trigger zu einer einzelnen Tabelle hinzufügen und diese Trigger die Informationen über die Datensatzänderung in eine »Änderungstabelle« schreiben lassen. Dies ähnelt der Erfassung von Änderungsdaten. Verwenden Sie also CDC, wenn Ihr Datenbankprodukt dies unterstützt, und andernfalls Trigger.

MERGE-Anweisung
: Die Option, die am wenigsten zu empfehlen ist, besteht darin, eine vollständige Extraktion aus dem Quellsystem in einen Staging-Bereich im

Data Warehouse vorzunehmen und dann diese Tabelle mit einem früheren vollständigen Extrakt aus dem Quellsystem zu vergleichen. Dabei kommt eine `MERGE`-Anweisung zum Einsatz, um die geänderten Daten zu identifizieren. Bei dieser Methode müssen Sie alle Quellfelder mit allen Zielfeldern vergleichen (oder eine Hashfunktion zu Hilfe nehmen). Auf das Quellsystem hat dieser Ansatz höchstwahrscheinlich kaum einen Einfluss, er kann aber für das Data Warehouse eine beträchtliche Belastung darstellen, insbesondere wenn es sich um große Datenmengen handelt. In der Regel ist diese Option die letzte Möglichkeit, wenn keine anderen Optionen infrage kommen.

Der Tod des relationalen Data Warehouse wurde übertrieben dargestellt

Anfang der 2010er-Jahre begannen IT-Fachleute zu fragen, ob das relationale Data Warehouse überhaupt noch gebraucht wird: »Ist das relationale Data Warehouse tot?« Viele verstanden dies als Frage, ob Unternehmen überhaupt noch Data Warehouses benötigen. Dass dies der Fall ist, wird in diesem Kapitel dargelegt. Doch in Wirklichkeit bezieht sich die Frage auf die Data-Warehouse-Architektur – kann man einfach einen Data Lake verwenden, oder sollte man sowohl einen Data Lake als auch ein RDW nehmen?

Als Data Lakes auf der Bühne erschienen, basierten sie auf der Apache-Hadoop-Technologie, und es waren vor allem die Hadoop-Anbieter, die das RDW für tot erklärten. »Stellen Sie einfach alle Ihre Daten in den Data Lake und werden Sie Ihr RDW los«, rieten sie. Wie in Kapitel 2 erwähnt, sind alle Projekte gescheitert, die das versucht haben.

Viele Jahre lang war ich der Meinung, dass RDWs immer benötigt werden würden, weil Data Lakes alle auf Hadoop basieren und es einfach zu viele Einschränkungen gibt. Doch als Lösungen wie Delta Lake (siehe Kapitel 12) verfügbar wurden und Data Lakes bessere, einfacher zu verwendende Produkte als Hadoop verwendeten (siehe Kapitel 16), begegneten mir erstmals einige Anwendungsfälle, in denen eine Lösung ohne RDW funktionieren könnte. Diese Art von Lösung ist eine Data-Lakehouse-Architektur, mit der sich Kapitel 12 beschäftigt.

Allerdings gibt es immer noch viele Anwendungsfälle, in denen ein RDW erforderlich ist. Und obwohl sich die Data-Lake-Technologien zweifellos weiter verbessern, was die Bedenken hinsichtlich der Umgehung eines RDW teilweise oder ganz aus dem Weg räumt (siehe Kapitel 12), werden wir RDWs nie ganz abschaffen können. Dafür gibt es meiner Meinung nach drei Gründe. Erstens ist es immer noch schwieriger, aus einem Data Lake zu berichten als aus einem Data Warehouse. Zweitens erfüllen RDWs weiterhin den Informationsbedarf der Benutzer und bieten einen Mehrwert. Drittens nutzen viele Menschen Data Warehouses, sind von ihnen abhängig, vertrauen ihnen und wollen sie nicht durch Data Lakes ersetzen.

Data Lakes bieten eine reiche Datenquelle für Data Scientists und Self-Service-Datenkonsumenten (*Power User*). Zudem erfüllen sie die Anforderungen für Analysen und Big Data. Aber nicht alle Daten- und Informationsarbeiter wollen Power User werden. Die Mehrheit benötigt weiterhin gut integrierte, systematisch bereinigte, leicht zugängliche relationale Daten, die ein Verlaufsprotokoll enthalten, das die Entwicklung oder den Fortschritt der Dinge über einen bestimmten Zeitraum erfasst. Diese Menschen sind mit einem Data Warehouse am besten bedient.

Zusammenfassung

Dieses Kapitel hat die erste weithin verwendete Technologielösung behandelt, um Daten von mehreren Quellen zu zentralisieren und Berichte darüber zu schreiben: das relationale Data Warehouse (RDW). Das RDW hat die Art und Weise, wie Unternehmen und Organisationen ihre Daten verwalten, revolutioniert, indem es ein zentrales Repository zum Speichern und Abrufen von Daten bereitgestellt und so eine effizientere Datenverwaltung und -analyse ermöglicht. Durch die Möglichkeit, Daten strukturiert zu speichern und zu organisieren, sind Benutzer eines RDW in der Lage, schnell und einfach komplexe Abfragen und Berichte zu erstellen, die wertvolle Erkenntnisse liefern und die Entscheidungsfindung unterstützen.

Heute ist das relationale Data Warehouse nach wie vor ein grundlegender Bestandteil vieler Datenarchitekturen und findet sich in einem breiten Spektrum von Branchen – vom Finanzwesen über das Gesundheitswesen bis hin zum Einzelhandel und der Fertigung. Das folgende Kapitel erörtert die nächste Technologie, die sich zu einem wichtigen Faktor bei der Zentralisierung von Daten und der Erstellung von Berichten entwickelt: den Data Lake.

KAPITEL 5

Data Lake

Big Data tauchte Anfang der 2010er-Jahre in noch nie da gewesenen Mengen auf, da immer mehr Quellen halb strukturierte und unstrukturierte Daten ausgaben, zum Beispiel Sensoren, Videos und soziale Medien. Halb strukturierte und unstrukturierte Daten verkörpern einen phänomenalen Wert – man denke nur an die Erkenntnisse, die sich aus Kunden-E-Mails über die Jahre hinweg gewinnen lassen! Allerdings konnten relationale Data Warehouses zu jener Zeit nur strukturierte Daten verarbeiten. Und es war zudem schwierig, große Datenmengen oder Daten, die häufig erfasst werden mussten, zu verarbeiten, sodass sie keine Option waren, um derartige Datentypen zu speichern. Die Branche war dadurch gezwungen, eine Lösung zu finden: Data Lakes. Data Lakes können halb strukturierte und unstrukturierte Daten problemlos verarbeiten und Daten verwalten, die häufig aufgenommen werden.

Vor Jahren habe ich mit Analysten einer großen Einzelhandelskette gesprochen. Sie wollten Daten von Twitter übernehmen, um herauszufinden, was Kunden über ihre Geschäfte denken. Bekannt war, dass die Kunden zögern würden, Beschwerden bei den Mitarbeitenden in den Geschäften vorzubringen, aber sie würden sie schnell auf Twitter veröffentlichen. Ich half ihnen, die Twitter-Daten in einen Data Lake aufzunehmen und die Stimmung der Kundenkommentare zu bewerten, indem ich sie als positiv, neutral oder negativ kategorisierte. Als sie die negativen Kommentare gelesen hatten, stellten sie fest, dass es ungewöhnlich viele Beschwerden über Umkleidekabinen gab – zu klein, zu überfüllt und nicht privat genug. Als Experiment beschloss das Unternehmen, die Umkleidekabinen in einer Filiale umzugestalten. Einen Monat nach der Umgestaltung stellten die Analysten eine überwältigende Anzahl positiver Kommentare über die Umkleidekabinen in diesem Geschäft fest, verbunden mit einem Umsatzanstieg von 7 %. Dies veranlasste das Unternehmen, die Umkleidekabinen in allen Geschäften umzugestalten, was landesweit zu einem Umsatzanstieg von 6 % und einem zusätzlichen Gewinn in Millionenhöhe führte. Und das alles dank eines Data Lake!

Was ist ein Data Lake?

Der Begriff *Data Lake* (dt. »Datensee«) ist eine Metapher, die das Konzept beschreibt, riesige Mengen von Rohdaten in ihrem natürlichen Format zu speichern. So wie ein See Wasser speichert, ohne seine Beschaffenheit zu verändern, speichert ein Datensee Daten, ohne dass diese zunächst strukturiert oder verarbeitet werden müssen. Genauso wie Seen verschiedene Tier- und Pflanzenarten beherbergen, nimmt ein Datensee verschiedene Arten von Daten (strukturiert, halb strukturiert und unstrukturiert) auf. Im Gegensatz dazu sind die Daten im Data Warehouse stärker strukturiert und verarbeitet, so wie abgefüllte oder verpackte Waren in einem Lagerhaus.

Sobald sich die Daten in einem Data Lake befinden, müssen sie bereinigt, verknüpft und möglicherweise zusammengeführt werden, um sie nutzbar zu machen. An dieser Stelle muss eine Art von *Rechenleistung* (d.h. die erforderliche Verarbeitungsleistung, um Daten zu verwalten, zu bearbeiten und zu analysieren) mit dem Data Lake verbunden werden, um die Daten zu übernehmen und zu transformieren und sie dann wieder in den Data Lake zurückzustellen.

Warum einen Data Lake verwenden?

Es gibt viele Gründe, einen Data Lake einzusetzen, insbesondere in Verbindung mit einem RDW. Wie bereits erwähnt, können Sie Daten schnell und ohne Vorarbeiten in einem Data Lake speichern – ein als *Schema-on-Read* bezeichneter Ansatz (siehe Kapitel 2). Dadurch können Sie viel schneller auf die Daten zugreifen, sodass Power User ihre Berichte schnell ausführen können (für eine schnellere Kapitalrendite) und Data Scientists direkt auf die Daten zugreifen können, um ein Machine-Learning-Modell zu trainieren. Zudem ist es nützlich für die Untersuchung von Daten. Wenn ein Endbenutzer Sie bittet, Quelldaten in ein DW zu kopieren, können Sie die Quelldaten schnell in den Data Lake kopieren und sie untersuchen, um sich von ihrem Wert zu überzeugen, bevor Sie sich die Mühe machen, das Schema im Data Warehouse zu erstellen und den ETL-Prozess zu schreiben.

In Kapitel 4 habe ich bereits erwähnt, dass es bei einem DW in der Regel ein nächtliches Wartungsfenster gibt, in dem Sie die Endbenutzer abschalten, um die Quelldaten in die DW-Staging-Tabellen zu laden. Anschließend bereinigen Sie die Daten und kopieren sie in die DW-Produktionstabellen. Wenn dabei jedoch Probleme auftreten und die Wartung länger als erwartet dauert, sind die Endbenutzer immer noch ausgesperrt, wenn sie morgens auf die Daten zugreifen wollen. Besser ist es, die Daten im Data Lake statt im Data Warehouse zu transformieren. Das bietet unter anderem folgende Vorteile:

- Kosteneinsparungen, da die Berechnungen im Data Warehouse normalerweise viel teurer sind als andere Arten von Berechnungen, die Sie für die Daten im Data Lake verwenden können.
- Äußerste Performance für Transformationen (bei Bedarf) durch mehrere Berechnungsoptionen, bei denen jede Berechnung auf verschiedene Ordner mit Daten zugreifen und parallel laufen kann (oder parallel auf denselben Daten läuft).
- Die Möglichkeit, die Daten auf viel mehr Arten zu verfeinern als mit einem Data Warehouse, da viele verschiedene Arten von Berechnungsoptionen für die Daten im Data Lake verwendet werden können. So können Sie Codebibliotheken mit vorgefertigten Routinen nutzen, um komplexe Transformationen durchzuführen, die mit SQL im Data Warehouse nur sehr umständlich oder gar nicht möglich sind.
- Es ist kein DW-Wartungsfenster erforderlich, sodass das Data Warehouse 24/7 für Abfragen verfügbar ist. Außerdem vermeiden Sie, dass Benutzer um dieselben Ressourcen konkurrieren, wenn sie Berichte ausführen wollen, während Datentransformationen laufen. Denn da Datentransformationen Ressourcenfresser sind, können Sie sich gegenseitig ausbremsen.

Ein Data Lake ist eine kostengünstige Möglichkeit, eine unbegrenzte Menge an Daten zu speichern. Im Gegensatz zum lokalen Speicher ist der Speicherplatz bei Cloud-Providern unbegrenzt, sodass Sie sich nie Sorgen machen müssen, dass Ihnen der Platz in Ihrem Data Lake ausgeht. Außerdem ist Cloud-Speicher relativ günstig, und die meisten Cloud-Provider bieten mehrere Speicherstufen an, mit denen ihre Kunden noch mehr Geld sparen können.

Im Data Lake können Sie beliebige Daten »für den Fall« sammeln, dass Sie sie in Zukunft benötigen. Diese *Vorratshaltung von Daten* wird in einem DW selten praktiziert, da es viel teurer ist, Daten in einem Data Warehouse zu speichern, als in einem Data Lake und das Speichern von mehr Daten im DW die Performance beeinträchtigen kann. Und weil das Speichern in einem Data Lake so günstig ist, werden Daten nur selten gelöscht, es sei denn, aus rechtlichen Gründen.

Da ein Data Lake als zentraler Ort für alle möglichen Daten fungiert, kann ein Data Lake die »einzige Version der Wahrheit« verkörpern. Wenn sämtliche Daten im Data Lake landen, bevor sie an andere Stellen kopiert werden, kann der Data Lake der Ort sein, an den man zurückkehren kann, wenn es Fragen zur Genauigkeit der Daten gibt, die an anderen Stellen, an denen sie verwendet werden, auftauchen, beispielsweise in Abfragen, Berichten und Dashboards. Ein Data Lake erleichtert zudem jedem Endbenutzer, von jedem Ort aus auf beliebige Daten zuzugreifen und diese mehrfach für alle von ihm gewünschten Analyseanforderungen und Anwendungsfälle zu nutzen. Wenn Sie einen Data Lake neben einem Data Warehouse betreiben, wird der Data Lake und nicht das Data Warehouse zu einer einzelnen Version der Wahrheit. Darüber hinaus ist ein Data Lake ein geeigneter Ort, an dem Streaming-Daten, etwa von IoT-Geräten, landen. Ein Data Warehouse wäre als Ziel von Streaming-Daten praktisch nicht möglich.

Der Data Lake fungiert auch als Onlinearchiv. Zum Beispiel könnten Sie die Auftragsdaten der letzten drei Jahre im Data Warehouse behalten und Auftragsdaten älter als drei Jahre in den Data Lake auslagern. Der größte Teil der zum Aufbau eines Data Warehouse verwendeten Technologie ermöglicht es, Daten in einem Data Lake per SQL abzufragen, sodass Benutzer weiterhin die Daten des Data Lake in Berichten verwenden können (mit dem Nachteil einer geringeren Performance). Dies kann Kosten sparen und verhindern, dass der Speicherplatz im Data Warehouse zu knapp wird.

Des Weiteren ist der Data Lake ein Ort, an dem Sie Daten aus dem Data Warehouse sichern können, falls Sie Daten im Data Warehouse wiederherstellen müssen, weil sie versehentlich gelöscht, beschädigt oder infolge einer falschen `WHERE`-Klausel in einer `UPDATE`-Abfrage verfälscht wurden usw.

Darüber hinaus können Sie unterschiedlich strukturierte Daten in einen Data Lake integrieren: alles von CSV- und JSON-Dateien bis hin zu Word-Dokumenten und Mediendateien. Aus diesen Dateien lassen sich die Daten extrahieren, um sie weiterzuverwerten.

Bei einem Data Warehouse werden die Rohdaten, die aus einem Quellsystem in Staging-Tabellen im DW kopiert, dann transformiert und in die Produktionstabellen geladen werden, normalerweise nach ein oder zwei Tagen gelöscht, um Platz im begrenzten relationalen Speicher zu sparen. Ein Problem entsteht, wenn ein ETL-Fehler aus einem ETL-Prozess entdeckt wird, der viele Tage zurückliegt. Wenn der ETL-Prozess erneut ausgeführt werden muss, die Rohdaten aber gelöscht wurden, müssen Sie zum Quellsystem zurückkehren und möglicherweise dessen Performance beeinträchtigen. Indem Sie die Transformation im Data Lake abwickeln, wo das Speichern billiger ist, können Sie eine lange Historie der Rohdaten aufbewahren und müssen nie zum Quellsystem zurückkehren.

Bottom-up-Ansatz

Da ein Data Lake nach dem Prinzip *Schema-on-Read* arbeitet, ist nur wenig Vorarbeit erforderlich, um die Daten nutzen zu können. Dies funktioniert besonders gut, wenn Sie noch nicht wissen, welche Fragen Sie den Daten stellen wollen – die Daten können Sie schnell untersuchen, um die relevanten Fragen herauszuarbeiten. Daraus ergibt sich ein sogenannter Bottom-up-Ansatz, wie ihn Abbildung 5-2 zeigt, bei dem Sie zunächst Daten sammeln, bevor Sie irgendwelche Theorien oder Hypothesen aufstellen. Dies unterscheidet sich stark vom Top-down-Ansatz eines relationalen Data Warehouse, wie in Abbildung 5-1 dargestellt.

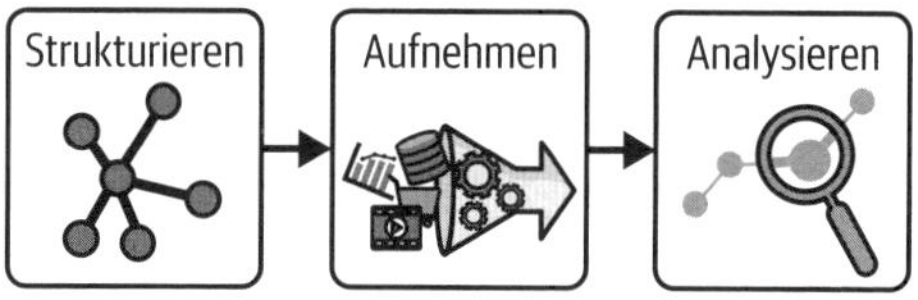

Abbildung 5-1: Top-down-Ansatz

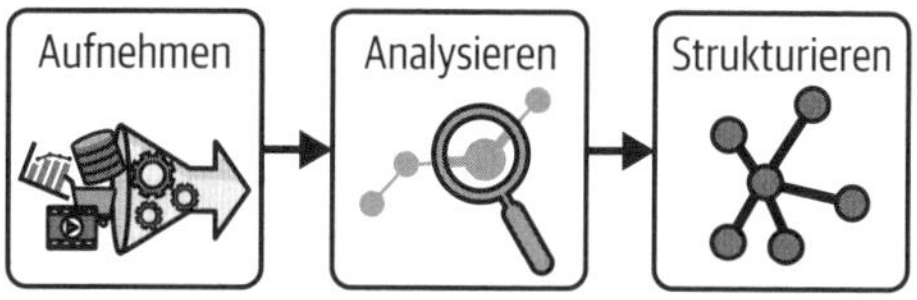

Abbildung 5-2: Bottom-up-Ansatz

Somit sind Data Scientists, deren Software vorzugsweise mit Daten in Dateien arbeitet, in der Lage, maschinelles Lernen (*Machine Learning*) auf die Daten im Data Lake anwenden, um zu bestimmen, was passieren wird (prädiktive Analyse) und wie die Menschen dies erreichen können (präskriptive Analyse).

Die *prädiktive Analyse* nutzt Daten, statistische Algorithmen und Techniken des Machine Learning, um zukünftige Ergebnisse auf der Grundlage historischer Daten vorherzusagen. Darin eingeschlossen sind verschiedene statistische Techniken, wie zum Beispiel Data Mining, prädiktive Modellierung und Machine Learning, um aktuelle und historische Fakten zu analysieren und Vorhersagen über zukünftige oder anderweitig unbekannte Ereignisse zu treffen. Dadurch sind Sie in der Lage, proaktiv und nicht nur reaktiv zu handeln. Zum Beispiel kann die prädiktive Analyse im Gesundheitsweisen eingesetzt werden, um die Rückfallquote von Patienten vorherzusagen oder im Einzelhandel auf zukünftige Umsätze zu schließen oder im Bankwesen Kreditausfälle vorherzusagen.

Die *präskriptive Analyse* geht noch einen Schritt weiter als die prädiktive Analyse. Denn sie nutzt Optimierungs- und Simulationsalgorithmen, um Empfehlungen zu möglichen Ergebnissen zu geben. Dabei sagt die präskriptive Analyse nicht nur voraus, was in der Zukunft passieren wird, sondern schlägt auch Maßnahmen vor, um diese Ergebnisse zu beeinflussen. Ziel ist es, auf der Grundlage vorhergesagter Zukunftsszenarien Ratschläge zu erteilen, um die Entscheidungsfindung zu optimieren. Die präskriptive Analyse kann Entscheidungsoptionen vorschlagen, um herauszufinden, wie eine zukünftige Chance genutzt oder ein zukünftiges Risiko gemindert werden kann, und sie kann die Auswirkungen der einzelnen Entscheidungsoptionen veranschaulichen. Beispielsweise können präskriptive Analysen in der Logistik dazu verwendet werden, die besten Routen für die Auslieferung zu finden und sogar alternative Routen bei unerwarteten Straßensperrungen vorzuschlagen.

Data Lakes wurden zunächst hauptsächlich für prädiktive und präskriptive Analysen verwendet, um die Schwierigkeiten zu vermeiden, die mit dem Versuch verbunden sind, erweiterte Analysen mit dem herkömmlichen Data Warehouse durchzuführen. Heute setzt man Data Lakes jedoch für viel mehr ein, wie der Abschnitt »Warum einen Data Lake verwenden?« auf Seite 94 beschreibt.

Wenn Sie den Data Lake erkunden und wertvolle Daten finden, die Sie den Endbenutzern leicht zugänglich machen wollen, können Sie sie später jederzeit modellieren, indem Sie sie in ein RDW kopieren. *Datenmodellierung* kann man sich wie die Erstellung eines Konzepts für das Organisieren und das Verständnis von Daten vorstellen. Damit definieren Sie, welche Daten wichtig sind, wie sie sich zueinander verhalten und wie sie in einem RDW gespeichert und verwendet werden sollen. Data Lakes verfügen nur über begrenzte Tools für die Datenmodellierung, während Data Warehouses schon seit Jahren entsprechende Werkzeuge mitbringen.

Best Practices für das Design von Data Lakes

Für das Design eines Data Lake sollte genügend Zeit eingeplant werden. Oftmals stelle ich fest, dass Unternehmen bei der Konzeption ihrer Data Lakes zu wenig Zeit aufwenden, um alle Anwendungsfälle zu durchdenken. Später müssen sie sie dann umgestalten und neu aufbauen. Stellen Sie also sicher, dass Sie alle Datenquellen, die Sie derzeit und in Zukunft nutzen, berücksichtigen und dass Sie den Umfang, die Art und die Geschwindigkeit der Daten verstehen. Saugen Sie dann alle Informationen auf, die Sie über das Design von Data Lakes finden können, und wählen Sie das für Ihre Situation geeignete Design aus.

Ein Data Lake erzwingt im Allgemeinen keine bestimmte Struktur für die aufgenommenen Daten. Dies ist sogar eine seiner Haupteigenschaften und unterscheidet sich von einer herkömmlichen Datenbank oder einem Data Warehouse, bei denen die Daten im Vorfeld strukturiert oder modelliert werden müssen. Um jedoch die Daten nutzbar zu machen und zu verhindern, dass der Data Lake zu einem »Datensumpf« wird (einer unorganisierten und unüberschaubaren Datensammlung), ist es wichtig, einige Organisations- und Governance-Praktiken anzuwenden. Dieser Abschnitt stellt einige der Best Practices vor, um Ihnen den Einstieg zu erleichtern.

Die erste Best Practice besteht darin, den Data Lake logisch in mehrere Schichten (auch Zonen genannt) zu unterteilen, die verschiedenen Stufen der Datenqualität entsprechen, wie Abbildung 5-3 zeigt. Andernfalls würden sich alle Dateien in einem einzigen Ordner befinden, was Performance, Verwaltbarkeit und Sicherheit stark beeinträchtigen würde.

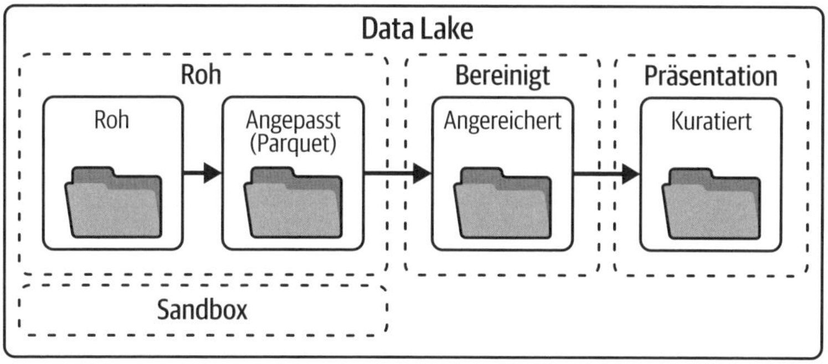

Abbildung 5-3: Data-Lake-Schichten

Um die Struktur und Funktion eines Data Lake besser zu verstehen, schauen wir uns die verschiedenen Schichten an, die jeweils einen Schritt in Richtung besserer Datenqualität und -nutzbarkeit verkörpern. Diese Schichten sind hierarchisch angeordnet, beginnend bei den Rohdaten über die unverarbeiteten Daten bis hin zu hochgradig verfeinerten und geschäftsfähigen Informationen. Hier ein genauerer Blick auf die einzelnen Schichten:

Rohdatenschicht

Rohereignisse, die als Verlaufsdaten gespeichert sind, werden in der Regel für immer aufbewahrt (unveränderlich). Stellen Sie sich die Rohdatenebene als ein Reservoir vor, das Daten in ihrem natürlichen und ursprünglichen Zustand (ohne angewendete Transformationen) speichert. Die Daten sind ungefiltert und ungereinigt. Diese Schicht wird auch als *Bronzeschicht*, *Staging-Schicht* oder *Landing-Schicht* bezeichnet.

Angepasste Schicht

Häufig werden die Daten in der Rohdatenschicht in verschiedenen Formaten gespeichert, zum Beispiel als CSV, JSON und Parquet (ein gängiges Dateiformat, das für die effiziente Verarbeitung von Big Data optimiert ist). In der angepassten Schicht werden alle Dateitypen in ein Format konvertiert, in der Regel Parquet. Stellen Sie sich den Data Lake als zwei Sammelbecken vor, eines mit Salzwasser und eines mit Süßwasser gefüllt. Per Entsalzung wird Salzwasser in Süßwasser verwandelt. Diese Schicht bezeichnet man auch als *Basis-* oder *standardisierte Schicht*.

Bereinigte Schicht

Hier werden die Rohereignisse in direkt nutzbare Datensätze transformiert (Daten bereinigt, integriert und konsolidiert). Die bereinigte Schicht können Sie sich als Filterschicht vorstellen. Sie entfernt Verunreinigungen und kann die Daten auch anreichern. Ziel ist es, die gespeicherten Dateien in Bezug auf Codierung, Schema, Format, Datentyp und Inhalt (zum Beispiel Zeichenketten und ganze Zahlen) zu vereinheitlichen. Diese Schicht wird auch als *silberne*, *transformierte*, *verfeinerte*, *integrierte*, *verarbeitete* oder *angereicherte Schicht* bezeichnet.

Präsentationsschicht

Auf die bereinigten Daten wird Geschäftslogik angewendet, um Daten zu produzieren, mit denen Endbenutzer oder Anwendungen tatsächlich arbeiten können, in der Regel in einem leicht verständlichen und nutzbaren Format. Transformation bedeutet, Daten zu aggregieren oder zusammenzufassen oder Dateien in ein bestimmtes Layout für die Verwendung in Berichtstools zu bringen (beispielsweise in ein Sternschema, mit dem sich Kapitel 8 befasst), wobei oftmals Informationen über die Daten (Metadaten) in jede Datei eingebunden werden. Diese Schicht nennt man auch *Anwendungs-*, *Workspace-*, *vertraute*, *Gold-*, *sichere*, *produktionsreife*, *governed*, *kuratierte*, *bedienende*, *analytische* oder *Konsumtionsschicht*.

Sandbox-Schicht

Diese optionale Schicht ist zum »Spielen« gedacht. Im Allgemeinen wird die Sandbox von Data Scientists genutzt. Dabei nimmt man normalerweise eine Kopie der Rohdatenschicht, in der Daten nicht nur gelesen, sondern auch geändert werden können. Bei Bedarf können Sie sogar mehrere Sandbox-Schichten erstellen. Man nennt diese Schicht auch *Erkundungsschicht*, *Entwicklungsschicht* oder *Data-Science-Workspace*.

Dies ist nur eine Möglichkeit, die Schichten in Ihrem Data Lake einzurichten. Ich habe viele andere hervorragende Entwürfe gesehen, die zusätzliche Schichten enthalten oder einige Schichten kombinieren, beispielsweise die angepassten und bereinigten Schichten.

Nehmen wir als Beispiel die Schichten, die Sie in Abbildung 5-3 sehen. Wir betrachten ein Einzelhandelsunternehmen, das über verschiedene Datenquellen wie POS-Systeme, Onlineverkäufe, Kundenfeedback und Lagerbestandssysteme verfügt. Die vier Schichten würden Daten unterschiedlicher Qualität wie folgt enthalten:

Rohdatenschicht

- Rohdatenprotokolle aus dem Kassensystem, einschließlich aller Transaktionsdetails (wie Zeitstempel, gekaufte Artikel, Mengen, Preise, Gesamtbetrag, Kassierer-ID und Standort des Geschäfts).
- Daten von Onlineverkäufen von der Website oder App, zum Beispiel Benutzer-ID, gekaufte Artikel, Mengen, Preise, Gesamtbetrag und Zeitstempel.
- Lagerbestandsdaten aus verschiedenen Warehouses und Filialen, einschließlich Artikeln, Mengen und Wiederauffüllungsdaten.
- Ungefiltertes Kundenfeedback, das durch Umfragen, Rezensionen und Bewertungen gesammelt wurde.

Angepasste Schicht

- Sämtliche Dateien, die von Kassensystemen, Onlineverkäufen, Lagerbeständen und Kundenfeedback stammen, werden in das Parquet-Format konvertiert, sofern sie nicht bereits in diesem Format vorliegen.

Bereinigte Schicht

- Daten von Kassensystemen und Onlineverkäufen, bei denen alle Fehler entfernt oder korrigiert wurden (zum Beispiel inkonsistent benannte Artikel, Fehler bei Mengenangaben und fehlende Zeitstempel). Die Daten wurden außerdem in ein gemeinsames Schema umgewandelt (zum Beispiel gemeinsame Benennungskonventionen und Formate für Artikel, gemeinsames Zeitformat oder gemeinsames Filial-ID-System).
- Bestandsdaten mit standardisierten Artikelbezeichnungen und korrigierten Fehlern oder Inkonsistenzen. Die Daten wurden außerdem so transformiert, dass sie mit den üblichen Artikelnamen und Filial-IDs übereinstimmen, die in den Verkaufsdaten verwendet werden.
- Kundenfeedbackdaten, die bereinigt wurden, um irrelevante oder fehlerhafte Antworten zu entfernen, standardisierte Formate zu erhalten usw. Die Daten wurden ebenfalls in ein gemeinsames Format überführt, das mit dem gemeinsamen Filial-ID-System und möglicherweise mit gemeinsamen Elementen, die aus den Rückmeldungen für die Analyse extrahiert wurden, übereinstimmt.

Präsentationsschicht

- Ein konsolidierter Umsatzbericht, der die Gesamtumsätze pro Filiale, pro Region oder pro Tag/Monat/Jahr und eventuell die Umsätze nach Artikel oder Kategorie aufschlüsselt.
- Ein Bestandsbericht, der die aktuellen Lagerbestände für jeden Artikel in jeder Filiale oder jedem Data Warehouse sowie die Auffüllungspläne zeigt.
- Ein Bericht über das Kundenfeedback, der das Feedback zusammenfasst, eventuell mit einer Stimmungsanalyse für jede Filiale oder jedes Produkt.

Eine andere Best Practice ist es, eine Ordnerstruktur einzurichten, normalerweise für jede Schicht eine andere, die aus verschiedenen Gründen auf viele verschiedene Arten unterteilt werden kann. Hier einige Beispiele:

Datensegregation
: Daten, basierend auf Quelle, Geschäftseinheit oder Datentyp zu organisieren, erleichtert es Data Scientists und Analysten, die relevanten Daten zu finden und zu verwenden.

Zugriffssteuerung
: Verschiedene Teams oder Einzelpersonen innerhalb einer Organisation haben möglicherweise unterschiedliche Zugriffsrechte auf Daten. Indem Ordner auf der Grundlage von Benutzerrollen oder Abteilungen strukturiert werden, können Unternehmen fein abgestufte Zugriffskontrollrichtlinien implementieren.

Performanceoptimierung
: Daten in einer bestimmten Art und Weise zu organisieren, kann in einer verbesserten Performance resultieren. So können beispielsweise bestimmte Datenverarbeitungs- oder Abfragevorgänge schneller ablaufen, wenn die Daten nach bestimmten Merkmalen gruppiert sind.

Den Lebenszyklus von Daten verwalten
: Daten haben oftmals einen Lebenszyklus, der von der Aufnahme bis zur Archivierung oder Löschung reicht. Je nach Stadium des Lebenszyklus kann man verschiedene Ordner verwenden, um die Daten voneinander zu trennen.

Metadatenverwaltung
: Metadaten aus den Rohdaten lassen sich in eigenen Ordnern verwalten und abtrennen. Diese Segregation kann die Metadatenverwaltung vereinfachen und das Auffinden von Daten beschleunigen.

Compliance-Anforderungen
: In vielen Branchen schreiben Compliance-Anforderungen vor, bestimmte Arten von Daten auf bestimmte Weise zu speichern und zu verwalten.

Verschiedene Ordnerstrukturen können Unternehmen dabei helfen, diese Anforderungen zu erfüllen.

Datensicherung und Notfallwiederherstellung
: Unterschiedliche Ordnerstrukturen können beim Erstellen eines strategischen Backup- und Wiederherstellungsplans hilfreich sein. So ist es in einfacher Weise möglich, bestimmte Ordner je nach ihrer Bedeutung häufiger zu sichern oder länger aufzubewahren.

Datenversionierung
: Mit verschiedenen Ordnern ist es möglich, verschiedene Versionen desselben Datensatzes zu verwalten.

Datenpartitionierung
: Daten lassen sich auch nach Schlüsselattributen partitionieren, um die Abfrageleistung zu verbessern.

Anforderungen an Aufnahme und Verarbeitung
: Je nach Quelle benötigen die Daten möglicherweise unterschiedliche Verarbeitungspipelines. Verschiedene Ordner können helfen, diese Prozesse zu verwalten und zu rationalisieren.

Um einem oder mehreren der obigen Gründe zu entsprechen, können Sie die Ordner nach einem oder mehreren der folgenden Kriterien aufteilen:

- zeitlich (Jahr/Monat/Tag/Stunde/Minute), zum Beispiel wann die Daten in den Data Lake kopiert wurden
- Themenbereich
- Datenquelle
- Objekt, zum Beispiel Quelltabelle
- Sicherheitsgrenzen, zum Beispiel Abteilung oder Geschäftsbereich
- nachgeordnete Anwendung oder Zweck
- Art der Daten, zum Beispiel Detail- oder Zusammenfassungsdaten
- Datenaufbewahrungsrichtlinie, zum Beispiel temporäre und permanente Daten, geltender Zeitraum oder Projektdauer
- geschäftlicher Einfluss oder Kritikalität, zum Beispiel hoch, mittel oder niedrig
- Besitzer/Steward/SME (Subject Matter Expert)
- Wahrscheinlichkeit des Datenzugriffs, zum Beispiel für neue oder aktuelle Daten gegenüber historischen Daten
- vertrauliche Klassifizierung, zum Beispiel öffentliche Informationen, nur für den internen Gebrauch, vertraulich für Lieferanten/Partner, persönlich identifizierbare Informationen oder sensible Informationen

Abbildung 5-4 zeigt eine beispielhafte Ordnerstruktur für die Zonen mit rohen und bereinigten Daten.

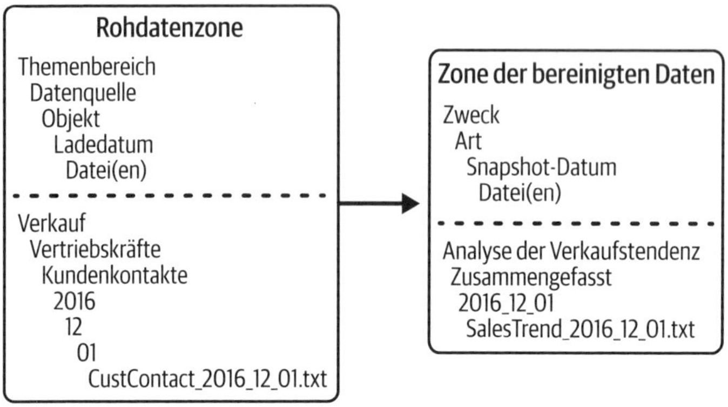

Abbildung 5-4: Ordnerstruktur in zwei Data-Lake-Zonen

In den meisten Fällen sind alle diese Schichten in einem Cloud-Abonnement zusammengefasst. Es gibt einige Ausnahmen, zum Beispiel wenn Sie bestimmte Anforderungen an die Rechnungsstellung haben, wenn Sie eine Abonnementgrenze erreichen oder wenn Sie separate Abonnements für Entwicklung, Test und Produktion wünschen. (Weitere Ausnahmen finden Sie im nächsten Abschnitt.)

Die meisten Kunden erstellen ein Speicherkonto für jede Schicht (sodass drei Schichten drei Speicherkonten bedeuten), und zwar alle innerhalb einer einzigen *Ressourcengruppe* (das ist ein Container, der zusammengehörende Ressourcen für ein Projekt enthält). Da auf diese Weise die Schichten isoliert sind, lässt sich die Performance besser vorhersagen, und man kann unterschiedliche Funktionen auf der Ebene des Speicherkontos realisieren.

Typische Features, die in jeder Speicherkontoschicht festgelegt werden, sind über die meisten Cloud-Anbieter verfügbar (wobei ich mich in diesem Abschnitt speziell auf Azure beziehe). Dazu gehört das Lebenszyklusmanagement, das es Ihnen ermöglicht, die Kosten zu senken, indem Sie Aufgaben der Datenverwaltung automatisieren (zum Beispiel Daten über verschiedene Speicherschichten übertragen oder nicht mehr benötigte Daten löschen). Zudem können Sie Firewall-Regeln einrichten, um den Zugriff nur für bestimmte vertrauenswürdige Gruppen oder Einzelpersonen zuzulassen oder um zu verhindern, dass die Speicher- oder Durchsatzgrenze eines Kontos erreicht wird.

Die meisten Data Lakes verwenden Cloud-Speicher-Zugriffsschichten, wobei die Rohdaten- und die angepasste Schicht die Archivierungsschicht, die bereinigte Schicht die kalte Schicht und die Präsentations- und Sandbox-Schicht die heiße

Schicht verwenden. Jede Schicht bietet ein anderes Verhältnis zwischen Speicherkosten und Zugriffskosten, wobei für die heiße Schicht die höchsten Speicherkosten und für die Archivierungsschicht die höchsten Abrufkosten anfallen.

Ich empfehle, mithilfe von Kontrollen oder Integritätsprüfungen sicherzustellen, dass die Daten auf ihrem Weg durch die Schichten korrekt sind. Wenn Sie beispielsweise mit Finanzdaten arbeiten, könnten Sie eine Abfrage erstellen, die die Aufträge des Tages summiert (Zeilenzahl und Gesamtumsatz) und die Werte mit den Quelldaten vergleicht, um sicherzustellen, dass diese Werte in allen Datenschichten gleich sind. Wenn sie nicht gleich sind, deutet dies auf ein Problem mit den Pipelines hin, die Sie einrichten, um die Daten zu verschieben und zu transformieren. Dann müssen Sie das Problem beheben und die Pipelines erneut ausführen.

Mehrere Data Lakes

Im Idealfall erstellen Sie nur einen großen Data Lake und verwenden ihn für alle Ihre Daten. Dieser Ansatz würde es vereinfachen, Daten für Abfragen oder Berichte aufzufinden und zu kombinieren. Allerdings gibt es viele Gründe, warum Sie mehrere physisch getrennte Data Lakes (wie in Abbildung 5-5 dargestellt) anlegen müssen, anstatt einen Data Lake einfach in verschiedene Abschnitte zu unterteilen.

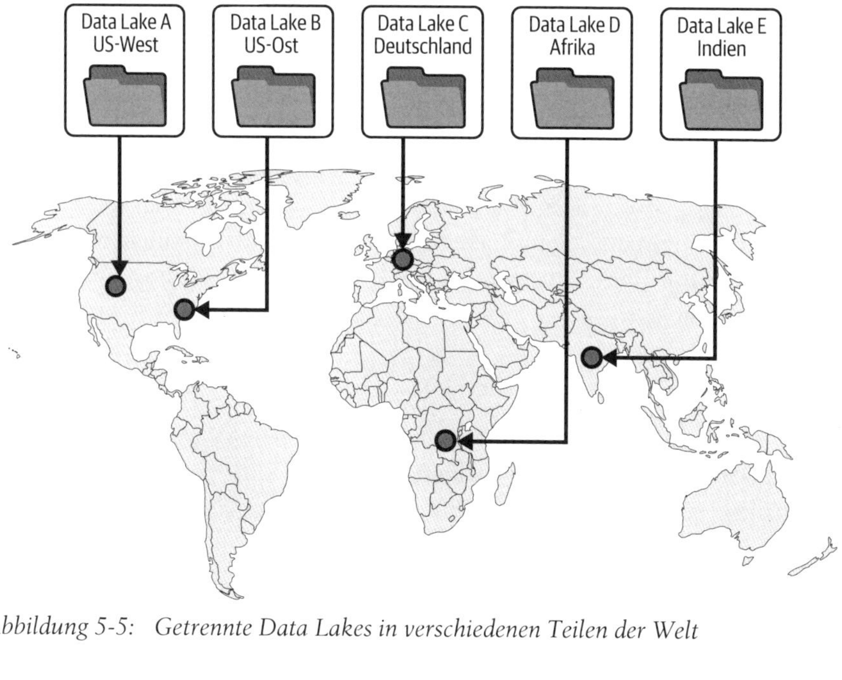

Abbildung 5-5: Getrennte Data Lakes in verschiedenen Teilen der Welt

Die meisten Use Cases, die ich im Folgenden erörtere, sind nicht möglich (oder zumindest kaum praktikabel), wenn die Data Lakes physisch nicht getrennt sind.

Vorteile

Ich habe die Gründe, die für separate Data Lakes sprechen, in fünf Abschnitte gegliedert und gehe anschließend auf die Nachteile mehrerer Data Lakes ein.

Organisatorische Struktur und Besitz

Mehrere Data Lakes zu verwalten, kann aus vielen Gründen vorteilhaft sein, von denen die meisten mit der Organisationsstruktur und den Besitzverhältnissen zusammenhängen. Zum Beispiel kann die Organisationsstruktur des Unternehmens dazu ermutigen oder erfordern, dass jede Organisationseinheit den Besitz an ihren eigenen Daten behält, ein Merkmal, das typischerweise mit einem Data Mesh verbunden ist (siehe Kapitel 13).

Ein anderer Grund ist, dass verschiedene Teams oder Abteilungen für bestimmte Anwendungsfälle oder Projekte ihre eigenen Data Lakes beanspruchen.

Darüber hinaus kann ein Unternehmen davon profitieren, sowohl einen auf die Quelle ausgerichteten Data Lake als auch einen verbraucherorientierten Data Lake zu haben. Daten aus einer bestimmten Quelle können in einem Data Lake mit minimalen Transformationen gesammelt werden. Dies funktioniert gut für Benutzer, die die Quelldaten verstehen, zum Beispiel in der Fertigung, wenn die Daten aus einem Fertigungsprozess stammen. Für Benutzer außerhalb der Fertigung sind die Daten jedoch möglicherweise schwer nachzuvollziehen. In derartigen Fällen könnten Sie die Daten in einen auf die Verbraucher ausgerichteten Data Lake kopieren und sie in ein verständlicheres Format umwandeln. Wenn Sie also getrennte Data Lakes für quellen- und verbraucherorientierte Daten anstelle nur eines Data Lake haben, können Sie den Datenverarbeitungsprozess vereinfachen.

Compliance, Governance und Sicherheit

Die Entscheidung für mehrere Data Lakes statt für einen wird maßgeblich von einer Vielzahl von Faktoren beeinflusst, die in die breit gefassten Kategorien Compliance[1], Governance[2] und Sicherheit fallen. So können beispielsweise

1 Compliance – die Einhaltung von Gesetzen und Unternehmensrichtlinien.

2 Governance – keine direkte deutsche Entsprechung, etwa Kontroll- und Steuerungsstruktur innerhalb (gelegentlich auch außerhalb) privatwirtschaftlicher Unternehmen.

multiregionale Bereitstellungen mehrere Data Lakes erforderlich machen, wenn die Anforderungen an die Datenresidenz oder -hoheit von Region zu Region unterschiedlich sind. Stammen Daten beispielsweise aus China, können sie nicht aus dem Land exportiert werden, sodass ein eigener Data Lake in der Region erforderlich ist.

Ein weiterer wichtiger Aspekt ist, dass mehrere Data Lakes Ihnen ermöglichen, sensible oder vertrauliche Daten von weniger sensiblen Daten zu trennen. Restriktivere und strengere Sicherheitskontrollen können speziell auf sensible Data Lakes angewendet werden, wodurch die Datensicherheit insgesamt steigt.

Wenn einige Personen über erhöhte Zugriffsrechte verfügen, können Sie mit separaten Data Lakes den Geltungsbereich dieser Rechte einschränken, indem Sie sie auf den jeweiligen Data Lake begrenzen, in dem die Person arbeitet. Dies fördert eine sicherere Datenumgebung.

Schließlich können auch verschiedene Governance- und Compliance-Anforderungen eine treibende Kraft sein, um mehrere Data Lakes einzurichten. Vorschriften wie die *General Data Protection Regulation* (GDPR) und der *Health Insurance Portability and Accountability Act* (HIPAA) bedingen einzigartige Datenverwaltungsstandards und -praktiken. Mit mehreren Data Lakes können Unternehmen ihre Daten gemäß den spezifischen Governance- und Compliance-Anforderungen verwalten, die für jeden Datensatz gelten – eine Praxis, die besonders in stark regulierten Sektoren wichtig ist.

Cloud-Abonnement, Servicebeschränkungen und Richtlinien

Mehrere Data Lakes können auch aus Gründen vorteilhaft sein, die in erster Linie mit Cloud-Abonnements, Servicebeschränkungen und Richtlinien zusammenhängen. Beispielsweise lassen sich mit mehreren Data Lakes die Abonnement- oder Servicebeschränkungen, Kontingente und Einschränkungen umgehen, etwa eine maximale Anzahl von Speicherkonten pro Abonnement. Würden Sie in derartigen Szenarios mit nur einem einzigen Data Lake arbeiten, könnten Ihre Anforderungen diese Grenzen überschreiten.

Außerdem können Sie mit mehreren Data Lakes unterschiedliche Cloud-Richtlinien implementieren. Cloud-Provider bieten in der Regel Hunderte von verschiedenen Richtlinienoptionen an, die für jeden Data Lake individuell zugeschnitten werden können. Diese Flexibilität trägt dazu bei, die Einhaltung der Unternehmensrichtlinien zu gewährleisten. Ein Beispiel wäre die Festlegung, dass einige Speicherkonten über eine Infrastrukturverschlüsselung verfügen müssen, eine Regel, die von einem Data Lake zu einem anderen in Ihrem Unternehmen variiert.

Schließlich kann es einfacher sein, die Kosten für die Rechnungsstellung zu verfolgen, wenn Sie separate Data Lakes mit jeweils eigenen Cloud-Abonnements unterhalten. Dieser Grad an Granularität bei der Kostenverfolgung bietet einen klaren Vorteil gegenüber alternativen Methoden, die von Cloud-Diensten angeboten werden, wie etwa die Verwendung von Tags für jede Ressource.

Performance, Verfügbarkeit und Notfallwiederherstellung

Performance, Verfügbarkeit und Notfallwiederherstellung liefern ebenfalls zahlreiche Gründe, die für den Einsatz mehrerer Data Lakes sprechen. Ein Beispiel dafür ist die verbesserte Latenzzeit. Wenn eine Reihe von globalen Endbenutzern auf einen einzigen Data Lake zugreift, werden weit entfernte User den Dienst als ziemlich langsam empfinden. Platziert man einen Data Lake in derselben Region wie die Endbenutzer oder die Anwendungen, die die Daten abfragen, können Sie die benötigte Zeit für den Zugriff auf die Daten erheblich senken.

Indem man mehrere Data Lakes mit Kopien der Daten in verschiedenen Regionen verwaltet, verbessern sich auch die Fähigkeiten zur Notfallwiederherstellung. Wird ein Data Lake in der einen Region unzugänglich, können die Endbenutzer zu einer alternativen Region mit identischen Daten umgeleitet werden.

Mehrere Data Lakes bieten auch die Flexibilität, unterschiedliche Strategien zur Datenwiederherstellung und Notfallwiederherstellung für verschiedene Datentypen zu implementieren. Kritische Daten, die eine ständige Verfügbarkeit erfordern, ließen sich in einem Data Lake hosten, dessen Daten über mehrere Data Lakes in verschiedenen Regionen repliziert werden, während weniger kritische Daten, die nicht rund um die Uhr verfügbar sein müssen, in einem einzigen Data Lake gespeichert werden könnten, was zu erheblichen Kosteneinsparungen führt.

Schließlich können Sie mit mehreren Data Lakes unterschiedliche Serviceebenen für verschiedene Datentypen implementieren. Zum Beispiel könnten Sie einen Data Lake dafür reservieren, Daten mit hoher Priorität zu speichern und zu verarbeiten, was niedrige Zugriffszeiten und eine hohe Verfügbarkeit voraussetzt, während Sie einen anderen Data Lake den Daten mit geringerer Priorität widmen, bei denen höhere Latenzzeiten und eine geringere Verfügbarkeit tolerierbar sind. Diese Strategie optimiert die Kosten und die Performance Ihrer Datenverwaltungsinfrastruktur, indem sie es Ihnen ermöglicht, auf kostengünstigere Speicher- und Verarbeitungsressourcen für Daten mit geringerer Priorität zurückzugreifen.

Vorratsdatenspeicherung und Umgebungsverwaltung

Mehrere Data Lakes können die Vorratsdatenspeicherung und die Umgebungsverwaltung effizienter gestalten. Indem zum Beispiel die Data Lakes für Entwicklungs-, Test- und Produktionsumgebungen voneinander getrennt werden, können Organisationen sicherstellen, dass jede Umgebung über ihren eigenen isolierten Bereich für das Speichern und Verarbeiten der Daten verfügt. Dies minimiert das Risiko von Störungen oder Konflikten zwischen verschiedenen Phasen des Datenlebenszyklus.

Ein weiterer Vorteil mehrerer Data Lakes besteht darin, dass Sie unterschiedliche Richtlinien für die Vorratsdatenspeicherung umsetzen können. Gesetzliche oder behördliche Vorschriften schreiben oft vor, dass Daten für bestimmte Zeiträume aufzubewahren sind. Wenn Sie getrennte Data Lakes für unterschiedliche Datentypen haben, können Sie verschiedene Aufbewahrungsrichtlinien leicht durchsetzen, die auf diese Kategorien zugeschnitten sind. Dieser Ansatz ermöglicht eine effiziente Verwaltung der Vorratsdatenspeicherung und gewährleistet die Einhaltung verschiedener Vorschriften bei gleichzeitiger Optimierung der Speicherressourcen.

Nachteile

Mehrere Data Lakes zu betreiben, kann jedoch auch die Komplexität und die Kosten Ihrer Datenverwaltungsinfrastruktur erhöhen und mehr Ressourcen sowie mehr Fachwissen für die Wartung erfordern. Wenn Sie also die Wahl haben, sollten Sie die Vorteile und die Kosten gegeneinander abwägen. In manchen Fällen haben Sie jedoch keine Wahl: Wenn Sie beispielsweise an einem Design arbeiten, bei dem die Forderung nach Datenhoheit besteht, kommen Sie nicht umhin, mehrere Data Lakes einzurichten.

Die ordnungsgemäße Übertragung von Daten zwischen mehreren Data Lakes, wobei gleichzeitig ihre Konsistenz zu bewahren ist, erfordert möglicherweise zusätzliche Integrations- und Verwaltungstools (wie zum Beispiel Azure Data Factory, Informatica oder Apache NiFi). Schließlich kommt mit mehreren Data Lakes eine Performanceherausforderung hinzu, die Daten zu kombinieren, wenn eine Abfrage oder ein Bericht Daten aus mehreren Data Lakes benötigt. Befinden sich die Data Lakes physisch weit voneinander entfernt, vielleicht sogar in verschiedenen Teilen der Welt, kann es sehr zeitaufwendig sein, alle Daten an einen Ort zu kopieren.

Zusammenfassung

Dieses Kapitel ist ausführlich auf den Data Lake eingegangen, eine groß angelegte Datenspeicher- und Verwaltungslösung, die Rohdaten in ihrem nativen Format speichern kann. Ich habe die Rolle und die Entwurfsprinzipien von Data Lakes diskutiert und erläutert, warum Sie in bestimmten Kontexten mehr als einen Data Lake unterhalten sollten. Im Gegensatz zu relationalen Data Warehouses ermöglichen Data Lakes ein schnelles Speichern von Daten, ohne dass die Daten zuvor aufbereitet oder transformiert werden müssen. Dies gewährleistet einen schnellen und mühelosen Prozess der Datenaufnahme, was in der heutigen Ära von Big Data besonders nützlich ist.

Ich habe die Vorteile eines Data Lake erörtert und dabei die Flexibilität und Geschwindigkeit hervorgehoben, die er für die Datenspeicherung bietet. Dieser Aspekt sowie die Fähigkeit, eine Vielzahl von Datentypen (strukturiert, halb strukturiert und unstrukturiert) aufzunehmen, ist ein entscheidender Vorteil, insbesondere in Situationen, in denen eine schnelle, skalierbare und vielfältige Datenerfassung entscheidend ist.

Dieses Kapitel hat auch den Bottom-up-Ansatz vorgestellt, eine wichtige Methodik, bei der Sie Daten sammeln, bevor Sie irgendwelche Theorien oder Hypothesen aufstellen. Im Gegensatz zur traditionellen Top-down-Strategie fördert dieser Ansatz einen agileren, datenorientierten Entscheidungsprozess.

Ein wesentlicher Teil des Kapitels hat sich mit dem Design eines Data Lake befasst und dabei das Konzept eingeführt, einen Data Lake logisch in mehrere Schichten zu unterteilen. Diese Schichtenstruktur hilft, die Daten geordnet zu verwalten und den Weg für eine effiziente Datenabfrage und -analyse zu ebnen. Zudem kann dies in Bezug auf Sicherheit, Zugriffskontrolle und Verwaltung des Datenlebenszyklus hilfreich sein.

Zum Schluss hat dieses Kapitel Gründe untersucht, warum sich ein Unternehmen für mehrere Data Lakes entscheiden könnte. Zu den potenziellen Vorteilen gehören erhöhte Sicherheit, bessere Einhaltung von Vorschriften und eine bessere Datenverwaltung über verschiedene Geschäftsbereiche oder spezifische Use Cases hinweg.

In Kapitel 6 schauen wir uns Datenspeicher näher an.

KAPITEL 6

Lösungen und Prozesse zur Datenspeicherung

Im digitalen Zeitalter sind Daten zum Lebenselixier von Unternehmen geworden. Wie aber jeder Datenexperte weiß, genügt es nicht, einfach nur über Daten zu verfügen. Der wahre Wert liegt darin, wie effektiv diese Daten verwaltet, gespeichert und verarbeitet werden. Deshalb ist dieses Kapitel ein umfassender Leitfaden, der Sie durch die komplizierte Welt des Datenmanagements führt. Ich werde einen detaillierten Blick darauf werfen, wie Datenspeicherlösungen und -prozesse innerhalb verschiedener Datenarchitekturen funktionieren.

Die Komponenten des Datenmanagements sind wie Zahnräder in einer komplexen Maschine: Jedes erfüllt eine eigene Aufgabe, doch sie arbeiten alle synchron, um ein gemeinsames Ziel zu erreichen. Ich beginne mit einigen der praktischsten Speicherlösungen: Data Marts, Operational Data Stores und Data Hubs. Die zweite Hälfte dieses Kapitels, »Datenprozesse«, zeigt das breite Spektrum an Prozessen auf, die mit der effektiven Verwaltung und Nutzung von Daten verbunden sind, und untersucht Konzepte wie Stammdatenverwaltung, Datenvirtualisierung, Datenkataloge und Datenmarktplätze.

Während zum Beispiel Data Marts abteilungsspezifische Datenansichten liefern, bieten operative Datenspeicher eine breitere Echtzeitansicht der Geschäftsabläufe. Auf der anderen Seite gewährleistet die Stammdatenverwaltung die Konsistenz und Zuverlässigkeit der Daten, während die Datenvirtualisierung eine einheitliche, abstrahierte Sicht auf Daten aus verschiedenen Quellen realisiert. Der Datenkatalog dient als Referenz und macht die Suche nach Daten zum Kinderspiel, während der Datenmarktplatz Türen für die gemeinsame Nutzung von Daten oder sogar für die Monetarisierung öffnet. Mittlerweile fungiert der Data Hub als Datenmittelpunkt, in dem Daten aus verschiedenen Quellen für einen einheitlichen Zugriff organisiert und verwaltet werden. Jede dieser Komponenten kann in ihrer Funktion eigenständig sein, wenn sie jedoch in andere Entitäten integriert werden, können sie eine leistungsfähige, ganzheitliche Datenstrategie bilden, die Ihr Unternehmen zu einer fundierten Entscheidungsfindung, verbesserter betrieblicher Effizienz und einem größeren Wettbewerbsvorteil führt.

Ob Sie nun ein erfahrener Data Scientist, eine aufstrebende Datenexpertin oder ein strategischer Entscheidungsträger sind – Sie können das wahre Potenzial der Daten Ihres Unternehmens freisetzen, wenn Sie diese Schlüsselkomponenten verstehen und lernen, sie harmonisch zu orchestrieren.

Datenspeicherlösungen

Lassen Sie uns eintauchen, ja? Hier geht es nicht nur um das Speichern und Verarbeiten von Daten, sondern auch darum, wie wir die Voraussetzungen für eine datengesteuerte Transformation schaffen.

Data Marts

Wie Abbildung 6-1 zeigt, ist ein *Data Mart* ein Teildatenbestand eines *Data Warehouse* (DW). Er ist in der Regel als spezialisiertes Repository von Daten konzipiert, das für die spezifischen Anforderungen einer Abteilung oder eines Geschäftsbereichs innerhalb eines Unternehmens (wie Finanzwesen, Personalwesen oder Marketing) optimiert ist. Aufgrund seines engeren Rahmens kann ein Data Mart den Benutzern eine gestraffte und leichter zugängliche Ansicht der Informationen bieten als ein Data Warehouse.

Für Benutzer kann es schwierig sein, sich in großen und komplexen Data Warehouses, die riesige Datenmengen enthalten, zurechtzufinden. Data Marts lösen diese Herausforderung, indem sie relevante Daten aus dem Data Warehouse extrahieren, konsolidieren und in einer benutzerfreundlicheren Weise präsentieren. Auf diese Weise können die Benutzer innerhalb einer Abteilung die benötigten Daten leicht auffinden und abrufen.

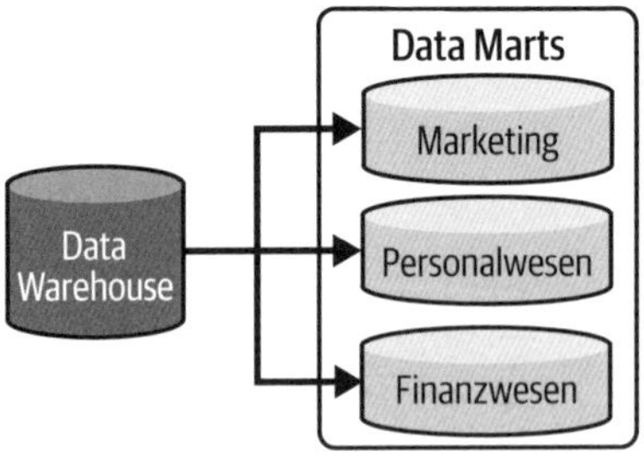

Abbildung 6-1: Data Marts

Einer der wichtigsten Vorteile von Data Marts besteht darin, dass sie von den einzelnen Abteilungen erstellt und gepflegt werden können, anstatt nur von der IT-Abteilung abhängig zu sein. Außerdem lässt sich jeder Data Mart anders strukturieren, um den Anforderungen der jeweiligen Abteilung zu entsprechen. Geschäftsanwendungen haben dadurch mehr Kontrolle über die Daten; sie können sie auf ihre individuellen Anforderungen zuschneiden und die Datenstrukturen verwenden, die für ihren Bereich am wichtigsten sind.

Abteilungsspezifische Data Marts bieten den Benutzern einen schnelleren und einfacheren Zugang zu den Daten, die sie für ihre täglichen Abläufe und Entscheidungsprozesse benötigen. So können sie analytische Abfragen durchführen, Berichte erstellen und Einblicke in die Performance ihrer Abteilung gewinnen, ohne durch das gesamte Data Warehouse navigieren zu müssen.

Außerdem fördern Data Marts die Governance und Sicherheit der Daten. Jede Abteilung kann Zugriffsrichtlinien für ihren Data Mart definieren und durchsetzen, um sicherzustellen, dass nur autorisierte Personen Zugriff auf bestimmte Datensätze haben. Dies hilft, sensible Informationen zu schützen und die Einhaltung von Datenschutzbestimmungen zu gewährleisten.

Nachdem wir uns mit Data Marts und ihren gezielten, abteilungsspezifischen Einblicken beschäftigt haben, wenden wir uns nun den Operational Data Stores zu.

Operational Data Stores

Der *Operational Data Store* (ODS) ist breiter angelegt als ein Data Mart und bietet eine unternehmensweite Echtzeitansicht der Daten. Während Data Marts wertvolle, tiefe Einblicke in bestimmte Bereiche gewähren, erlaubt der ODS einen umfassenden Blick auf die operativen Daten des Unternehmens. Jedes Tool bietet eine andere Perspektive: Während Sie bei einem Data Mart die Daten gewissermaßen durch ein Mikroskop betrachten können, erlaubt der ODS einen Blick durch ein Weitwinkelobjektiv.

Der Zweck eines ODS besteht darin, Unternehmensdaten aus verschiedenen Quellen zu integrieren, um eine operative Berichterstattung in (oder nahezu in) Echtzeit zu ermöglichen. Wie der Name schon sagt, speichert er operative und keine analytischen Daten. Er stellt Daten wesentlich schneller bereit, als es ein Data Warehouse kann: alle paar Minuten statt täglich.

Ein ODS könnte für Ihr Unternehmen geeignet sein, wenn die Daten, die Sie derzeit für die Berichterstattung in den Quellsystemen verwenden, zu begrenzt sind oder wenn Sie ein besseres und leistungsfähigeres Berichterstattungswerkzeug als das, was die Quellsysteme bieten, benötigen. Wenn nur einige wenige

Personen über die erforderliche Sicherheitsfreigabe für den Zugriff auf die Quellsysteme verfügen, Sie aber anderen das Erstellen von Berichten ermöglichen wollen, kann ein ODS eine gute Lösung sein.

Normalerweise sind die Daten in einem ODS ähnlich strukturiert wie in den Quellsystemen. Allerdings kann die ODS-Lösung während der Integration die Daten bereinigen, normalisieren und Geschäftsregeln auf sie anwenden, um die Datenintegrität zu gewährleisten. Diese Integration findet recht häufig im Laufe des Tages statt, und zwar auf der untersten Granularitätsebene. Normalerweise müssen Sie einen ODS nicht für historische und Trendanalysen optimieren, da dies im Data Warehouse geschieht.

Die Daten im ODS sind näher an der Echtzeit als die Daten, die für das Data Warehouse benötigt werden. Ein ODS können Sie als einen der Staging-Bereiche für das DW verwenden, zumindest für die Daten, die es verwaltet (siehe Abbildung 6-2). Ich empfehle, diese Daten zunächst abzugleichen und zu bereinigen und das ODS nahezu in Echtzeit zu befüllen, um den operativen und taktischen Entscheidungsträgern, die diese Daten benötigen, einen Mehrwert zu bieten. Anschließend können Sie die Daten auch für das Data Warehouse verwenden, das in der Regel weniger anspruchsvolle Ladezyklen aufweist. Den Staging-Bereich brauchen Sie trotzdem noch für DW-pflichtige Daten, die nicht im ODS gehostet werden, aber wenn Sie dieser Empfehlung folgen, reduzieren Sie die Anzahl der ETL-Flows und die Größe des Staging-Bereichs. Dadurch verbessert sich die Performance, ohne Nutzen oder Funktionalität zu opfern.

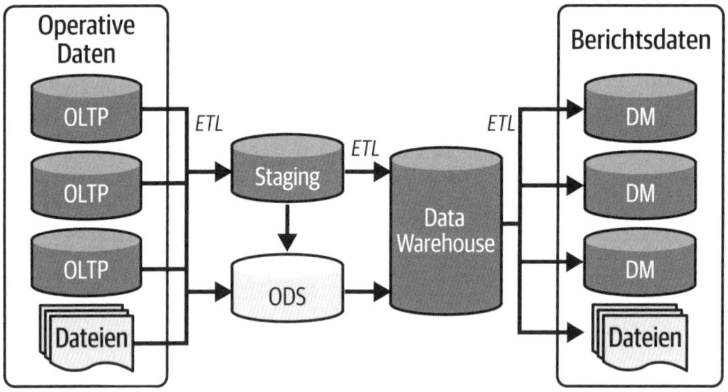

Abbildung 6-2: Ein Operational Data Store

Tabelle 6-1 fasst die wichtigsten Unterschiede zwischen einem ODS und einem Data Warehouse zusammen.

Tabelle 6-1: Unterschiede zwischen ODS und Data Warehouse

	Operational Data Store	Data Warehouse
Am besten geeignet für	granulare Low-Level-Abfragen gegen detaillierte operative Daten	komplexe Abfragen gegen zusammengefasste oder aggregierte analytische Daten
Zweck	operative Berichterstattung, aktuelle oder echtzeitnahe Berichterstattung	historische und Trendanalyseberichte über eine große Datenmenge
Datenhistorie	enthält ein kurzes Datenfenster	enthält die gesamte Historie der Unternehmensdaten
Entscheidungsfindung	unterstützt operative und taktische Entscheidungen auf der Grundlage aktueller oder echtzeitnaher Daten	liefert Feedback zu strategischen Entscheidungen, was zu allgemeinen Systemverbesserungen führt
Häufigkeit für das Laden der Daten	kann Daten alle paar Minuten oder stündlich laden	kann Daten täglich, wöchentlich, monatlich oder vierteljährlich laden

Anwendungsfall

Angenommen, Sie führten Bestandsberichte für eine fiktive Einzelhandelskette namens ShoesForLess aus. Hätten Sie nur ein einziges Geschäft mit einer einzigen Datenbank, in der Sie die Bestellungen verfolgen, könnten Sie den Bestandsbericht einfach mit den Daten in dieser Datenbank ausführen. Doch da Sie viele Filialen haben, die die Bestellungen jeweils in ihrer eigenen Datenbank verfolgen, bleibt Ihnen nichts anderes übrig, als die Bestelldaten aus diesen Datenbanken zu kombinieren, um minutengenaue Bestandsberichte zu erhalten. Dies ist wichtig, um die Kunden darüber zu informieren, welche Artikel nicht mehr vorrätig sind, und um die Bestände schnell wieder aufzufüllen, wenn das Angebot knapp wird. Ein Data Warehouse wäre für diese Situation nicht echtzeitfähig genug.

Nehmen wir nun an, ein Kundenbetreuer erhielte einen Anruf von einer Kundin, die wissen möchte, ob ein bestimmtes Schuhmodell in einer bestimmten Schuhgröße verfügbar ist. Der Mitarbeiter fragt den ODS ab, um Echtzeitdaten zur Verfügbarkeit dieses Schuhtyps abzurufen (zum Beispiel »Damen-Laufschuh, Größe 10«) und den aktuellen Lagerbestand zu ermitteln.

Möchte dagegen die Marketingchefin des Geschäfts den Verkaufstrend für dieses Schuhmodell im letzten Jahr verstehen, kann sie mit den Daten im Data Warehouse arbeiten. Sie führt eine aggregierte Abfrage aus, die die Verkäufe von »Damen-Laufschuhen« für jeden Monat des vergangenen Jahres summiert. So erhält man einen Überblick über die Trends, der als Grundlage für strategische Marketing- und Bestandsentscheidungen dienen kann.

Data Hubs

Ein Data Hub ist ein zentralisiertes System zur Speicherung und Verwaltung von Daten, das einem Unternehmen hilft, Daten aus verschiedenen Quellen zu sammeln, zu integrieren, zu speichern, zu organisieren und freizugeben. Außerdem ermöglicht dieses System einen einfachen Zugriff auf Analyse-, Berichts- und Entscheidungsfindungstools. Vor allem aber machen Data Hubs die Punkt-zu-Punkt-Schnittstellen überflüssig, die eigentlich zu Hunderten oder Tausenden notwendig sind, um Daten zwischen Systemen auszutauschen. Während Data Warehouses und Data Lakes in erster Linie (und oftmals ausschließlich) dazu dienen, Daten für Analysen bereitzustellen, sind Data Hubs auch als Mittel zur Kommunikation und zum Datenaustausch zwischen operativen Systemen wertvoll (siehe Abbildung 6-3).

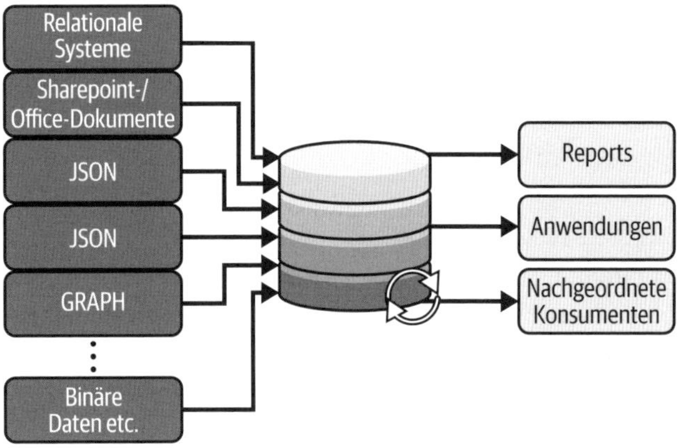

Abbildung 6-3: Data Hub

Data Hubs werden häufig in Verbindung mit Data Lakes und Data Warehouses eingesetzt, um eine umfassende Datenverwaltungsinfrastruktur aufzubauen. Wie Sie in den Kapiteln 4 und 5 gelernt haben, speichern Data Lakes große Mengen an unverarbeiteten Rohdaten, während Data Warehouses strukturierte, verarbeitete Daten enthalten, die für analytische Aufgaben optimiert sind. Ein Data Hub ergänzt diese Systeme, indem er als Vermittler für Datenaustausch, Zusammenarbeit und Governance fungiert. Um das zu verdeutlichen, sollten Sie sich ansehen, wie der Data Hub mit den anderen Ansätzen in diesem Kapitel interagiert und sich mit ihnen vergleichen lässt. (Tabelle 6-2 fasst diesen Vergleich zusammen.)

Tabelle 6-2: Vergleich der Features von Datenlösungen

Feature	Data Hub	Data Lake	Relationales Data Warehouse	Datenkatalog	Datenmarktplatz
Schwerpunkt	Speicherung, Integration und Verteilung von Daten	Speicherung, Verarbeitung und Analyse von Daten	Speicherung, Verarbeitung und Analyse von Daten	Metadatenverwaltung, Datenauffindung	Kauf, Verkauf und gemeinsame Nutzung von Daten
Datenspeicherung	rohe oder leicht verarbeitete Daten	rohe und verarbeitete Daten	hochgradig strukturierte, verarbeitete Daten	nur Metadaten	verschiedene Formate, providerabhängig
Datenstruktur	strukturiert, halb strukturiert, unstrukturiert	strukturiert, halb strukturiert, unstrukturiert	strukturiert	nur Metadaten	strukturiert, halb strukturiert, unstrukturiert
Datenverarbeitung	beschränkte Verarbeitung, hauptsächlich Integration und Verteilung	Verarbeitung auf Anforderung, Analysen	extensive ETL-Prozesse, komplexe Abfragen	keine	providerabhängig
Gemeinsame Datennutzung	integriert	Drittanbieter	Drittanbieter	keine	integriert
Datenbesitz	innerhalb der Organisation oder verwandter Gruppen	innerhalb der Organisation oder verwandter Gruppen	innerhalb der Organisation oder verwandter Gruppen	innerhalb der Organisation oder verwandter Gruppen	mehrere Organisationen
Anwendungsfälle	Aufnahme, Integration, Verteilung von Daten	Analyse von Big Data, Machine Learning, künstliche Intelligenz	komplexe Analysen, Berichterstattung, Entscheidungsfindung	Datenauffindung, Datenherkunft, Durchsetzung von Richtlinien der Data Governance	Monetarisierung von Daten, Erwerb neuer Datensätze, Datenauffindung

Ein Data Hub speichert Kopien von Quelldaten und ist darauf ausgerichtet, Daten zu verwalten und zu verteilen, während ein Datenkatalog keine eigentlichen Daten speichert und in erster Linie für die Verwaltung von Metadaten, die Datenherkunft, die Durchsetzung von Data-Governance-Richtlinien und die Erleichterung der Datenauffindung vorgesehen ist.

Ein Data Hub kann als Quelle für einen Datenmarktplatz dienen, der keine Daten speichert. Der Hub ist auf die Verwaltung und Verteilung von Daten innerhalb einer Organisation ausgerichtet, nicht auf die kommerziellen Transaktionen eines Datenmarktplatzes. Es handelt sich um eine zentrale Plattform, die mehr Speichersysteme als ein Data Lake oder ein RDW verwendet. Data Lakes nutzen in der Regel Objektspeicher, um Daten zu speichern, während RDWs mit relationaler Speicherung arbeiten. Data Hubs können Speichersysteme wie relationale Datenbanken, NoSQL-Datenbanken und Data Lakes speichern.

Wie ein Data Lake unterstützt ein Data Hub strukturierte, halb strukturierte und unstrukturierte Daten, wie Abbildung 6-3 zeigt, während ein RDW nur strukturierte Daten unterstützt. Data Hubs bieten in der Regel integrierte Mechanismen für die Datenkatalogisierung, die Datenherkunft und die Zugriffskontrolle, während Data Lakes häufig Tools von Drittanbietern oder benutzerdefinierte Lösungen integrieren.

Was die Verarbeitung angeht, so bereinigt ein Data Lake die Daten und führt sie dann in den Data Lake zurück. RDWs führen eine umfangreiche Datenverarbeitung durch, zu der auch ETL-Operationen gehören, um Daten für Analysezwecke zu bereinigen, zu normalisieren und zu strukturieren. Bei einem Data Hub werden die Daten in der Regel außerhalb des Hubs mithilfe externer Tools oder Anwendungen transformiert und analysiert.

Zusammenfassend lässt sich sagen, dass ein Data Hub eine flexible und vielseitige Lösung ist, um Daten aus einer breiten Vielfalt von Typen und Quellen aufzunehmen, zu verwalten, zu integrieren und zu verteilen. Im Unterschied dazu ist ein Data Lake in erster Linie darauf ausgelegt, große Mengen an Rohdaten zu speichern und zu verarbeiten, um sie für Analysen und maschinelles Lernen (*Machine Learning*) bereitzustellen, während ein Data Warehouse dafür optimiert ist, strukturierte Daten zu speichern, um sie in komplexen Analysen, Berichten und Entscheidungsprozessen verwenden zu können.

Datenprozesse

Dieses Kapitel hat bisher die Landschaft der Datenspeicherlösungen und ihre vielseitigen und effizienten Möglichkeiten untersucht, um Daten zu organisieren und darauf zuzugreifen. Allerdings ist das Speichern von Daten nur ein Teil des Puzzles. Um das Potenzial von Daten wirklich auszuschöpfen, müssen wir auch wissen, wie wir sie effektiv verwalten können. Daher gehen wir jetzt von den Speicherlösungen zu den Feinheiten der Datenprozesse über. Hier werden wir Strategien und Techniken aufzeigen, die uns helfen, unsere Datenbestände zu bearbeiten, zu verwalten und zu verwerten.

Stammdatenverwaltung

Die *Stammdatenverwaltung* (engl. *Master Data Management*, MDM) umfasst eine Reihe von Technologien, Tools und Prozessen, mit denen Benutzer konsistente und genaue Listen von Stammdaten (zum Beispiel Kunden-, Produkt- und Lieferantenlisten) erstellen und pflegen können. Dazu gehört es, einen einzelnen Stammdatensatz für jede Person, jeden Ort oder jede Sache in einem Unternehmen aus internen und externen Datenquellen und Anwendungen zu erstellen. Anhand dieser Stammdatensätze können Sie dann genauere Berichte, Dashboards, Abfragen und Modelle für das Machine Learning erstellen.

Die meisten MDM-Produkte verfügen über sehr ausgefeilte Tools, mit denen sich die Daten bereinigen, transformieren, zusammenführen und validieren lassen, um Datenstandards durchzusetzen. Zudem ermöglichen sie es, Hierarchien aufzubauen (zum Beispiel Unternehmen _$pfeil_ Abteilung _$pfeil_ Mitarbeiter), womit sich Berichte und Dashboards besser gestalten lassen. Im ersten Schritt kopieren Sie die Daten, die Sie mastern – d.h. in Stammdaten umwandeln – möchten, in das MDM-Produkt. Dieses bereinigt und standardisiert dann die Daten und erstellt einen Stammdatensatz für jede Entität (etwa einen Kunden), die Sie zu mastern versuchen. Zwar werden die meisten Duplikate automatisch entfernt, doch einen Teil der Arbeit müssen Sie wohl manuell erledigen lassen, indem jemand die Datensätze auf Duplikate hin prüft. Die Stammdatensätze werden dann in den Data Lake oder das Data Warehouse zurückkopiert. Einen derartigen Stammdatensatz nennt man auch *Golden Record* oder *Beste Version der Wahrheit*.

Wenn Sie ein Sternschema erstellen (siehe Kapitel 8), wären die Stammdatensätze Ihre Dimensionstabellen, die dann mit Ihren Faktentabellen (die nicht gemastert werden) verknüpft werden.

Anwendungsfall

Kommen wir zu ShoesForLess zurück, der Einzelhandelskette, bei der jede Filiale ihre eigene Kundendatenbank betreibt. Das Unternehmen sammelt die Kundendaten aus all diesen Datenbanken in einem Data Warehouse. Da einige Kunden Artikel in mehr als einer Filiale gekauft haben, enthält das Data Warehouse Duplikate einiger Kundendatensätze.

Wenn der Kundenname in beiden Datensätzen genau gleich geschrieben ist, können Sie Duplikate leicht herausfiltern. Ist aber der Name in einem Datensatz falsch geschrieben oder wurde er in anderer Form eingegeben (wenn er zum Beispiel einen zweiten Vornamen, einen Bindestrich oder einen Nachsatz wie *Junior* oder *Senior* in dem einen Datensatz enthält, in dem anderen aber nicht), erkennt der Filter die Namen nicht als Duplikate. (Man spricht von sogenannten *Beinahe-Duplikaten*.)

Wenn Sie kein MDM implementieren und der Endbenutzer erstmals einen Bericht vom Data Warehouse erhält, wird er dieselben Kunden mehrfach sehen und wahrscheinlich die Richtigkeit des Berichts infrage stellen. Dann haben Sie bereits das Vertrauen der Benutzer verloren – und wenn das erst einmal der Fall ist, dürfte es schwer wiederzugewinnen sein. MDM ist die Lösung!

Datenvirtualisierung und Datenföderierung

Für die Datenvirtualisierung sind verschiedene Namen üblich – *logisches Data Warehouse*, *virtuelles Data Warehouse* oder *dezentralisiertes Data Warehouse*. Es ist eine Technologie, mit der Sie auf Daten aus verschiedenen Quellen und Formaten zugreifen und diese kombinieren können, indem Sie eine logische Sicht (engl. *View*) auf die Daten erstellen, ohne die eigentlichen Daten zu replizieren oder zu verschieben. Sie bietet einen einzigen Zugangspunkt für alle Daten, ermöglicht eine Datenintegration in Echtzeit und reduziert den Zeit- und Kostenaufwand, der bei herkömmlichen Ansätzen zur Datenintegration wie ETL oder ELT anfällt (siehe Kapitel 9).

Datenföderierung und *Datenvirtualisierung* sind sehr ähnliche Begriffe, die oftmals synonym verwendet werden. Es ist unwahrscheinlich, dass Probleme entstehen, wenn Sie sie verwechseln. Allerdings gibt es zwischen beiden Begriffen subtile Unterschiede. Bei einer *Datenföderierung* handelt es sich um eine Dachorganisation, die aus kleineren, ganz oder teilweise autonomen Teilorganisationen besteht, die alle oder einen Teil ihrer Operationen kontrollieren. (Die Bundesrepublik Deutschland ist mit ihren 16 Bundesländern und der Aufteilung in Bundes- und Landesregierungen ein gutes Beispiel für ein föderales System.) Wie die Datenvirtualisierung schafft auch die Datenföderierung eine einheitliche Sicht auf Daten aus mehreren Datenquellen. Allerdings ist die Datenvirtualisierung ein weitreichenderes Konzept, das sowohl Datenföderierung als auch Transformation, Caching, Sicherheit und Governance umfasst.

Die besseren Datenvirtualisierungstools bieten Funktionen, die für eine optimalere Performance sorgen, beispielsweise Abfrageoptimierung, Push-down-Abfragen und Caching. Tools mit diesen Funktionen werden der *Datenvirtualisierung* zugerechnet, Tools ohne diese Funktionen der *Datenföderierung*.

Datenvirtualisierung kann ein Data Warehouse (siehe Kapitel 4) oder ETL/Datenverschiebung ersetzen. Sehen wir uns an, wie.

Virtualisierung als Ersatz für das Data Warehouse

In manchen Fällen, vor allem wenn es viele Datenquellen gibt oder diese sich ständig ändern, kann die Datenvirtualisierung eine Alternative zu einem Data Warehouse sein. Bei diesem Ansatz entfällt das Kopieren und Speichern der Daten an einem zentralen Ort.

Abbildung 6-4 zeigt, wie die meisten Produkte der Datenvirtualisierung funktionieren. Die Tabelle (Schritt ❶) stellt die Abfrageergebnisse eines Endbenutzers dar: eine Liste von Adressen. Wenn der Endbenutzer durch die Tabelle scrollt, um weitere Daten zu sehen, fordert die Tabelle von der Engine der Datenvirtualisierung weitere Elemente an, die derzeit nicht geladen sind (Schritt ❷). Verfügt die Engine über einen Datencache, gibt sie den Cache sofort zurück, und die Tabelle aktualisiert einfach die angezeigten Daten. Wenn Sie Daten von außerhalb des Caches anfordern, leitet die Engine der Datenvirtualisierung die Anforderung an die Remote-Datenquelle weiter (Schritt ❸), wo sie verarbeitet wird. Die neu abgerufenen Daten werden an die Engine zurückgegeben (Schritt ❹) und dann an die Tabelle übergeben. In beiden Situationen bleibt die Tabelle immer uneingeschränkt reaktionsfähig.

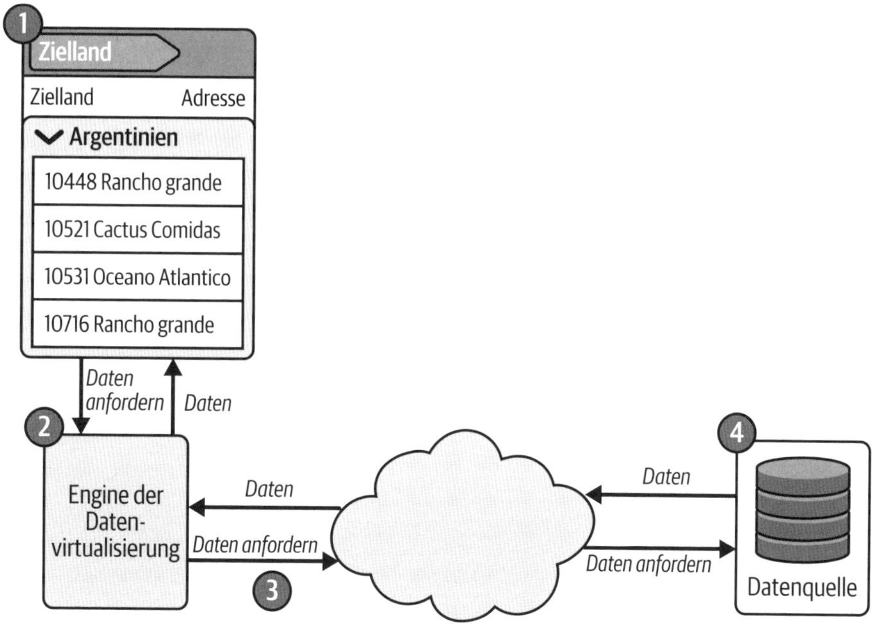

Abbildung 6-4: Datenvirtualisierung

Der Hauptvorteil einer Datenvirtualisierungslösung besteht darin, dass sie für eine schnelle Markteinführung optimiert ist. Sie lässt sich in einem Bruchteil der Zeit erstellen, die für den Aufbau eines Data Warehouse benötigt wird, da Sie weder ein Data Warehouse entwerfen und erstellen noch ETL-Prozesse ausführen müssen, um die Daten in das Data Warehouse zu kopieren. Zudem müssen Sie auch nicht so viel Zeit für Tests aufwenden. Das Kopieren der Daten (wie bei einem Data Warehouse) bedeutet höhere Speicher- und Governance-Kosten, mehr zu erstellende und zu pflegende ETL-Abläufe und mehr Dateninkonsistenzen, sodass Sie mit Virtualisierung viel Geld sparen können.

Datenvirtualisierung unterstützt *föderierte Abfragen*, bei denen Sie mit nur einer Abfrage Daten von mehreren Quellen und Formaten abrufen und die Ergebnisse zu einer einzigen Ergebnismenge kombinieren.[1]

Allerdings gibt es einige wesentliche Nachteile bei Datenvirtualisierung und föderierten Abfragen. Wenn Sie eine Datenvirtualisierungslösung in Angriff nehmen, um Ihr Data Warehouse zu ersetzen, empfiehlt es sich, zunächst die folgenden Fragen zu klären:

- Welches Performanceniveau brauche ich? Ist dies eine Lösung, die ich für ein Dashboard verwenden könnte, das Antwortzeiten von weniger als einer Sekunde voraussetzt, oder ist sie eher für die operative Berichterstattung gedacht?
- Wie stark wird die Datenvirtualisierungslösung die Performance des Quellsystems beeinflussen? Wird meine Abfrage langsam laufen, wenn ein anderer Endbenutzer eine Abfrage gegen dieselbe Datenquelle ausführt, die alle Ressourcen des Servers beansprucht? Wird eine *Push-down-Abfrage* ausgeführt?[2]
- Muss ich auf jedem Server mit einer Datenquelle, die ich verwenden möchte, etwas installieren?

1 Datenföderierung und föderierte Abfragen unterscheiden sich darin, dass es bei der Datenföderierung eher um die Systemarchitektur geht, während föderierte Abfragen den Mechanismus darstellen, um Informationen aus diesem System zu extrahieren. Praktisch sieht das so aus, dass Sie Ihre Daten mithilfe von föderierten Abfragen abrufen, wenn Sie ein Datenföderierungssystem eingerichtet haben.

2 In der Datenvirtualisierung bezieht sich der Begriff *Push-down-Abfrage* auf die Fähigkeit, bestimmte Teile einer Abfrage – z. B. Filterung oder Aggregation – auf die Datenquellen selbst zu übertragen. Dadurch kann die Datenvirtualisierungsschicht Verarbeitungsaufgaben auslagern und nur die relevanten Ergebnisse abrufen. Unter anderem hat das den Vorteil, dass sich die Performance verbessert und der Datentransfer minimiert wird. Nachteilig ist, dass Rechenressourcen auf dem Server verwendet werden, auf dem sich die Datenquelle befindet.

- Verwendet die Lösung den Index der jeweiligen Technologie auf der Datenquelle, oder legt sie ihren eigenen Index an?[3] Greift sie bei Abfragen auf die Datenbankstatistiken jeder Datenquelle zu?[4]
- Kann ich aus Sicherheitsgründen einschränken, welche Benutzer auf die einzelnen Datenquellen zugreifen können?
- Wie geht die Lösung mit Beinahe-Duplikaten um?
- Wo und wie werden die Daten bereinigt?
- Werden Berichte nicht mehr funktionieren, wenn das Quellsystem geändert wird?
- Wie hoch sind die Kosten für die Virtualisierungssoftware, und wie komplex ist ihre Verwendung?

Zusätzlich zu den Gründen, die Sie mit diesen Fragen aufdecken, gibt es andere stichhaltige Argumente, ein physisches Data Warehouse zu verwenden, wie Kapitel 4 erläutert hat, beispielsweise die Notwendigkeit, genaue historische Berichte zu erstellen, Tabellen umzubenennen und historische Daten aufzubewahren.

Virtualisierung als Ersatz für ETL oder Datenverschiebung

Wenn Sie ein Data Warehouse aufbauen, sollten Sie dann alle Quelldaten in das Data Warehouse verschieben, oder ist es besser, die Daten an der Quelle zu belassen und auf einigen von ihnen eine Virtualisierungsschicht einzurichten?

Daten verschiebt man vor allem dann, wenn man sie einmalig aggregieren oder transformieren will, um die Ergebnisse mehrmals abfragen zu können. Ein anderer Grund ist, dass man häufig Datensätze aus mehreren Quellen verknüpfen möchte und eine superschnelle Performance benötigt. In diesen Szenarios empfehle ich im Allgemeinen Data-Warehouse-Lösungen.

Gelegentlich kann es auch vorkommen, dass Sie Ad-hoc-Abfragen durchführen möchten, die nicht besonders schnell sein müssen. Und Sie könnten durchaus ein Data Warehouse haben, das Datenverschiebungen für einige Tabellen und

3 Ein *Datenbankindex* ist eine Datenstruktur, die dazu dient, Abfrageoperationen auf einer Datenbanktabelle zu beschleunigen. Vergleichbar ist er mit einem Schlagwortverzeichnis am Ende eines Buchs – er erlaubt dem Benutzer, schnell und gezielt auf die gesuchten Daten zuzugreifen.

4 *Datenbankstatistiken* umfassen eine Reihe von Informationen, die ein *Datenbankmanagementsystem* (DMBS) über die in einer Datenbank gespeicherten Daten verwaltet. Diese Statistiken helfen dem DBMS, die Abfrageleistung zu optimieren, indem sie Auskunft darüber geben, wie sich eine bestimmte Abfrage am effizientesten ausführen lässt.

Datenvirtualisierung für andere realisiert. Tabelle 6-3 vergleicht Datenverschiebung und Datenvirtualisierung.

Tabelle 6-3: Vergleich von Datenverschiebung und Datenvirtualisierung

	Entwicklungs- und Betriebskosten	Zeit bis zur Lösung	Sicherheit	Aktualität und Qualität der Daten	Compliance
Datenverschiebung	ELT-Aufträge sind kostspielig zu erstellen und zu pflegen; doppelte Kosten für Datenspeicherung.	Aufträge zu erstellen und auszuführen, ist zeitaufwendig.	Größere Angriffsfläche für Hacker, weil Datenkopien erstellt werden.	ETL-Pipelines führen zu »abgestandenen« Daten; ETL kann Datenfehler einführen.	Es kann zu Data-Governance-Problemen kommen, wenn Daten innerhalb und außerhalb von Compliance-Grenzen verschoben werden.
Datenvirtualisierung	Reduziert die laufende Wertung und Änderungsverwaltung; minimiert Speicherkosten.	Ermöglicht schnelle Iterationen und schnelles Prototyping.	Daten werden an einem sicheren Ort aufbewahrt, was die Angriffsfläche minimiert.	Die abgefragten Daten sind immer »frisch« und von der Quelle her korrekt.	Compliance-Anforderungen lassen sich besser einhalten, weil weniger Daten kopiert und verschoben werden.

Die Datenvirtualisierung bietet mehrere Vorteile. Der erste ist eine umfassende Datenabfolge, die sicherstellt, dass Sie den Weg von der Quelle bis zur Präsentationsebene klar nachvollziehen können. Zweitens lassen sich zusätzliche Datenquellen nahtlos hinzufügen. Somit ist es nicht erforderlich, Transformationspakete oder Staging-Tabellen zu modifizieren. Schließlich präsentiert die Datenvisualisierungssoftware alle Daten über eine einheitliche SQL-Schnittstelle. Dadurch können Benutzer einfach auf die Daten zugreifen, und zwar unabhängig von der Quelle, bei der es sich um einfache Dateien, Tabellenkalkulationen, Mainframes, relationale Datenbanken oder andere Arten von Daten-Repositorys handeln kann.

Tabelle 6-3 vergleicht die Vorteile der Datenvisualisierung mit denen der Datenverschiebung. Diese Vorteile reichen aber möglicherweise nicht aus, um die Performanceeinbußen und andere Nachteile auszugleichen, die ein Verzicht auf ein relationales Data Warehouse mit sich bringt (siehe dazu Kapitel 4). Denken Sie auch daran, dass das von Ihnen gewählte Virtualisierungstool möglicherweise nicht alle Ihre Datenquellen unterstützt.

Hier einige Gründe, warum Sie sich für Datenvirtualisierung entscheiden sollten:

Das Verlagern von Daten unterliegt gesetzlichen Beschränkungen.
: Wie in Kapitel 5 im Abschnitt »Compliance, Governance und Sicherheit« erläutert, besagen die chinesischen Vorschriften zur Datenhoheit, dass Daten, die sich in China befinden, in China bleiben müssen und nur von einer Person abgefragt werden dürfen, die sich derzeit dort aufhält. Doch angenommen, Sie befänden sich in den Vereinigten Staaten und versuchten, Kundendaten in China von Ihrer Anwendung aus abzufragen. Die Anwendung kann Metadaten über die Kundendaten in China abrufen, aber diese Daten nicht aufnehmen. Mithilfe von Virtualisierungssoftware könnten Sie die Daten innerhalb des Landes halten, indem Sie sie nur von einer Person innerhalb des Landes abfragen lassen. Jeder, der außerhalb Chinas versucht, die Daten abzufragen, würde entweder eine Fehlermeldung erhalten oder einfach keine Ergebnisse sehen.

Ein Endbenutzer außerhalb des Unternehmens möchte auf Kundendaten zugreifen.
: Anstatt dem Benutzer eine Kopie der Daten zu schicken, kann er sie mit einer Virtualisierungssoftware abfragen. So können Sie steuern, wer auf welche Daten zugreift, und in Erfahrung bringen, auf wie viele Daten er zugegriffen hat.

In einer Datenbank außerhalb des Data Warehouse liegen Referenzdaten, die sich häufig ändern.
: Anstatt diese Daten immer wieder in das Data Warehouse zu kopieren, könnten Sie sie per Virtualisierung abfragen, wenn Sie die Daten der externen Datenbank mit den Daten im Data Warehouse zusammenführen.

Sie möchten Daten von verschiedenen Datenspeichern abfragen und miteinander verknüpfen.
: Virtualisierungssoftware unterstützt üblicherweise viele Datenquellen (etwa einen Data Lake, eine relationale Datenbank und eine NoSQL-Datenbank) und kann mit diesen umgehen.

Ihre Benutzer sollen Analysen in eigener Regie über eine virtuelle Sandbox durchführen.
: Eine *virtuelle Sandbox* ist eine sichere und isolierte Umgebung, in der Benutzer Daten untersuchen, analysieren und manipulieren können, ohne die zugrunde liegenden Produktionsdaten oder Systeme zu beeinträchtigen. Nehmen wir an, Sie wollten in einer virtuellen Sandbox sowohl Kundendaten als auch Daten von Dritten analysieren. Anstatt diese Daten in die virtuelle Sandbox zu kopieren, könnten Sie sie per Virtualisierung *in-*

nerhalb der virtuellen Sandbox abfragen. Dadurch minimieren Sie die Anzahl der Datenkopien, und Sie müssen kein ETL erstellen.

Sie möchten schnell eine Lösung erstellen, um Quelldaten zu verschieben.
Anstatt mit einem herkömmlichen ETL-Tool die Quelldaten an einen zentralen Ort zu kopieren und von dort aus dann Berichte zu erstellen, können Sie einfach Berichte mithilfe der Virtualisierungssoftware erstellen. Sie führt Abfragen gegen die Quelldaten aus und übernimmt die Zentralisierung automatisch. Das heißt, dass Sie eine Lösung viel schneller erstellen können, da Sie kein ETL-Tool verwenden müssen (was sehr zeitaufwendig sein kann).

Datenkataloge

Ein *Datenkatalog* ist ein zentrales Repository, das normalerweise in der Cloud untergebracht ist und Metadaten über alle Datenquellen, Tabellen, Schemas, Spalten und andere Datenbestände wie Berichte und Dashboards, ETL-Prozesse und SQL-Skripte speichert und organisiert. Er fungiert als Single Source of Truth für die Benutzer, um Daten zu entdecken, zu verstehen und zu verwalten, die sich in Anwendungsdatenbanken, Data Lakes, relationalen Data Warehouses, Operational Data Stores, Data Marts und jeder anderen Form der Datenspeicherung befinden.

Ein Datenkatalog enthält in der Regel die folgenden Informationen zu jedem Datenbestand:

- Angaben zur Quelle, wie Standort, Typ und Verbindungsdetails.
- In einem Data Warehouse: Tabellen- und Schemainformationen (wie zum Beispiel Struktur, Beziehungen und Organisation) sowie Spalteninformationen (wie zum Beispiel Datentypen, Formate, Beschreibungen und Beziehungen zwischen Spalten).
- In einem Objektspeicher wie einem Data Lake: Dateieigenschaften (Speicherung, Ordnername, Dateiname).
- Datenherkunft (der Weg der Daten von ihrem Ursprung aus), einschließlich Informationen zu jeglicher Transformation, Aggregation und Integration der Daten.
- Details zu Governance und Compliance der Daten, zum Beispiel Datenqualität, Besitz und Richtlinien.
- Such- und Entdeckungstools für Benutzer, um relevante Daten zu suchen, zu filtern und aufzufinden.

Ein Datenkatalog hilft Ihnen, Daten effektiver zu verwalten, indem er einen Einblick in die Datenlandschaft bietet. Dies wiederum ermöglicht eine bessere Zusammenarbeit zwischen Teams und eine fundierte Entscheidungsfindung. Außerdem hilft er dabei, Qualität, Sicherheit und Konformität der Daten sicherzustellen, indem er es erleichtert, die Datenherkunft zu verfolgen, Datenrichtlinien durchzusetzen und ein klares Verständnis der Datenbestände aufrechtzuerhalten.

Auf dem Markt gibt es viele Produkte, mit denen sich Datenkataloge erstellen lassen, einige davon bereits seit rund einem Jahrzehnt. Die bekanntesten sind der Enterprise Data Catalog von Informatica, der Collibra Data Catalog und Microsoft Purview. Diese Produkte verfügen über zusätzliche Funktionalitäten wie Data Governance und Compliance, Geschäftsglossare und Datenqualitätsmetriken.

Datenmarktplätze

Ein *Datenmarktplatz*, manchmal auch als *Datenbörse* bezeichnet, ist eine Onlineplattform, auf der Datenanbieter und Datenkonsumenten zusammenkommen, um Datensätze zu kaufen, zu verkaufen und auszutauschen.[5]

Diese Marktplätze sollen Datenkonsumenten (wie Unternehmen, Forschern und Entwicklerinnen) dabei helfen, Daten für Zwecke wie Analyse, Machine Learning, Business Intelligence und Entscheidungsfindung zu entdecken, zu bewerten und zu kaufen. Zu den Anbietern gehören normalerweise Organisationen, Regierungen und Einzelpersonen, die wertvolle Datensätze gesammelt oder erstellt haben.

Ein Datenmarktplatz umfasst in der Regel einen Datenkatalog. Viele Marktplätze bewerten und verbessern die Qualität der Datensätze, um sicherzustellen, dass sie genau, vollständig, konsistent und einfach zu verwenden sind. Einige bringen Tools und Dienste mit, um Daten zu bereinigen, zu transformieren und anzureichern, was den Benutzern Zeit und Mühe bei der Vorbereitung der Daten für Analysen ersparen kann. (Dies ist vor allem dann wertvoll, wenn Sie Daten aus verschiedenen Quellen integrieren oder es mit unvollständigen oder inkonsistenten Daten zu tun haben.) Nachdem ein Konsument einen Kauf getätigt hat, kann der Marktplatz Tools anbieten, die ihm helfen, auf die Daten zuzugreifen und sie in seine Arbeitsabläufe, Anwendungen oder Systeme zu integrieren. Einige ermöglichen den Benutzern sogar, Datensätze anzupassen, indem sie Daten aus verschiedenen Quellen kombinieren oder nach bestimm-

5 Manchmal ist ein Datenmarktplatz jedoch unternehmensintern und dient lediglich dazu, die Benutzer bei der Suche und dem Austausch von Daten zu unterstützen.

ten Kriterien filtern, damit sie genau auf die Daten zugreifen können, die sie benötigen.

Datenmarktplätze sollten über robuste Sicherheitsmaßnahmen verfügen, um Nutzerdaten zu schützen, die Compliance mit Datenschutzbestimmungen zu gewährleisten und die Vertraulichkeit sensibler Informationen zu wahren. Einige bieten Möglichkeiten, private oder sensible Daten einfach zu verschleiern. Die Preisstrukturen und Lizenzvereinbarungen der Datenmarktplätze legen die Nutzungsbedingungen klar fest und gewährleisten die Einhaltung der gesetzlichen Bestimmungen sowohl für Datenanbieter als auch für Datenkonsumenten.

Viele Datenmarktplätze bieten auch integrierte Analyse- und Datenvisualisierungstools, mit denen Sie Daten direkt auf der Plattform analysieren und visualisieren (oder einfach nur eine Vorschau anzeigen lassen) können. Weitere gängige Funktionen und Tools sind:

- Bewertungen und Rezensionen von Datensätzen
- Empfehlungen für andere Datensätze, die Sie interessieren könnten
- Shopper-Profile für einfaches Nachbestellen, Favoritenlisten usw.
- Zusammenarbeit und Community
- Schulung und Support

Aus der Sicht der Anbieter bieten Datenmarktplätze eine Möglichkeit, Datenbestände zu monetarisieren und neue Einnahmequellen zu erschließen. Dies kann besonders für Organisationen von Vorteil sein, die große Datenmengen sammeln, aber nicht über die Ressourcen oder das Fachwissen verfügen, um diese selbst zu analysieren und zu verwerten.

Datenmarktplätze erfreuen sich zunehmender Beliebtheit, da die Nachfrage nach Erkenntnissen, die aus Daten resultieren, steigt und immer mehr verschiedenartige Datensätze verfügbar werden. Für das Erstellen von Datenmarktplätzen gibt es nicht annähernd so viele Produkte wie für Datenkataloge, da Marktplätze erst in den frühen 2020er-Jahren aufgetaucht sind. Die bekanntesten sind Snowflake Marketplace, Datarade und der Cloud Data Marketplace von Informatica. Sowohl Anbieter als auch Konsumenten können von einem effizienteren und transparenteren Datenaustausch profitieren, der die Innovation neuer datengesteuerter Produkte und Dienste fördern kann.

Zusammenfassung

Dieses Kapitel hat verschiedene Ansätze für Datenspeicher untersucht, die in der heutigen datengesteuerten Geschäftsumgebung alle eine zentrale Rolle spielen.

Ich habe die Datenspeicherung erörtert, einschließlich Data Marts, Operational Data Stores und Data Hubs, und dann den Schwerpunkt auf die Prozesse verlagert. Die Stammdatenverwaltung (*Master Data Management*, MDM) ist ein wichtiger Ansatz, der sich auf die Verwaltung zentraler Geschäftseinheiten konzentriert, um Datengenauigkeit, Einheitlichkeit und Konsistenz über mehrere Systeme und Prozesse sicherzustellen. Anschließend bin ich auf Datenvirtualisierung, Datenkataloge und Datenmarktplätze eingegangen.

Wenn Sie diese verschiedenen Strategien und ihre Funktionalitäten verstehen, können Sie Ihre Datenarchitektur besser auf die Anforderungen Ihres Unternehmens abstimmen und einen größeren geschäftlichen Nutzen aus Ihren Daten ziehen.

KAPITEL 7

Ansätze für das Design

Dieses Kapitel untersucht Designansätze, um mit Daten umzugehen und sie zu organisieren. Es zeigt, wie diese Methoden helfen, leistungsfähige, anpassbare und zuverlässige Systeme für die Datenverwaltung zu erstellen. Vereinfacht ausgedrückt, können Sie dann besser entscheiden, mit welcher Strategie Sie Daten speichern, verarbeiten und abrufen sollten, um die Geschwindigkeit und Zuverlässigkeit Ihrer Datensysteme zu verbessern.

Zur Verdeutlichung wollen wir zwischen Datendesign und Datenmodellierung, die Thema von Kapitel 8 ist, unterscheiden. Stellen Sie sich das *Datendesign* wie den Bau einer Stadt vor. Es geht darum, zu entscheiden, wo die Gebäude stehen, welche Straßen die verschiedenen Teile der Stadt verbinden und wie der Verkehr fließt. Hingegen geht es bei der *Datenmodellierung* eher darum, einzelne Gebäude zu entwerfen – d.h. Räume anzuordnen, zu entscheiden, wie sie miteinander verbunden sind, und den Zweck der einzelnen Räume zu definieren.

In diesem Kapitel sehen wir uns verschiedene Arten von Datendesigns an. Wir vergleichen und kontrastieren Methoden wie OLTP und OLAP, bei denen es sich im Wesentlichen um unterschiedliche Formen der Datenverarbeitung und -analyse handelt. Außerdem untersuchen wir Konzepte wie SMP und MPP, die Strategien zur effizienteren Verarbeitung von Daten darstellen. Dann lernen Sie mit Lambda- und Kappa-Architekturen Vorlagen kennen, die der Verarbeitung großer Datenmengen in Echtzeit dienen. Schließlich sprechen wir über einen Ansatz, der als polyglotte Persistenz bezeichnet wird und der es uns ermöglicht, mit verschiedenen Arten von Datenspeichertechnologien innerhalb derselben Anwendung zu arbeiten.

Mein Ziel ist es nicht, einen Ansatz als die beste Lösung für jede Situation zu propagieren, sondern Ihnen zu helfen, die Stärken und Schwächen der verschiedenen Ansätze zu verstehen. Auf diese Weise können Sie die richtigen Methoden je nach Ihren spezifischen Bedürfnissen auswählen oder kombinieren.

Am Ende dieses Kapitels werden Sie ein besseres Verständnis davon haben, wie man effiziente Datensysteme erstellt, die sich an veränderte Anforderungen und technologische Fortschritte anpassen können.

OLTP vs. OLAP

Die *Online-Transaktionsverarbeitung* (*Online Transaction Processing*, OLTP) ist eine Art von Informationssystem oder Anwendung, die Onlinetransaktionen (siehe Kapitel 2) zum Erstellen (*Create*), Lesen (*Read*), Aktualisieren (*Update*) und Löschen (*Delete*) – nach den englischen Bezeichnungen mit CRUD abgekürzt – in einer Echtzeitumgebung verarbeitet. OLTP-Systeme sind darauf ausgelegt, einen hohen Grad an Gleichzeitigkeit zu unterstützen, d.h., sie können eine große Anzahl von Transaktionen parallel verarbeiten. Üblicherweise verwenden sie ein relationales Modell (siehe Kapitel 8), und sie sind für geringe Latenzzeiten optimiert, können Transaktionen also sehr schnell verarbeiten. Beispiele sind unter anderem POS-Anwendungen, E-Commerce-Websites und Onlinebanking-Lösungen.

In einem OLTP-System werden Transaktionen in der Regel schnell und auf eine ganz bestimmte Weise verarbeitet. Ein Beispiel: Der Kauf eines Kunden in einem Geschäft wird als Transaktion betrachtet. Bei dieser Transaktion wird das Konto des Kunden mit dem Kaufbetrag belastet, der Lagerbestand des Geschäfts wird reduziert, und die Finanzdaten des Geschäfts werden aktualisiert, um den Verkauf widerzuspiegeln. OLTP-Systeme verwenden eine Reihe von DBMS, um Daten zu speichern und zu verwalten, zum Beispiel Microsoft SQL Server und Oracle.

OLTP-Systeme werden häufig mit *analytischen Onlineverarbeitungssystemen* (*Online Analytical Processing*, OLAP) verglichen, die zur Datenanalyse und Berichterstattung herangezogen werden, um Business Intelligence und Entscheidungsfindung zu unterstützen. OLAP-Systeme sind für eine schnelle Abfrageleistung optimiert und ermöglichen den Endbenutzern eine einfache und schnelle Analyse von Daten aus verschiedenen Perspektiven, indem sie die Daten in Berichten und Dashboards wesentlich schneller als bei einem OLTP-System detailliert analysieren können. Stellen Sie sich ein OLAP-System als »Einmal schreiben, mehrmals lesen« (im Unterschied zu CRUD) vor. Oftmals werden mehrere OLTP-Datenbanken als Quellen verwendet, die ihre Daten in ein Data Warehouse einspeisen, das dann wiederum eine OLAP-Datenbank speist, wie Abbildung 7-1 zeigt. (Manchmal können Sie allerdings eine OLAP-Datenbank auch direkt aus OLTP-Quellen aufbauen.)

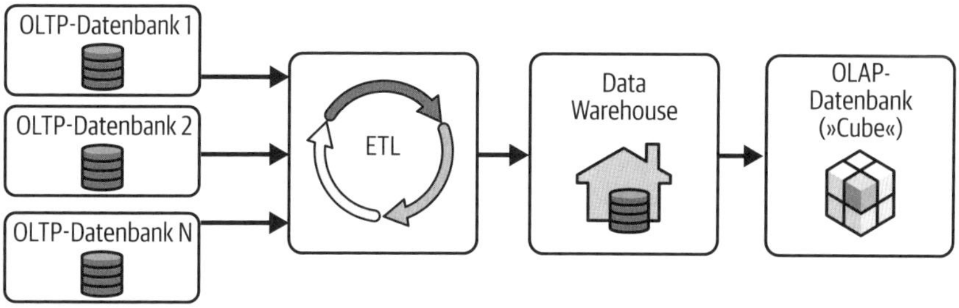

Abbildung 7-1: OLAP-Datenbankarchitektur

Eine OLAP-Datenbank besteht normalerweise aus einem oder mehreren OLAP-Cubes (auch OLAP-Würfel genannt). In einem OLAP-Cube werden die Daten vorab aggregiert, sodass sie bereits nach bestimmten Dimensionen summiert und gruppiert sind. Die Endbenutzer können schnell auf die Daten aus mehreren Dimensionen und Detailebenen zugreifen, ohne auf den Abschluss lang laufender Abfragen warten zu müssen. Um einen OLAP-Cube zu erstellen, verwendet man in der Regel ein *mehrdimensionales Modell*, das die Daten in einem Stern- oder Schneeflockenschema darstellt. (Kapitel 8 geht näher auf diese Schemas ein.)

Zum Beispiel könnte ein Einzelhandelsunternehmen eine OLAP-Datenbank mit OLAP-Cubes verwenden, um Verkaufsdaten schnell zu analysieren. Diese vorab aggregierten Daten werden nach der Zeit geordnet, sodass sich Verkaufstrends analysieren lassen, egal ob jährlich, täglich oder irgendwo dazwischen. Die Daten werden auch nach Standort sortiert, was geografische Vergleiche erleichtert, um beispielsweise Produktverkäufe in verschiedenen Städten zu betrachten. Darüber hinaus werden die Daten nach Produkten kategorisiert, sodass sich einfacher verfolgen lässt, wie einzelne Artikel abgeschnitten haben. Wenn ein Regionalmanager schnell überprüfen muss, welchen Absatz eine bestimmte Produktkategorie in seiner Region während der letzten Urlaubssaison erzielt hat, findet er die Daten bereits vorbereitet im OLAP-Cube vor. Anstatt auf eine länger laufende Abfrage zu warten, um jeden einzelnen Verkauf zu sortieren, kann der Manager sofort auf die relevanten Daten – sortiert nach Produkt, Region und Zeit – zugreifen, was den Entscheidungsprozess beschleunigt.

Natürlich können Sie auch ein anderes, neueres Modell verwenden, ein sogenanntes *tabellarisches Datenmodell*, das eine ähnlich schnelle Abfrageleistung wie ein OLAP-Cube bietet. Anstelle eines multidimensionalen Modells verwendet ein tabellarisches Datenmodell eine Tabellenstruktur ähnlich einer relationalen Datenbank, um die Daten darzustellen. Dadurch ist es flexibler und einfacher als ein multidimensionales Modell. In diesem Buch wird das multidimensionale Modell als *OLAP-Cube* und das tabellarische Modell als *tabellarischer*

Cube bezeichnet. Beachten Sie aber, dass der Begriff *Cube* (bzw. *Würfel*) in der Branche synonym für beide Modelle verwendet wird.

Tabelle 7-1 vergleicht die Designstile OLTP und OLAP.

Tabelle 7-1: Vergleich von OLTP- und OLAP-Systemen

	OLTP	**OLAP/tabellarisch**
Verarbeitungstyp	transaktional	analytisch
Datencharakter	operative Daten	Konsolidierungsdaten
Orientierung	anwendungsorientiert	themenorientiert
Zweck	arbeitet an laufenden Geschäftsaufgaben	hilft bei der Entscheidungsfindung
Transaktionshäufigkeit	häufige Transaktionen	gelegentliche Transaktionen
Operationsarten	kurze Onlinetransaktionen: Einfügen, Aktualisieren, Löschen	viele Lesescans
Datendesign	normalisierte Datenbank (3. Normalform)	denormalisierte Datenbank
Allgemeine Verwendung	verwendet im Einzelhandel und anderen Finanztransaktionssystemen	oft verwendet in Data Mining, Vertrieb und Marketing
Antwortzeit	sofort	variiert von Sekunden bis Stunden
Abfragekomplexität	einfache und sofortige Abfragen	komplexe Abfragen
Nutzungsmuster	wiederholt	ad hoc
Transaktionsart	kurze, einfache Transaktionen	komplexe Abfragen
Datenbankgröße	Gigabyte	Terabyte

OLAP-Datenbanken und Data Warehouses (siehe Kapitel 4) sind verwandte, aber unterschiedliche Konzepte und werden oft gemeinsam verwendet. Über ein multidimensionales oder tabellarisches Modell bieten OLAP-Datenbanken eine Möglichkeit, die im Data Warehouse gespeicherten Daten in einer Weise zu analysieren, die flexibler und interaktiver ist, als herkömmliche SQL-basierte Abfragen auf einem Data Warehouse auszuführen, das große Datenmengen enthält. Multidimensionale und tabellarische Modelle betrachtet man oft als *semantische* Schichten oder Modelle, was bedeutet, dass sie eine Abstraktionsebene über den Schemas im Data Warehouse bieten.

Operative und analytische Daten

Operative Daten sind Echtzeitdaten, die dazu dienen, die täglichen Abläufe und Prozesse zu verwalten. Erfasst, gespeichert und verarbeitet werden sie von OLTP-Systemen. Mit diesen Daten können Sie einen »Schnappschuss« des aktuellen Geschäftszustands machen, um sicherzustellen, dass Abläufe reibungslos und effizient funktionieren. Operative Daten sind in der Regel sehr umfangreich und helfen dabei, schnell Entscheidungen zu treffen.

Analytische Daten entstehen, wenn operative Daten erfasst und transformiert werden. Es handelt sich um eine historische Ansicht der Daten, die von OLAP- bzw. tabellarischen Systemen und Data Warehouses verwaltet und verwendet werden. Mit Datenanalysetools lassen sich Analysen durchführen, um Trends, Muster und Beziehungen im Zeitverlauf zu verstehen. Analytische Daten sind dafür optimiert, Berichte und Visualisierungen zu erstellen sowie Modelle für maschinelles Lernen (Machine Learning) zu trainieren. In der Regel bieten sie eine Sicht der Daten über einen längeren Zeitraum als operative Daten, haben oft einen geringeren Umfang und sind im Allgemeinen konsolidiert und aggregiert. Die Daten werden üblicherweise in Stapeln erfasst und erfordern mehr Verarbeitungszeit als operative Daten.

Alles in allem ist festzustellen, dass operative Daten dazu dienen, Geschäftsprozesse in Echtzeit zu überwachen und zu steuern, während analytische Daten verwendet werden, um Erkenntnisse zu gewinnen und die Entscheidungsfindung über einen längeren Zeitraum zu unterstützen. Beide Arten von Daten sind unerlässlich für eine effektive Unternehmensführung, und sie ergänzen sich gegenseitig, um einen vollständigen Überblick über die Abläufe und die Performance eines Unternehmens zu erhalten.

Stellen Sie sich OLTP als die Technologie vor, die zur Implementierung operativer Daten verwendet wird, und OLAP bzw. tabellarische Systeme und Data Warehouses als die Technologie, mit der analytische Daten implementiert werden.

Symmetrisches Multiprocessing und massive Parallelverarbeitung

Einige der ersten relationalen Datenbanken haben ein symmetrisches Multiprocessing-Design (SMP) verwendet, während die rechentechnische Verarbeitung von mehreren Prozessoren realisiert wird, die Datenträger und Speicher gemeinsam nutzen, und zwar alles auf ein und demselben Server – denken

Sie an SQL Server und Oracle. (Dies ist in Abbildung 7-2 auf der linken Seite dargestellt.) Um für diese Systeme mehr Verarbeitungsleistung zu bekommen, »skalieren« Sie die Hardware, indem Sie im Server die Anzahl der Prozessoren erhöhen und den Arbeitsspeicher vergrößern. Dies funktioniert für OLTP-Datenbanken, aber nicht so gut für die Write-once-read-many-Umgebung eines Data Warehouse.

Als Data Warehouses in den 1990er-Jahren immer beliebter wurden und große Datenmengen aufnahmen, wurde die Performance zu einem großen Problem. Um dieses Problem anzugehen, entwickelte man eine neue Art von Datenbankdesign. In einem Design mit *massiver Parallelverarbeitung* (*Massively Parallel Processing*, MPP) erstreckt sich die Datenbank über mehrere Server, die jeweils mit mehreren Prozessoren ausgerüstet sind und bei denen (im Unterschied zu SMP) zu jedem Prozessor ein eigener Speicher und ein eigener Datenträger gehört. Dadurch können Sie dann horizontal (statt vertikal) skalieren, indem Sie weitere Server hinzufügen.

MPP-Server verteilen einen Teil der Daten aus der Datenbank auf den Datenträger jedes Servers (während SMP-Datenbanken sämtliche Daten auf einem Datenträger behalten). Die Abfragen werden dann an einen *Steuerungsknoten* (auch *Namensknoten* genannt) gesendet, der jede Abfrage in mehrere Teilabfragen zerlegt und an jeden Server (*Rechenknoten* oder *Worker-Knoten* genannt) schickt, wie in Abbildung 7-2 rechts dargestellt. Dort wird die jeweilige Teilabfrage ausgeführt, und die Ergebnisse von allen Rechenknoten werden an den Steuerungsknoten zurückgesendet, zusammengeführt und an den Benutzer zurückgeschickt. Auf diese Weise arbeiten Lösungen wie Teradata und Netezza.

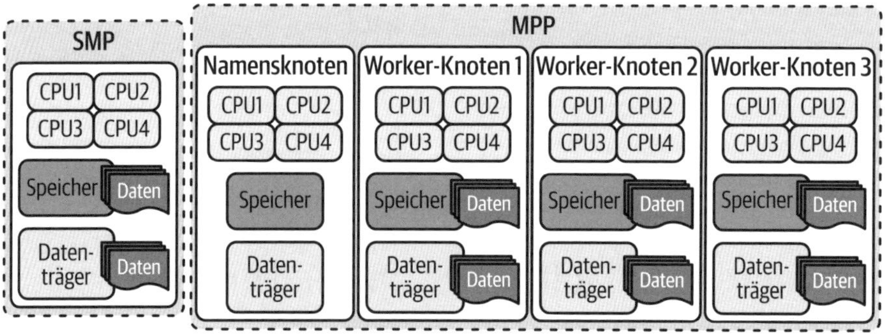

Abbildung 7-2: SMP- und MPP-Datenbankdesigns

Stellen Sie sich als Analogie vor, Ihre Freundin Fiona hat ein Kartenspiel mit 52 Karten und sucht nach dem Herz-Ass. Im Durchschnitt braucht Fiona etwa 15 Sekunden, um die Karte zu finden. Sie können nun »vertikal skalieren«, indem Sie Fiona durch einen anderen Freund, Max, ersetzen, der schneller ist. Mit

Max sinkt die durchschnittliche Zeit auf 10 Sekunden – eine leichte Verbesserung. So funktionieren SMP-Datenbanken.

Stellen Sie sich nun vor, Sie würden »horizontal« statt »vertikal« skalieren, indem Sie Fiona durch 26 Personen ersetzen, von denen jede nur zwei Karten hat. Jetzt beträgt die durchschnittliche Zeit zum Auffinden der Karte nur noch 1 Sekunde. So funktionieren MPP-Datenbanken.

SMP- und MPP-Datenbanken wurden ursprünglich als On-Premises-Lösungen entwickelt, und diese sind auch heute noch sehr verbreitet, aber inzwischen gibt es viele gleichwertige Lösungen in der Cloud.

Lambda-Architektur

Die *Lambda-Architektur* ist eine Datenverarbeitungsarchitektur, die dafür konzipiert ist, große Datenmengen zu verarbeiten, indem sie sowohl auf Batch- als auch auf Echtzeit-Stream-Verarbeitungsmethoden zurückgreift. Die Idee ist, umfassende und genaue Sichten der Stapeldaten zu erhalten und Latenz, Durchsatz, Skalierung sowie Fehlertoleranz mithilfe der Stapelverarbeitung auszugleichen, während gleichzeitig die Echtzeit-Stream-Verarbeitung Sichten von Onlinedaten (zum Beispiel von IoT-Geräten, Twitter-Feeds oder Computerprotokolldateien) bereitstellt. Die Ausgaben der beiden Sichten können Sie verknüpfen, bevor sie zur Präsentations-/Serviceschicht gelangen.

Mit der Lambda-Architektur wird die Lücke zwischen der historischen Single Source of Truth und der stark nachgefragten Echtzeitlösung »Ich will es sofort« geschlossen, indem sie herkömmliche Stapelverarbeitungssysteme mit Tools zur Stream-Konsumption kombiniert, um beide Anforderungen zu erfüllen.

Die Lambda-Architektur ist durch drei Schlüsselprinzipien charakterisiert:

Duales Datenmodell
: Die Lambda-Architektur verwendet ein Modell für die Stapelverarbeitung (Batch-Schicht) und ein anderes Modell für die Echtzeitverarbeitung (Stream-Schicht). Dadurch kann das System sowohl Stapel- als auch Echtzeitdaten verarbeiten und beide Verarbeitungsmethoden in skalierbarer und fehlertoleranter Weise umsetzen.

Einzelne, einheitliche Sicht
: Die Lambda-Architektur verwendet eine einzelne, einheitliche Sicht (die sogenannte *Präsentationsschicht*), um die Ergebnisse der Stapel- und der Echtzeitverarbeitung darzustellen. Dadurch kann der Benutzer eine vollständige und aktuelle Sicht der Daten sehen, selbst wenn diese von zwei verschiedenen Systemen verarbeitet wurden.

Entkoppelte Verarbeitungsschichten
: Die Lambda-Architektur entkoppelt die Stapel- und die Echtzeitverarbeitungsschichten, sodass sie sich unabhängig voneinander skalieren und separat entwickelt und gewartet werden können, was Flexibilität bietet und die Entwicklung erleichtert.

Abbildung 7-3 zeigt einen Überblick über die Lambda-Architektur.

Auf der linken Seite von Abbildung 7-3 ist die *Datenkonsumptionsschicht* zu sehen. Hier importieren Sie die Daten aus allen Quellsystemen. Einige Quellen können Streaming-Daten sein, während andere nur täglich oder stündlich Daten liefern.

In der Mitte oben sehen Sie die *Stream-Schicht*, die auch als *Geschwindigkeitsschicht* bezeichnet wird. Sie sorgt für inkrementelle Aktualisierungen und ist damit die komplexere der beiden mittleren Schichten. Sie tauscht Genauigkeit gegen niedrige Latenzzeiten und betrachtet lediglich die jüngsten Daten. Die Daten in dieser Schicht können nur Sekunden zurückliegen, wobei aber nachteilig ist, dass sie eventuell nicht bereinigt sind. Die Daten in dieser Schicht werden normalerweise in einem Data Lake gespeichert.

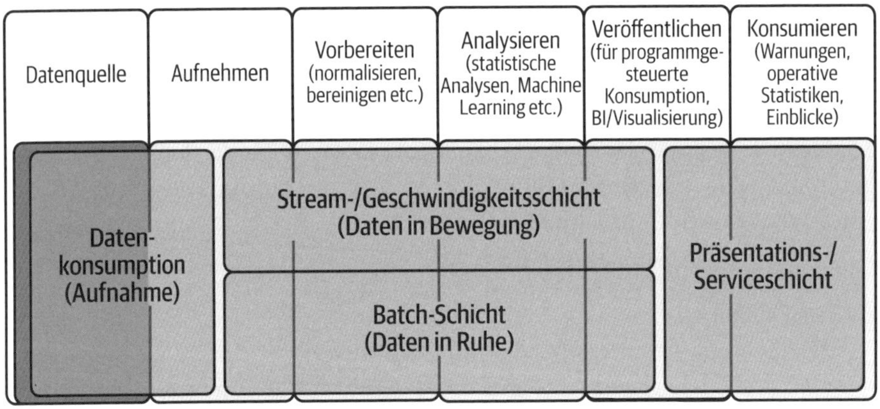

Abbildung 7-3: Überblick über die Lambda-Architektur

Darunter befindet sich die *Batch-Schicht*, die alle Daten auf einmal betrachtet und schließlich die Daten korrigiert, die in der Stream-Schicht ankommen. Sie ist die Single Source of Truth, die vertrauenswürdige Schicht. Hier findet in der Regel viel ETL statt, und die Daten werden in einem herkömmlichen Data Warehouse oder Data Lake gespeichert. Aufgebaut wird die Schicht nach einem vordefinierten Zeitplan, in der Regel täglich oder stündlich. Dazu gehört auch das Importieren der aktuell in der Stream-Schicht gespeicherten Daten.

Im rechten Teil von Abbildung 7-3 ist die *Präsentationsschicht* zu sehen, die auch als Serviceschicht bezeichnet wird. Stellen Sie sich diese Schicht als Vermittler vor: Wenn sie Abfragen annimmt, entscheidet sie, wann die Batch-Schicht und wann die Geschwindigkeitsschicht zu verwenden ist. Standardmäßig fällt die Wahl auf die Batch-Schicht, da diese über die vertrauenswürdigen Daten verfügt. Wenn Sie jedoch sekundengenaue Daten anfordern (indem Sie zum Beispiel Warnungen für bestimmte Protokollnachrichten festlegen, die auf den Ausfall eines Servers hinweisen), wird die Stream-Schicht verwendet. Diese Schicht muss abwägen, ob Daten, denen Sie vertrauen können, oder Daten, die Sie unmittelbar benötigen, abgerufen werden.

Die Lambda-Architektur ist prädestiniert für den Aufbau verteilter Systeme, die sowohl Batch- als auch Echtzeitdaten verarbeiten müssen – wie zum Beispiel bei Empfehlungsmaschinen und Betrugserkennungssystemen. Das heißt aber nicht, dass sie für jede Situation die beste Wahl ist. Zu den potenziellen Nachteilen der Lambda-Architektur gehören unter anderem:

Komplexität
: Die Lambda-Architektur umfasst ein duales Datenmodell und eine einzige, einheitliche Sicht. Dies kann im Vergleich zu anderen Architekturen komplizierter zu implementieren und zu warten sein.

Beschränkte Echtzeitverarbeitung
: Die Lambda-Architektur ist sowohl für Batch- als auch für Echtzeitverarbeitung konzipiert, kann aber bei der Verarbeitung großer Mengen von Echtzeitdaten nicht so effizient sein wie die Kappa-Architektur (siehe den nächsten Abschnitt), die speziell auf Echtzeitverarbeitung ausgelegt ist.

Begrenzte Unterstützung für zustandsabhängige Verarbeitung
: Die Lambda-Architektur ist für eine zustandslose Verarbeitung konzipiert und eignet sich möglicherweise nicht für Anwendungen, bei denen der Zustand über mehrere Ereignisse hinweg verwaltet werden muss. Nehmen wir zum Beispiel ein Einzelhandelsgeschäft mit einem Empfehlungssystem, das Produkte auf der Grundlage des Surf- und Kaufverhaltens der Kunden vorschlägt. Wenn dieses System eine Lambda-Architektur verwenden würde, die jedes Ereignis separat verarbeitet, ohne den Zustand zu bewahren, könnte es die Einkaufstour und die Absicht des Kunden nicht richtig erfassen. Sucht der Kunde erst nach Schuhen, dann nach Socken und dann nach Schuhcreme, empfiehlt ein zustandsloses System möglicherweise keine einschlägigen Artikel wie Schnürsenkel oder Schuhablagen, da es die Abfolge der Ereignisse nicht berücksichtigt. Es könnte auch Artikel empfehlen, die sich bereits im Warenkorb des Kunden befinden.

Alles in allem sollten Sie die Lambda-Architektur in Betracht ziehen, wenn Sie ein verteiltes System aufbauen müssen, das sowohl Batch- als auch Echtzeitdaten verarbeiten kann, aber eine einzelne, einheitliche Sicht auf die Daten bieten muss. Für zustandsorientierte Verarbeitung oder die Verarbeitung großer Mengen von Echtzeitdaten greifen Sie besser zur Kappa-Architektur.

Kappa-Architektur

Im Gegensatz zur Lambda-Architektur, die sowohl mit Echtzeit- als auch mit Batch-Daten umgehen kann, ist die *Kappa-Architektur* allein für die Verarbeitung von Echtzeitdaten konzipiert. Und wie die Lambda-Architektur ist auch die Kappa-Architektur in der Lage, große Datenmengen massiv parallel zu verarbeiten. Abbildung 7-4 gibt einen Überblick über die Kappa-Architektur.

Abbildung 7-4: Überblick über die Kappa-Architektur

Die drei Hauptprinzipien der Kappa-Architektur sind:

Echtzeitverarbeitung
: Die Kappa-Architektur ist auf Echtzeitverarbeitung ausgelegt. Demnach werden Ereignisse verarbeitet, sobald sie empfangen wurden, und nicht erst später durch Stapelverarbeitung. Dies verringert die Latenzzeit und ermöglicht dem System, schnell auf sich ändernde Bedingungen zu reagieren.

Einzelner Ereignisstrom
: Die Kappa-Architektur verwendet einen einzelnen Ereignisstrom, um alle Daten zu speichern, die durch das System fließen. Damit ist eine einfache Skalierbarkeit und Fehlertoleranz gegeben, da die Daten leicht auf mehrere Knoten verteilt werden können.

Zustandslose Verarbeitung
: In der Kappa-Architektur läuft die gesamte Verarbeitung zustandslos ab. Folglich wird jedes Ereignis unabhängig von anderen verarbeitet, ohne

sich auf den Zustand vorheriger Ereignisse zu beziehen. Das System lässt sich dadurch leichter skalieren, da es nicht notwendig ist, den Zustand über mehrere Knoten hinweg zu verwalten.

Die Schichten in der Kappa-Architektur sind genau die gleichen wie in der Lambda-Architektur mit der Ausnahme, dass die Kappa-Architektur keine Batch-Schicht hat.

Zu den möglichen Nachteilen der Kappa-Architektur gehören:

Komplexität
: Die Kappa-Architektur umfasst einen einzelnen Ereignisstrom und eine zustandslose Verarbeitung, was gegenüber anderen Architekturen komplizierter zu implementieren und zu warten sein kann.

Begrenzte Stapelverarbeitung
: Die Kappa-Architektur ist auf die Echtzeitverarbeitung ausgelegt und unterstützt nicht ohne Weiteres die Stapelverarbeitung von historischen Daten. Wenn Sie auf Stapelverarbeitung angewiesen sind, sollten Sie stattdessen die Lambda-Architektur in Betracht ziehen.

Begrenzte Unterstützung für Ad-hoc-Abfragen
: Da die Kappa-Architektur für die Echtzeitverarbeitung konzipiert ist, eignet sie sich möglicherweise nicht gut für Ad-hoc-Abfragen, bei denen große Mengen an historischen Daten verarbeitet werden müssen.

Insgesamt gesehen ist die Kappa-Architektur eine ausgezeichnete Wahl, um verteilte Systeme aufzubauen, die große Mengen von Daten in Echtzeit verarbeiten müssen, außerdem skalierbar und fehlertolerant sind sowie eine geringe Latenzzeit aufweisen. Beispiele hierfür sind Streaming-Plattformen und Finanzhandelssysteme. Wenn Sie jedoch Stapelverarbeitung brauchen oder Ad-hoc-Abfragen unterstützen müssen, dürfte die Lambda-Architektur die bessere Wahl sein.

Beachten Sie, dass die Lambda- und Kappa-Architekturen High-Level-Entwurfsmuster sind, die sich in jeder der in Teil III dieses Buchs beschriebenen Datenarchitekturen implementieren lassen. Wenn Sie mit einer dieser Architekturen eine Lösung erstellen, die sowohl Batch- als auch Echtzeitdaten unterstützt, dann unterstützt diese Architektur die Lambda-Architektur. Und wenn Sie mit einer dieser Architekturen eine Lösung erstellen, die nur Echtzeitdaten unterstützt, dann unterstützt diese Architektur die Kappa-Architektur.

Polyglotte Persistenz und polyglotte Datenspeicher

Der recht hochtrabende Begriff *polyglotte Persistenz* bedeutet, dass mehrere Datenspeichertechnologien verwendet werden, um verschiedene Datentypen *innerhalb einer einzigen Anwendung oder eines Systems* zu speichern, je nachdem, wie die Daten verwendet werden. Verschiedene Arten von Daten werden am besten in verschiedenen Datenspeichern aufbewahrt. Kurz gesagt, bedeutet polyglotte Persistenz, das richtige Tool für den richtigen Anwendungsfall auszuwählen. Dahinter steht der gleiche Gedanke wie bei der polyglotten Programmierung (*https://oreil.ly/eowsh*), bei der Anwendungen in einer Mischung aus verschiedenen Sprachen geschrieben werden, um von den Stärken der verschiedenen Sprachen zu profitieren, wenn unterschiedliche Probleme zu bewältigen sind.

Im Gegensatz dazu ist mit einem *polyglotten Datenspeicher* gemeint, in einer *Organisation oder einem Unternehmen* mehrere Datenspeicher zu verwenden. Jeder Datenspeicher ist für einen bestimmten Typ von Daten oder Anwendungsfall optimiert. Dieser Ansatz ermöglicht einem Unternehmen, verschiedene Datenspeicher für unterschiedliche Projekte oder Geschäftsbereiche zu verwenden, anstatt einen universellen Ansatz für die gesamte Organisation zu wählen.

Nehmen wir zum Beispiel an, Sie bauten eine E-Commerce-Plattform auf, die viele verschiedene Datentypen verarbeiten soll (Warenkörbe, Lagerbestände, fertige Bestellungen usw.). Anstatt zu versuchen, all die verschiedenen Datentypen in ein und derselben Datenbank zu speichern, was jede Menge Konvertierung erfordern würde, könnten Sie einen polyglotten Persistenzansatz wählen und jede Datenart in der dafür am besten geeigneten Datenbank speichern. Eine E-Commerce-Plattform könnte somit aussehen wie die in Abbildung 7-5 dargestellte.

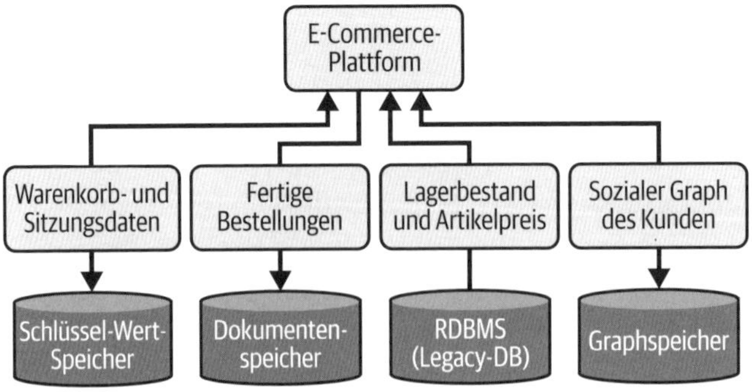

Abbildung 7-5: Eine E-Commerce-Plattform mit einem polyglotten Persistenzdesign

Dieses Design erlaubt es, für jede Art von Daten das beste Tool zu verwenden. Wie Abbildung 7-5 zeigt, verwendet die Datenbank einen Schlüssel-Wert-Speicher für Warenkorb- und Sitzungsdaten (was einen sehr schnellen Abruf ermöglicht), einen Dokumentenspeicher für abgeschlossene Bestellungen (wodurch sich Bestelldaten schnell und einfach speichern und abrufen lassen), ein RDBMS für Lagerbestandsdaten und Artikelpreise (da diese Daten von Haus aus strukturiert sind und sich somit am besten in einer relationalen Datenbank speichern lassen) und einen Graphspeicher für soziale Graphen von Kunden (da es sehr schwierig ist, Graphdaten in einem Nicht-Graphspeicher unterzubringen).

Dies geht zulasten einer gewissen Komplexität, da jede Datenspeicherlösung bedeutet, eine neue Technologie zu erlernen. Die Vorteile dürften es aber wert sein. Wenn Sie beispielsweise versuchen, relationale Datenbanken für nicht relationale Daten zu nutzen, kann das Design die Anwendungsentwicklung und letztlich die Performance erheblich bremsen. Den geeigneten Speichertyp zu verwenden, zahlt sich also durch eine höhere Geschwindigkeit aus.

Zusammenfassung

Dieses Kapitel hat die architektonischen Konzepte und Designphilosophien untersucht, die die Grundlage für effektive Datensysteme bilden.

Zuerst haben Sie zwei Haupttypen von Datenverarbeitungssystemen kennengelernt: Online-Transaktionsverarbeitung (OLTP) und analytische Onlineverarbeitung (OLAP). OLTP-Systeme sind für schnelle, zuverlässige und kurze Transaktionen ausgelegt, die in der Regel in den operativen Datenbanken für die täglichen Geschäftsabläufe stattfinden. Im Gegensatz dazu unterstützen OLAP-Systeme komplexe analytische Abfragen, Aggregationen und Berechnungen, die für die strategische Entscheidungsfindung verwendet werden und in der Regel mit einem Data Warehouse arbeiten. Anschließend haben Sie die Unterschiede zwischen operativen und analytischen Daten kennengelernt.

Dieses Kapitel hat auch die Unterschiede zwischen SMP- und MPP-Architekturen – d.h. zwischen symmetrischem Multiprocessing und massiver Parallelverarbeitung – behandelt. Dann haben wir uns näher mit zwei modernen Architekturen für den Umgang mit Big Data befasst: Lambda und Kappa. Zuletzt ging es in diesem Kapitel um die Konzepte der polyglotten Persistenz und der polyglotten Datenspeicher, die die Verwendung der am besten geeigneten Datenbanktechnologie für die spezifischen Anforderungen und Eigenschaften der gegebenen Daten fördern.

Beginnend mit dem nächsten Kapitel, verlagert sich unser Schwerpunkt von der Datenspeicherung und -verarbeitung auf die Prinzipien und Praktiken der Datenmodellierung: die entscheidende Brücke zwischen Rohdaten und aussagekräftigen Erkenntnissen. Die Ansätze zur Datenmodellierung, wie zum Beispiel relationale und dimensionale Ansätze und das allgemeine Datenmodell, dienen als Grundstruktur, die es Ihnen ermöglicht, Daten über verschiedene Anwendungen hinweg effizient zu nutzen und zu interpretieren.

Wenn wir uns näher mit diesen Themen beschäftigen, werden Sie sehen, wie Sie mithilfe der Datenmodellierung die von uns untersuchten Speicher- und Verarbeitungslösungen effizient nutzen und Rohdaten in verwertbare Erkenntnisse umwandeln können.

KAPITEL 8

Ansätze zur Datenmodellierung

Datenmodellierung ist eine allgemeine, konzeptionelle Technik, die für den Entwurf einer Datenbank verwendet wird. Es gibt verschiedene Arten der Datenmodellierung, darunter die relationale Modellierung und die dimensionale Modellierung. Der Prozess umfasst die Identifizierung der Daten, die zu speichern sind, das Erstellen einer strukturierten Darstellung dieser Daten und die Beziehungen zwischen den Daten, organisiert in Tabellen und Spalten. Stellen Sie sich die Tabellen und Spalten als die *logische* Darstellung der Datenbank vor, während die *physischen* Daten in diesen Tabellen und Spalten in einer relationalen Datenbank oder in einem Data Lake gespeichert werden können.

Sie können Datenmodellierung für alle Arten von Datenbanken verwenden: relationale, dimensionale, NoSQL usw. Ich empfehle, der Datenmodellierung genügend Zeit zu widmen, um sicherzustellen, dass Ihre Datenbank logisch, effizient und einfach zu verwenden ist. Dies gewährleistet maximale Performance und erleichtert das Abrufen und Analysieren von Daten.

Relationale Modellierung

Die 1970 von Edgar F. Codd entwickelte *relationale Modellierung* (wie in Kapitel 2 erwähnt) ist eine detaillierte Modellierungstechnik, die als Basis beim Entwurf einer Datenbank dient. Prinzipiell geht es darum, die Daten in Tabellen zu organisieren und die Beziehungen zwischen den Tabellen zu definieren. In relationalen Datenbanken und relationalen Data Warehouses besteht jede Tabelle aus Zeilen (auch als Datensätze oder Tupel bezeichnet) und Spalten (auch Felder oder Attribute genannt). Jede Zeile verkörpert eine eindeutige Instanz der Daten und jede Spalte ein spezifisches Informationselement dieser Daten.

Schlüssel

Bei der relationalen Modellierung definieren Sie die Beziehungen zwischen Tabellen, Zeilen und Spalten mithilfe von Primär- und Fremdschlüsseln. Ein *Primärschlüssel* ist ein eindeutiger Bezeichner für jeden Datensatz in einer Tabelle, wobei gewährleistet wird, dass keine zwei Datenzeilen denselben Schlüsselwert haben. Ein *Fremdschlüssel* ist eine Spalte in einer Tabelle, die auf den Primärschlüssel in einer anderen Tabelle verweist. Diese Schlüssel dienen dazu, eine Beziehung zwischen den beiden Tabellen einzurichten, um die Integrität der Daten sicherzustellen. So könnten Sie in einer Produkttabelle einen eindeutigen Schlüssel namens `ProductKey` definiert haben, der sich auf einen Fremdschlüssel in einer Verkaufsfaktentabelle namens `ProductKey` bezieht. Ein *natürlicher* Schlüssel ist ein Feld, das bereits in einer Tabelle existiert und für jede Zeile eindeutig ist, zum Beispiel die Sozialversicherungsnummer einer Person oder die Seriennummer eines Produkts. In der relationalen Modellierung wird ein natürlicher Schlüssel normalerweise als Primärschlüssel verwendet.

Entity-Relationship-Diagramme

Normalerweise beginnt man die relationale Modellierung mit einem *Entity-Relationship-Diagramm* (kurz ER-Diagramm): einer abstrahierten visuellen Struktur der Datenbank, die die Entitäten (Daten) und die Beziehungen (engl. *Relationships*) zwischen ihnen repräsentiert. Für die Entitäten verwendet man Kästen und für die Beziehungen Verbindungslinien. Abbildung 8-1 zeigt ein Beispiel für ein ER-Diagramm.

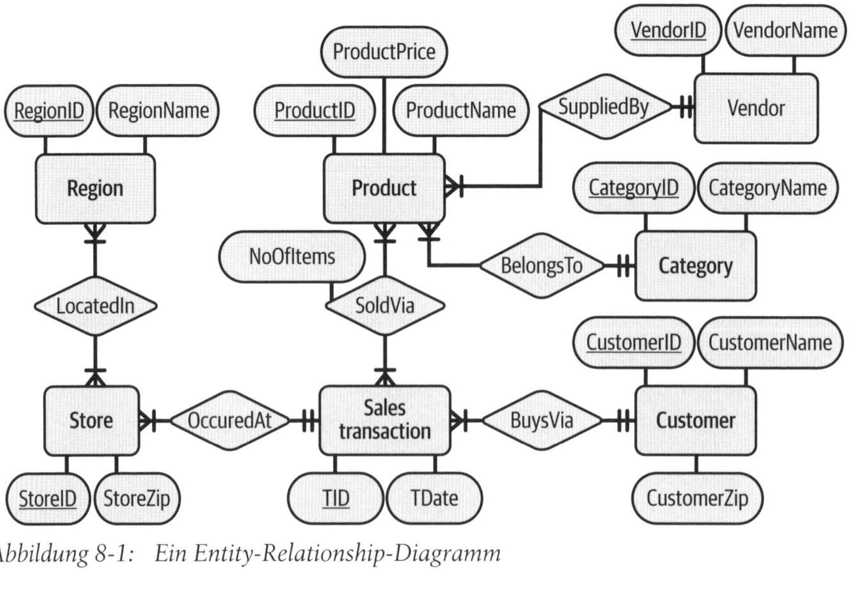

Abbildung 8-1: Ein Entity-Relationship-Diagramm

Sobald Sie ein derartiges Diagramm fertiggestellt haben, können Sie ein detaillierteres relationales Modell entwerfen, das die eigentlichen Tabellen und Spalten einer Datenbank darstellt.

Normalisierungsregeln und -formen

Als Nächstes wenden Sie Normalisierungsregeln an, mit denen sich eine komplexe Datenbank in kleinere, einfachere Tabellen zerlegen lässt. Dies verringert Redundanzen und Abhängigkeiten, verbessert die Datenintegrität und macht die Datenbank effizienter und leichter zu warten und zu verwalten. Das Ganze geschieht durch Normalisierung, die Sie in progressiven Stufen anwenden.

Eine Tabelle befindet sich in der *ersten Normalform* (1NF), wenn sie sämtliche der folgenden Bedingungen erfüllt:

- Die Tabelle hat einen Primärschlüssel. Zum Beispiel könnte in einer Tabelle `Students` die Studiennummer `StudentID` der Primärschlüssel sein.
- Jedes Attribut in der Tabelle enthält einen einzigen Wert und keine Liste von Werten. Zum Beispiel enthält die Tabelle `Students` in jeder Spalte (jedem Attribut) wie zum Beispiel `Name` genau einen einzelnen Wert.
- Die Tabelle hat keine sich wiederholenden Gruppen von Spalten. So dürfen beispielsweise in der Tabelle `Students` nicht mehrere Kursspalten wie `Course1`, `Course2` und `Course3` vorhanden sein. Stattdessen sollte jede Student-Kurs-Paarung in einer eigenen Zeile stehen.

Eine Tabelle befindet sich in der *zweiten Normalform* (2NF), wenn sie sämtliche der oben genannten 1NF-Bedingungen und zusätzlich folgende Bedingung erfüllt:

- Jedes Detail (Nicht-Schlüssel-Attribut) im Datensatz muss sich vollständig auf seinen eindeutigen Bezeichner (Primärschlüssel) beziehen und nicht auf ein anderes Detail. Zum Beispiel muss in einer Tabelle `Students` mit den Spalten `StudentID`, `Name` und `Major` das Hauptfach `Major` (ein Nicht-Schlüssel-Attribut) allein durch die `StudentID` (Primärschlüssel) und weder durch das Attribut `Name` noch durch irgendein anderes Attribut in der Tabelle bestimmt werden.

Eine Tabelle befindet sich nur dann in der *dritten Normalform* (3NF), wenn sie alle oben genannten 1NF- und 2NF-Bedingungen und zusätzlich folgende Bedingung erfüllt:

- Jedes Nicht-Schlüssel-Detail in der Tabelle sollte sich direkt auf den Hauptbezeichner (Primärschlüssel) beziehen und nicht über ein anderes Detail. Zum Beispiel sollten in der Tabelle `Students` mit den Spalten `StudentID`,

`Major` und `DepartmentHead` (wobei `DepartmentHead` der Leiter von `Major` ist) die Spalte `DepartmentHead` nicht von der Spalte `Major` abhängig sein, die wiederum nicht von der Spalte `StudentID` abhängig sein sollte.

Die meisten relationalen Modelle, insbesondere die für OLTP-Datenbanken (siehe Kapitel 7) sind auf die dritte Normalform ausgerichtet. Dies sollte auch Ihr oberstes Ziel sein. Ein relationales Modell verwendet ein *normalisiertes Datenbankschema*, bei dem die Daten an einem Ort gespeichert und in mehreren Tabellen mit streng definierten Beziehungen zwischen ihnen organisiert sind. Dies trägt einerseits dazu bei, dass die Integrität gewährleistet wird, kann andererseits aber dazu führen, dass Abfragen mehr Zeit beanspruchen, weil die Datenbank wahrscheinlich mehrere Tabellen miteinander verknüpfen muss, um die gewünschten Daten abzurufen. Abbildung 8-2 zeigt, wie ein relationales Modell für Verkaufsdaten aussehen könnte.

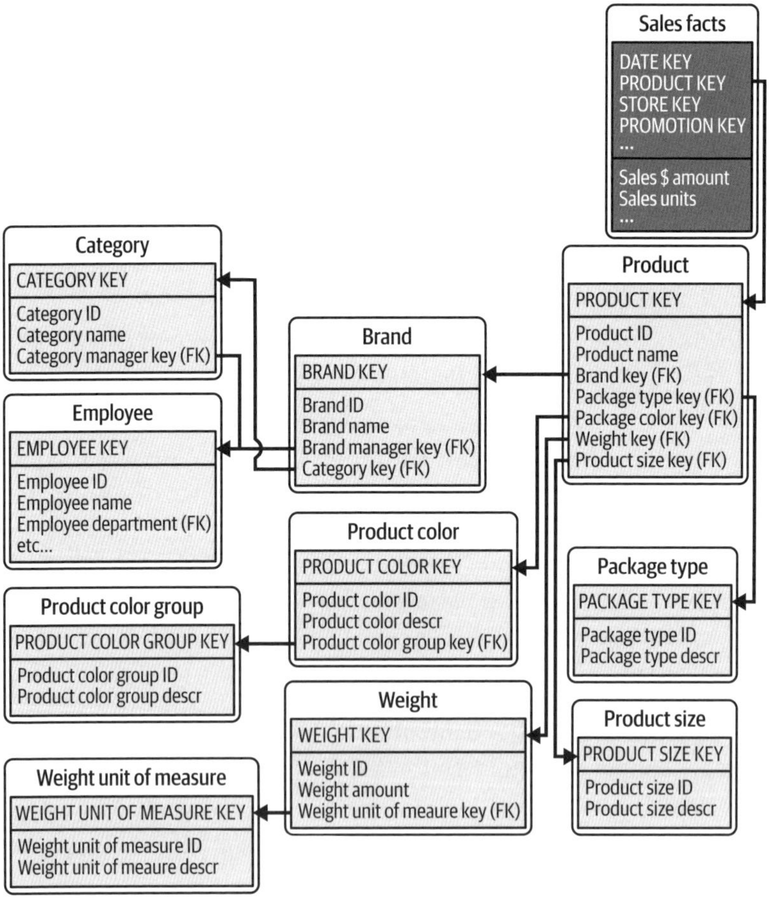

Abbildung 8-2: Beispiel eines relationalen Modells für Verkaufsdaten

Änderungen verfolgen

Es ist wichtig, Änderungen an relational modellierten Daten im Laufe der Zeit zu verfolgen. Um vergangene Daten und Änderungen aufzuzeichnen, verwendet man oftmals Verlaufstabellen. Dabei handelt es sich in der Regel um eine Kopie der Originaltabelle mit zusätzlichen Spalten, um Änderungen zu verfolgen, wie zum Beispiel einen Datums-/Zeitstempel, eine Benutzer-ID und einen »Vorher«- sowie einen »Nachher«-Wert für jede Spalte in der Tabelle. Verlaufstabellen können nützlich sein für Auditing, Reporting und Datenwiederherstellung, um die Integrität der Daten sicherzustellen und um besser verstehen zu können, wie sie sich im Laufe der Zeit verändert haben.

Dimensionale Modellierung

Die dimensionale Modellierung begann 1996 als eine Möglichkeit, effiziente Abfragen und Analysen zu unterstützen, indem man die Daten in Fakten und Dimensionen organisiert. Dimensionale Modelle sind erforderlich, wenn Abfragen und Berichte mit Daten im relationalen Modell zu langsam oder zu komplex werden. In der Regel verwenden dimensionale Modelle ein relationales Modell als Datenquelle.

Fakten, Dimensionen und Schlüssel

Dimensionale Modelle verwenden Fakten und Dimensionen:

Fakten
: Fakten sind in diesem Zusammenhang Datenelemente, in der Regel numerische Werte, mit denen etwas gemessen wird, zum Beispiel Verkäufe, Bestellungen oder Umsatz. Fakten lassen sich aus Performancegründen aggregieren oder zusammenfassen, indem man beispielsweise Mittelwerte bildet oder die Datensätze zählt, sodass diese Werte bereits berechnet sind und nicht erst als Teil der Abfrage berechnet werden müssen.

Dimensionen
: Dimensionen beschreiben die Eigenschaften der Daten, beispielsweise Zeit, Produkt, Kunde oder Standort. Normalerweise werden sie als Hierarchien dargestellt, wobei jede Ebene der Hierarchie eine detailliertere Beschreibung der Daten liefert.

Dimensionale Modelle kann man sich auch so vorstellen, dass die Faktentabellen *Metriken* aufnehmen, während Dimensionsmodelle *Attribute* der Metriken in den Faktentabellen enthalten.

Anstelle der natürlichen Schlüssel, die in der relationalen Modellierung verwendet werden, sind es in der dimensionalen Modellierung *Ersatzschlüssel*: künstliche Werte, die speziell (und in der Regel automatisch) erstellt werden, um als Primärschlüssel für eine Tabelle zu dienen. Ein Ersatzschlüssel wird oftmals verwendet, wenn ein natürlicher Schlüssel nicht verfügbar ist oder sich nicht als Primärschlüssel eignet, was bei der dimensionalen Modellierung häufig der Fall ist. Natürliche Schlüssel sind oft aussagekräftiger und leichter zu verstehen als Ersatzschlüssel, sodass sie die Verwendung und Pflege der Datenbank erleichtern. Allerdings gibt es auch einige Nachteile, wenn natürliche Schlüssel verwendet werden:

- Sie können länger und komplexer sein als Ersatzschlüssel und sind daher schwieriger zu handhaben.
- Oftmals enthalten sie vertrauliche Informationen, was in Bezug auf den Datenschutz bedenklich sein kann.
- Aufgrund potenzieller Duplizierung und nicht standardisierter Formate können sie zu Problemen führen. Wenn Sie zum Beispiel Kunden-IDs als natürlichen Schlüssel verwenden und Ihr Unternehmen ein anderes Unternehmen kauft, das gleiche Kunden-IDs oder ein anderes Format (beispielsweise Zeichen anstelle ganzer Zahlen) verwendet, entstehen Konflikte. Denn Duplikate können prinzipiell beim Zusammenführen oder Vergleichen von Daten zwischen verschiedenen Systemen ein Problem darstellen, und inkonsistente Formate erschweren obendrein den Integrationsprozess.

Änderungen verfolgen

Um bei der dimensionalen Modellierung Änderungen an einer Tabelle zu verfolgen, verwenden Sie *Slowly Changing Dimensions* (SCDs, sich langsam ändernde Dimensionen), bei denen man drei Typen unterscheidet:

Typ 1
: SCDs vom Typ 1 überschreiben vorhandene Daten mit den neuen Daten und verwerfen die alten Daten. Dies ist der einfachste und gebräuchlichste SCT-Typ und wird häufig verwendet, wenn die Änderungen an den Daten nicht signifikant sind oder wenn die alten Daten nicht mehr benötigt werden, beispielsweise beim Korrigieren einer Kundentelefonnummer.

Typ 2
: SCDs vom Typ 2 verwalten mehrere Versionen der Daten: die neuen Daten und einen Datensatz der alten Daten. Verwenden Sie diesen SCR-Typ, wenn Sie die Änderungen an den Daten im Zeitverlauf verfolgen und einen Datensatz der alten Daten aufbewahren müssen. Nehmen wir an, ein Un-

ternehmen hätte vor sechs Monaten seine Verkaufsdaten analysiert und festgestellt, dass New York der umsatzstärkste Staat ist. Sind nun einige Kunden inzwischen von New York nach New Jersey umgezogen, würde eine erneute Auswertung desselben Berichts ohne Berücksichtigung dieser Änderungen niedrigere (und damit ungenaue) Verkaufszahlen für New York ausweisen. Dies würde zu einer falschen Wahrnehmung historischer Daten führen, die rückläufige Verkäufe in New York zeigen, was strategische Entscheidungen beeinflussen könnte. Wenn also ein Kunde von einem US-Bundesstaat in einen anderen umzieht, würde das Typ-2-SCD des Unternehmens sowohl den alten als auch den neuen Bundesstaat speichern.

Typ 3
: SCDs vom Typ 3 erstellen einen neuen Datensatz für jede Änderung, sodass Sie einen vollständigen Verlauf der Daten bewahren können. Dieser SCD-Typ ist der komplexeste, aber auch der flexibelste. Zieht zum Beispiel ein Kunde von einem US-Bundesstaat in einen anderen um, würde ein Typ-3-SCD den gesamten alten Datensatz und einen vollständigen neuen Datensatz speichern, der Dutzende von Feldern und nicht nur einfach das Feld für den US-Bundesstaat enthalten könnte.

Ein wesentlicher Unterschied zwischen Verlaufstabellen in relationaler Modellierung und SCDs ist ihr Detailgrad. Verlaufstabellen verfolgen Änderungen an den Daten auf der Ebene einzelner Datensätze, während SCDs Änderungen auf Dimensionsebene verfolgen. Und während Verlaufstabellen in der Regel Änderungen an beliebigen Datentypen verfolgen, beschränken sich SCDs speziell auf Änderungen an Dimensionstabellen in einem dimensionalen Modell.

Abbildung 8-3 zeigt ein dimensionales Modell für Verkäufe (`sales`), das aus dem relationalen Modell in Abbildung 8-2 abgeleitet ist.

Abbildung 8-3: Ein dimensionales Modell für Verkaufsdaten

Denormalisierung

Dimensionale Modelle setzen mit der Denormalisierung einen Prozess ein, der redundante Kopien der Daten in mehrere Tabellen einfügt. Dadurch wird die Anzahl der Tabellen verringert. Wenn Sie die Datenbank abfragen, muss sie nicht so viele Tabellen miteinander verknüpfen, sodass die Abfragen wesentlich schneller laufen. Weniger Verknüpfungen bedeuten auch verringerte Komplexität für Endbenutzer, die Berichte erstellen. Allerdings heißt das, dass die redundanten Kopien der Daten synchron zu halten sind, um die Integrität zu gewährleisten, und das erfordert sorgfältige Wartung. Die redundanten Daten verbrauchen zudem mehr Speicherplatz, was die Kosten leicht erhöhen kann.

Wie Abbildung 8-3 zeigt, ist `Category name` in der Liste der Produktschlüssel (Tabelle `PRODUCT KEY`) enthalten. Infolgedessen wird der Kategoriename in allen Produktdatensätzen wiederholt. Im Gegensatz dazu zeigen die Produktdatensätze im relationalen Modell (siehe Abbildung 8-2) die `Category ID`. Im dimensionalen Modell müssten Sie den Kategorienamen in mehreren Datensätzen in der Produkttabelle ändern, wenn sich der Kategoriename ändert, während Sie ihn im relationalen Modell lediglich einmal (in der Kategorietabelle) aktualisieren müssen.

Je mehr Tabellen Ihr relationales Modell umfasst, desto nützlicher wird ein dimensionales Modell sein. Enthält Ihr relationales Modell nur eine Handvoll Tabellen, brauchen Sie möglicherweise kein dimensionales Modell.

Ein *Datenbankschema* ist eine logische Vorlage, die die Struktur, die Beziehungen, die Einschränkungen und andere Elemente hinsichtlich der Organisation und der Beziehungen innerhalb einer Datenbank beschreibt. Die dimensionale Modellierung verwendet viele Arten von Schemas, wie zum Beispiel Schneeflockenschemas und Schemas mit mehreren Faktentabellen. Ein *Sternschema* ist eine dimensionale Modellierungstechnik mit einer zentralen Faktentabelle, die von mehreren Dimensionstabellen umgeben ist. Das Diagramm des Schemas sieht aus wie ein Stern (siehe Abbildung 8-4), daher der Name.

Zusammenfassend lässt sich sagen, dass ein relationales Modell eine Geschäftslösung für die Funktionsweise eines Unternehmensteils erfasst, während ein dimensionales Modell die Details erfasst, die das Unternehmen benötigt, um Fragen darüber zu beantworten, wie gut es im Unternehmen läuft. Das relationale Modell ist einfacher zu erstellen, wenn das Quellsystem bereits relational ist, aber das dimensionale Modell ist für Business-User leichter zu handhaben und ist bei analytischen Abfragen im Allgemeinen performanter.

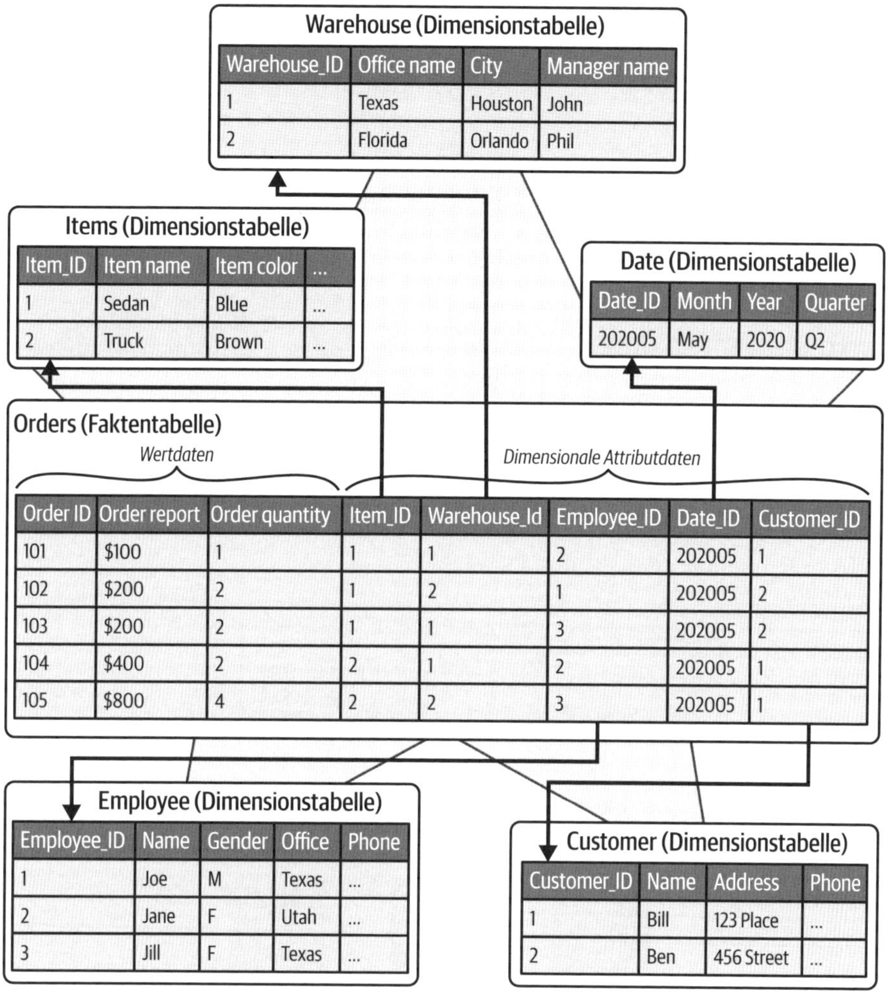

Abbildung 8-4: Beispiel für ein Sternschema

Common Data Model

Ein *gemeinsames Datenmodell* (*Common Data Model*, CDM) ist eine standardisierte Struktur zum Speichern und Organisieren von Daten, die in der Regel verwendet wird, um eine Data-Warehouse-Lösung aufzubauen. Damit lassen sich in konsistenter Art und Weise Daten in Tabellen und Beziehungen zwischen Tabellen darstellen, sodass die Daten für jedes System oder jede Anwendung leicht zu verstehen sind.

Stellen Sie sich vor, Sie hätten viele Quellsysteme, aus denen Sie Daten in Ihr Data Warehouse importieren möchten. Bei einigen handelt es sich um CRM-

Anwendungen (*Customer Relationship Management*) von verschiedenen Anbietern, die verschiedene Formate verwenden (d.h., die Tabellen und Felder sind unterschiedlich). Nun müssen Sie entscheiden, welches Tabellenformat Sie im Data Warehouse verwenden wollen. Nehmen Sie eines der Modelle der CRM-Anbieter? Nein. Es ist besser, ein neues Modell zu erstellen, das mit den Formaten all dieser Anbieter umgehen kann.

Dieses neue Modell (siehe Abbildung 8-5) ist Ihr gemeinsames Datenmodell. Es ist zwar mit viel Arbeit verbunden, dieses neue Modell zu erstellen, doch wenn Sie es richtig machen, kann Ihr CDM aktuelle und zukünftige Daten von jedem CRM-Anbieter unterstützen. Erfreulicherweise müssen Sie es nicht von Grund auf neu erstellen. Viele Cloud-Provider und Softwareanbieter haben sehr robuste CDMs, die auf Branchen wie Finanzwesen, Gesundheitswesen und Einzelhandel zugeschnitten sind. Wenn Sie ein vorgefertigtes Modell anpassen können, ersparen Sie sich viele Stunden der Modellierung, verringern, das Risiko und ermöglichen allen Anwendungen in Ihrem Unternehmen den Zugriff auf Daten in einer gemeinsamen Sprache.

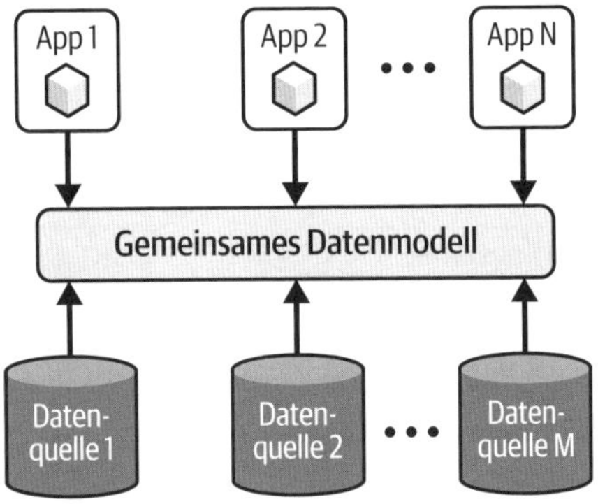

Abbildung 8-5: Die Architektur des gemeinsamen Datenmodells

Data Vault

Die von Daniel Linstedt im Jahr 2000 kreierte Data-Vault-Modellierung ist eine vollständige Methodik, die speziell für den Einsatz in Data-Warehousing- und Business-Intelligence-Systemen konzipiert wurde. Ihr Hauptziel ist es, eine flexible, skalierbare und standardisierte Methode bereitzustellen, um historische Daten zu modellieren und zu verwalten.

Ein Data-Vault-Modell (siehe Abbildung 8-6) besteht aus drei Arten von Entitäten:

Hubs

Hubs sind die zentralen *Geschäftseinheiten* im Modell, die wichtige Geschäftskonzepte wie Kunden oder Produkte darstellen. Normalerweise werden Hubs als einzelne Tabelle mit einem eindeutigen Bezeichner (beispielsweise einem Primärschlüssel) und einer Reihe von Attributen modelliert.

Links

Links (Verknüpfungen) modellieren die *Beziehungen* zwischen Hubs, typischerweise als separate Tabelle. Eine Link-Tabelle enthält eine Reihe von Fremdschlüsseln, die auf die Primärschlüssel der verknüpften Hubs verweisen.

Satelliten

Satelliten speichern *beschreibende Attribute* über einen Hub oder einen Link, wie zum Beispiel Änderungen an den Daten im Laufe der Zeit. In der Regel werden sie als separate Tabellen modelliert und über einen Fremdschlüssel mit einer Hub- oder Link-Tabelle verknüpft.

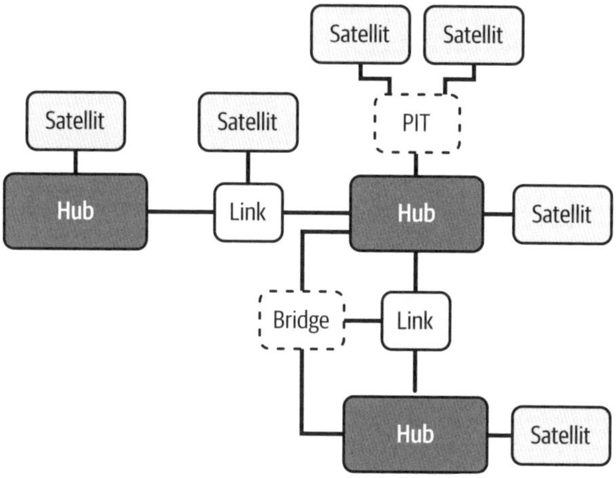

Abbildung 8-6: Data Vault

Mit Data-Vault-basierten Modellen können Sie die Datenherkunft verfolgen, Daten überwachen und Regeln sowie Standards durchsetzen. Oftmals werden sie in Verbindung mit anderen Datenmodellierungstechniken wie zum Beispiel der dimensionalen Modellierung verwendet, um eine umfassende und flexible Datenarchitektur bereitzustellen, die sich leicht in andere Systeme und Anwendungen integrieren lässt. Im Spektrum der Modelle, die wir bisher betrachtet haben, liegt der Data Vault irgendwo zwischen 3NF-Daten und einem Sternschema. Die Data-Vault-Modellierung eignet sich gut für Organisationen mit großen Datenmengen und komplexen Datenbeziehungen, während das Kimball-Modell (erörtert in »Die Bottom-up-Methodik von Kimball« auf Seite 159) besser für Organisationen mit einfacheren Datenanforderungen geeignet ist.

Zu den wesentlichen Nachteilen der Data-Vault-Methodik gehören:

Komplexität
: Data-Vault-Modellierung zu implementieren und zu pflegen, kann komplex sein, insbesondere für Unternehmen, die mit dieser Technik nicht vertraut sind. Sie erfordert erhebliche Investitionen in Ressourcen und Fachwissen. Zudem ist es schwierig, das Datenmodell ohne geeignete Dokumentation zu verstehen und sich darin zurechtzufinden.

Datenduplizierung
: Data-Vault-Modellierung führt oft zu einer Duplizierung, da die Daten auf atomarer Ebene gespeichert werden. Dies kann die Speicherkosten erhöhen und es erschweren, die Datenkonsistenz zu bewahren.

Performance
: Data-Vault-Modellierung kann eine große Anzahl von Tabellen und Beziehungen mit sich bringen, was unter Umständen die Abfrageleistung beeinträchtigt. Gegebenenfalls müssen Sie komplexere Abfragen und Indizierungsstrategien verwenden, um eine akzeptable Performance zu erreichen.

Fehlende Standardisierung
: Data-Vault-Modellierung ist eine relativ neue und wenig genutzte Technik, für die es keinen standardisierten Ansatz gibt. Ingenieure, die diese Modellierung aufbauen und pflegen, sind möglicherweise schwer zu finden.

Die Methodiken von Kimball und Inmon für das Data Warehousing

Bill Inmon gilt aufgrund seiner frühen Pionierarbeit auf dem Gebiet des Data Warehousing in den späten 1980er-Jahren als der »Vater des Data Warehousing«. Er hat 1992 sein erstes Buch über Data Warehousing geschrieben und eine wichtige Rolle gespielt bei der Verbreitung und Weiterentwicklung des Konzepts.[1] Der Ansatz von Inmon für das Data Warehousing wird häufig

1 Den Begriff Data Warehouse hat vermutlich Inmon erstmals 1985 geprägt; sein *Building the Data Warehouse* (Wiley, 1992, verfügbar über das Internet Archive unter *https://oreil.ly/DkEV-*) war das erste Buch zum Thema. Die erste detaillierte Architekturbeschreibung des Data Warehouse, wie wir es heute kennen, veröffentlichten jedoch Barry Devlin und Paul Murphy: »An Architecture for a Business and Information System« (*https://oreil.ly/M50Xo*), *IBM Systems Journal*, 1988 (verfügbar über 9sight Consulting unter *https://oreil.ly/g4NIX*).

als Top-down-Ansatz für Data Marts charakterisiert, der auf relationaler Modellierung basiert.

Die Begriffe Top-down und Bottom-up haben hier nichts zu tun mit den identisch benannten Ansätzen, die in den Kapiteln 4 und 5 für relationale Data Warehouses und Data Lakes beschrieben wurden. Diese Ansätze beziehen sich auf die Arbeit, die im Vorfeld beim Aufbau einer Datenarchitektur, die ein RDW und einen Data Lake umfasst, zu leisten ist (oder auch nicht). Die Ansätze von Kimball und Inmon konzentrieren sich dagegen hauptsächlich darauf, wie Data Marts beim Aufbau einer Datenarchitektur verwendet werden, die nur ein RDW und keinen Data Lake (neben anderen Details) umfasst.

Ralph Kimball ist ein weiterer Pionier des Data Warehousing. Er hat das Sternschema im Data-Warehouse-Design mit seinem ersten Buch *The Data Warehouse Toolkit: Practical Techniques for Building Dimensional Data Warehouses* (Wiley, 1996) bekannt gemacht. Der Ansatz von Kimball wird oft als Bottom-up-Ansatz charakterisiert und auch *dimensionale Modellierung* oder *Kimball-Methodologie* genannt.

Die Methodologien von Inmon und Kimball für den Aufbau eines Data Warehouse haben jahrelange Debatten ausgelöst. Dieser Abschnitt geht näher auf beide Methoden ein und räumt einige gängige Mythen aus.

Die Top-down-Methodik von Inmon

Bei der Methodik von Inmon liegt der Schwerpunkt darauf, Daten aus mehreren Quellen zu integrieren und sie in einer Weise darzustellen, die bei der Entscheidungsfindung hilft. Der Top-down-Ansatz ist eine traditionelle, strenge und klar definierte Methode, häufig bevorzugt in großen und komplexen Unternehmen, die über viele Daten verfügen und Wert auf Governance, Datenqualität und die Einhaltung von Vorschriften legen. Hauptsächlich wird sie von der Technologieabteilung vorangetrieben, während die Endbenutzer passiv teilnehmen.

Bei dieser Architektur, die in Abbildung 8-7 dargestellt wird, werden die Daten zunächst so schnell wie möglich aus den OLTP-Quellsystemen (siehe Kapitel 7) in temporäre relationale Staging-Tabellen geholt, ohne sie zu transformieren oder zu bereinigen.

Da das Transformieren von Daten die CPU-Belastung und die beanspruchte Bandbreite auf den Quellsystemen stark erhöhen kann, vermeidet dieser Ansatz, die Quellsysteme zu bremsen. Staging-Tabellen sind auch für Auditing-Zwecke nützlich. Und wenn Sie die Transformationen erneut ausführen müssen, können Sie die Daten aus den Staging-Tabellen abrufen, anstatt zum Quellsystem zurückzukehren.

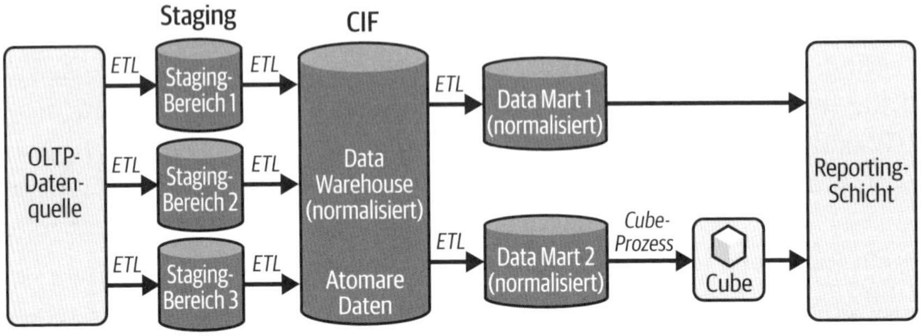

Abbildung 8-7: Ein Data Warehouse, das nach der Inmon-Methodik konzipiert ist

Im nächsten Schritt werden die Daten in eine von Inmon sogenannte *Corporate Information Factory* (CIF) kopiert, in der alle Daten zentralisiert und auf atomarer Ebene (so granular wie möglich) in der dritten Normalform gespeichert werden. Eine CIF können Sie sich als Enterprise Data Warehouse (EDW) vorstellen, das eine einzige Version der Wahrheit verkörpert. In diesem Abschnitt verwende ich den Begriff *Enterprise Data Warehouse* und nicht nur *Data Warehouse*, da die meisten Lösungen, die in den Anfangsjahren des Data Warehousing entwickelt wurden, Daten aus allen Bereichen eines Unternehmens enthalten. Heutzutage verfügen einige Unternehmen über mehrere Data Warehouses, aber in der Regel werden Lösungen mit nur einem »Unternehmens«-Data-Warehouse entwickelt.

Die CIF konzentriert sich auf Datenmodellierung und -design mit Schwerpunkt auf Governance und Datenqualität. Davon ausgehend, können Sie abhängige Data Marts erstellen: separate physische Teilmengen der Daten, die üblicherweise eingerichtet werden, um jeder Abteilung die speziell von ihr benötigten Daten verfügbar zu machen. Die Data Marts gelten als »abhängig«, weil sie von Daten aus der CIF abhängen und keine Daten von anderen Stellen erhalten. Diese Architektur nennt man (wegen ihrer Form) auch *Hub-and-Spoke* (deutsch »Nabe und Speiche«). Benutzer können die Data Marts für Berichte abrufen oder Teilmengen – kleine dimensionale Modelle, sogenannte *Cubes* – für bestimmte Zwecke abfragen. So kann es zum Beispiel sein, dass Analysten nur die Umsatzzahlen sehen wollen. Die Daten in einem Cube sind oftmals aggregiert.

Die Methodik von Inmon wird als *Top-down* bezeichnet, weil sie damit beginnt, die Geschäftsanforderungen der Endbenutzer zu ermitteln. Danach folgen Datenmodellierung und -design, die Integration und das Auffüllen der Daten und schließlich der Zugriff und das Reporting (die Berichterstellung).

Alle Daten sind in einer CIF zentralisiert, aus der Teilmengen in themenorientierte Data Marts kopiert werden.

Die CIF ist tabu für Endbenutzer, die über die Data Marts oder Cubes auf die Daten zugreifen. Ein Nachteil ist, dass die Daten dadurch permanent bis zu dreimal für die CIF, den Data Mart und den Cube kopiert werden. Dies führt zu höheren Speicherkosten, komplexerer Wartung und der Herausforderung, alle drei Kopien synchron zu halten.

Die Bottom-up-Methodik von Kimball

Die *Bottom-up-* oder *agile* Methodik von Kimball beginnt ähnlich wie die von Inmon, indem Rohdaten aus allen OLTP-Quellsystemen (siehe Kapitel 7) in temporäre relationale Staging-Tabellen gezogen werden, ohne die Daten umzuwandeln oder zu bereinigen. Die Kimball-Methodik geht dann in eine Phase über, in der die Daten integriert werden und ihre Qualität sichergestellt wird, gefolgt von Phasen für Modellierung, Design und Zugriff. Abbildung 8-8 veranschaulicht die Architektur der Methodik.

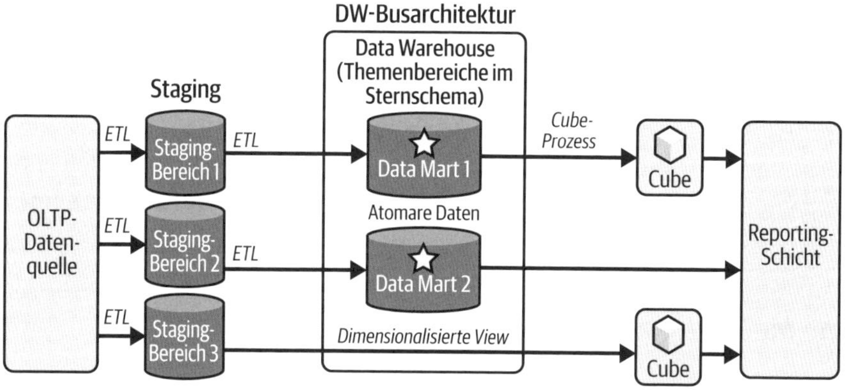

Abbildung 8-8: Ein Data Warehouse, das nach dem Kimball-Ansatz entworfen wurde

Die Daten aus den Staging-Tabellen werden dann in unternehmenskritische, *unabhängige Data Marts* kopiert, die den analytischen Anforderungen der Abteilungen dienen. Die Data Marts sind unabhängig, weil sie sich auf einen bestimmten Themenbereich oder Geschäftsprozess konzentrieren, anstatt alle Daten in einem zentralen Repository wie der CIF von Inmon zu speichern und zu verwalten. Diese unabhängigen Data Marts verwenden ein dimensionales Modell und werden je nach den Bedürfnissen der Benutzer auf atomarer oder summarischer Ebene gespeichert. Um die Datenkonsistenz zu gewährleisten, werden die Data Marts über einen *DW-Bus* (manchmal auch als *Informations-*

bus bezeichnet) integriert, was man sich als konformes Data Warehouse vorstellen kann. Alle Daten befinden sich in einer einzigen, einheitlichen Sicht und erscheinen wie in ein und derselben Datenbank an einem zentralen physischen Ort. Tatsächlich liegen die Daten aber in mehreren Datenbanken (und oft an verschiedenen Orten). Diese Data Marts sind dezentralisiert, aber sie müssen sich nicht in separaten physischen Datenspeichern befinden – sie könnten in mehreren Datenbanken realisiert sein, die sich alle auf demselben Server befinden, oder sogar in einer einzigen Datenbank, wobei sie durch unterschiedliche Schemanamen voneinander getrennt sind.

Um die Konsistenz zwischen den Datenquellen zu gewährleisten, werden die Data Marts über *konforme Dimensionen* integriert. Dabei handelt es sich um Dimensionen, die standardisiert und über mehrere Faktentabellen hinweg vereinheitlicht wurden, sodass sich die Daten problemlos über Faktentabellen hinweg verwenden und vergleichen lassen. Wenn zum Beispiel eine Kundendimension in mehreren Faktentabellen verwendet wird, sollten die Kundennamen und -IDs in allen Faktentabellen identisch sein.

Aus den Data Marts können Teildatenmengen in Cubes kopiert werden. Man kann sogar einen Cube direkt aus den Staging-Tabellen aufbauen, indem man eine dimensionalisierte Sicht verwendet, sofern diese alle benötigten Zugriffsarten bietet. (Eine *dimensionalisierte Sicht* ist eine SQL-Sicht, die die Daten in einem dimensionalen Modell organisiert.) Das Reporting kann aus dem Cube oder aus dem Data Mart erfolgen. Die Methodik von Kimball ist geschäftsorientiert, und die Endbenutzer sind aktive Teilnehmer. Die Daten werden entweder zweimal kopiert, in einen Data Mart und in einen Cube, oder nur einmal, wenn eine dimensionalisierte Sicht verwendet wird.

Eine Methodik auswählen

Letztlich läuft alles auf zwei Unterschiede hinaus. Zum einen legt die Inmon-Methodik ein normalisiertes Data Warehouse an, bevor sie Data Marts erstellt, während die Kimball-Methodik das normalisierte Data Warehouse überspringt. Zum anderen verwendet die Inmon-Methodik ein physisches EDW, die Kimball-Methodik dagegen ein angepasstes EDW, aber kein physisches EDW. Beide Methoden sind älter als Data Lakes, aber als Data Lakes populär wurden, sind sie von beiden Methoden eingebunden worden. Kimball integriert Data Lakes neben Data Marts im DW-Bus, und sowohl Inmon als auch Kimball erlauben Data Lakes, relationale Staging-Tabellen zu ersetzen.

Allerdings gibt es viele Gründe, die für ein physisches EDW sprechen, zum Beispiel:

- Ein physisches EDW macht es wesentlich leichter, eine einzige Version der Wahrheit zu haben. Wenn viele Data Marts ein angepasstes Data Warehouse bilden, kann das für die Benutzer schwierig und verwirrend sein. Befinden sich die Daten physisch in derselben Datenbank, sind sie auch einfacher zu verstehen.
- Das Erstellen aus leicht denormalisierten Tabellen in einem physischen EDW ist einfacher als das Erstellen direkt aus der OLTP-Quelle.
- Ein normalisiertes physisches EDW bietet unternehmensweite Konsistenz. Das macht es leichter, Data Marts zu erstellen, allerdings mit dem Nachteil, dass Daten dupliziert werden.
- Physische EDWs erfordern weniger ETL-Aktualisierungen und Abstimmungen. Bei vielen Datenquellen und dimensionalen Data Marts in mehreren Datenbanken sind viel mehr tägliche oder stündliche Aktualisierungen und Abgleiche erforderlich, um alles synchron zu halten.
- In einem physischen EDW gibt es nur einen Ort, um Daten zu kontrollieren. Deshalb duplizieren Sie weder Ihren Aufwand noch Ihre Daten.

Wenn Sie allerdings nur wenige Datenquellen haben und ein schnelleres Reporting benötigen, sind Sie ohne ein physisches EDW vielleicht besser bedient.

Welches Modell sollten Sie nun verwenden? Tatsächlich wurden die beiden Modelle im Laufe der Jahre modifiziert und sind sich heute ziemlich ähnlich. Praktisch können sie sich gegenseitig ergänzen. Dem Kimball-basierten Ansatz könnte man ein normalisiertes EDW hinzufügen oder einem Inmon-basierten Ansatz dimensional strukturierte Daten. Unterm Strich müssen Sie sich also nicht für einen Ansatz entscheiden und sich dann strikt daran halten. Am besten machen Sie sich mit beiden Ansätzen vertraut und wählen aus beiden dann die Teile aus, die für Ihre Situation funktionieren. Allerdings wird keine Lösung effektiv sein, wenn Ihr Team nicht über solide Fähigkeiten in den Bereichen Führung, Kommunikation, Planung und zwischenmenschliche Beziehungen verfügt (siehe Kapitel 15).

Hybride Modelle

Untersuchen wir die Möglichkeiten eines hybriden Modells der beiden Methodiken, wie Abbildung 8-9 zeigt.

Dieses Modell beginnt wie die beiden anderen: Rohdaten werden aus jedem der OLTP-Quellsysteme direkt in temporäre relationale Staging-Tabellen gezogen. Die Daten werden immer noch nicht umgewandelt oder bereinigt, aber Sie fügen ein gespiegeltes OLTP hinzu (mehr dazu in Kürze).

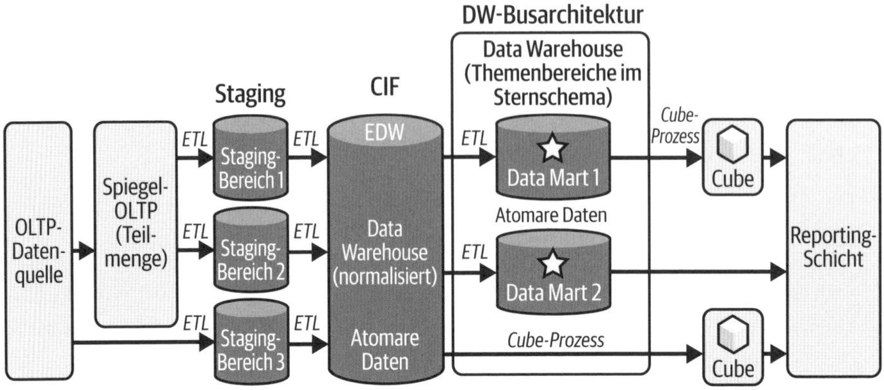

Abbildung 8-9: Ein hybrides Modell der Kimball- und Inmon-Ansätze

Als Nächstes kopieren Sie die Daten in eine CIF, um sie wie bei der Inmon-Methodik zentralisiert und in der dritten Normalform auf atomarer Ebene zu speichern. Die Daten aus der CIF werden dann in unabhängige, dimensionale Data Marts kopiert. Einige Data Marts werden auf atomarer Ebene gespeichert, andere auf einer summarischen Ebene, je nach den Analyseanforderungen der einzelnen Abteilungen.

Aus den Data Marts oder aus der CIF können Sie Teilmengen der Daten in Cubes kopieren. Berichte lassen sich aus einem Cube oder einem Data Mart erstellen. Ich empfehle aber, die Cube-Variante zu bevorzugen. Der Cube bietet folgende Vorteile:

- Er fungiert als semantische Schicht.
- Er kann mit vielen gleichzeitigen Benutzern umgehen.
- Seine Daten sind für eine bessere Performance aggregiert.
- Sie müssen sich nicht mit Verknüpfungen oder Beziehungen befassen.
- Er kann Hierarchien und KPIs enthalten.
- Er realisiert Sicherheit auf Zeilenebene, was den Datenschutz verbessert, da sich der Benutzerzugriff auf bestimmte Zeilen in einer Datenbank einschränken lässt.
- Er bietet erweiterte Zeitarithmetik, was Ihnen hilft, Muster und Trends in den Daten im Zeitverlauf zu erkennen, beispielsweise das Umsatzwachstum im Jahresvergleich.

Unabhängig davon, ob Sie sich für ein Kimball-, ein Inmon- oder ein Hybridmodell entscheiden, sollten Sie Datenbanksichten verwenden. Eine *Datenbanksicht* (engl. *View*) ist eine virtuelle Tabelle, die auf dem Ergebnis einer

SQL-SELECT-Anweisung basiert. Sie speichert keine Daten, sondern nur SQL-Code, der bei jeder Abfrage die Daten aus einer oder mehreren Tabellen abruft. Wenn Sie im ETL-Prozess (Extrahieren, Transformieren, Laden) Sichten verwenden, vereinfacht das den Code innerhalb des ETL-Prozesses, und Sie brauchen sich mit dem SQL-Code innerhalb der Sicht gar nicht auseinanderzusetzen. Eine Sicht erleichtert im Rahmen der Fehlersuche, eine Datenbank abzufragen, und die ETL lässt sich optimieren, indem Sie die Sicht außerhalb des ETL-Codes aktualisieren.

Jeder kann Sichten lesen, modifizieren oder optimieren, und zwar nicht nur im ETL-Tool, sondern auch in anderen Tools, und Sie können Abhängigkeiten in einer Sicht mit Tools von Drittanbietern analysieren und verfolgen (zum Beispiel die Tabellen und Felder, die die Sicht verwendet). Sichten können Standardwerte bereitstellen und einfache Berechnungen durchführen. Zudem ist es möglich, Felder umzubenennen, um die Abläufe besser nachvollziehen zu können. Sichten können ein Sternschema präsentieren, selbst wenn die zugrunde liegende Struktur wesentlich komplexer ist.

Auch in einem Cube lassen sich Sichten verwenden. In diesem Fall können Sie Datenbankspalten umbenennen, um sie an die Cube-Attribute anzupassen. Das hat den Vorteil, dass alle Transformationen für den Datenbankadministrator sichtbar sind. Mit Sichten sind schnelle Variationen einfacher zu handhaben, und man hat volle Kontrolle über alle Verknüpfungen, die an die Quelle des Cubes gesendet werden. Und wie in der ETL können Sichten ein Sternschema repräsentieren, selbst wenn die zugrunde liegende Struktur kein einfaches Sternschema ist.

Ich habe bereits erwähnt, dass dieses Hybridsystem ein *gespiegeltes OLTP* umfasst, das ein Duplikat des ursprünglichen OLTP-Systems ist und parallel dazu läuft. Es ist aus mehreren Gründen eine gute Strategie, einen OLTP-Spiegel einzurichten. Erstens bedeutet dies, dass Sie das »echte« OLTP nur kurzzeitig nutzen, nämlich während des Spiegelvorgangs. Danach ist es wieder frei und steht den Endbenutzern oder der Wartung zur Verfügung. Schlüssel, Beziehungen und Sichten eines Spiegels können Sie modifizieren, was zu einfacheren ETL-Prozessen führt, die kostengünstiger zu erstellen und zu pflegen sind. Im OLTP-Spiegel können Sie auch besondere Indizes einrichten, sodass Sie den Index des ursprünglichen OLTP nicht zu warten brauchen. Dies kann die Performance bei anderen Schritten der ETL-Prozesse verbessern. Und da Sie möglicherweise mit einer gespiegelten Teilmenge der Spalten auskommen, müssen Sie nicht sämtliche OLTP-Tabellen laden. Dadurch wird der Spiegel wesentlich kleiner und schneller als das vollständige OLTP-System.

Denken Sie daran, dass es nicht das eine Modell gibt, das für jeden Anwendungsfall geeignet ist. Es gibt viele Gründe, warum Sie Ihr Modell modifizieren müssen. Dazu gehören Sicherheit, Datengröße und Performance. So könnten Sie zum Beispiel eine weitere Schicht zwischen der CIF und der DW-Busarchitektur einfügen, etwa ein EDW, das nur ein Sternschema enthält. Dies würde die Performance verbessern, da Sternschemas in hohem Maße für Abfragen optimiert sind.

Mythen über die Methodiken

Da über Inmon und Kimball jahrelang so heftig debattiert wurde, sind viele Mythen über die Methodiken entstanden. Dieser Abschnitt schließt das Kapitel ab, indem er einige von ihnen entlarvt:

Mythos: Kimball ist ein Bottom-up-Ansatz ohne Unternehmensfokus.

Der Ansatz von Kimball beinhaltet sowohl eine Top-down- als auch eine Bottom-up-Methodik. Der Top-down-Aspekt zeigt sich in der strategischen Planung und Gestaltung des gesamten Unternehmens. Kimball betont, dass man sich im Vorfeld genügend Zeit nehmen sollte, um die Lösung zu entwerfen, und zwar mit einem Tool, das als EDW-Busmatrix bezeichnet wird. Dieses Tool dient als architektonische Vorlage für die Kerngeschäftsprozesse eines Unternehmens und die damit verbundenen Dimensionen einschließlich der angepassten Dimensionen. Die strategische Top-down-Perspektive der EDW-Busmatrix stellt sicher, dass sich Daten in der DW/BI-Umgebung im gesamten Unternehmen integrieren lassen.

Der Bottom-up-Aspekt kommt in der Ausführungsphase zum Tragen. Hier konzentriert sich die Methodik von Kimball auf jeweils einen Geschäftsprozess nach dem anderen und gewährleistet eine agile Bereitstellung von Lösungen. Dieser Ansatz betont die praktische Implementierung und demonstriert die Synergie einer Top-down-Planungsstrategie mit einem Bottom-up-Ausführungsansatz.

Mythos: Inmon verlangt von Ihnen, eine Unmenge von Entwürfen zu erstellen, bevor Sie sich der Lösung zuwenden können, ähnlich wie bei den Big-Bang- oder Wasserfallansätzen.

Inmon hat von Anfang an erklärt, dass man Data Warehouses iterativ aufbauen sollte. Er geht sogar so weit zu sagen, dass der absolut entscheidende Erfolgsfaktor beim Aufbau eines Data Warehouse darin besteht, nicht den Big-Bang-Ansatz zu verwenden.

Dieser Mythos hängt mit dem seit Langem bestehenden Mythos zusammen, dass der Aufbau einer Architektur im Inmon-Stil viel Zeit und viele

Ressourcen erfordert. Claudia Imhoff, eine der bekanntesten Expertinnen für den Inmon-Ansatz, und ihre Mitautoren formulieren es so:

»Nirgends empfehlen wir, ein komplettes Data Warehouse mit allen strategischen Unternehmensdaten, die Sie jemals benötigen werden, aufzubauen, bevor Sie die erste analytische Funktionalität (Data Mart) entwickeln. Für jedes nachfolgende Geschäftsprogramm, das von einer anderen Data-Mart-Implementierung gelöst wird, wächst die Menge der Daten, die als Grundlage für Ihr Data Warehouse dienen, weiter an. Schließlich wird die Datenmenge, die dem Data Warehouse hinzugefügt werden muss, um einen neuen Data Mart zu unterstützen, zu vernachlässigen sein, da die meisten Daten bereits im Data Warehouse gelandet sind.[2]*«*

Die Verwirrung ist zum Teil dadurch entstanden, dass das Up-Front-Design von Inmon und der Planungsansatz mit der Architektur selbst verwechselt werden. Beide Methodiken planen Zeit ein für den Entwurf, die Planung und das Zusammentragen von Anforderungen, bevor überhaupt etwas erstellt wird. Beide verfolgen einen iterativen/agilen Ansatz, bei dem Sie einen Teil der Lösung realisieren, dann weiter entwerfen und planen, mehr bauen – und das in einem sich wiederholenden Zyklus.

Die Gleitskala in Abbildung 8-10 gibt an, wie viel Entwurfsarbeit vor dem Erstellen der Lösung geleistet wird. Ganz links sehen Sie das Ad-hoc-Modell, bei dem vor dem Erstellen der Lösung keine Entwurfsarbeit anfällt, während ganz rechts beim Wasserfallmodell die *gesamte* Entwurfsarbeit vorab geleistet wird (auch als »Big-Bang-Ansatz« bezeichnet). Die Inmon- und Kimball-Methodiken sind bei etwa 25 % von links einzuordnen, da bei ihnen ein angemessener Teil der Entwurfsarbeit vor dem Erstellen der Lösung geleistet wird.

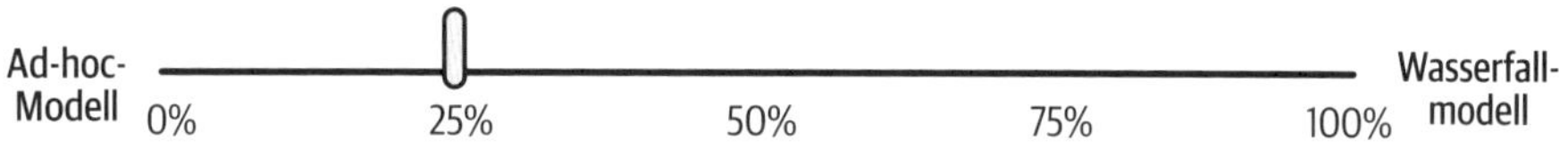

Abbildung 8-10: Prozentuale Anteile der Entwurfsarbeit, die vor dem Erstellen der Lösung geleistet wird

Eine Analogie wäre der Bau einer neuen Stadt. Man würde einen Plan für die Stadt mit allen Stadtteilen entwerfen, dann die einzelnen Stadtteile errichten und die Menschen einziehen lassen, sobald ein Stadtteil fertig ist. Während dieses Prozesses könnte man die Gesamtarchitektur der Stadt bei Bedarf ändern. Man würde weder alle Stadtteile bauen, bevor jemand einzieht, noch würde

2 Claudia Imhoff, Nicholas Galemmo und Jonathan G. Geiger, *Mastering Data Warehouse Design* (Wiley, 2003), 21.

man mit dem Bau von Stadtteilen beginnen, ohne eine gute Vorstellung davon zu haben, wie die Stadt insgesamt aussehen soll.

Mythos: Das Modell von Inmon erlaubt keine Data Marts im Sternschema.
: In späteren Ausgaben von *Building the Data Warehouse* und *A Tale of Two Architectures* argumentiert Inmon, dass Sternschema-Data-Marts gut geeignet sind, um Endbenutzern direkten Zugriff auf Daten zu geben, und dass Sternschemas gut für Data Marts sind. Er hat also nichts gegen Sternschemas.

Mythos: Nur wenige Unternehmen verwenden die Inmon-Methode.
: Jüngste Umfragen zeigen, dass mehr Unternehmen die Inmon-Methode als die Kimball-Methode anwenden. Viel mehr Unternehmen setzen ein EDW ohne Data Marts ein.

Mythos: Die Kimball- und Inmon-Architekturen sind nicht kompatibel.
: Die beiden Methoden können zusammenarbeiten, um eine bessere Lösung zu bieten, wie der Abschnitt »Hybride Modelle« auf Seite 161 beschrieben hat.

Kimball definiert in seinen Büchern auch einen Entwicklungslebenszyklus, der Themen wie Projektplanung, Definition der Geschäftsanforderungen und Wartung abdeckt (siehe Abbildung 8-11). Hingegen behandelt Inmon nur das Data Warehouse, nicht aber dessen Verwendung.

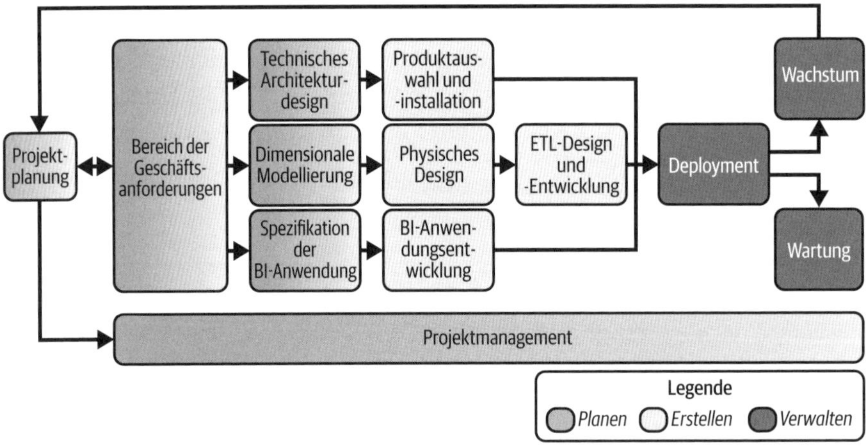

Abbildung 8-11: Die Methodik von Kimball umfasst einen Entwicklungslebenszyklus, der über das Erstellen des Data Warehouse hinausgeht. (Quelle: Kimball »The Microsoft Data Warehouse Toolkit«)

Wenn man von der Kimball-Methodik spricht, meint man in Wirklichkeit oft die dimensionale Modellierung – beide Begriffe werden im Allgemeinen synonym behandelt. Kimball hat zwar die grundlegenden Konzepte von Fakten und

Dimensionen nicht erfunden, aber ein umfangreiches Portfolio an Dimensionstechniken und Vokabular entwickelt, darunter angepasste Dimensionen, sich langsam ändernde Dimensionen, Junk-Dimensionen (*https://oreil.ly/bHoUf*), Mini-Dimensionen (*https://oreil.ly/ZBp_W*), Bridge-Tabellen (*https://oreil.ly/5TF86*) und periodische und kumulierende Snapshot-Faktentabellen (*https://oreil.ly/LyhQl*).

Zusammenfassung

Dieses Kapitel hat Sie mit den wichtigsten Praktiken und Methoden vertraut gemacht, mit denen Sie Datenstrukturen, Beziehungen und Einschränkungen organisieren und definieren, um Daten effizient zu verarbeiten, zu speichern und abzurufen. Es wurde erläutert, wie man ein Datenmodell erstellt, das als abstrakte Darstellung der Unternehmensdaten dient. Dies ist ein entscheidender erster Schritt bei der Datenverwaltung, da er einen Plan dazu liefert, wie Daten gespeichert, konsumiert und in Systemen integriert werden.

Als Nächstes haben wir die relationale Modellierung untersucht, einen klassischen Ansatz, der auf dem Konzept der Normalisierung von Daten in Tabellen (oder Relationen) beruht, bei dem jede Zeile einen Datensatz und die Spalten Attribute darstellen. Dieses Modell ist der Schlüssel, um redundante Daten zu vermeiden und die Datenintegrität zu verbessern, und es bildet den Kern der meisten herkömmlichen relationalen Datenbanksysteme. Dann bin ich auf dimensionale Modellierung eingegangen, eine im Data Warehousing häufig verwendete Methode, bei der Daten in Fakten (messbare Größen) und Dimensionen (kontextuelle Informationen) kategorisiert werden. Außerdem haben Sie das gemeinsame Datenmodell (*Common Data Model*, CDM) kennengelernt, eine gemeinsame Datensprache, die Interoperabilität der Daten über verschiedene Anwendungen und Geschäftsprozesse hinweg ermöglicht, und das Data-Vault-Modell, einen resilienten hybriden Ansatz, der die besten Features der dritten Normalform (3NF) und des Sternschemas in sich vereint. Der Rest des Kapitels hat einen wichtigen Vergleich zwischen den beiden konkurrierenden Data-Warehousing-Philosophien angestellt. Der Bottom-up-Ansatz von Kimball schlägt vor, zunächst individuelle Data Marts zu erstellen und diese dann zu einem vollständigen Data Warehouse zu kombinieren, während der Top-down-Ansatz von Inmon dafür plädiert, zuerst ein umfassendes Data Warehouse zu erstellen und dann Data Marts daraus abzuleiten.

Wenn Sie diese Methodiken verstehen, hilft Ihnen das zweifellos, effektive Datenarchitekturen zu entwerfen, die den spezifischen Anforderungen Ihres Unternehmens gerecht werden und gleichzeitig ein Gleichgewicht zwischen betrieblicher Effizienz und strategischen Analysen herstellen.

KAPITEL 9

Ansätze für die Datenaufnahme

In unserer ständig wachsenden digitalen Welt ist es für Unternehmen aller Art unglaublich wichtig geworden, alle Sorten von Daten zu verarbeiten und sinnvoll zu nutzen. In diesem Kapitel geht es um den ersten Schritt beim Umgang mit Daten – nämlich darum, wie sie überhaupt erst in das System gelangen.

Hier zeigen wir einige der wichtigsten Möglichkeiten auf, wie sich Daten in verschiedene Systeme einbringen lassen. Zu Beginn erläutere ich auf leicht verständliche Weise zwei gängige Methoden: ETL und ELT. Außerdem stelle ich Ihnen eine neue Idee vor, die als *Reverse ETL* bezeichnet wird, und erkläre, wie sie die traditionellen Methoden auf den Kopf stellt.

Da nicht alle Anforderungen an Daten gleich sind, untersuchen wir verschiedene Techniken wie Batch- und Echtzeitverarbeitung. So können Sie herausfinden, was am besten geeignet ist, je nachdem, wie viele Daten Sie benötigen und wie schnell Sie diese benötigen. Schließlich sprechen wir über die Bedeutung der Data Governance – d.h. sicherzustellen, dass die Daten korrekt, konsistent und zugänglich sind.

In diesem Kapitel versuche ich, diese komplexen Ideen möglichst einfach darzustellen und Ihnen zu zeigen, wie sie sich alle zum Gesamtbild der Datenverarbeitung zusammenfügen. Ob Sie nun eine Datenexpertin oder ein völliger Neuling sind – ich freue mich darauf, Sie durch die faszinierende Welt der Datenerfassung zu führen. Willkommen an Bord!

ETL vs. ELT

Viele Jahre lang war *Extrahieren, Transformieren, Laden* (ETL) die gängigste Methode, um Daten von einem Quellsystem in ein relationales Data Warehouse zu übertragen. Neuerdings aber hat sich der Prozess *Extrahieren, Laden, Transformieren* (ELT) durchgesetzt, insbesondere bei Data Lakes.

Der ETL-Prozess extrahiert Daten aus externen Quellen, transformiert und bereinigt sie en passant, um dem Format und der Struktur des Ziels zu entsprechen, und lädt sie dann in dieses Ziel (normalerweise einen Data Lake oder ein RDW).

Wie man ETL und ELT nicht mehr verwechselt

Die Begriffe ETL und ELT lassen sich aufgrund ihrer Ähnlichkeit leicht fehlinterpretieren oder verwechseln. Vielleicht hilft Ihnen die folgende Eselsbrücke, um sich besser merken zu können, was was ist:

> ETL (Extrahieren, Transformieren, Laden) = »Early Transformation Leads« (etwa: »die frühe Transformation führt«)

Damit wird betont, dass die Transformation zu einem frühen Zeitpunkt im Prozess stattfindet, also direkt nach der Extraktion und vor dem Laden. Damit wird der Kern des ETL-Prozesses erfasst, bei dem die Daten bereinigt und transformiert werden, bevor sie in das Zielsystem geladen werden.

Bei ELT denken Sie an:

> ELT (Extrahieren, Laden, Transformieren) = »Every Load Transforms« (etwa: »jedes Laden transformiert«)

Dies weist darauf hin, dass jeder Batch von Rohdaten, nachdem er in das System geladen wurde, transformiert wird, die Transformation also erfolgt, nachdem die Daten in das System geladen wurden.

Bei ETL gibt es einige wesentliche Nachteile. Erstens dauert die Transformation der Daten Zeit und die Extraktion kann sich als Ressourcenfresser entpuppen. Je länger ein Extraktionsvorgang auf dem Quellsystem dauert, desto größer ist die Wahrscheinlichkeit, dass die Endbenutzer auf diesem System Performanceprobleme bekommen. Zweitens: Wenn ein Fehler im ETL-Prozess auftritt und eine Wiederholung erforderlich ist, müssen Sie zurück zum Quellsystem gehen, um die Daten erneut zu extrahieren, was die Performance wahrscheinlich ebenfalls erneut beeinträchtigt. Drittens: Wenn sehr große Datenmengen kopiert werden, sind herkömmliche ETL-Tools aufgrund ihrer begrenzten Verarbeitungsleistung möglicherweise nicht in der Lage, diese zu verarbeiten. Viertens führt ETL Transformationen datensatzweise aus, was ebenfalls langsam sein kann. Schließlich sind einige ETL-Tools auch hinsichtlich der unterstützten Datentypen eingeschränkt.

Auf der Plusseite ist ETL oftmals ideal für kleinere Datensätze, bei denen der Transformationsprozess nicht übermäßig komplex ist. Es bietet eine bessere

Kontrolle über die Datenqualität, da das Bereinigen und Transformieren vor dem Laden stattfindet, was dazu beiträgt, Fehler zu minimieren. Für die Datensicherheit kann ETL von entscheidender Bedeutung sein, da nur notwendige und bereinigte Daten geladen werden, was potenzielle Sicherheitsrisiken verringert. Schließlich wird ETL bevorzugt, wenn sowohl die Quelle als auch das Ziel relationale Datenbanken sind, da es in der Regel effizienter ist.

ELT ähnelt ETL, nur die Reihenfolge ist anders. ELT kopiert ebenfalls Daten aus externen Quellen in ein Zielsystem, aber die Daten werden nicht en passant transformiert. Stattdessen landen sie im Zielsystem in ihrer Rohform und werden transformiert und bereinigt, damit sie in das Format und die Struktur des Ziels passen. Allerdings können Sie nicht benötigte Zeilen und Spalten herausfiltern, wenn Sie die Daten aus der Quelle extrahieren, um keine Ressourcen für unnötige Daten zu verschwenden.

ELT ist oft der bevorzugte Ansatz für Data Lakes und ist vor allem nützlich, wenn es um große Mengen unstrukturierter oder halb strukturierter Daten geht. Seine Flexibilität liegt in der Fähigkeit, zunächst alle Rohdaten in das Zielsystem zu laden und Transformationen erst dann nach Bedarf anzuwenden. Sobald sich die Daten im Data Lake befinden, kann ELT die enorme Verarbeitungsleistung der heutigen Technologie nutzen und sehr große Datenmengen effizient verarbeiten. ELT kann auch Transformationen schneller ausführen, da es sie in Batches verarbeitet, ein bemerkenswerter Vorteil gegenüber dem ETL-Ansatz, der Transformationen Datensatz für Datensatz verarbeitet. Dies stellt auch sicher, dass Transformationen geändert oder optimiert werden können, ohne die Daten erneut extrahieren zu müssen. Ein weiterer Vorteil von ELT ist die breite Palette an Tooling-Optionen, darunter solche, die speziell für Big-Data-Plattformen entwickelt wurden. ELT-Prozesse unterstützen deshalb auch eine größere Vielfalt von Datentypen, sodass sie sich an die sich entwickelnden Anforderungen der Datenumgebung anpassen können. Darüber hinaus kann der ELT-Ansatz potenzielle Performanceprobleme auf dem Quellsystem minimieren, da er die Daten nur einmal extrahiert. Zukünftige Transformationen finden innerhalb des Zielsystems statt.

Zusammenfassend lässt sich sagen, dass sowohl ETL als auch ELT einzigartige Stärken haben und für unterschiedliche Datenverarbeitungsszenarios geeignet sind. ETL ist die ältere der beiden Methoden und bietet eine solide Kontrolle der Datenqualität, Sicherheit und Effizienz, insbesondere wenn Quelle und Ziel relationale Datenbanken sind, wodurch sie für kleinere Datenmengen ideal geeignet sind. ELT als die neuere Methodik hat sich bei Data Lakes durchgesetzt, da sie größere Flexibilität und Skalierbarkeit bietet, insbesondere bei großen und unstrukturierten Datenmengen. Die Stapelverarbeitung von Transformationen und das breite Spektrum von Tooling-Optionen macht ELT zu einer vielseitigen und effizienten Wahl für Big-Data-Plattformen.

Die Wahl zwischen ETL und ELT hängt weitgehend von den spezifischen Anforderungen und der Struktur Ihrer Datenumgebung ab. Da sich die Datentechnologien schnell entwickeln, ist die Wahl keine strikte Entweder-oder-Entscheidung. Vielmehr geht es darum, das Gleichgewicht zu finden, das Ihren Anforderungen an die Datenverarbeitung am besten gerecht wird.

Reverse ETL

Reverse ETL ist der Prozess, die Daten aus einem Modern Data Warehouse in ein oder mehrere Drittanbietersystem(e) zu verschieben, um die Daten einsatzfähig zu machen. (Abbildung 9-1 vergleicht ETL, ELT und Reverse ETL.) Traditionell werden die in einem Data Warehouse gespeicherten Daten für analytische Workloads und Business Intelligence verwendet – um langfristige Trends zu erkennen und langfristige Strategien zu beeinflussen – und werden nicht außerhalb des Data Warehouse kopiert. Allerdings verwenden einige Unternehmen heutzutage diese Daten auch für operative Analysen.

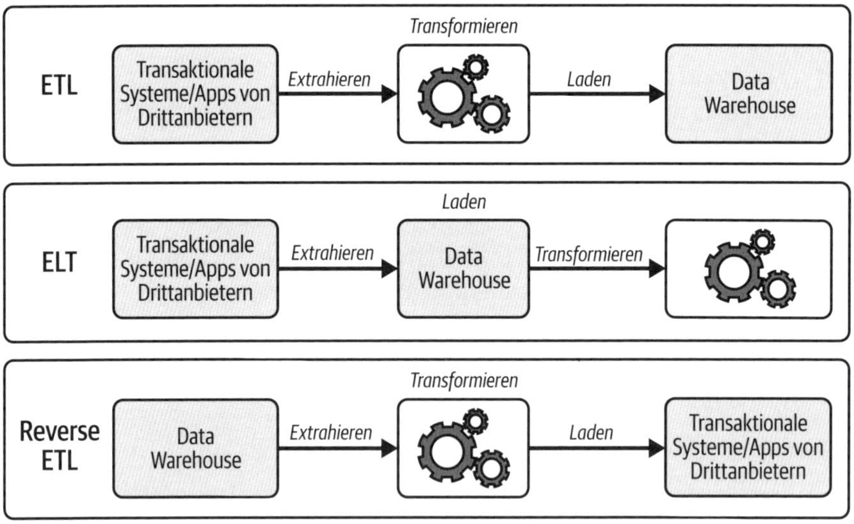

Abbildung 9-1: Vergleich von ETL, ELT und Reverse ETL

Operative Analysen helfen bei alltäglichen Entscheidungen und haben das Ziel, Effizienz und Effektivität zu verbessern. Einfacher ausgedrückt, werden die Daten eines Unternehmens so eingesetzt, dass alle Beteiligten bessere und intelligentere Entscheidungen für das Unternehmen treffen können. Angenommen,

Sie nehmen Kundendaten in Ihr Data Warehouse auf, bereinigen sie dann und mastern sie (ELT). Anschließend kopieren Sie diese Kundendaten in mehrere SaaS-Systeme (*Software-as-a-Service*), wie zum Beispiel Salesforce, um eine konsistente Sicht auf jeden Kunden in allen Systemen zu erhalten. Sie könnten auch die Kundendaten in ein Kundensupportsystem und/oder ein Vertriebssystem kopieren. Sie könnten sogar Kunden identifizieren, bei denen die Gefahr besteht, dass sie sich von den Produkten oder Dienstleistungen des Unternehmens abwenden, indem Sie die Nutzungsdaten in einem CRM-System offenlegen.

Unternehmen erstellen wichtige Metriken in SQL für ihre Data Warehouses, um ihre Kunden besser zu verstehen und sich auf sie einzulassen. Diese Metriken umfassen unter anderem den *Customer Lifetime Value* (CLV, eine Vorhersage des gesamten Nettogewinns, den ein Unternehmen aus der künftigen Beziehung zu einem Kunden erwartet), den *Product Qualified Lead* (PQL, ein potenzieller Kunde, der sich mit dem Produkt beschäftigt hat und zu einem zahlenden Kunden werden könnte) und den *Propensity Score* (die Wahrscheinlichkeit, dass ein Benutzer ein Produkt kauft).

Zwar könnten Sie problemlos Berichte und Visualisierungen mit diesen Daten in BI-Tools oder SQL erstellen, aber die Erkenntnisse sind viel aussagekräftiger, wenn sie in die täglichen Abläufe Ihrer Teams in den Tools einfließen, die sie regelmäßig verwenden. So könnten Sie zum Beispiel BI-Berichte aus dem Data Warehouse erstellen und Vertriebsmitarbeitende darin schulen, sie zu verwenden – *oder* ihre Analyse zu operationalisieren, indem ein Datenanalyst Lead Scores aus dem DW in ein benutzerdefiniertes Feld in Salesforce einspeist. Ein anderes Beispiel: Ihr Data-Science-Team berechnet einen Propensity Score und speichert ihn in einem Data Warehouse oder Data Lake. Per Reverse ETL könnten Sie diesen Propensity Score in eine operative Produktionsdatenbank verschieben, um Kunden personalisierte In-App-Erfahrungen in Echtzeit zu bieten. In der Praxis heißt das, dass das Unternehmen die Erfahrung des Kunden erweitern kann, indem es relevantere und maßgeschneiderte Inhalte, Empfehlungen oder Angebote bereitstellt, die darauf basieren, wie wahrscheinlich der Kunde ein Produkt kauft. Die App wird engagierter und reaktionsschneller in Bezug auf die individuellen Vorlieben und Verhaltensweisen des Kunden.

Stapel- vs. Echtzeitverarbeitung

In ETL und ELT haben Sie zwei Möglichkeiten, wann und wie oft Sie Daten aus dem Quellsystem extrahieren: Stapelverarbeitung und Echtzeitverarbeitung. Sehen wir uns die beiden Optionen näher an:

Stapelverarbeitung

Die *Stapelverarbeitung* (engl. *Batch Processing*) ist eine effiziente Methode, um große Datenmengen zu verarbeiten. Eine Reihe ähnlicher Transaktionen aus einem Quellsystem wird für einen bestimmten Zeitraum gruppiert (zu einem »Stapel bzw. Batch zusammengefasst«). In regelmäßigen Abständen führt das System automatisch einen »Job« aus, und der gesamte Stapel wird vom Quellsystem zum Ziel (einem Data Lake oder Data Warehouse) kopiert, was in der Regel in geschäftsschwachen Zeiten geschieht. Ein Stapelverarbeitungssystem hat vor allem die Funktion, Batches zu regelmäßig geplanten Zeiten (zum Beispiel jede Nacht) oder bei Bedarf auszuführen.

Ihre Telefonrechnung ist ein Beispiel für eine Stapelverarbeitung. Der Gebührenzähler sammelt Ihre Verbrauchsdaten über einen bestimmten Zeitraum (in der Regel über einen Monat), und der Telefonanbieter verarbeitet dann den gesamten Stapel in Form einer monatlichen Rechnung.

Echtzeitverarbeitung

Die *Echtzeitverarbeitung* (engl. *Real-time Processing*) ist eine Methode, die die Daten kontinuierlich verarbeitet, während sie anfallen. Das geschieht innerhalb von Sekunden oder Millisekunden, sodass sich nahezu sofort Erkenntnisse gewinnen lassen. In einer ereignisbasierten Architektur reagiert ein Echtzeitsystem schnell auf neue Informationen. Erkennt es eine neue Datei oder einen Datensatz in einem Quellsystem, löst es ein Ereignis aus und kopiert die Datei oder den Datensatz in das Ziel.

IoT-Geräte, Nachrichten in sozialen Medien und Finanzhandelssysteme sind auf Echtzeitsysteme angewiesen. Wenn beispielsweise eine verdächtige Kreditkartentransaktion vorliegt, muss die Bank den Karteninhaber unverzüglich benachrichtigen, weshalb Banken auf Echtzeitverarbeitung setzen, um Betrügereien zu erkennen. Man möchte sicherlich nicht bis zum nächsten Tag warten, nachdem der Batch mit Transaktionen über Nacht ausgeführt wurde!

Verkehrs-Apps sind ein weiteres gutes Beispiel. Die Navigations-App Waze aktualisiert automatisch und in Echtzeit die Verkehrslage, indem sie die von verschiedenen Mobilgeräten und Straßensensoren in der Umgebung erfassten Informationen nutzt, um den optimalen und kürzesten Weg zu Ihrem Ziel vorzuschlagen. Müsste man bis zu einem nächtlichen Batch-Lauf warten, um die Verkehrsinformationen zu erhalten, wären diese natürlich völlig nutzlos.

Echtzeitverarbeitung aktualisiert das Zielsystem unverzüglich, sodass Berichte oder Abfragen nie veraltet sind. Dies ermöglicht eine schnelle Erkennung von Geschäftsvorgängen, die sofortige Aufmerksamkeit erfordern, und die Aktualisierung von Anwendungen oder Berichten, die sich auf Echtzeitdaten stützen.

Relationale Data Warehouses (RDWs) haben traditionell nur Stapelverarbeitung verwendet. Echtzeitdaten sind erst in den letzten Jahren sehr populär geworden. Systeme, die diese Methode verwenden, speichern ihre Daten hauptsächlich in einem Data Lake, der für Echtzeitdaten viel besser geeignet ist, da er Millionen von Ereignissen pro Sekunde aufnehmen kann.

Jede Methode hat ihre eigenen Vorteile und Kompromisse, wenn sie im Data Warehousing eingesetzt wird.

Stapelverarbeitung – Vor- und Nachteile

Die Stapelverarbeitung ist bei großen Datenmengen effizient, da alle Daten auf einmal und nicht einzeln verarbeitet werden. Dadurch können Stapelverarbeitungsaufgaben auch außerhalb der Spitzenzeiten geplant werden, was Unterbrechungen der regulären Systemnutzung minimiert. Darüber hinaus birgt die Stapelverarbeitung ein geringeres Risiko von Systemausfällen, da fehlgeschlagene Aufgaben ohne größere Auswirkungen wiederholt werden können.

Nachteilig bei der Stapelverarbeitung sind mögliche Verzögerungen in der Datenverfügbarkeit, da die gleichzeitige Verarbeitung großer Datenmengen Zeit erfordert. Dies kann zu einer unzureichenden Auslastung der Ressourcen führen, wenn sie nicht ordnungsgemäß verwaltet werden. Außerdem eignet sich die Stapelverarbeitung nicht für Anwendungen, die Erkenntnisse in Echtzeit erfordern, da die Aktualisierungen umfangreicher sind und nicht so häufig stattfinden. Zudem erfordern alle Änderungen von Daten oder Berechnungen, dass der Stapel erneut vollständig ausgeführt wird, was die Performance ebenfalls beeinträchtigen kann.

Echtzeitverarbeitung – Vor- und Nachteile

Im Gegensatz zur Stapelverarbeitung liefert die Echtzeitverarbeitung minutengenaue Einblicke und ermöglicht sofortiges Handeln auf der Grundlage der Daten. Besonders vorteilhaft ist sie für Systeme, die ständige Aktualisierungen erfordern und Streaming-Daten effektiv verarbeiten können. Außerdem ist die Echtzeitverarbeitung flexibler und kann besser auf sich ändernde Geschäftsanforderungen reagieren.

Die Echtzeitverarbeitung hat aber auch ihre Nachteile. Für die kontinuierliche Verarbeitung sind mehr Systemressourcen erforderlich, und das Risiko von

Systemausfällen ist höher. In Echtzeitsystemen können die Fehlerbeseitigung und die Notfallwiederherstellung komplex sein und setzen robuste Werkzeuge voraus. Die Datenkonsistenz sicherzustellen, kann aufgrund ständiger Aktualisierungen eine größere Herausforderung darstellen. Außerdem können die mit der Echtzeitverarbeitung verbundenen Kosten höher sein, da eine kontinuierliche Verarbeitung erforderlich ist.

Bei der Entscheidung zwischen Stapelverarbeitung und Echtzeitverarbeitung müssen Sie Faktoren wie die Art der Daten, Ihre Anforderungen an die Verarbeitung und Ihre Toleranz gegenüber Latenzzeiten oder Verzögerungen berücksichtigen. Die Wahl stützt sich in der Regel darauf, den Bedarf an unmittelbar verfügbaren Daten mit der Kapazität des Systems abzugleichen, um die erforderlichen Ressourcen für die Echtzeitverarbeitung zu reservieren – dies wird oft als *Latenztoleranz* bezeichnet. Wenn ein Geschäftsprozess oder ein System eine leichte Verzögerung beim Datenzugriff verkraften kann – mit anderen Worten, wenn es eine hohe Latenztoleranz aufweist –, ist die Stapelverarbeitung möglicherweise der geeignete Ansatz. Ist hingegen der Bedarf an unmittelbar verfügbaren Daten entscheidend und ist das System in der Lage, die erforderlichen Ressourcen zu verwalten – was auf eine geringe Latenztoleranz hindeutet –, dürfte die Echtzeitverarbeitung eher infrage kommen.

Data Governance

Data Governance ist die allgemeine Verwaltung von Daten in einer Organisation. Damit sind Richtlinien und Verfahren gemeint, die das Erfassen, Speichern, Sichern und Transformieren von Daten und das Erstellen von Berichten aus den Daten betreffen. Insbesondere soll sie sicherstellen, dass Unternehmen die gesetzlichen und behördlichen Anforderungen erfüllen. Dazu gehört auch die Überwachung der Datenqualität und -genauigkeit – um zum Beispiel sicherzustellen, dass die Daten ordnungsgemäß bereinigt und transformiert werden.

Governance sollte auch ein Framework umfassen, das die Personen und Rollen definiert, die für die Verwaltung, Pflege und Nutzung der Daten innerhalb einer Organisation verantwortlich sind. Dies lässt sich zum Beispiel mit einem Kompetenzzentrum für Data Governance (*Center of Excellence*, CoE) realisieren. Das CoE dient als Drehscheibe bei der Entwicklung der Richtlinien, Verfahren und Standards bezogen auf die Data Governance der Organisation sowie dem Definieren von Rollen, Verantwortlichkeiten und Entscheidungsprozessen für datenbezogene Aktivitäten.

Bevor Sie überhaupt eine Data-Warehouse-Lösung aufbauen, sollten Sie vorab genügend Zeit investieren, um ein Data-Governance-Framework zu definieren und Ihr Kompetenzzentrum einzurichten. Allzu oft scheitern Projekte, weil niemand der Data Governance genügend Aufmerksamkeit geschenkt hat.

Abbildung 9-2 zeigt ein von mir erstelltes Reifemodell der Data Governance, das Ihnen helfen soll, die Bereiche zu identifizieren, an denen Ihr Unternehmen arbeiten sollte.

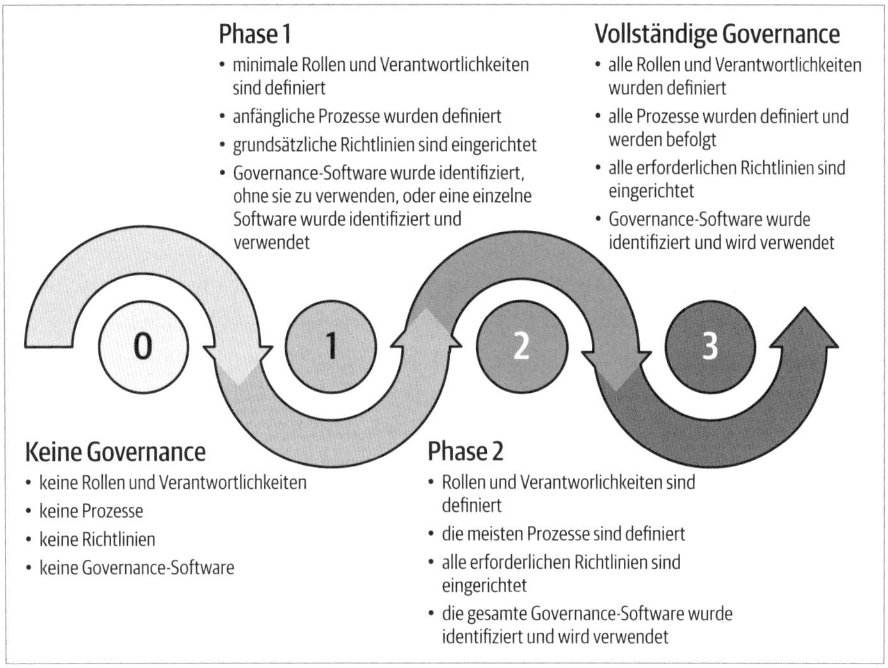

Abbildung 9-2: Reifemodell der Data Governance

Zusammenfassung

Dieses Kapitel hat verschiedene Techniken und Strategien untersucht, mit denen sich Daten aus unterschiedlichen Quellen in ein zentrales Speichersystem transportieren lassen und die dort verarbeitet und analysiert werden können.

Ich habe zwei grundlegende Methoden verglichen: ETL (Extrahieren, Transformieren, Laden) und ELT (Extrahieren, Laden, Transformieren). Beim ETL-Ansatz werden die Daten aus den Quellen extrahiert, entsprechend den betrieblichen Anforderungen transformiert und dann in das Zielsystem geladen. Im Gegensatz dazu lädt ELT die Daten in das System, bevor es sie transformiert. Beide Methodiken haben ihre Vorteile und sind für verschiedene Szenarios geeignet, je nach Datenumfang, Komplexität, Performanceanforderungen und architektonischen Betrachtungen.

Als Nächstes habe ich das Konzept des Reverse ETL vorgestellt. Diese Technik erlaubt Unternehmen, Daten aus ihrem Data Warehouse oder Data Lake zurück in die operativen Systeme zu übertragen. Dieser Prozess ist unerlässlich, um die aus der Datenanalyse gewonnenen Erkenntnisse wieder in die Geschäftsanwendungen einfließen zu lassen und so verwertbare Ergebnisse zu erzielen.

Des Weiteren haben Sie zwei gegensätzliche Ansätze der Datenverarbeitung kennengelernt: Stapelverarbeitung und Echtzeitverarbeitung. Anschließend haben wir uns mit dem kritischen Aspekt der Data Governance befasst, also mit der Verwaltung von Datenqualität, Datenschutz, Sicherheit und Compliance. Data-Governance-Frameworks tragen dazu bei, die Integrität und Zuverlässigkeit der Daten während ihres gesamten Lebenszyklus zu gewährleisten und sicherzustellen, dass sie korrekt, konsistent und sicher sind.

Die Wahl der richtigen Dateneingabestrategie ist eine bedeutende Geschäftsentscheidung, die maßgeblich mitbestimmt, wie gut Ihr Unternehmen seine Daten für die Entscheidungsfindung und den Geschäftsbetrieb nutzen kann. Es steht viel auf dem Spiel: Eine falsche Strategie kann zu schlechter Datenqualität, Performanceproblemen, erhöhten Kosten und sogar zu Verstößen gegen gesetzliche Vorschriften führen. Überlegen Sie sich also genau, wie Sie bei der Dateneingabe vorgehen, und zwar nicht nur als technische, sondern auch als geschäftliche Notwendigkeit.

TEIL III

Datenarchitekturen

Da Sie nun die Datenarchitekturkonzepte verinnerlicht haben, ist es an der Zeit, sich mit dem Kern des Buchs zu befassen. Die fünf Kapitel von Teil III behandeln vier Architekturen in der Reihenfolge, wie sie erschienen sind: das moderne Data Warehouse, Data Fabric, Data Lakehouse und Data Mesh.

Dies sind meine Interpretationen der Datenarchitekturen. Andere sind vielleicht anderer Meinung. Letztlich kann Ihre Lösung sogar eine Kombination aus diesen Architekturen sein.

KAPITEL 10

Das Modern Data Warehouse

In Teil II dieses Buchs haben Sie mit relationalen Data Warehouses (RDWs) und Data Lakes zwei Schlüsselwortkomponenten in der Landschaft der Datenverwaltung kennengelernt. Betrachten wir nun die hektische Welt der modernen Unternehmen. Jeden Tag müssen Unternehmen immense Datenmengen durchforsten, um Erkenntnisse zu gewinnen, Entscheidungen zu treffen und das Wachstum voranzutreiben. Stellen Sie sich vor, ein städtischer Supermarkt wechselt von herkömmlichen Datenbanken zu einem Modern Data Warehouse (MDW). Die Manager können nun auf Bestandsdaten in Echtzeit zugreifen, Einkaufstrends vorhersagen und das Einkaufserlebnis für ihre Kunden optimieren. Das ist die Stärke eines MDW. Es vereint das Beste aus beiden Welten: die Struktur von RDWs und die Flexibilität von Data Lakes.

Weshalb sollten Sie sich für MDWs interessieren? Weil sie das Herzstück unseres sich schnell entwickelnden Datenökosystems sind und es Unternehmen ermöglichen, die Informationen zu nutzen, die sie für Innovation und Wettbewerb benötigen. In diesem Kapitel erkläre ich, was MDWs sind und was Sie mit ihnen erreichen können. Zudem führe ich einige wichtige Überlegungen an, die Sie dabei beachten sollten. Wir werden die Architektur, die Funktionalität und die üblichen Schritte auf dem Weg zu einem MDW durchgehen und mit einer aufschlussreichen Fallstudie abschließen. Tauchen wir also ein in die Welt der Modern Data Warehouses, in der Daten mehr als nur Zahlen sind – nämlich der Treibstoff für Erfolg.

Die MDW-Architektur

Abbildung 10-1 veranschaulicht das hybride Wesen des MDW, das ein RDW mit einem Data Lake kombiniert, um eine Umgebung zu schaffen, in der flexible Datenmanipulation und robuste Analysen möglich sind.

Wie Kapitel 4 ausführlich beschrieben hat, funktioniert ein RDW nach dem Top-down-Prinzip. Ein RDW aufzubauen, erfordert eine umfangreiche Vorbereitung des Warehouse, bevor Sie irgendwelche Daten laden (Schema-on-Write). Dieser Ansatz ist hilfreich, wenn historische Berichte zu erstellen sind, da er Analysten in die Lage versetzt, deskriptive Analysen (Enträtseln, *was* passiert ist) und diagnostische Analysen (Untersuchen, *warum* es passiert ist) durchzuführen.

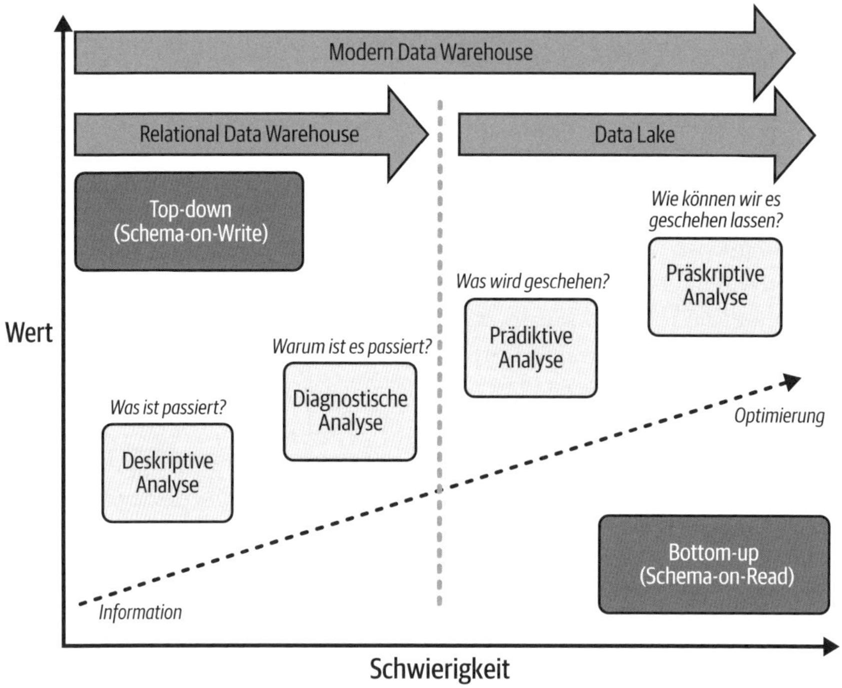

Abbildung 10-1: Das gesamte Spektrum der Analysen, die ein Modern Data Warehouse ermöglicht

Im Gegensatz dazu ist ein Data Lake durch seine Bottom-up-Philosophie definiert, wie sie Kapitel 5 beschrieben hat. Es sind nur minimale Vorarbeiten erforderlich, um die Daten nutzen zu können (Schema-on-Read). Dadurch ist es möglich, Modelle für das Machine Learning schnell bereitzustellen, um prädiktive Analysen (Vorhersagen, was passieren wird) und präskriptive Analysen (Vorschreiben von Lösungen, um die gewünschten Ergebnisse zu erzielen) durchzuführen.

Innerhalb einer MDW-Architektur ist ein Data Lake nicht nur ein Repository, um riesige Informationsmengen zu speichern und ML-Modelle zu trainieren, sondern darüber hinaus eine dynamische Komponente, die für Datentransformationen und die anderen in Kapitel 5 untersuchten Aufgaben zuständig ist.

Zum Beispiel eignet er sich als Empfangszentrale für Streaming-Daten, als Gateway für Benutzer zur schnellen Datenexploration und zum Reporting sowie als zentrale Quelle, um eine einzige Version der Wahrheit zu verwalten.

Ein wesentliches Unterscheidungsmerkmal der MDW-Architektur ist, dass zumindest ein Teil der Daten in ein RDW repliziert werden muss. Ohne diese Duplizierung würde es sich um eine Data-Lakehouse-Architektur handeln – ein Thema, mit dem sich Kapitel 12 befasst.

Mitte der 2010er-Jahre versuchten viele Unternehmen, den Data Lake für alle Datenanwendungsfälle zu nutzen und ein RDW ganz zu umgehen. Nachdem dieser Ansatz gescheitert war, ist das MDW zur beliebtesten Architektur avanciert, angetrieben durch ein exponentielles Wachstum von Datenvolumen, Vielfalt und Geschwindigkeit. In vielen Branchen, darunter Gesundheitswesen, Finanzwesen, Einzelhandel und Technologie, haben Unternehmen die Notwendigkeit eines agileren und skalierbareren Ansatzes für die Datenspeicherung und -analyse erkannt. Ihre RDWs reichten nicht mehr aus, um die Herausforderungen von Big Data zu bewältigen. Aber MDWs haben eine flexible Integration von RDWs und Data Lakes ermöglicht. Die wichtigsten Anbieter – Microsoft mit Azure Synapse Analytics, Amazon mit Redshift, Google mit BigQuery und Snowflake – haben die Art und Weise revolutioniert, wie Unternehmen auf ihre Daten zugreifen und sie nutzen.

Als Streaming-Daten, umfangreiche Daten und halb strukturierte Daten immer beliebter wurden, sind große Unternehmen auf die in den Kapiteln 11 und 12 beschriebenen Architekturen Data Fabric und Data Lakehouse umgestiegen. Allerdings ist das MDW für Kunden mit einem mittleren Datenaufkommen (unterhalb von zehn Terabyte) nach wie vor beliebt und wird es wahrscheinlich auch bleiben, zumindest bis Data Lakes so gut funktionieren wie RDWs.

In der Tat gibt es immer noch Unternehmen, die Cloud-Lösungen ohne irgendwelche Data Lakes aufbauen. Das geschieht meist für Anwendungsfälle, in denen das Unternehmen über geringe Datenmengen verfügt und von einer On-Premises-Lösung migriert, die noch keinen Data Lake enthalten hat. Ich halte dies nach wie vor für einen akzeptablen Ansatz, allerdings mit dem Vorbehalt, dass das Unternehmen *absolut sicher* sein muss, dass das Data Warehouse nicht stark wachsen wird (was sich jedoch kaum mit Sicherheit sagen lässt). Und wenn Sie eine so geringe Datenmenge haben, dürfte es zudem machbar sein, mit symmetrischem Multiprocessing (SMP) eine kostengünstigere Lösung für Ihr RDW zu wählen als eine Lösung mit massiver Parallelverarbeitung (MPP), wie Kapitel 7 beschrieben hat.

Kommen wir nun zu den Details des MDW. Abbildung 10-2 zeigt einen typischen Datenfluss durch den Data Lake und das RDW in einem MDW.

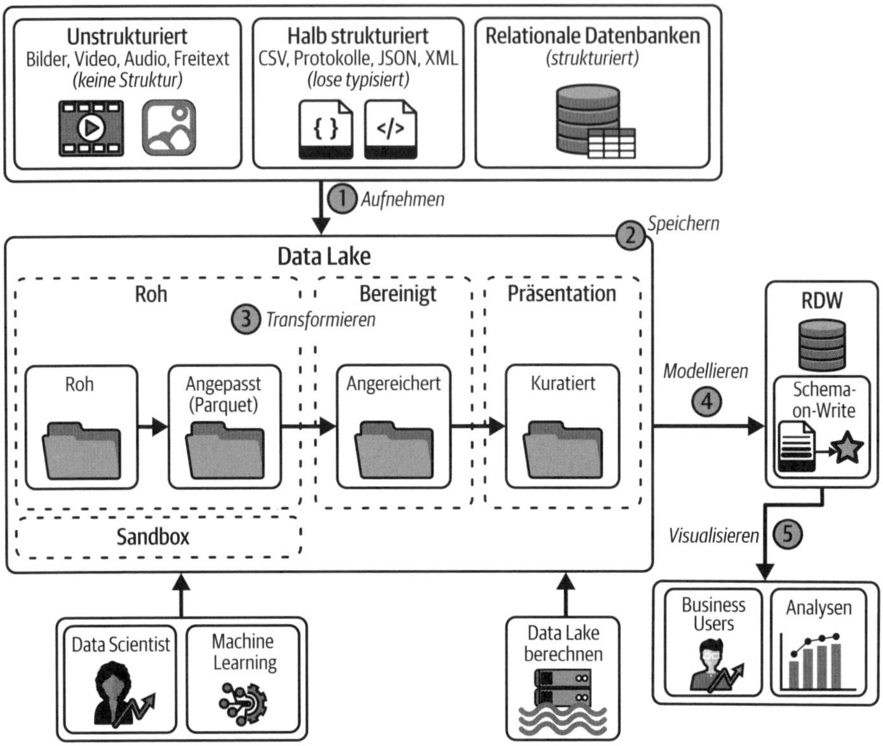

Abbildung 10-2: Überblick über den Weg, den die Daten durch eine Modern-Data-Warehouse-Architektur nehmen

Wenn sich Daten durch die MDW-Architektur bewegen, durchlaufen sie fünf Phasen, die in Abbildung 10-2 nummeriert sind. Folgen wir den Daten durch jede Phase, um Ihnen einen Überblick über die MDW-Architektur zu geben.

Schritt ❶*: Aufnehmen (Ingest)*

Ein MDW kann praktisch alle Arten von Daten verarbeiten, wobei die Daten aus vielen Quellen stammen können, sowohl aus On-Premises-Quellen als auch aus der Cloud. Die Daten können hinsichtlich Größe, Geschwindigkeit und Art variieren, unstrukturiert, halb strukturiert oder relational sein, in Stapeln oder per Echtzeit-Streaming übertragen werden und in kleinen oder massiven Dateien verpackt sein. Diese Vielfalt kann bei der Datenaufnahme eine Herausforderung darstellen.

Schritt ❷*: Speichern (Store)*

Sobald die Daten aufgenommen wurden, landen sie in einem Data Lake, der alle in Kapitel 5 beschriebenen Schichten enthält, sodass Endbenutzer darauf zugreifen können, egal wo sie sich befinden (vorausgesetzt, dass sie Zugang zur Cloud haben). Der Cloud-Provider bietet unbegrenzten Speicherplatz für Data Lakes an, wobei die Kosten ziemlich niedrig liegen. Charakteristisch für den Data Lake sind hohe Verfügbarkeit und robuste Notfallwiederherstellung sowie viele Optionen für Sicherheit und Verschlüsselung.

Schritt ❸: Transformieren (Transform)

Ein Data Lake ist im Wesentlichen ein Speicherzentrum. Um allerdings die Daten wirklich sinnvoll zu nutzen, ist etwas Aufwand erforderlich – hier kommt die Rechenleistung ins Spiel. Ein wesentlicher Vorteil des MDW ist die klare Unterscheidung zwischen dem Speichern der Daten (im Data Lake) und ihrer Verarbeitung (mithilfe von Rechenleistung). Durch die Trennung dieser beiden Bereiche können Sie aus den verschiedenartigsten Rechentools von Cloud-Providern oder anderen Quellen auswählen. Diese Tools, die dafür konzipiert sind, Daten aus dem Data Lake abzurufen und sie zu verstehen, können diese Daten in verschiedenen Formaten lesen und sie dann in einem mehr standardisierten Format wie Parquet organisieren. Diese Trennung bietet Flexibilität und steigert die Effizienz.

Das Berechnungstool übernimmt dann die Dateien aus der angepassten Schicht, transformiert die Daten (reichert sie an und bereinigt sie) und speichert sie in der bereinigten Schicht des Data Lake. Schließlich übernimmt das Rechentool die Dateien aus der angereicherten Schicht, führt weitere Transformationen durch, um eine bessere Performance oder Benutzerfreundlichkeit zu erreichen (indem beispielsweise Daten aus mehreren Dateien verknüpft und aggregiert werden), und schreibt sie dann in die Präsentationsschicht des Data Lake.

Schritt ❹: Daten modellieren (Model)

Berichte direkt aus den Daten in einem Data Lake zu erstellen, kann langsam, unsicher und verwirrend für Endbenutzer sein. Stattdessen können Sie alle oder einige der Daten aus dem Data Lake in ein relationales Data Warehouse kopieren. Das bedeutet, dass Sie ein relationales Modell für die Daten im RDW erstellen, und zwar üblicherweise in der dritten Normalform (siehe Kapitel 8). Aus Performancegründen und zur Vereinfachung ist es auch denkbar, die Daten in ein Sternschema innerhalb des RDW zu kopieren.

Schritt ❺: Visualisieren (Visualize)

Sobald die Daten im RDW in einem leicht verständlichen Format vorliegen, können Business-User sie mit vertrauten Tools analysieren, um Dinge wie Berichte und Dashboards zu erstellen.

Für die Aufnahmephase müssen Sie festlegen, wie oft die Daten extrahiert werden sollen und ob eine inkrementelle oder vollständige Extraktion stattfinden soll (siehe Kapitel 4). Berücksichtigen Sie dabei die Größe und Bandbreite der Pipeline von den Datenquellen zur Cloud, in der sich der Data Lake befindet. Wenn Sie große Dateien übertragen müssen und die Bandbreite nur gering ist, müssen Sie die Daten möglicherweise mehrmals am Tag in kleineren Paketen hochladen, anstatt sie einmal am Tag in einem großen Paket zu übertragen. Vielleicht bietet Ihnen auch der Cloud-Provider die Möglichkeit, mehr Bandbreite für das Internet zu erwerben.

In den verschiedenen Phasen dieser Tour können Data Scientists Machine Learning einsetzen, um Modelle aus den Daten im MDW zu trainieren und zu erstellen. Je nach Bedarf können sie Daten aus den Rohdaten-, den bereinigten oder den Präsentationsschichten im Data Lake, aus einer *Sandbox-Schicht* (einem speziellen Bereich für Datenexperimente, Exploration und vorläufige Analysen, ohne die anderen Schichten zu beeinträchtigen) oder aus dem RDW übernehmen.

Von der eben beschriebenen Route, bei der die Daten durch die MDW-Architektur fließen, gibt es einige Abweichungen, abhängig von den Eigenschaften der Quelldaten. Zum Beispiel müssen nicht alle Daten in der Präsentationsschicht des Data Lake in das RDW kopiert werden, vor allem nicht mit neueren Tools, die die Abfrage und Auswertung von Daten in einem Data Lake erleichtern. Das bedeutet, dass der Business-User in der Visualisierungsphase nicht für sämtliche Daten zum RDW gehen *muss* – er kann auf die Daten im Data Lake zugreifen, die nicht in das RDW kopiert wurden.

Eine andere Ausnahme ist, dass nicht alle Quelldaten in den Data Lake kopiert werden müssen. In manchen Fällen, insbesondere bei neuen Projekten, die in der Cloud erstellt werden, geht es schneller, Daten von der Quelle direkt in das RDW zu kopieren und den Data Lake zu umgehen. Das gilt vor allem für strukturierte (relationale) Quelldaten. So ist es beispielsweise nicht erforderlich, Referenztabellen, die als Dimensionstabellen verwendet werden, zu bereinigen. Denn sie sind vollständige Extrakte, die sich leicht aus der Quelle abrufen lassen, wenn ein ETL-Paket erneut ausgeführt werden muss. Immerhin kann es eine Menge Arbeit sein, Daten aus einer relationalen Datenbank zu extrahieren und sie in den Data Lake zu kopieren (wobei wertvolle Metadaten für diese Daten verloren gehen, zum Beispiel Datentypen, Einschränkungen und Fremdschlüssel), nur um sie dann in eine andere relationale Datenbank (das Data Warehouse) zu importieren.

Dies gilt insbesondere für eine typische Migration von einer On-Premises-Lösung, die keinen Data Lake verwendet und mithilfe vieler ETL-Pakete Daten aus einer relationalen Datenbank in ein RDW kopiert. Um den Migrationsaufwand zu verringern, müssten Sie die vorhandenen ETL-Pakete nur geringfügig ändern – und zwar nur die Quelle und das Ziel. Im Laufe der Zeit könnten Sie dann alle ETL-Pakete so modifizieren, dass sie den Data Lake verwenden. Um die Migration schnell in Gang zu bringen, könnten Sie jedoch nur einige langsam laufende ETL-Pakete für die Nutzung des Data Lake modifizieren und den Rest später erledigen.

Für Quelldaten, die den Data Lake umgehen, entfielen einige seiner Vorteile – insbesondere eine Sicherung, falls Sie das ETL-Paket erneut ausführen müssen. Zudem kann das Umgehen eine unangemessene Belastung für das RDW darstellen, das dann dafür zuständig ist, die Daten zu bereinigen. Außerdem werden diejenigen, die den Data Lake verwenden, feststellen, dass diese Daten fehlen, sodass der Data Lake nicht mehr als Single Source of Truth dienen kann.

Die MDW-Architektur – Vor- und Nachteile

MDWs bieten zahlreiche Vorteile und einige Herausforderungen. Zu den Vorteilen gehören:

Integration mehrerer Datenquellen
: MDWs können sowohl mit strukturierten als auch mit unstrukturierten Daten aus verschiedenen Quellen umgehen und eine umfassende Sicht der Informationen bieten.

Skalierbarkeit
: MDWs sind so konzipiert, dass sie mit dem Unternehmen mitwachsen und leicht skaliert werden können, um zunehmende Datenbelastungen zu bewältigen.

Datenanalyse in Echtzeit
: MDWs ermöglichen Echtzeitanalysen, sodass Unternehmen zeitnahe Entscheidungen auf der Basis aktueller Daten treffen können.

Verbesserte Performance
: Dank fortschrittlicher Technologien und optimierter Datenverarbeitung können MDWs eine schnellere Abfrage und ein schnelleres Gewinnen von Erkenntnissen bieten.

Flexibilität
: MDWs erlauben eine flexible Datenmodellierung, und zwar sowohl für herkömmliche strukturierte Abfragen als auch für Verarbeitungstechniken für Big Data.

Verbesserte Sicherheit
: Die führenden MDW-Anbieter implementieren strenge Sicherheitsmaßnahmen, um sensible Daten zu schützen.

Die MDW-Architektur weist auch einige Nachteile auf:

Komplexität
: Ein MDW zu implementieren und zu verwalten, kann sehr komplex sein, insbesondere in hybriden Architekturen, die verschiedene Arten von Datenspeicherung und -verarbeitung kombinieren.

Kosten
: Die Ersteinrichtung, die laufende Wartung und die Skalierung können teuer sein, vor allem bei kleinen bis mittleren Unternehmen. Zudem fallen Extrakosten für das Speichern und für weitere Datenpipelines an, um mehrere Kopien der Daten zu erstellen (sowohl für das RDW als auch den Data Lake).

Anforderungen an die Qualifikation
: Um das volle Potenzial eines MDW auszuschöpfen, sind spezielle Kenntnisse und Fertigkeiten erforderlich, was zu Problemen führen kann, wenn es um die Einstellung neuer Mitarbeiterinnen und Mitarbeiter oder um zusätzliche Schulungskosten geht.

Potenzielle Datensilos
: Ohne ordnungsgemäße Integration und Governance werden MDWs möglicherweise zu Datensilos oder zu Orten, an denen Informationen isoliert werden und im gesamten Unternehmen schwer zugänglich sind.

Herausforderungen bei der Einhaltung von Vorschriften
: Die Einhaltung gesetzlicher Vorschriften in einer Umgebung, in der verschiedenartige Datentypen und -quellen verarbeitet werden, kann eine Herausforderung bei der Verwaltung eines MDW darstellen.

Abhängigkeit von Anbietern
: Wenn Sie einen Cloud-basierten MDW-Dienst nutzen, ist dieser möglicherweise von einem bestimmten Anbieter abhängig. Das kann zu einer potenziellen Blockade und beschränkter Flexibilität in der Zukunft führen.

Wenn die Daten innerhalb eines MDW kopiert und durch den Data Lake in das RDW verschoben werden, ändert sich ihr Format, und die Daten lassen sich immer einfacher verwenden. Dies trägt zu einer benutzerfreundlichen Self-Service BI bei, bei der Endbenutzer einen Bericht erstellen können, indem sie einfach Felder aus einer Liste in einen Arbeitsbereich ziehen, ohne Tabellen zu verknüpfen. Die IT-Abteilung muss im Vorfeld einige zusätzliche Arbeiten erledigen, damit die Daten wirklich einfach zu verwenden sind. Das ist es aber oftmals wert, da es diese Abteilung davon befreit, beim Erstellen von Berichten und Dashboards mitzuwirken (und dabei wahrscheinlich einen Engpass zu bilden).

RDW und Data Lake kombinieren

In einem MDW dient der Data Lake dem *Staging und der Vorbereitung* der Daten, während das RDW für *Serving*, *Sicherheit* und *Compliance* zuständig ist. Schauen wir uns genauer an, wo sich die Funktionalität befindet, wenn Sie sowohl ein RDW als auch einen Data Lake verwenden.

Data Lake

In einem Data Lake haben Data Scientists und Power-User – vor allem solche mit einer höheren technischen Qualifikation – aufgrund der komplexen Ordner- und Dateistruktur und der Trennung von Metadaten exklusiven Zugriff. In Data Lakes zu navigieren, ist mitunter schwierig, und der Zugriff setzt unter Umständen anspruchsvollere Tools voraus. Die Funktionen des Data Lake erstrecken sich auf die Stapelverarbeitung, bei der Daten in Stapeln transformiert werden, und die Echtzeitverarbeitung, die als Landeplatz für Streaming-Daten dient (siehe Kapitel 9). Der Data Lake wird auch genutzt, um Daten zu verfeinern und zu bereinigen. Er dient als Plattform, um so viel Rechenleistung wie nötig zu verwenden, wobei mehrere Rechenoperationen zur Auswahl stehen. Hier lassen sich auch ELT-Workloads unterbringen.

In diesem Rahmen dient der Data Lake als Speicherort für ältere oder gesicherte Daten, anstatt sie im RDW zu behalten. Er ist auch ein Ort, um Daten aus dem Data Warehouse selbst zu sichern. Benutzer können problemlos Daten aus dem Data Lake für Aufgaben in der Sandbox kopieren, sodass andere die Daten verwenden und damit »spielen« können. Auch bietet der Data Lake die Möglichkeit, Daten zu betrachten und zu erforschen, wenn Sie nicht sicher sind, welche Fragen Sie über die Daten stellen sollen. Bevor Sie die Daten in das Data Warehouse kopieren, können Sie ihren Wert abschätzen. Er erleichtert das schnelle Reporting und den Zugriff auf die Daten, zumal er nach dem Prinzip Schema-on-Read arbeitet, sodass die Daten schnell verfügbar sind.

Relationales Data Warehouse

Business-User wenden sich oft an RDWs als Ort für technisch nicht bewanderte Personen, um auf Daten zuzugreifen, besonders wenn sie an relationale Datenbanken gewöhnt sind. Diese Datenbanken zeichnen sich durch geringe Latenzzeiten aus und ermöglichen somit viel schnellere Abfragen, insbesondere wenn Sie die MPP-Technologie (siehe Kapitel 7) verwenden. Sie sind in der Lage, eine große Anzahl von Tabellenverknüpfungen und komplexen Abfragen zu verarbeiten, und eignen sich aufgrund der durch die MPP-Technologie erreichten Performance hervorragend für interaktive Ad-hoc-Abfragen. So können Sie Abfragen kontinuierlich und ohne lange Wartezeiten feinabstimmen. Zudem unterstützen RDWs viele parallele Benutzer, die Abfragen und Berichte gleichzeitig ausführen.

Zu den zusätzlichen Sicherheitsfeatures von RDWs im MDW-Kontext gehören Optionen wie Sicherheit auf Zeilen- und Spaltenebene. RDWs bieten darüber hinaus eine umfangreiche Unterstützung für Tools – und weil es sie schon viel länger gibt als Data Lakes, sind auch viel mehr Tools verfügbar. Data Lakes verfügen nicht über die Performance, um Dashboards zu unterstützen, aber Sie können Dashboards gegen RDWs dank ihrer überlegenen Performance bis auf die Millisekunde genau ausführen. Eine erzwungene Metadatenschicht über den Daten erfordert mehr Vorarbeit, vereinfacht aber Self-Service BI erheblich. Wenn Sie ein RDW aufbauen, wissen Sie im Allgemeinen bereits, welche Fragen Sie von den Daten beantwortet haben wollen, und können diese planen. Das macht das RDW zu einem leistungsstarken und vielseitigen Werkzeug.

Schritt für Schritt zum MDW

Ein MDW aufzubauen, ist ein wichtiges, aber langwieriges und mühsames Unterfangen, das erhebliche Investitionen in Technologie, Personal und Zeit erfordert. Es repräsentiert eine Entwicklungsstufe der Datenverarbeitung, bei der Integration, Zugänglichkeit und Skalierbarkeit an erster Stelle stehen. Während dieser Prozess beginnt, benötigen die meisten Unternehmen Zwischenlösungen, um ihre aktuellen Anforderungen an das Data Warehousing zu erfüllen. Diese Lösungen, die als Sprungbrett zum voll funktionsfähigen MDW anzusehen sind, stellen sicher, dass das Unternehmen in der Zwischenzeit weiterhin einen Nutzen aus seinen Daten ziehen sowie flexibel und reaktionsschnell auf Geschäftsanforderungen reagieren kann. Es sind nicht nur vorübergehende Behelfslösungen, sondern wichtige Bestandteile einer strategischen Migration.

Drei gängige Arten von Sprungbrettarchitekturen sind:

- EDW-Erweiterung
- temporärer Data Lake plus EDW
- All-in-one

Jeder dieser Ansätze bietet einzigartige Vorteile und Herausforderungen. Ihre Eignung als Wegbereiter zu einem MDW kann je nach den Ansprüchen des Unternehmens, der vorhandenen Infrastruktur, dem Budget und den strategischen Zielen variieren. Sehen wir uns die einzelnen Ansätze genauer an.

EDW-Erweiterung

Diese Architektur kommt in der Regel dann zum Einsatz, wenn ein Unternehmen, das bereits seit Langem über ein großes On-Premises-EDW verfügt, seine Daten nutzen möchte, sein EDW aber aufgrund mangelnden Speicherplatzes, zu geringer Rechenleistung, einem zu kleinen Wartungsfenster für das Laden von Daten oder aufgrund fehlender allgemeiner Unterstützung für halb strukturierte Daten nicht in der Lage ist, »Big Data« zu verarbeiten.

So funktioniert es

Sie erstellen einen Data Lake in der Cloud und kopieren die Big Data dorthin. Benutzer können Abfragen und Berichte aus dem Data Lake erstellen, aber die Primärdaten bleiben im EDW gespeichert, wie Abbildung 10-3 zeigt.

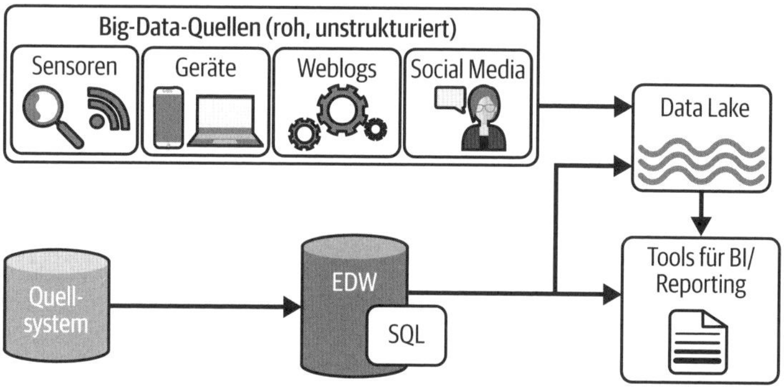

Abbildung 10-3: Architektur mit EDW-Erweiterung

Vorteile

Die Architektur mit EDW-Erweiterung erhöht die Datenkapazität und -flexibilität, da sie einen Data Lake in der Cloud neben einem bestehenden EDW nutzt. Diese Strategie bietet Skalierbarkeit und Kosteneffizienz. Dabei schafft sie Möglichkeiten für innovative Analysen, wobei die aktuellen Strukturen beibehalten werden. Sie bietet einen ausgewogenen Ansatz, der mit dem Wachstum und der Kontinuität des Unternehmens im Einklang steht.

Herausforderungen

Diese Architektur birgt jedoch einige potenzielle Schwierigkeiten:

- Wenn Daten aus dem EDW mit Daten im Data Lake kombiniert werden sollen, müssen Sie die Daten aus dem EDW in den Data Lake kopieren.
- Möglicherweise funktionieren Ihre vorhandenen Abfragetools nicht mit einem Data Lake.
- Es ist eine neue Form der Datenverarbeitung erforderlich, um die Daten im Data Lake zu bereinigen, was teuer sein kann und neue Fähigkeiten erfordert.
- Diese Architektur hilft Ihnen nicht, die Arbeitsbelastung des EDW auszulagern.

Migration

Diese Architektur kann der Beginn eines schrittweisen Ansatzes sein, um das On-Premises-EDW in die Cloud zu migrieren. Nachdem die Architektur für Big Data eingerichtet ist, können Sie die Daten aus dem lokalen EDW in den Data Lake kopieren. Daten aus Quellsystemen gelangen zuerst in den Data Lake und dann, falls erforderlich, in ein neues RDW in der Cloud, das Teil eines echten MDW ist.

Temporärer Data Lake plus EDW

Unternehmen nutzen in der Regel einen temporären Data Lake mit einem EDW, wenn sie bereits über ein EDW verfügen und Big Data einbeziehen müssen, die Umwandlung aber zu viel Zeit in Anspruch nehmen würde. Diese Unternehmen möchten das EDW-Wartungsfenster reduzieren, indem sie die Datentransformationen auslagern.

Wie es funktioniert

Diese Architektur verwendet einen Data Lake, aber lediglich als temporären Staging- und Verfeinerungsbereich. Er ist nicht für Abfragen oder das Erstellen von Berichten gedacht, dies geschieht alles vom EDW aus, wie Abbildung 10-4 zeigt. Dieser beschränkte Bereich bedeutet, dass sich die Daten viel schneller einbinden lassen. Manchmal können Sie sogar EDW-Daten in den Data Lake kopieren, sie verfeinern und dann wieder zurück in das EDW verschieben.

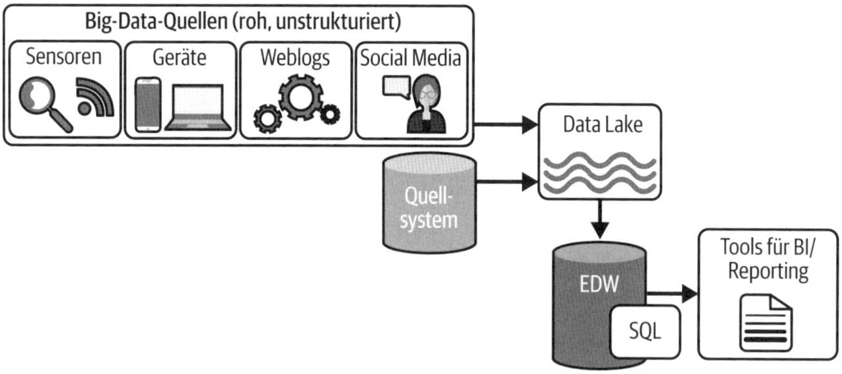

Abbildung 10-4: Ein EDW mit einem temporären Data Lake verwenden

Vorteile

Diese Architektur ermöglicht es, die Datenverarbeitung in den Data Lake auszulagern, wodurch die Belastung des EDW verringert und die Gesamtleistung verbessert wird. Mit anderen Berechnungstypen im Data Lake sind mehr Geschwindigkeit und mehr Funktionalität zu erreichen. Zudem ermöglichen sie eine flexible Handhabung von Big Data. Diese Strategie bietet eine kosteneffiziente Lösung für die Einbindung großer Datensets, ohne vorhandene EDW-Operationen zu stören, was sie zu einem agilen und skalierbaren Ansatz macht.

Herausforderungen

Obwohl Sie einen Data Lake verwenden, bietet Ihnen diese Architektur nicht die vollen Vorteile eines Data Lake (siehe Kapitel 5).

Migration

Mit nur wenigen Änderungen lässt sich diese Architektur zu einem vollwertigen MDW weiterentwickeln und ist daher ein gutes Sprungbrett.

All-in-one

Die All-in-one-Architektur wird in der Regel von Organisationen eingesetzt, die einen schlanken Ansatz für die Datenverarbeitung suchen, zum Beispiel Start-ups oder kleine Unternehmen. Diese Architektur kommt auch für schnelles Prototyping oder zur Erreichung bestimmter kurzfristiger Ziele infrage. Zudem ist sie eine gute Option, wenn die Hauptbenutzer technische Fachleute sind, die eine integrierte Plattform bevorzugen.

Funktionsweise

Alle Berichte und Abfragen erfolgen über den Data Lake, wie Abbildung 10-5 zeigt. Es ist kein RDW beteiligt. (All-in-one ist eng mit der in Kapitel 12 beschriebenen Data-Lakehouse-Architektur verbunden.)

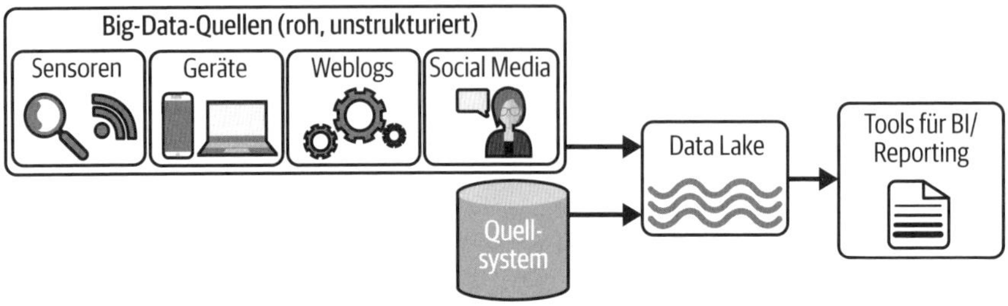

Abbildung 10-5: All-in-one-Architektur

Vorteile

Dieser Ansatz ermöglicht eine schnelle Implementierung und unmittelbare Ergebnisse. Diese Vorteile sind besonders für technische Teams attraktiv, die einen schnellen Fortschritt anstreben. Durch die Konsolidierung von Berichten und Abfragen innerhalb des Data Lake vereinfacht sich die Architektur, was möglicherweise die Komplexität von Wartung und Integration verringert. Dieser Ansatz kann agiler und anpassungsfähiger sein, mit verschiedenen Datentypen umgehen und einen strafferen Entwicklungsprozess fördern.

Herausforderungen

Das fehlende RDW führt zu Kompromissen in Bezug auf Performance, Sicherheit, referenzielle Integrität oder Benutzerfreundlichkeit.

Migration

Für einige Unternehmen und Anwendungsfälle dürfte der Ansatz nur mit einem Data Lake ausreichend sein, beispielsweise wenn die Daten im Data Lake ausschließlich von Data Scientists verwendet werden. Um ihn aber zu einem Sprungbrett für ein MDW zu machen, müssen Sie ein RDW hinzufügen.

Fallstudie: Die strategische Umstellung bei Wilson & Gunkerk auf ein MDW

Wilson & Gunkerk ist ein fiktives mittelständisches Pharmaunternehmen im Mittleren Westen der USA. Zur Bewältigung seiner Datenverwaltungsanforderungen hat man sich auf eine lokale Lösung verlassen. Da das Datenvolumen stets kleiner als ein Terabyte war, ist im Unternehmen niemandem der Gedanke gekommen, auf fortschrittlichere Lösungen wie einen Data Lake oder ein MDW umzusteigen.

Herausforderung

Allerdings ist der Bedarf des Unternehmens an verwertbaren Erkenntnissen über Markttrends und Kundenverhalten immer dringender geworden, da die Konkurrenz im Geschäftsumfeld stark zugenommen hat. Das bestehende Datensystem ist an seine Grenzen gestoßen, und das Unternehmen stand vor einem Dilemma. Sollte es auf eine umfassendere Data-Lake-Lösung oder ein MDW upgraden? Eine weitere kritische Überlegung bezog sich auf die Ungewissheit bezüglich des künftigen Datenwachstums, insbesondere angesichts neuer Forschungs- und Entwicklungsprojekte, die in Vorbereitung waren.

Lösung

Nach einer gründlichen Analyse entschied sich Wilson & Gunkerk dafür, eine MDW-Lösung in der Cloud zu implementieren. Zu dieser Entscheidung führten unter anderem folgende Faktoren:

- Das vorhandene Datenvolumen liegt deutlich unter einem Terabyte, und das prognostizierte Wachstum wird zehn Terabyte nicht überschreiten.
- Die Migration zu einem Cloud-basierten MDW bietet einen reibungsloseren Übergang von der bestehenden On-Premises-Lösung, ohne eine völlig neue Technologie wie einen Data Lake einführen zu müssen.
- Ein MDW dürfte kosteneffektiv sein. Wilson & Gunkerk hat sich für eine SMP-Lösung entschieden und nicht für eine teurere MPP-Option, da dessen Anforderungen an die Daten moderat und überschaubar sind.
- Das gewählte MDW bietet eine stabile Performance und genügend Skalierbarkeit, um das erwartete Datenwachstum innerhalb akzeptabler Grenzen zu bewältigen.

Ergebnis

Die Umstellung auf das MDW hat sich innerhalb weniger Monate mit minimaler Unterbrechung der laufenden Geschäftsprozesse abschließen lassen. Wilson & Gunkerk hat folgende unmittelbaren Vorteile erkannt:

Erweiterte Analytik
: Das neue System erlaubt bessere Datenanalysen und damit eine fundierte Entscheidungsfindung. Das Unternehmen ist von einfachen historischen Analysen zu prädiktiven Analysen übergegangen. Vor dem MDW waren Erkenntnisse auf vergangene Trends beschränkt. Das neue System erleichtert es, verschiedenartige Datenquellen zu integrieren und ausgefeilte Data-Mining-Algorithmen zu verwenden. Damit ist das Unternehmen in der Lage, Vorhersagemodelle zu erstellen, um zum Beispiel die Wirksamkeit von Medikamenten auf der Grundlage demografischer und genetischer Faktoren der Patienten vorherzusagen. Die Umstellung hat zu einer differenzierteren Entscheidungsfindung geführt und einen präziseren Ansatz für Arzneimittelentwicklung und personalisierte medizinische Lösungen geboten.

Kosteneinsparungen
: Die SMP-Lösung bietet eine ausgezeichnete Performance bei geringeren Kosten im Vergleich zu möglichen MPP-Lösungen oder einem vollwertigen Data Lake.

Zukunftssicherheit
: Das MDW hat zum einen die Tür für zukünftige Umstellungen offen gehalten und zum anderen allmähliches Wachstum und Anpassungsfähigkeit ohne übermäßige Investitionen in Technologien, die das Unternehmen nicht sofort benötigt hat, ermöglicht.

Der Fall von Wilson & Gunkerk veranschaulicht einen ausgewogenen Ansatz für Datenmanagementlösungen. Bei Unternehmen, die mit bescheidenen Datenmengen zu tun haben und eine skalierbare und kostengünstige Lösung suchen, können MDWs immer noch eine attraktive Option darstellen. Die Bedürfnisse und der Weg des Wachstums sind für jedes Unternehmen einzigartig, sodass eine sorgfältige Analyse der aktuellen und zukünftigen Anforderungen für die Auswahl der am besten geeigneten Datenarchitektur unerlässlich ist.

Zusammenfassung

Dieses Kapitel hat zunächst das MDW detailliert beschrieben und dann die fünf Hauptphasen erläutert, die die Daten auf ihrem Weg durch ein MDW durchlaufen: Aufnahme, Speicherung, Transformation, Modellierung und Visualisierung. Diese Phasen stellen den Lebenszyklus von Daten dar, wie sie anfangs erfasst, sicher gespeichert, für die Verwendung verfeinert, für Erkenntnisse modelliert und schließlich für eine einfache Interpretation und Entscheidungsfindung visualisiert werden.

Ich habe die Vorzüge des MDW erläutert und bin auf Aspekte wie Integration, Skalierbarkeit, Echtzeitanalyse und Sicherheit eingegangen. Dabei sind auch Herausforderungen wie Komplexität, Kosten und Anbieterabhängigkeit zur Sprache gekommen. Dann bin ich auf die Kombination von herkömmlichen RDWs mit Data Lakes eingegangen und habe dabei die einzigartigen Fähigkeiten dieser Kombination hervorgehoben sowie die erweiterte Flexibilität, die sie im Umgang mit verschiedenen Datentypen und -strukturen bietet.

Anschließend habe ich drei Übergangsarchitekturen ausführlich untersucht, die Unternehmen häufig als temporäre Lösungen für ihre Data-Warehousing-Anforderungen heranziehen: EDW-Erweiterung, temporärer Data Lake plus EDW und All-in-one. Jedes Modell dient als Zwischenlösung, während Unternehmen auf die Implementierung eines vollwertigen MDW hinarbeiten.

Den Abschluss dieses Kapitels bildet eine Fallstudie über Wilson & Gunkerk, ein mittelständisches Pharmaunternehmen, und seine strategische Umstellung auf ein MDW.

In den kommenden Kapiteln werde ich die Architekturen Data Fabric und Data Lakehouse näher beleuchten und ihre Vorteile und potenziellen Anwendungsfälle in der sich wandelnden Landschaft des Datenmanagements aufzeigen.

KAPITEL 11
Data Fabric

Die *Data-Fabric-Architektur* ist eine Weiterentwicklung der Modern-Data-Warehouse-(MDW-)Architektur: eine erweiterte Schicht, die auf dem MDW aufsetzt, um Zugänglichkeit, Sicherheit, Auffindbarkeit und Verfügbarkeit von Daten zu verbessern.

Sie können sich das so vorstellen, dass die Data Fabric sich durch Ihr gesamtes Unternehmen schlängelt, alle Daten sammelt und diese jedem zur Verfügung stellt, der sie benötigt – innerhalb oder sogar außerhalb Ihres Unternehmens. Es ist eine Architektur, die Daten unabhängig von ihrer Größe, Geschwindigkeit oder Art konsumieren kann. Der wichtigste Aspekt der Data-Fabric-Philosophie ist, dass eine Data-Fabric-Lösung sämtliche Daten innerhalb einer Organisation konsumieren kann.

Das ist *meine Definition* einer Data Fabric. In der Branche sind auch andere Definitionen zu finden. Manche verwenden den Begriff sogar gleichbedeutend mit einem Modern Data Warehouse! Beispielsweise beginnt das Beratungsunternehmen Gartner mit einer ähnlichen Definition (*https://oreil.ly/fan_P*) und schreibt, dass die Data Fabric

ein Designkonzept ist, das als integrierte Schicht (Fabric) von Daten und verbindenden Prozessen dient. Eine Data Fabric nutzt kontinuierliche Analysen über vorhandene, auffindbare und abgeleitete Metadaten-Assets, um das Design, die Bereitstellung und die Nutzung integrierter und wiederverwendbarer Daten in allen Umgebungen zu unterstützen, einschließlich hybrider und Multi-Cloud-Plattformen.

Die Sicht von Gartner weicht von meiner dahin gehend ab, dass die Datenvirtualisierung (die Sie in Kapitel 6 kennengelernt haben) ein wichtiger Bestandteil der Data-Fabric-Technologie ist und es dadurch kaum noch notwendig ist, Daten aus siloartigen Systemen zu verschieben oder zu kopieren. Gartner stellt sich eine »intelligente Datenstruktur« vor, die Wissensgraphen, KI und ML nutzt, um Datenerkennung und -katalogisierung zu automatisieren, Datenbeziehungen zu ermitteln, Daten zu orchestrieren und zu integrieren sowie Metadaten automatisch zu erkennen. Allerdings existiert ein Großteil der erforderlichen Technologie noch nicht, und bisher gibt es auch noch keine Datenstruktur, die der Definition von Gartner entsprechen würde. Ich bin zuversichtlich, dass diese Technologie eines Tages verfügbar sein wird, aber für den Moment empfehle ich, sich auf Data-Fabric-Architekturen zu konzentrieren, wie sie heute existieren.

Data Fabric ist die am weitesten verbreitete Architektur für neue Lösungen, die in der Cloud entwickelt werden, insbesondere für große Datenmengen (über zehn Terabyte). Viele Unternehmen sind dabei, ihre MDW-Architektur zu einer Data Fabric »upzugraden«, indem sie sie mit zusätzlicher Technologie ausstatten, insbesondere mit Echtzeitverarbeitung, Datenzugriffsrichtlinien und einem Metadatenkatalog. Dieses Kapitel skizziert acht technologische Features, die ein MDW in den Bereich der Data Fabric bringen. Allerdings gibt es hier einige Unklarheiten: Wenn Sie drei dieser Features hinzufügen, haben Sie dann ein MDW oder eine Data Fabric? Zwischen beiden gibt es keine klare Trennlinie. Persönlich neige ich dazu, von einer Data-Fabric-Architektur zu sprechen, wenn sie wenigstens drei dieser acht Technologien umsetzt. Es gibt andere, die keine dieser Technologien einsetzen, ihre Lösung aber dennoch als Data Fabric bezeichnen, weil sie sich an die Data-Fabric-Philosophie halten (was ich völlig in Ordnung finde).

Dieses Kapitel gibt Ihnen einen Überblick über die Data-Fabric-Architektur und ihre acht Schlüsselkomponenten: Datenzugriffsrichtlinien, Metadatenkatalog, Stammdatenverwaltung (MDM), Datenvirtualisierung, Echtzeitverarbeitung, APIs, Dienste und Produkte.

Die Data-Fabric-Architektur

Die Data-Fabric-Architektur enthält alle Komponenten des MDW, fügt aber mehrere Features hinzu. Abbildung 11-1 zeigt ein Diagramm dieser Architektur, in dem die Phasen für den Weg, den die Daten nehmen, wie in Abbildung 10-2 mit Zahlen gekennzeichnet sind. Die Daten in einer Data Fabric folgen dem gleichen Prozess wie in einem MDW. Wie Sie noch aus Kapitel 10 wissen, lauten diese Phasen ❶ Aufnahme, ❷ Speicherung, ❸ Transformation, ❹ Modellierung und ❺ Visualisierung.

Somit stellt sich die Frage, was eine Data Fabric über das MDW hinaus zu bieten hat. Dieser Abschnitt wirft einen Blick auf die zusätzlichen Features.

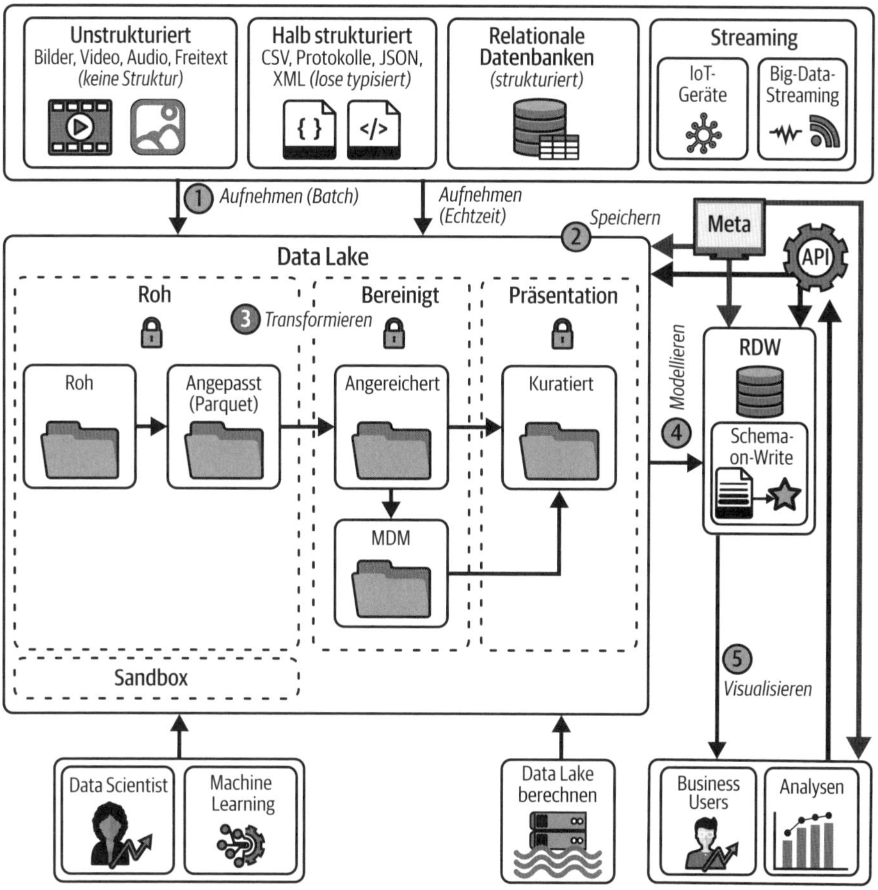

Abbildung 11-1: Ein Überblick über die Reise der Daten durch eine Data-Fabric-Architektur

Datenzugriffsrichtlinien

Datenzugriffsrichtlinien sind der Schlüssel zur Data Governance. Sie umfassen eine Reihe von Vorgaben, Regeln und Prozeduren, die steuern, wer auf welche Informationen zugreifen kann, wie diese Informationen verwendet werden dürfen und wann der Zugriff innerhalb einer Organisation gewährt oder verweigert werden kann. Sie tragen dazu bei, die Sicherheit, den Schutz der Privatsphäre und die Integrität sensibler Daten sowie die Einhaltung von Gesetzen und Vorschriften zu gewährleisten – zum Beispiel die *General Data Protection Regulation* (GDPR) in Großbritannien (*https://oreil.ly/eYnqO*) und den *Health Insurance Portability and Accountability Act* (HIPAA) in den USA (*https://oreil.ly/qI9Yl*). Diese Richtlinien decken in der Regel Themen wie Datenklassifizierung, Benutzerauthentifizierung und -autorisierung, Datenverschlüsselung, Vorratsdatenspeicherung, Datensicherung und -wiederherstellung sowie Datenentsorgung ab.

Alle Datenanforderungen innerhalb einer Organisation müssen den festgelegten Datenzugriffsrichtlinien entsprechen und über bestimmte Mechanismen wie APIs, Treiber oder Datenvirtualisierung verarbeitet werden, um die Einhaltung von Vorschriften wie dem HIPAA zu gewährleisten. Beispielsweise könnten die Datenzugriffsrichtlinien einer Organisation im Gesundheitswesen vorschreiben, dass nur autorisiertes medizinisches Personal Zugang zu den Krankenakten der Patienten hat. Diese Richtlinien sollten auch Verfahren festlegen, wie die Anmeldeinformationen des Personals und die zulässige Verwendung der Daten zu überprüfen sind. Um diesen kontrollierten Zugriff zu erleichtern, könnte die Organisation mit APIs eine Schnittstelle zu sicheren Authentifizierungssystemen implementieren. Wenn ein Gesundheitsdienstanbieter eine Patientenakte anfordert, vergleicht die API die Anmeldeinformationen mit den Zugriffsrichtlinien, bevor sie Zugriff gewährt.

Metadatenkatalog

Zur Data-Fabric-Architektur gehört ein *Metadatenkatalog*: ein Repository, das Informationen über Datenbestände, einschließlich ihrer Struktur, ihrer Beziehungen und Eigenschaften speichert. Es bietet eine zentralisierte, organisierte Möglichkeit, um Daten zu verwalten und zu entdecken. Benutzer haben es dadurch leichter, die von ihnen benötigten Daten zu finden und zu verstehen. Nehmen wir zum Beispiel an, ein Benutzer sucht im Metadatenkatalog nach »Kunde«. Die Ergebnisse umfassen alle Dateien, Datenbanktabellen, Berichte und Dashboards, die Kundendaten enthalten. Durch die Möglichkeit, zu sehen, welche Datenerfassung und welches Reporting bereits erfolgt ist, kann jeder doppelten Aufwand vermeiden.

Ein wichtiger Teil des Katalogs ist die *Datenherkunft*, eine Aufzeichnung der Historie eines bestimmten Datenelements, einschließlich der Frage, woher es stammt, wie es umgewandelt wurde und wo es gespeichert ist. Die Datenherkunft wird herangezogen, wenn es um die Einhaltung von Vorschriften geht, beispielsweise der Datenschutzgesetze. Außerdem können Sie hier den Ursprung der Daten und deren Transformationen nachvollziehen, was wichtig ist, um zu verstehen, wie sie entstanden sind und wie zuverlässig sie sind. Wichtige Entscheidungen wollen Sie sicherlich nicht auf Daten stützen, von denen Sie nicht wissen, ob Sie ihnen vertrauen können! Wenn ein Benutzer beispielsweise einen bestimmten Wert in einem Bericht nachfragen möchte, können Sie seine Herkunft im Metadatenkatalog nachvollziehen, um zu zeigen, wie dieser Wert zustande gekommen ist.

Stammdatenverwaltung

Wie Kapitel 6 erläutert hat, umfasst die *Stammdatenverwaltung* (*Master Data Management*, MDM) die Aktivitäten, die Daten aus verschiedenen Quellen innerhalb eines Unternehmens sammeln, konsolidieren und die für konsistente und genaue Daten sorgen, um eine einzige maßgebliche Quelle für Grunddaten zu schaffen. Bei diesen Daten handelt es sich in der Regel um nicht transaktionale Daten, die die wichtigsten Entitäten eines Unternehmens beschreiben, zum Beispiel Kunden, Produkte, Lieferanten und Mitarbeitende.

Die Stammdatenverwaltung hilft Unternehmen, fundierte Entscheidungen zu treffen und datenbezogene Probleme wie doppelte Datensätze, Inkonsistenzen und falsche Informationen zu vermeiden.

Datenvirtualisierung

Die *Datenvirtualisierung* haben Sie bereits in Kapitel 6 kennengelernt. Zur Auffrischung: Es handelt sich um eine Softwarearchitektur, die es Anwendungen und Endbenutzern ermöglicht, auf Daten aus mehreren Quellen so zuzugreifen, als wären sie an einem einzigen Ort gespeichert. Die virtualisierten Daten sind in einer logischen Schicht enthalten, die als Vermittler zwischen den Endbenutzern und den Datenquellen fungiert. Diese virtuelle Schicht dient als einziger Zugriffspunkt, der die Komplexität der zugrunde liegenden Datenquellen abstrahiert und es Endbenutzern erleichtert, die Daten aus mehreren Quellen in Echtzeit abzurufen und zu kombinieren, ohne sie kopieren oder physisch integrieren zu müssen.

Wenn Sie Datenvirtualisierung verwenden, bedeutet das nicht, dass Sie *alle* Datenquellen miteinander verbinden müssen. In den meisten Fällen wird sie nur in wenigen Situationen verwendet, wobei die meisten Daten weiterhin zentralisiert werden. In der Branche betrachtet man die Datenvirtualisierung mitunter bereits als definitives Feature einer Data Fabric, wobei man argumentiert, dass eine Architektur ohne Virtualisierung keine Data Fabric ist. Ich sehe das nicht so. Nach meiner Definition von Data Fabric ist die Virtualisierung optional.

Echtzeitverarbeitung

Wie Sie in Kapitel 9 gesehen haben, bezieht sich *Echtzeitverarbeitung* darauf, dass die Daten in Echtzeit verarbeitet und Ergebnisse unmittelbar erzeugt werden, sobald die Daten zur Verfügung stehen, und zwar ohne merkliche Verzögerung. Dies ermöglicht Ihnen, Entscheidungen auf der Grundlage aktueller Informationen zu treffen (zum Beispiel Verkehrsinformationen während der Fahrt).

APIs

Anstatt sich auf Verbindungszeichenfolgen zu verlassen, stellen *APIs* Daten in standardisierter Weise aus einer breiten Palette an Quellen – zum Beispiel aus einem Data Lake oder einem RDW – zur Verfügung, ohne Einzelheiten darüber mitzuteilen, wo sich die Daten befinden. Werden die Daten dann verschoben, müssen Sie nur den internen Code der API aktualisieren. Keine der Anwendungen, die die API aufrufen, ist davon betroffen. Dadurch ist es einfacher, auf neue Technologien umzusteigen.

Mit APIs ist es möglich, mehrere Arten von Sicherheitsmaßnahmen einzubinden. Außerdem können sie in Bezug auf Sicherheitsfilterung flexibel sein, und sie bieten eine feinstufige Kontrolle darüber, welche Benutzer auf welche Daten zugreifen können.

Dienste

Die Data Fabric lässt sich »Blöcken« aufbauen, was die Wiederverwendung von Code erleichtert. So kann es beispielsweise sein, dass andere in Ihrem Unternehmen zwar nicht die vollständige Data Fabric benötigen, aber auf den von Ihnen erstellten Code setzen, um die Daten zu bereinigen oder aufzunehmen. Diesen Code können Sie generisch gestalten und in einem *Dienst* kapseln, den jeder nutzen kann.

Produkte

Eine komplette Data Fabric kann in Form eines Bundles als *Produkt* verkauft werden. Besonders attraktiv wäre dies, wenn es beispielsweise speziell für eine Branche wie das Gesundheitswesen entwickelt würde.

Weshalb von einem MDW auf eine Data-Fabric-Architektur umsteigen?

Es gibt mehrere Gründe, warum sich Organisationen entscheiden, von einem MDW zu einer Data Fabric überzugehen. MDWs bilden traditionell die Grundlage für die Dateninfrastrukturen vieler Unternehmen, doch sie können starr und manchmal schwer skalierbar sein, da sich Datentypen ständig schnell weiterentwickeln. Im Gegensatz dazu ist eine Data Fabric von vornherein skalierbar konzipiert. Dank ihrer inhärenten Flexibilität lässt sie sich problemlos an verschiedene Datentypen und -quellen anpassen, was sie widerstandsfähig gegenüber aktuellen Datenanforderungen und in gewissem Maße zukunftssicher macht.

Zudem kann die schiere Vielfalt der Datenquellen überwältigend sein. Eine Data Fabric kann verschiedene Quellen nahtlos miteinander verweben und damit eine einzige, einheitliche Sicht auf die Daten bieten. Das macht sie wesentlich einfacher und effizienter im Umgang mit vielschichtigen Datenströmen.

In einem sich schnell verändernden Geschäftsumfeld ist die Fähigkeit, Daten in Echtzeit zu verarbeiten und sofortige Erkenntnisse zu gewinnen, von entscheidender Bedeutung. Eine Data Fabric erfüllt diese Anforderung, indem sie Datenverarbeitung in Echtzeit unterstützt und damit den Unternehmen sofortigen Zugriff auf die neuesten Daten gewährt.

Da außerdem die Sorge über Datenschutzverletzungen zunimmt und die Einhaltung von Datenschutzbestimmungen stärker in den Fokus rückt, werden Datensicherheit und Governance immer wichtiger. Eine Data Fabric begegnet diesen Problemen mit erweiterten Zugriffsrichtlinien, die eine sicherere Datenumgebung bieten. Darüber hinaus verbessert sie die Data Governance, indem der Zugriff auf ordnungsgemäß autorisierte Benutzer eingeschränkt wird, was sensible Informationen vor potenziellen Bedrohungen schützt. Und für multinationale Unternehmen, die in verschiedenen Ländern mit unterschiedlichen Datenschutzbestimmungen tätig sind, helfen die erweiterten Governance-Funktionen einer Data Fabric, die Compliance von Daten einzuhalten, egal wo sich die Daten befinden.

Schließlich sind bestimmte Branchen – wie der Aktienhandel und der elektronische Handel – durch schnell wechselnde Marktbedingungen gekennzeichnet. In dieser volatilen Welt ist es nicht nur von Vorteil, sondern eine Notwendigkeit, in Echtzeit auf dem Laufenden zu bleiben. Hier erweist sich eine Data Fabric von unschätzbarem Wert. Durch die Unterstützung für Datenverarbeitung in Echtzeit bleiben solche Unternehmen agil, informiert und bereit, sich im Handumdrehen anzupassen.

Potenzielle Nachteile

Zwar bietet eine Data-Fabric-Architektur zahlreiche Vorteile, doch ist sie nicht frei von Herausforderungen. Die Umstellung von einem MDW auf eine Data Fabric kann ressourcenintensiv sein und anfängliche Schwierigkeiten in Bezug auf Kosten, Schulung und Integration mit sich bringen. Außerdem benötigen nicht alle Unternehmen die erweiterten Funktionen einer Data Fabric – bei kleinen Unternehmen mit begrenzten Datenquellen und einfachen Verarbeitungsanforderungen dürfte ein MDW eventuell genügen.

Darüber hinaus kann es aufgrund der inhärenten Komplexität einer Data Fabric schwieriger sein, Fehler zu beheben. Bevor Sie sich für eine Data Fabric entscheiden, sollten Sie unbedingt im Vorfeld abklopfen, ob Ihre Organisation hausintern über das erforderliche Fachwissen verfügt oder über Partner darauf zugreifen kann.

Zwar bietet die Data Fabric eine innovative Lösung für die Herausforderungen des modernen Datenmanagements, doch muss jedes Unternehmen vor einer Umstellung auf eine Data Fabric seine individuellen Anforderungen, die potenzielle Investmentrendite und die langfristigen strategischen Ziele prüfen.

Zusammenfassung

Dieses Kapitel hat sich ausführlich mit dem Konzept der Data-Fabric-Architektur befasst, d.h. mit einer Weiterentwicklung des MDW, die die Zugänglichkeit, Sicherheit, Auffindbarkeit und Verfügbarkeit von Daten verbessern soll. Ich habe Data-Fabric-Architektur definiert und meine Definition mit den Ansichten der Branche verglichen. Dabei habe ich Unterschiede hervorgehoben, wie zum Beispiel die Rolle der Datenvirtualisierung. Das Kapitel hat acht Schlüsseltechnologien beschrieben, die ein MDW in den Bereich der Data Fabric überführen, ohne eine strikte Abgrenzung zwischen den beiden Bereichen vorzunehmen.

Ich habe auch die Kernkomponenten der Data-Fabric-Architektur erläutert, darunter Datenzugriffsrichtlinien, Metadatenkatalog, Stammdatenverwaltung, Echtzeitverarbeitung, APIs und optionale Elemente wie Datenvirtualisierung. Dieses Kapitel unterstreicht die Anpassungsfähigkeit der Data Fabric, vor allem beim Umgang mit großen Datenmengen und hinsichtlich der Anforderungen an Echtzeitverarbeitung.

Schließlich haben wir untersucht, welche Gründe es gibt, um von einem MDW zu einer Data Fabric überzugehen, sind aber auch auf potenzielle Nachteile eingegangen – wie Komplexität und ressourcenintensive Umstellungen. Kurz gesagt, jedes Unternehmen sollte seine speziellen Anforderungen und Fähigkeiten sorgfältig prüfen, bevor es sich für diese innovative Lösung entscheidet.

KAPITEL 12

Data Lakehouse

Ich habe bereits kurz über die Data-Lakehouse-Architektur als Harmonisierung der Konzepte von Data Lake und Data Warehouse gesprochen. Vom Konzept her soll ein *Data Lakehouse* die Dinge vereinfachen, indem man nur einen Data Lake verwendet, um alle Daten zu speichern, anstatt dazu noch ein separates Data Warehouse zu betreiben. Hierzu benötigt der Data Lake mehr Funktionalität, um die Features eines RDW zu ersetzen. An dieser Stelle kommt *Delta Lake* von Databricks ins Spiel.

Delta Lake ist eine transaktionale Speichersoftwareschicht, die auf einem vorhandenen Data Lake läuft und RDW-ähnliche Features hinzufügt, die die Zuverlässigkeit, Sicherheit und Performance des Data Lake verbessern. *Delta Lake selbst ist kein Speicher.* In den meisten Fällen lässt sich ein Data Lake ganz einfach in einen Delta Lake überführen. Dazu müssen Sie lediglich beim Speichern von Daten in Ihrem Data Lake angeben, dass Sie diese im Delta-Lake-Format (im Unterschied zu anderen Formaten wie CSV oder JSON) speichern möchten.

Wenn Sie eine Datei im Delta-Lake-Format speichern, wird sie hinter den Kulissen auf ihre eigene spezielle Art und Weise gespeichert, und zwar mit Parquet-Dateien in Ordnern und einem Transaktionsprotokoll, um alle an den Daten vorgenommenen Änderungen festzuhalten. Während sich die eigentlichen Daten in Ihrem Data Lake in dem Format befinden, das Sie gewohnt sind, verwandelt das hinzugefügte Transaktionsprotokoll ihn in einen Delta Lake und erweitert so seine Fähigkeiten. Das bedeutet jedoch, dass alles, was mit Delta Lake interagiert, das Delta-Lake-Format unterstützen muss. Die meisten Produkte tun dies, da das Format sehr beliebt geworden ist.

Delta Lake ist nicht die einzige Möglichkeit, einen Data Lake mit zusätzlichen Funktionen auszustatten. Zwei weitere beliebte Optionen sind Apache Iceberg und Apache Hudi, die sehr ähnliche Features aufweisen. In diesem Kapitel werde ich mich jedoch auf Delta Lake konzentrieren.

Bisher haben Sie etwas über das relationale Data Warehouse (Kapitel 4), den Data Lake (Kapitel 5), das Modern Data Warehouse (Kapitel 10) und die Data Fabric (Kapitel 11) gelernt. In diesem Kapitel kommt das Data Lakehouse hinzu. Abbildung 12-1 zeigt diese Architekturen auf einer historischen Zeitachse.

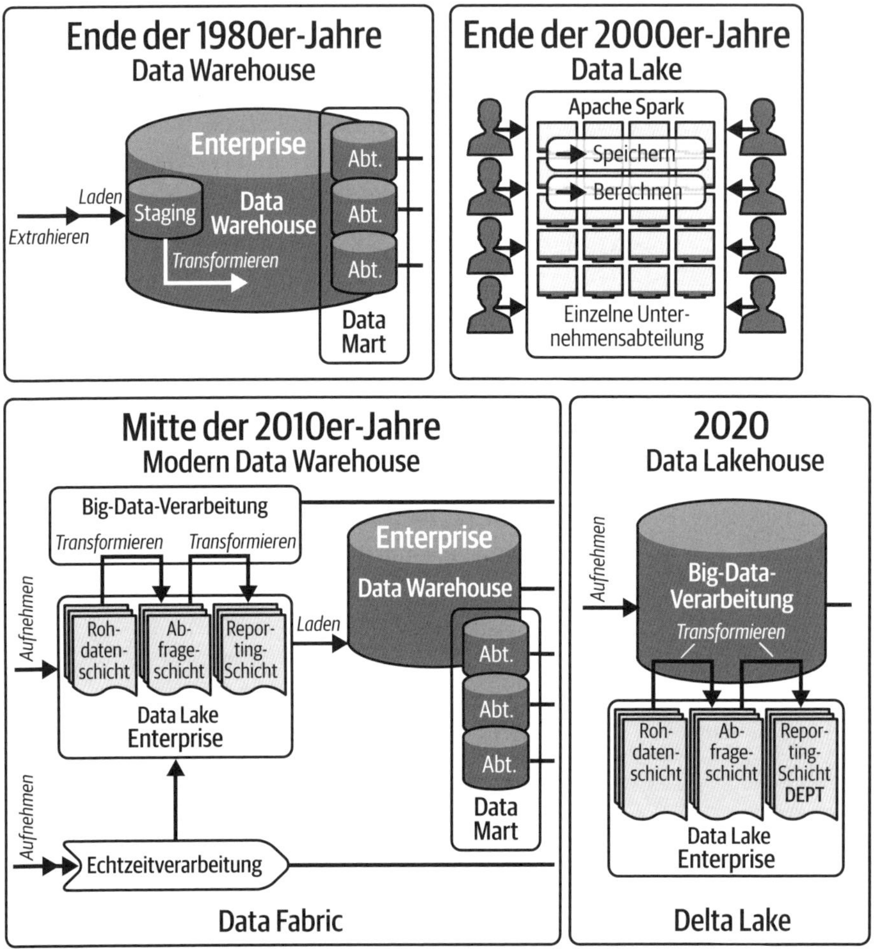

Abbildung 12-1: Historische Zeitachse der Datenarchitekturen

Delta-Lake-Features

Delta Lake fügt einem Data Lake mehrere RDW-ähnliche Features hinzu. In diesem Abschnitt lernen Sie einige davon kennen.

Möglicherweise verwenden Unternehmen Delta Lakes vor allem, weil sie Befehle der *Datenmanipulationssprache* (DML) wie `INSERT`, `DELETE`, `UPDATE` und

`MERGE` unterstützen. Diese Befehle vereinfachen komplexe Datenverwaltungsaufgaben und machen die Datenverarbeitung in Delta Lake flexibler und zuverlässiger. Data Lakes bieten keine native Unterstützung für diese Optionen, weil Data Lakes für die Stapelverarbeitung und das Speichern großer Datenmengen optimiert sind, nicht aber für Updates in Echtzeit.

Um Daten in einem Data Lake zu aktualisieren, muss man in der Regel die komplette Datei lesen, die erforderlichen Updates vornehmen und die gesamte, aktualisierte Datei zurück in den Data Lake schreiben, was insbesondere bei großen Dateien ziemlich lange dauern kann. Arbeitet Delta Lake dagegen zunächst mit einer Tabelle – im Wesentlichen mit einer Datei, die eine organisierte Sammlung von Daten in Zeilen und Spalten ist –, wird diese Tabelle mit dem Ziel einer einfacheren Verwaltung in mehrere kleinere digitale Dateien unterteilt. Das Ergebnis ist eine *Delta Table*. Dann verfolgt Delta Lake in einem Transaktionsprotokoll die Änderungen, wodurch DML-Befehle aufgrund der optimierten Speicherung (spaltenförmiges Speicherformat), der speicherinternen Verarbeitung und der Optimierungen für die Stapelverarbeitung viel schneller ausgeführt werden können. Zum Beispiel sucht Delta Lake mit einer `UPDATE`-Anweisung alle Dateien und wählt diejenigen aus, deren Daten dem Prädikat entsprechen und demzufolge aktualisiert werden müssen. Dann liest Delta Lake jede übereinstimmende Datei in den Arbeitsspeicher, aktualisiert die relevanten Zeilen und schreibt das Ergebnis in neue Datendateien. Auf diese Weise lassen sich die Daten effizient aktualisieren, ohne die gesamte Delta Table neu schreiben zu müssen. Das Transaktionsprotokoll führt eine Historie der Datenänderungen und stellt sicher, dass die Daten immer in einem konsistenten Zustand sind, sogar bei Fehlern oder Systemabstürzen.

Im Zusammenhang mit Datenbanken hört man oft das Akronym ACID, das für *Atomicity* (Atomarität oder Abgeschlossenheit), *Consistency* (Konsistenz), *Isolation* und *Durability* (Dauerhaftigkeit) steht. Dies sind die vier Eigenschaften, die die Zuverlässigkeit und Integrität einer Datenbanktransaktion gewährleisten. Sie garantieren, dass eine Transaktion als ein einziger, zuverlässiger Vorgang abgeschlossen werden kann, wobei sämtliche Datenänderungen entweder vollständig übernommen oder vollständig zurückgenommen werden. Auch wenn man sagt, dass Delta Lake ACID-Transaktionen unterstützt, muss man diese Aussage relativieren.

Im Gegensatz zur Verarbeitung von ACID-Transaktionen in einer relationalen Datenbank wie SQL Server ist die ACID-Unterstützung in Delta Lake auf eine einzige Delta Table beschränkt. Führt man DML-Befehle über mehr als eine Delta Table in einem Delta Lake aus, ist die ACID-Integrität nicht garantiert.

Bei einer relationalen Datenbank funktioniert die ACID-Integrität mit DML-Transaktionen, die sich über mehrere Tabellen erstrecken.

Delta Lake bietet darüber hinaus die Funktion *Zeitreise*. Diese ermöglicht Ihnen, die in Delta Tables gespeicherten Daten abzurufen, wie sie zu einem bestimmten Zeitpunkt vorlagen. Eine Historie der Datenänderungen wird im Delta-Transaktionsprotokoll geführt, zusammen mit Metadaten wie zum Beispiel, wann jede Änderung vorgenommen wurde und von welchem Benutzer. Benutzer können frühere Versionen der Daten anzeigen lassen und darauf zugreifen. Bei Bedarf ist es sogar möglich, die Daten auf eine frühere Version zurückzusetzen. Dies kann für Audits, eine Fehlersuche oder die Wiederherstellung von Daten bei unbeabsichtigten Datenänderungen oder anderen Problemen (zum Beispiel Rollbacks) nützlich sein.

Das Problem der »kleinen Dateien«, bei dem eine große Anzahl von kleinen Dateien die Lese- und Schreibvorgänge verlangsamen und die Speicherkosten erhöhen kann, kommt in Data Lakes häufig vor. Delta Lakes lösen dieses Problem mithilfe optimierter Verdichtungsalgorithmen, die kleine Dateien effizient zu großen zusammenführen. Der Verdichtungsprozess läuft automatisch im Hintergrund und lässt sich so konfigurieren, dass er nach einem Zeitplan abläuft oder manuell ausgelöst wird.

Mit Delta Lake können Benutzer sowohl Stapelverarbeitung als auch Echtzeit-Streaming derselben Daten in einer Delta Table durchführen, sodass keine separaten Datenpipelines und Systeme für die Batch- und Streaming-Verarbeitung erforderlich sind. Diese einheitliche Lösung erleichtert es, Pipelines zu verwalten und zu warten. Zudem vereinfacht sie die Architektur der Datenverarbeitung. Das bedeutet auch, dass Delta Lake die Lambda-Architektur unterstützt (siehe Kapitel 7):

Schemadurchsetzung ist ein Feature von Delta Table, mit dem Sie das erwartete Schema für die Daten in einer Delta Table angeben und Regeln wie zum Beispiel Einschränkungen bezüglich NULL-Werten, Datentypen und eindeutigen Werten. Dadurch wird sichergestellt, dass die in die Delta Table geschriebenen Daten mit dem angegebenen Schema übereinstimmen, was dazu beiträgt, Datenbeschädigungen zu verhindern. Ohne Schemadurchsetzung kann eine Datei mit einem ungültigen Schema einem Ordner hinzugefügt werden, was zu einem Fehler bei ELT-Aufträgen führen kann. Wenn die eingehenden Daten nicht mit dem Schema übereinstimmen, lehnt Delta Lake den Schreibvorgang ab und meldet einen Fehler.

Performanceverbesserungen

Mithilfe von Delta Lake lässt sich die Data-Lake-Performance unter anderem durch folgende Methoden verbessern:

Überspringen von Daten
: Delta Lake kann beim Lesen aus einer Delta Table irrelevante Daten überspringen, was die Abfrageleistung erheblich verbessern kann.

Caching
: Delta Lake unterstützt das Zwischenspeichern von Daten in Spark, was die Performance von wiederholten Abfragen erheblich verbessern kann.

Schnelle Indizierung
: Delta Lake verwendet eine optimierte Indizierungsstruktur, um Daten schnell aufzufinden. Dadurch verringert sich die Zeit, die zur Ausführung von Abfragen erforderlich ist.

Abfrageoptimierung
: Delta Lake ist mit Spark SQL kompatibel und kann von den Funktionen zur Abfrageoptimierung von Spark profitieren, was zu schnelleren und effizienteren Abfragen führt.

Prädikat-Pushdown
: Delta Lake unterstützt *Prädikat-Pushdown*, d.h., Filterbedingungen werden auf die Speicherebene hinab verlagert, was die zu verarbeitende Datenmenge verringert.

Spaltenbereinigung (Column Pruning)
: Bei der *Spaltenbereinigung* werden nur die Spalten gelesen, die für eine bestimmte Abfrage erforderlich sind. Das reduziert die Datenmenge, die verarbeitet werden muss.

Vektorisierte Ausführung
: Bei der vektorisierten Ausführung werden mehrere Datenpunkte in einer einzigen CPU-Anweisung verarbeitet, was zu einer verbesserten Performance führt.

Parallelverarbeitung
: Delta Lake unterstützt die Parallelverarbeitung, was bedeutet, dass mehrere Tasks parallel ausgeführt werden können. Das führt ebenfalls zu einer verbesserten Performance.

Z-Ordnung
: Die *Z-Ordnung* (auch Morton-Ordnung) ist eine Datenindexierungstechnik, die in Delta-Lake-Architekturen dazu dient, Daten für einen schnellen und effizienten Zugriff sowie für Abfragen zu organisieren.

Die Data-Lakehouse-Architektur

In einem Data Lakehouse durchlaufen die Daten die gleichen fünf Phasen, die Sie von den Architekturen MDW und Data Fabric kennen, wie Abbildung 12-2 zeigt: ❶ Aufnehmen, ❷ Speichern, ❸ Transformieren, ❹ Modellieren und ❺ Visualisieren.

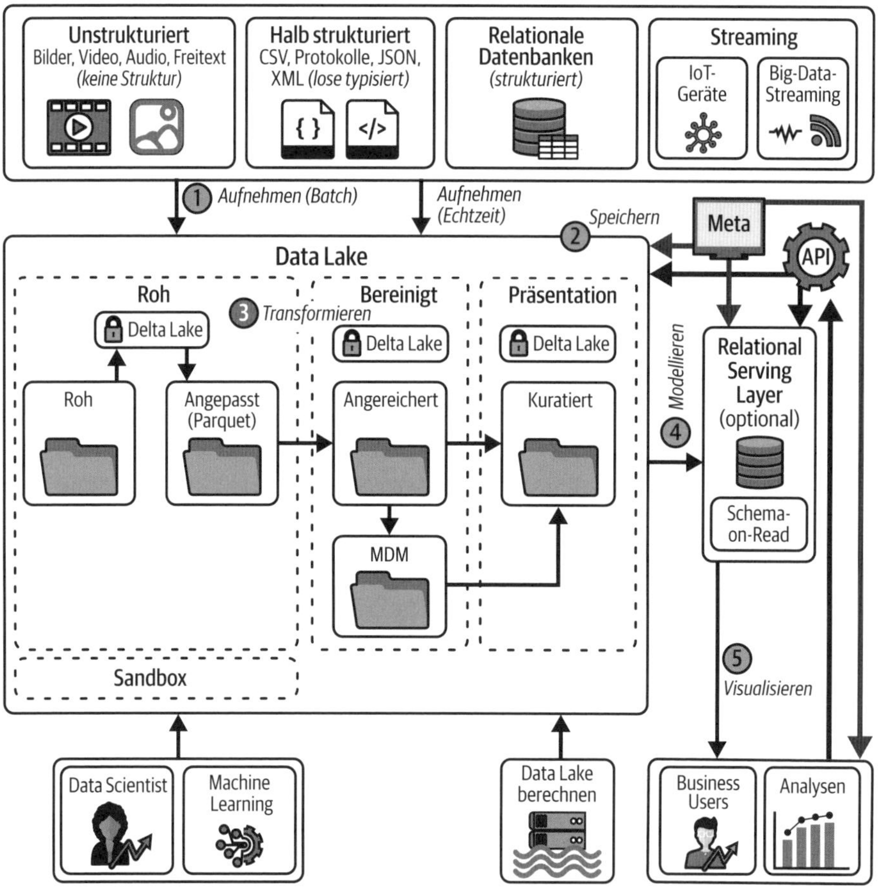

Abbildung 12-2: Data-Lakehouse-Architektur

Wie aus Abbildung 12-2 hervorgeht, gibt es bei einer Data-Lakehouse-Architektur nur ein Repository für Ihre Daten (den Data Lake, der Delta Lake verwendet) und nicht zwei (einen Data Lake und ein RDW). Das RDW wird durch eine optionale relationale Serving-Schicht ersetzt, die weiter unten in diesem Kapitel noch erläutert wird. Dadurch löst man sechs Probleme, die bei MDW- und Data-Fabric-Architekturen häufig auftreten:

Zuverlässigkeit

Es kann problematisch sein, einen Data Lake und ein RDW konsistent zu halten, insbesondere wenn häufig große Datenmengen aus dem Data Lake in das RDW kopiert werden müssen. Wenn die Kopieraufträge fehlschlagen, die Daten nicht genau kopiert werden oder die Daten an der falschen Stelle im Data Lake landen, kann dies zu Zuverlässigkeitsproblemen führen. So kann beispielsweise die Ausführung von Berichten mit dem RDW andere Ergebnisse liefern als die Ausführung von Berichten mit denselben Daten im Data Lake. Bei einem Data Lakehouse ist dies kein Problem, da es kein RDW gibt, in das Daten kopiert werden.

Veraltete Daten

Daten in einem RDW sind älter als die entsprechenden Daten im Data Lake. Wie viel älter die Daten sind, hängt davon ab, wie oft sie aus dem Data Lake in das RDW kopiert werden. Und um die Performance von Abfragen und Berichten nicht zu beeinträchtigen, sollten Sie die Operationen nicht zu oft ausführen. Wie bei den oben genannten Zuverlässigkeitsproblemen kann dies dazu führen, dass Berichte aus dem RDW und aus dem Data Lake unterschiedliche Ergebnisse liefern. Bei einem Data Lakehouse ist dies kein Problem, da kein RDW vorhanden ist, in das Daten kopiert werden.

Begrenzter Support für erweiterte Analysen

Nur wenige KI/ML-Systeme und -Tools funktionieren gut mit RDWs, da Data Scientists normalerweise lieber mit Dateien in einem Data Lake arbeiten. Mit einer Data-Lakehouse-Architektur bekommen sie diese Möglichkeit.

Gesamtkosten des Betriebs (Total Cost of Ownership)

Selbst wenn der Speicherplatz relativ billig ist, fallen zusätzliche Kosten für die erforderliche Rechenleistung an, um die Daten in ein RDW zu kopieren. Zudem liegen nach dem Kopieren die Daten in zwei Exemplaren vor, was zusätzliche Speicherkosten verursacht. Im Gegensatz dazu gibt es in einem Data Lakehouse nur ein einziges Exemplar der Daten. Auch die Rechenleistung für Abfragen und Berichte im RDW kostet in der Regel viel mehr als die Rechenleistung in einem Data Lake. Darüber hinaus entstehen zusätzliche Kosten, weil die Verwaltung eines Data Lake andere Fachkenntnisse und Qualifikationen verlangt als die Verwaltung eines RDW. Und die Kosten steigen noch, wenn für beide Tätigkeiten neue Mitarbeiterinnen und Mitarbeiter eingestellt werden.

Data Governance
: Zwei Kopien der Daten in zwei verschiedenen Speicherumgebungen, möglicherweise mit zwei verschiedenen Sicherheitstypen, erhöhen das Risiko, dass jemand Daten sieht, die er nicht sehen sollte. Außerdem ist es nicht gerade einfach, sicherzustellen, dass beide Systeme denselben Regeln für Datenqualität und Datentransformationen folgen. Mit einem Data Lakehouse und einem einzigen Exemplar der Daten gibt es diese Probleme nicht.

Komplexität
: Sowohl einen Data Lake als auch ein RDW zu verwalten, kann sehr komplex sein und erfordert spezielle Qualifikationen und Ressourcen. Da ein Data Lakehouse kein RDW hat, sind weniger Fachkenntnisse erforderlich.

Was, wenn man das RDW überspringt?

An dieser Stelle stechen wir in ein Wespennest. Vor nicht allzu langer Zeit hätte ich Ihnen gesagt, dass es eine sehr schlechte Idee ist, ein RDW in Ihrer Architektur auszulassen. Jetzt, da Delta Lake den Data Lake um RDW-ähnliche Funktionen erweitert, sehe ich mehr und mehr Anwendungsfälle, in denen ein Data Lakehouse die beste Architektur ist. Die Argumente, die für ein Data Lakehouse sprechen, sind besonders bei kleineren Datasets überzeugend. Da die meisten Cloud-Provider das Modell Serverless Computing bereitstellen, das sich für Delta Lake eignet, lassen sich Kosten sparen, wenn Sie pro Abfrage bezahlen. Kosten sparen Sie auch, weil Sie keine Daten in einen relationalen Speicher kopieren müssen, was aufwendiger ist und teurere relationale Berechnungen benötigt. Und wenn Sie dedizierte Rechenleistung für ein RDW verwenden, anstatt auf Serverless Computing zurückzugreifen, bezahlen Sie selbst dann, wenn Sie diese Rechenleistung nicht nutzen. Wie bei jeder Architektur gibt es Kompromisse und Besorgnisse, die Sie unbedingt überdenken sollten, wenn Sie sich gegen ein RDW in Ihrer Architektur entscheiden.

Der erste Kompromiss besteht darin, dass Abfragen von relationalen Datenbanken schneller sind als Abfragen von einem Delta Lake, insbesondere wenn Ihr RDW die MPP-Technologie (siehe Kapitel 7) verwendet. RDWs verfügen über Features, um die Abfrageperformance zu verbessern, die in einem Delta Lake nicht verfügbar sind, zum Beispiel:

- Erweiterte Indexierung (zum Beispiel gruppierte Columnstore-Indizes und Volltextindizes).
- Erweiterte Statistiken.
- Caching (sofern Sie nicht Spark verwenden).

- Erweiterte Abfrageplanoptimierung.
- Materialisierte Sichten.
- Erweiterte Optimierung von Verknüpfungen.

Einige Performancefeatures von Delta Lake, wie zum Beispiel die Z-Ordnung, entschärfen das Fehlen dieser Funktionen zum Teil.

In Delta Lake fehlen einige weitere übliche Stützpfeiler der RDW-Sicherheit, wie zum Beispiel Sicherheit auf Zeilenebene, Sicherheit auf Spaltenebene, Data-at-Rest-Verschlüsselung, Verschlüsselung auf Spaltenebene, transparente Datenverschlüsselung und dynamische Datenmaskierung (die automatisch Teile der Daten ersetzt oder unkenntlich macht, sodass nicht autorisierte Benutzer nur eine maskierte Version der Daten statt der eigentlichen sensiblen Informationen sehen). Auch SQL-Sichten, referenzielle Integrität, Workload-Verwaltung und erweiterte Auditing Trails, Richtlinien für die Vorratsdatenspeicherung und Compliance-Zertifizierungen werden nicht bereitgestellt. Außerdem unterstützen RDWs eine höhere Parallelität als Delta Lake, da sie erweiterte Features wie zum Beispiel erweiterte Sperrfunktionen, Isolationsebenen und Transaktionsverwaltung bieten.

Komplexität ist ebenfalls ein Thema. Bei einem RDW haben Sie eine *erzwungene Metadatenschicht* – Sie müssen eine Datenbank, ein Schema und eine Tabelle mit Feldern, die den Datentyp beschreiben, erzeugen und dann die Daten laden (Schema-on-Write). Demnach liegen über den eigentlichen Daten immer die Metadaten. Hierfür sind Vorarbeiten erforderlich, doch der große Vorteil ist, dass die Metadaten und die Daten immer miteinander verknüpft sind, sodass sich anhand der Metadaten leicht die Daten finden lassen. Die Metadaten werden Sie niemals »verlieren«, und sie werden die Daten immer genau beschreiben. Dies unterscheidet sich gewaltig von der Delta-Lake-Architektur, die eine ordner- und dateibasierte Welt darstellt. Das ist der Hauptgrund, warum Endbenutzer, die an ein RDW gewöhnt sind, oft Probleme mit Delta Lake haben.

In Delta Lake müssen die Daten nicht zwingend mit Metadaten verknüpft sein. Die Metadaten können in einer oder mehreren separaten Dateien, innerhalb der Datei, die die Daten enthält, innerhalb desselben Ordners, in einem separaten Ordner oder überhaupt nicht vorhanden sein. Hinzu kommt, dass die Metadaten möglicherweise sehr ungenau sind, da sie nicht wie in einem RDW über eine 1:1-Beziehung den Daten zugeordnet sind. Wie verwirrend das für Endbenutzer sein kann, die sich schwertun, die Metadaten zu finden, sieht man beispielsweise daran, dass sie fälschlicherweise davon ausgehen, dass es keine Metadaten gibt, oder dass sie sogar die falschen Metadaten verwenden. Letztlich kann die Synchronisation der Metadaten mit den Daten verloren gehen, wenn Änderungen außerhalb des Delta Lake erfolgen.

Falls Sie mit bestimmten Features der Delta-Lake-Architekturen arbeiten, könnten Sie daran gebunden sein, Spark zu verwenden. Auch wenn Sie von einem Produkt mit einer anderen SQL-Version als Spark SQL migrieren wollen, sollten Sie sich darauf vorbereiten, Ihre gespeicherten Prozeduren, Sichten, Berichte, Dashboards usw. neu zu schreiben.

Sind Sie auf Spark SQL angewiesen, müssen Sie gegebenenfalls die Endbenutzer, die bereits an die Interaktion mit RDWs gewöhnt und mit den entsprechenden Tools vertraut sind, erneut schulen. Vielleicht verwenden sie ANSI-konformes SQL oder ein RDW-Produkt wie T-SQL (ein Bestandteil von Microsoft-Produkten). Zudem sind sie mit dem relationalen Modell vertraut und wissen, wie sie schnell Abfragen und Berichte auf dieser Basis erstellen können. In eine Welt der Ordner und Dateien zu wechseln, würde sie wahrscheinlich dazu zwingen, den Umgang mit neuen Tools zu erlernen, sich mit Schema-on-Read bekannt zu machen und zu lernen, mit den oben beschriebenen Problemen von Geschwindigkeit, Sicherheit, fehlenden Features, Komplexität und SQL-Änderungen klarzukommen. Da ist jede Menge Schulungsbedarf.

Bestehende Technologien können einige dieser Probleme abmildern und sie letztendlich unbedeutend werden lassen. Doch bis es so weit ist, sollten Sie im Hinblick auf Ihre Bedürfnisse sorgfältig abwägen, ob Sie die Data-Lakehouse-Architektur verwenden wollen. Ist es zum Beispiel ein Problem, wenn in der Data-Lakehouse-Architektur Abfragen an den Data Lake im Mittel fünf Sekunden dauern? Wenn die Endbenutzer damit klarkommen, können Sie dieses Problem ad acta legen, aber wenn sie Dashboards verwenden und Antwortzeiten bei Abfragen im Millisekundenbereich benötigen, müssten Sie die für die Dashboards relevanten Daten in ein RDW kopieren (was auf eine MDW-Architektur hinausläuft). Stattdessen könnten Sie mit einem Reporting-Produkt, das es Ihnen erlaubt, Daten in seinen Arbeitsspeicher zu kopieren, Reaktionszeiten im Millisekundenbereich realisieren, doch die Daten wären nicht mehr so aktuell wie in Delta Lake, und Sie müssten die Daten im Arbeitsspeicher des Reporting-Tools regelmäßig aktualisieren.

Auch hier geht es um Kompromisse. Als Architekt besteht ein großer Teil Ihrer Aufgaben darin, Produkte zu identifizieren, die sich in jeder Architektur verwenden lassen, sowie die einzugehenden Kompromisse zu bestimmen und zu analysieren, um die beste Architektur und die besten Produkte für Ihren speziellen Anwendungsfall auszuwählen.

Keines der oben genannten Probleme ist für sich genommen unbedingt eine unüberwindbare Barriere, aber in Kombination können sie ein ausreichender Grund sein, ein RDW einzusetzen. Viele Unternehmen beginnen mit einigen Proofs of Concepts, um festzustellen, ob einer der Nachteile beim Verzicht auf das RDW ein Problem darstellen wird. Wenn nicht, fahren sie mit einem Data Lakehouse fort.

Relationale Serving-Schicht

Da Delta Lake nach dem Prinzip Schema-on-Read arbeitet (siehe Kapitel 2), wird das Schema angewendet, wenn die Daten gelesen sind, nicht vorher. Und weil Delta Lake ein Datei-Ordner-System ist, bietet es keinen Kontext für die Daten. (Vergleichen Sie dies mit der Metadaten-Präsentationsschicht des RDW, die über den Daten liegt und mit den Daten direkt verknüpft ist.) Definierte Beziehungen gibt es in Delta Lake nicht. Jede Datei befindet sich in ihrer eigenen isolierten Insel, sodass Sie eine »Serving-Schicht« über den Daten im Delta Lake erstellen müssen, um die Metadaten direkt mit den Daten zu verknüpfen. Damit die Daten für Endbenutzer verständlicher sind, werden Sie sie wahrscheinlich in einem relationalen Datenmodell darstellen wollen. Müssen Sie mehrere Dateien miteinander verknüpfen, erlaubt diese Schicht über den Daten, dass Sie die Beziehungen zwischen ihnen definieren können. Die relationale Serving-Schicht kann sich in vielen Formen zeigen: als SQL-Sicht, als Datensatz in einem Reporting-Tool, als Apache-Hive-Tabelle oder in einer Adhoc-SQL-Abfrage. Wenn dies richtig gemacht wird, hat der Endbenutzer keine Ahnung, dass er tatsächlich Daten aus dem Delta Lake abruft – er wird denken, dass sie vom RDW stammen.

Viele Unternehmen erstellen SQL-Sichten über den Dateien in Delta Lake und rufen dann diese Sichten in einem Reporting-Tool auf. Damit ist es für Endbenutzer leicht, Berichte und Dashboards zu erstellen.

Selbst mit einer relationalen Serving-Schicht hat Delta Lake noch einige Herausforderungen auf Lager. Zum Beispiel könnte die relationale Serving-Schicht die Daten falsch porträtieren, oder es könnten zwei Schichten entstehen, die auf dieselben Daten verweisen, aber verschiedene Metadaten enthalten. Dass Metadaten nicht an die Daten gebunden sind, ist ein inhärentes Problem bei Delta Lake. RDWs vermeiden dieses Problem mit einem universellen Datenmodell, das jeder verwenden kann.

Zusammenfassung

Dieses Kapitel hat das Konzept des Data Lakehouse untersucht, wobei der Schwerpunkt auf der Rolle von Delta Lake als transaktionale Speicherebene lag, die die Zufälligkeit, Sicherheit und Performance bestehender Data Lakes erheblich verbessert.

Sie haben die potenziellen Nachteile kennengelernt, die mit der Umgehung eines herkömmlichen RDW verbunden sind, wobei besonders die Herausforderungen in Bezug auf Geschwindigkeit, Sicherheit und Gleichzeitigkeit hervorgehoben wurden. Seien Sie sich einfach der Kompromisse bewusst. Und wenn unmittelbar keine großen Bedenken bestehen, verwenden Sie ein Data Lakehouse, bis es nicht mehr geht. Wenn einer dieser Kompromisse für ein bestimmtes Dataset zu groß wird, können Sie diese Daten in ein RDW kopieren (wobei Sie nicht *alle* Daten kopieren müssen). In dem Maße, in dem sich die Technologie für Delta Lake, für ähnliche Technologien wie Apache Iceberg und Apache Hudi sowie für Speicher und Rechenoperationen weiter verbessert, wird es immer weniger Gründe geben, ein RDW zu unterhalten. Die meisten neuen Datenarchitekturen werden Data Lakehouses sein.

Sie haben den einzigartigen Schema-on-Read-Ansatz von Delta Lake gesehen, bei dem die Dateninterpretation in der Lesephase und nicht im Voraus erfolgt. Außerdem haben Sie seine Datei-Ordner-Struktur kennengelernt, die ohne Kontext auskommt und somit erheblich von der strukturierten Metadaten-Präsentationsschicht eines RDW abweicht. Dies macht eine »relationale Serverschicht« erforderlich, um eine direkte kontextbasierte Verknüpfung zu den Daten im Delta Lake einzurichten.

Die schnellen technologischen Fortschritte beeinflussen weiterhin die Datenarchitekturstrategien. Vor ein paar Jahren wäre es noch ein großer Fehler gewesen, ein RDW in der Architektur wegzulassen, aber die aktuellen Trends weisen auf eine steigende Anzahl von Use Cases hin, in denen sich Data Lakehouses als die optimale Architektur herausstellt.

Alle bisher beschriebenen Architekturen sind zentralisierte Lösungen, d. h., die Quelldaten werden an einen zentralen Ort kopiert, deren Besitzer die IT-Abteilung ist. Im nächsten Kapitel werden wir uns mit der dezentralen Lösung des Data Mesh befassen und einen wesentlichen Unterschied feststellen.

KAPITEL 13
Data-Mesh-Grundlagen

Data Mesh ist eine dezentralisierte Datenarchitektur mit vier spezifischen Eigenschaften. Erstens setzt sie voraus, dass unabhängige Teams in designierten Bereichen Besitzer ihrer analytischen Daten sind. Zweitens werden die Daten in Data Mesh als Produkt behandelt und bereitgestellt, um den Datenkonsumenten zu helfen, die Daten je nach ihrem gewünschten Zweck zu entdecken, ihnen zu vertrauen und sie zu nutzen. Drittens stützt sie sich auf automatisierte Provisionierung der Infrastruktur. Und viertens stellt sie durch Governance sicher, dass alle unabhängigen Datenprodukte sicher sind und globalen Regeln entsprechen.

Obwohl die Konzepte, die Data Mesh ausmachen, nicht neu sind, gebührt Zhamak Dehghani, CEO und Gründerin von Nextdata (*https://nextdata.com/*), das Verdienst, den Begriff *Data Mesh* geprägt und diese Konzepte miteinander kombiniert zu haben.[1] Zwar gibt es verschiedene Meinungen, was unter Data Mesh zu verstehen ist, doch basiert dieses Buch auf der Definition in der Arbeit von Dehghani, insbesondere auf ihren vier Prinzipien, die ich in diesem Kapitel erörtere. Es ist sehr wichtig zu verstehen, dass Data Mesh ein Konzept und keine Technologie ist. Es geht um einen organisatorischen und kulturellen Wandel in Unternehmen. Die Technologie, mit der ein Data Mesh aufgebaut wird, könnte den Architekturen MDW, Data Fabric oder Data Lakehouse folgen – oder die Domains könnten sich sogar für verschiedene Architekturen entscheiden.

Wenn wir in diesem und dem nächsten Kapitel in die nuancierte Welt der Data-Mesh-Architekturen eintauchen, gebe ich Ihnen einen Fahrplan an die Hand, damit Sie durch die komplexe Data-Mesh-Landschaft navigieren können, die auf dem Prinzip der Dezentralisierung beruht. In diesem Kapitel nehme ich die dezentrale Datenarchitektur unter die Lupe, kläre den Hype um

1 Siehe Zhamak Dehghani, »How to Move Beyond a Monolithic Data Lake to a Distributed Data Mesh« (*https://oreil.ly/cv2sX*), MartinFowler.com, 20. Mai 2019, »Data Mesh Principles and Logical Architecture« (*https://oreil.ly/NTOLG*), MartinFowler.com, 3. Dezember 2020, und *Data Mesh: Eine dezentrale Datenarchitektur entwerfen* (*https://dpunkt.de/produkt/data-mesh/*) (O'Reilly, 2023).

Data Mesh und erläutere die vier Grundprinzipien. Wir tauchen tief ein in das Wesen des reinen Data Mesh und gehen die Feinheiten der Datendomains durch. Dann sehen wir uns die logische Architektur und die verschiedenen Topologien an, die die Infrastruktur unterstützen, und vergleichen Data Mesh mit Data Fabric. Schließlich werde ich die passenden Use Cases für Data Mesh diskutieren.

In Kapitel 14 verlagere ich den Schwerpunkt und gehe auf die potenziellen Herausforderungen bei der Implementierung von Data Mesh ein. Dabei entlarve ich gängige Mythen, um Unternehmen zu helfen, fundierte Entscheidungen in Bezug auf die Einführung von Data Mesh zu treffen. Als Nächstes zeige ich, wie Sie eine Unternehmensbewertung durchführen, um festzustellen, ob die Einführung von Data Mesh den Anforderungen Ihres Unternehmens entspricht. Anschließend gebe ich ausführliche Empfehlungen dazu, wie sich ein Data Mesh erfolgreich implementieren lässt, um einen nahtlosen Übergang und maximalen Nutzen zu gewährleisten. Dann werfe ich einen Blick auf die voraussichtliche Entwicklung von Data Mesh in der sich ständig weiterentwickelnden Datenlandschaft und schließe mit einer Diskussion darüber, wann jede der vier Architekturen – Modern Data Warehouse, Data Fabric, Data Lakehouse und Data Mesh – eingesetzt werden sollte.

Begleiten Sie mich, wenn ich die Feinheiten der Data-Mesh-Architekturen enträtsele und Ihnen einen tiefen und dennoch prägnanten Einblick in das dezentralisierte Framework gebe.

Eine dezentralisierte Architektur

Die bisher in diesem Buch beschriebenen Datenarchitekturen – Modern Data Warehouse, Data Fabric und Data Lakehouse – sind allesamt zentralisierte Architekturen, bei denen das IT-Team sämtliche Analysedaten erzeugt und besitzt. Data Mesh unterscheidet sich von diesen anderen Architekturen vor allem dadurch, dass es dezentralisiert ist. Das heißt, dass einzelne Teams oder *Domains* (Domänen) innerhalb einer Organisation die Daten zusammen mit allen für ihre Verwaltung erforderlichen Dingen besitzen und verwalten. Außerdem sind sie, im Unterschied zu einer zentralen Instanz oder einem einzelnen Team in der IT, nach Geschäftsbereichen gruppiert. Diese Domainteams sind dafür verantwortlich, ihre eigenen Daten zu erfassen, zu verarbeiten und zu verwalten. Und sie dürfen selbst entscheiden, wie ihre Daten verwendet und geteilt werden. Die Daten verbleiben innerhalb der Domain; Endbenutzer können auf die Daten an ihren jeweiligen Speicherorten zugreifen und sie abfragen, ohne die Daten an einen zentralen Ort zu kopieren. Dies führt zu größerer Verantwortlichkeit und stellt sicher, dass die Daten von denjenigen verwaltet und gepflegt werden, die über das größte Fachwissen darüber verfügen.

Damit löst sich das Hauptproblem zentralisierter Architekturen, nämlich die organisatorische und technische Skalierung. Wenn ein Unternehmen wächst und mehr Daten schnell zentralisiert werden müssen, ist die IT-Abteilung oft überlastet und wird zum Engpass.

Wenn ich davon spreche, dass alle anderen Architekturen in diesem Buch zentralisiert sind, beziehe ich mich auf eine Vielzahl von Aspekten dieser Architekturen. Ein zentrales IT-Team besitzt und kontrolliert nicht nur die Daten, sondern ist auch für Folgendes verantwortlich:

- Daten aus verschiedenen Quellen integrieren.
- Daten an zentralen Orten, die es besitzt, speichern.
- Datenmodelle aufbauen und sie in einem zentralen Repository unterbringen.
- Governance und Compliance, einschließlich der Definition und Durchsetzung von Datenqualitäts-, Sicherheits- und Datenschutzstandards.
- Erstellen und Pflege von Datenpipelines und Transformationslogik.
- Durchsetzen der Datenqualität durch Profiling, Validierung und andere Prozesse.
- Optimieren der Performance.
- Verwalten der gesamten Rechentechnik.
- Verwalten der Analyse- und Berichtstools.
- Speichern und Verwalten von Metadaten.
- Notfallwiederherstellung und Datensicherung.

Darüber hinaus sind in einer zentralisierten Architektur die Hardware und die Verarbeitungsleistung auf eine vertikale Skalierung ausgelegt.

Der Hype um Data Mesh

Data Mesh hat seit der Einführung im Jahr 2019 viel Aufmerksamkeit erregt. Von Gartner stammt ein bekannter »Hype-Zyklus« für das Datenmanagement, der die Reife von Technologien auf der Grundlage des aktuellen Akzeptanzgrads und der Anzahl der Jahre bis zur Mainstream-Akzeptanz misst. In seinem *Hype Cycle for Data Management, 2023* (*https://oreil.ly/xgsrW*) platziert er Data Mesh in den oberen Teil des Hype-Zyklus (kurz vor dem »Gipfel der überzogenen Erwartungen«) und bewertet den Nutzen mit »moderat«. Data Mesh hat eine Marktdurchdringung von 5% bis 20%, und interessanterweise sagt Gartner voraus: »Data Mesh wird noch vor dem Plateau veraltet sein. Die Praxis und die unterstützende Technologie werden sich in Richtung Data Fabric entwickeln, wenn Organisationen anfangen, passive Metadaten zu sammeln.«

Viele, die Data Mesh hochjubeln, behaupten, dass Data-Warehousing-Projekte sehr häufig scheitern, nicht nachhaltig sind und Big Data nicht mehr verarbeiten können, weil sie nicht skalierbar sind. Bei all dem Hype könnte man meinen, der Aufbau eines Data Mesh sei die Antwort auf all diese »Probleme« mit Data Warehousing. Die Wahrheit ist, dass Data-Warehouse-Projekte zwar scheitern, dies aber selten deshalb passiert, weil sie nicht ausreichend skaliert werden können, um mit Big Data umzugehen, oder weil die Architektur oder die Technologie nicht geeignet ist. Der Grund für das Scheitern liegt fast immer in Problemen mit den Mitarbeitenden und/oder dem Prozess oder darin, dass das Unternehmen die völlig falsche Technologie gewählt hat. Manchmal habe ich das Gefühl, dass Data Mesh eine Lösung ist, die ein Problem sucht, und dass die Menschen, die Data Mesh anpreisen, die gesamte Herausforderung der Datenverwaltung und -integration zu sehr vereinfachen.

Ich habe gesehen, dass Big-Data-Lösungen viele Jahre lang auch ohne Data Mesh sehr gut funktioniert haben – von den späten 1980er-Jahren (als ein Terabyte als »Big Data« galt) bis zu den heutigen Petabytes an Daten. Die Technik ist nicht stehen geblieben. Zentralisierte Datenarchitekturen und Cloud-Produkte sind durchaus in der Lage, jede beliebige Menge an Batch- und Streaming-Daten zu verarbeiten.

Diese Lösungen haben sich seit Jahrzehnten für Big Data bewährt. Warum sollten wir annehmen, dass sie in Zukunft nicht mehr funktionieren werden?

Selbstverständlich sind das alles nur Vermutungen. Data Mesh ist noch neu, und nicht jeder glaubt an den Hype. Ich gehöre zum Lager der Skeptiker. Seit über 35 Jahren arbeite ich mit Datenbanken und seit 15 Jahren mit Data Warehousing. Viele gepriesene Technologien habe ich kommen und gehen sehen. Zwar glaube ich nicht, dass Data Mesh obsolet werden wird, aber ich glaube auch nicht, dass irgendein Unternehmen ein »reines« Data Mesh aufbauen wird. Einige wenige Unternehmen werden ein modifiziertes Data Mesh auf die Beine stellen, und der Rest wird auf eine andere Architektur setzen.

Mit sind nur wenige Unternehmen bekannt, die ein modifiziertes Data Mesh in Betrieb genommen haben. Viele behaupten, sie hätten es, um den Anschein zu erwecken, sie seien auf dem neuesten Stand der Technik. Doch in den meisten Fällen handelt es sich in Wirklichkeit um eine Data Fabric oder ein Data Lakehouse. Aber selbst bei einer sehr freien Auslegung des Begriffs »Data Mesh« ist der Anteil der Unternehmen, die ein solches System aufbauen, deutlich gering. Wenn ich von Datenarchitektur spreche, frage ich meine Zuhörenden immer: » Wie viele haben schon von Data Mesh gehört?« Normalerweise heben mindestens 75% die Hand. Meine nächste Frage: »Wie viele bauen ein Data Mesh auf?« Daraufhin heben sich selbst bei 100 Teilnehmenden nur ein oder zwei Hände. Dann frage ich: »Wie viele betreiben ein Data Mesh in der Produktion?« Bisher habe ich noch keine einzige Hand oben gesehen. Andere Kolleginnen und Kollegen berichten von ähnlichen Erfahrungen. Das sind zwar nur Anekdoten, aber sie scheinen darauf hinzudeuten, dass Data Mesh dem Hype nicht gerecht wird. Nichtsdestotrotz haben Data-Mesh-Architekturen eine Menge positiver Aspekte, die jede der anderen Datenarchitekturen verbessern können. In diesem und dem nächsten Kapitel werden wir das näher erläutern.

Dehghanis vier Prinzipien des Data Mesh

Data Mesh versucht, die vier größten Herausforderungen zentralisierter Datenarchitekturen zu lösen: fehlender Besitz, geringe Datenqualität, technische Skalierung und organisatorische Skalierung. Die vier Prinzipien, die Dehghani aufstellt, gehen diese Herausforderungen an.[2] Betrachten wir sie der Reihe nach.

Prinzip #1: Domain Ownership

Das erste Prinzip empfiehlt, die Verantwortung zu dezentralisieren und sie denjenigen zu übertragen, die am nächsten an den Daten dran sind, um kontinuierliche Änderungen und Skalierbarkeit zu unterstützen (zum Beispiel Fertigung, Vertrieb, Zulieferer).

In einer zentralisierten Architektur herrscht in der Regel Verwirrung (oder, in manchen Meetings, lautstarker Streit) darüber, wer die analytischen Daten »besitzt«.

Die meisten Quelldaten werden von eigenen operativen Systemen, CRM-Tools wie Salesforce und Microsoft Dynamics sowie ERP-Tools (*Enterprise Resource Planning*) wie SAP und Microsoft Dynamics erzeugt. Diese domainspezifischen Systeme und Anwendungen werden von dedizierten Mitarbeitenden betrieben, die normalerweise wenig bis gar keinen Kontakt zum zentralen IT-Team für die Datenplattform haben. Oft wissen diese Mitarbeitenden gar nicht, dass »ihre« Daten an eine Datenplattform gesendet werden.

2 Siehe Zhamak Dehghani, *Data Mesh: Eine dezentrale Datenarchitektur entwerfen* (*https://dpunkt.de/produkt/data-mesh/*) (O'Reilly, 2023), Seite 57 für Prinzip #1, Seite 71 für Prinzip #2, Seite 91 für Prinzip #3 und Seite 111 für Prinzip #4.

Wenn sich Daten in einer operativen Datenbank befinden, gehören sie zur operativen Domain, der die Datenbank gehört. Werden die Daten in den zentralisierten Speicher (üblicherweise einen Data Lake) kopiert, gehören sie in der Regel der IT-Abteilung. Allerdings gibt es auch Argumente dafür, dass sie weiterhin im Besitz der Domain bleiben sollten.

Das IT-Team für die zentrale Datenplattform hat seinerseits kaum ein solides Verständnis davon, wie die operativen Systeme oder Geschäftsanwendungen funktionieren. Mit den Daten können sie kaum etwas anfangen, und sie wissen auch nicht, in welchem Rahmen sie erzeugt wurden oder was sie tatsächlich bedeuten. Sie sehen nur Tabellen- und Feldnamen oder Dateien. Infolgedessen fällt es ihnen schwer, qualitativ hochwertige Daten und brauchbare Analysen zu erstellen.

Diese Herausforderung wird durch das erste Data-Mesh-Prinzip – die Domainverantwortung – geklärt. Die für die operativen Datenbanken zuständigen Personen sind *immer* die Besitzer der Analysedaten, und sie sind dafür verantwortlich, die Daten zu verwalten und zu pflegen. Verantwortung und Besitz sind dezentralisiert und werden an diejenigen verteilt, die den Daten am nächsten sind, um kontinuierliche Änderung und Skalierbarkeit zu unterstützen. Diese Personen sind nach Geschäftsbereichen gruppiert, wie zum Beispiel Fertigung, Vertrieb oder Lieferant. Es kann schwierig sein, die Domains eines Unternehmens zu definieren. Jede Domain besitzt ihre operativen und analytischen Daten.

Prinzip #2: Data-as-a-Product

Prinzip #2 schlägt vor, die von den Domains bereitgestellten analytischen Daten als Produkt und die Konsumenten dieser Daten als Kunden zu behandeln. Jede Domain verfügt über Domainteams, API-Code, Daten und Metadaten sowie Infrastruktur.

In einer zentralisierten Architektur besitzt das IT-Team die analytischen Daten und ist demzufolge für die Datenqualität verantwortlich – doch normalerweise kennt es die Daten nicht gut und kann bei ihrer Transformation Fehler machen. Hingegen verfügt das Domainteam über ein tiefes Verständnis der Daten und deren Kontext innerhalb ihrer Geschäftsbereiche. Dieses Wissen versetzt sie in die Lage, Datenqualitätsprobleme zu erkennen und zu beheben, die das zentrale IT-Team übersehen könnte, da es zu wenig Kontext hat, um die Geschäftsanforderungen zu verstehen.

Das zweite Data-Mesh-Prinzip besagt, dass die Datenbesitzer die analytischen Daten nicht als Eingabe, Aktivposten oder Nebenprodukt eines Prozesses, den andere verwalten, sondern als ein *in sich geschlossenes Produkt*, für das sie verantwortlich sind, sehen sollten. Sie behandeln die Konsumenten der Daten (Datenbenutzer, Datenanalysten, Data Scientists) als Kunden. Das bedeutet, dass Domainteams ihre Daten nach dem Produktgedanken behandeln, um sicherzustellen, dass sie sich leicht finden lassen und vertrauenswürdig, zugänglich, sicher und verständlich sind.

Um Daten wie ein Produkt zu behandeln, identifiziert man in einem ersten Schritt genau, was ein Datenprodukt in Ihrem Unternehmen ist. Ein *Datenprodukt* ist eine in sich geschlossene, unabhängig bereitstellbare Dateneinheit, die einen Geschäftswert liefert. Es enthält analytische Daten, die von operativen oder transaktionalen Anwendungen stammen. Es wird von einem einzigen Produktteam entworfen, erstellt und verwaltet. Jedes Datenprodukt ist eigenständig und wird vollkommen unabhängig von den anderen Datenprodukten verwaltet. Es löst ein bestimmtes Geschäftsproblem und sollte mit einem klaren Verständnis der Bedürfnisse seiner Zielbenutzer entwickelt werden. Ein Datenprodukt ist einer bestimmten Datendomain zugeordnet, dient also einem bestimmten Geschäftsbereich und sollte auf die Geschäftsziele dieses Bereichs abgestimmt sein. Unter jeder Domain gibt es normalerweise viele Produkte.

Beachten Sie, dass *Datenprodukt* nicht dasselbe ist wie *Data-as-a-Product* (*Daten als Produkt*). Mit *Data-as-a-Product* beschreibt man die Idee, dass Datenbesitzer die Daten als ein in sich geschlossenes Produkt behandeln, für das sie verantwortlich sind, und nicht als Nebenprodukt eines Prozesses, den andere verwalten, und dass sie die Daten für andere Domains und Konsumenten verfügbar machen sollten. Dagegen bezieht sich *Datenprodukt* auf die Architektur der Implementierung von Data-as-a-Product. Teilweise sieht man in der IT-Branche Datasets, analytische Modelle und Dashboard-Berichte als Datenprodukte an, wobei man sich auf die physische Darstellung von Daten konzentriert und weder Metadaten noch Code oder Infrastruktur als Datenprodukte betrachtet.

Ein Datenprodukt kann aus Teilprodukten bestehen, von denen jedes für eine bestimmte Teilmenge von Daten oder Funktionalität verantwortlich ist, die um einen Themenbereich herum organisiert sind. Zum Beispiel könnte ein Datenprodukt für Kundendaten aus Teilprodukten für transaktionale, demografische und verhaltenstechnische Daten bestehen, die jeweils von einem separaten Team verwaltet werden.

Datenprodukte werden über *Datenverträge* konsumiert. Das sind Vereinbarungen zwischen Datendomains oder Datenprodukten, die das Format und die Struktur des Datenaustauschs zwischen einem Produzenten und einem Konsumenten definieren. Der Datenvertrag ist ein sehr umfangreiches Dokument, das in der Regel Metadaten, Datenschemas, Informationen zur Datentransformation und Datenzugriffregeln enthält. Außerdem umfasst er Informationen darüber, wie andere Domains, Produkte oder Konsumenten auf das Datenprodukt zugreifen werden, was in der Regel über APIs, eine Datenbank, ein Standarddateiformat, einen Ereignisstrom oder einen Graphen geschieht.

Da Domainteams direkt für die Daten verantwortlich sind, können sie etwaige Qualitätsmängel schnell identifizieren und beheben. Dies führt zu kürzeren Auflösungszeiten und verringert das Risiko, dass ungenaue Daten für Geschäftsentscheidungen herangezogen werden. Schließlich sind die Domainteams in das Unternehmen eingebettet, sodass sie die spezifischen Datenanforderungen für ihre Domains besser verstehen. Damit wird sichergestellt, dass die Daten so verwaltet und gepflegt werden, dass sie den Bedürfnissen des Unternehmens entsprechen, was zu qualitativ hochwertigeren und relevanteren Analysedaten führt.

Zu Prinzip #2 sei noch erwähnt, dass jedes Domainteam dafür verantwortlich ist, seine eigenen Infrastruktur- und Ressourcenzuweisungen zu beschaffen und zu verwalten sowie Leute einzustellen, die die Architektur aufbauen und die Daten verwalten. Dies ist eine große Veränderung: Nicht die IT bereinigt und verarbeitet Daten für die Konsumption (indem operative Daten in analytische Daten kopiert werden), sondern diese Aufgaben fallen nun dem Domainteam zu. Außerdem müssen Domainteams die Geschäftsanforderungen für ihre Daten bestimmen. Das bedeutet, dass jedes Team seinen eigenen Ressourcenbedarf basierend auf den Anforderungen der Domain und dem Datenvolumen ermitteln kann. Jedes Team kann außerdem unabhängig Ressourcen bei Bedarf provisionieren und skalieren, um Nachfrageschwankungen zu bewältigen, sodass nicht mehrere Domainteams um die Infrastrukturressourcen eines zentralen IT-Teams konkurrieren.

Prinzip #3: Self-Serve-Infrastructure-as-a-Platform

Prinzip #3 empfiehlt, das Erstellen von Datenprodukten zu vereinfachen, indem die Provisionierung der Infrastruktur (zum Beispiel Speicher, Rechentechnik, Datenpipeline und Zugriffskontrolle) automatisiert wird.

Wie bereits zu Beginn dieses Kapitels erwähnt, kann das zentrale IT-Team in zentralisierten Architekturen zu einem Engpass werden, was eine effektive Skalierung erschwert. Dieses Team übernimmt es, die gesamte Architektur einschließlich Speicher, Rechentechnik, Datenpipelines und Datenzugriffsrichtlinien einzurichten und zu überwachen. Oftmals stehen aber nicht genügend Mitarbeitende zur Verfügung, um die Daten zeitnah verfügbar zu machen.

Da in Data Mesh jedes Domainteam seine Domaindaten besitzt und seine Daten als Produkt behandelt, benötigt es seine eigenen Technikteams und seine Infrastruktur, um das eigene Datenprodukt zu erstellen, bereitzustellen, zu überwachen und den Zugriff darauf zu ermöglichen. Domainteams sind dann nicht mehr nur dafür verantwortlich, operative Anwendungen zu entwickeln, sondern auch dafür, Analysen einzubinden und eine Lösung zu erstellen, um die Daten gemeinsam zu nutzen. Kurz gesagt, bedeuten die ersten beiden Data-Mesh-Prinzipien zusätzlichen Aufwand für die Domain-Ingenieurteams. Bei diesem Prinzip geht es darum, diesen Aufwand zu verringern.

Die Domainteams sind vielleicht entsetzt über den Gedanken, ihr Datenprodukt zu verwalten, mit Personal auszustatten, zu beaufsichtigen und zu bezahlen, um es zu entwickeln und zu pflegen. Um Frustration und Widerstand zu vermeiden, müssen Sie ihnen einen »Shortcut« bieten, um einen Teil dieser zusätzlichen Arbeiten zu bewältigen. Zweifellos wollen Sie auch nicht, dass jede Domain loslegt und ihre eigene Infrastruktur von Grund auf neu aufbaut. Das »Rad neu zu erfinden«, indem die Anstrengungen in jeder Domain wiederholt werden, würde die Überführung von Data Mesh in die Produktion verzögern, die Kosten in die Höhe treiben und in erheblichem Maße Inkonsistenzen und Inkompatibilitäten über Domains hinweg riskieren.

Um diese Probleme zu vermeiden, sollte eine Data-Mesh-Plattform von einem speziellen, zentralen Plattformteam aufgebaut werden. Nicht alles in Data Mesh ist dezentralisiert. Die Plattform muss alle Tools und Schnittstellen implementieren, die ein Domain-Ingenieurteam benötigt, um den Lebenszyklus aus Erstellen, Testen, Bereitstellen, Sichern, Verwalten und Teilen eines Datenprodukts mit einem Konsumenten oder mit anderen Datendomains zu vereinfachen. Die Domainteams sollten sich nicht um die Provisionierung der zugrunde liegenden Infrastrukturressourcen kümmern müssen. Erreichen können Sie dies, indem Sie eine Reihe von standardisierten Plattform-APIs oder Skripten zur Verfügung stellen, mit denen der Datenproduktentwickler seine Infrastrukturanforderungen festlegen kann. Dann können Sie es der Plattform überlassen, Speicher, Rechentechnik, Datenpipelines und Zugriffskontrolle zu erstellen und zu verwalten. Dies führt zu einer standardisierten Methodik, Datenprodukte zu erstellen, zu sichern, aufzufinden, sich mit ihnen zu verbinden und Daten aus ihnen zu lesen. In Data Mesh bestehen die Domain-Ingenieurteams aus universell einsetzbaren Technologen und nicht aus Spezialisten, sodass eine verringerte Komplexität durch eine Data-Mesh-Plattform ihnen die Freiheit bietet, mit ihren Daten innovativ zu arbeiten.

Ziel dieses Prinzips ist es, Kosten zu sparen, die Komplexität zu reduzieren, die Domainteams zu entlasten, den Bedarf an technischer Spezialisierung zu verringern und Governance-Richtlinien zu automatisieren.

Prinzip #4: Federated Computational Governance

Prinzip #4 besagt, dass eine kollaborative Data Governance zwischen Domains und einem zentralen Datenteam besteht, um globale Regeln zu definieren, zu implementieren und zu überwachen (zum Beispiel Interoperabilität, Datenqualität, Datensicherheit, Vorschriften und Datenmodellierung).

Data Governance ist in einer zentralisierten Architektur viel einfacher als in Data Mesh, da mit einem zentralisierten Architekturansatz nur ein zentrales Datenteam sämtliche Daten besitzt und die gesamte Data Governance definiert, implementiert und überwacht. Allerdings resultiert dieser zentralisierte Ansatz oftmals in einem Engpass, der den Entscheidungsprozess verlangsamt und die Fähigkeit der einzelnen Domains einschränkt, schnell auf die sich ändernden Bedingungen und spezifischen Situationen zu reagieren, denen sie gegenüberstehen. Dies kann auch zu einem Mangel an lokal begrenztem Fachwissen und kontextbezogenem Verständnis führen, da das zentrale Team eine große Vielfalt von Daten verwalten muss, ohne die Nuancen der einzelnen Domains zu kennen.

In einer Data-Mesh-Architektur definiert und überwacht ein zentrales Datenteam alle Data-Governance-Standards und -Richtlinien, unter anderem auch solche Dinge wie Datenqualität, Datensicherheit, Vorschriften und Datenmodellierung. Das zentrale Datenteam setzt sich aus Vertretern der Fachbereiche und Fachexperten (für Compliance, Recht, Sicherheit usw.) zusammen. Allerdings bleibt es den Domains überlassen, Data Governance zu implementieren und zu überwachen, denn sie besitzen die Daten und kennen sie am besten.

Die Schwierigkeiten bei der Verteilung der Zuständigkeiten auf mehrere Domainteams sind der Nährboden für Inkonsistenzen und widersprüchliche Praktiken, was zu operativen Ineffizienzen und erhöhter Komplexität führt. Domains können unterschiedliche Standards für die Datenqualität heranziehen (zum Beispiel die vollständigen Namen der Bundesländer anstelle der zweibuchstabigen postalischen Abkürzungen verwenden). Möglicherweise verwenden sie unterschiedliche Sicherheitssysteme oder Datenmodellierungstechniken. Aber nicht alle Governance-Regeln lassen sich global festlegen, einige sind kontextabhängig und sollten wirklich von der Domain festgelegt werden. Zum Beispiel könnte das zentrale Datenteam festlegen, dass Benutzer authentifiziert werden müssen, während Domainteams definieren, auf welche Datenprodukte jeder Benutzer Zugriff hat.

Wegen derartiger Inkonsistenzen können fehlerhafte Daten entstehen, Personen Daten sehen, die sie nicht sehen sollten, und andere Probleme auftreten. Zentralisierte Systeme haben oft mit diesen Nuancen zu kämpfen, da sie versuchen, eine universelle Richtlinie durchzusetzen, was zu falschen Ausrichtungen führen kann und den spezifischen Bedürfnissen und Anforderungen der verschiedenen Abteilungen oder Bereiche nicht gerecht wird.

Deshalb ist das Konzept der Federated Computational Governance, das eine zentrale Beaufsichtigung mit domainspezifischer Autonomie kombiniert, von entscheidender Bedeutung, um die Konsistenz und Sicherheit im gesamten Unternehmen aufrechtzuerhalten. Dabei hofft man, ein Gleichgewicht zwischen Domainunabhängigkeit und zentraler Datenteamkontrolle zu finden. Wann immer möglich, ist es hilfreich, die Implementierung und Überwachung von Richtlinien zu automatisieren und Daten zwecks einfacherer Identifizierung mit Kennzeichnungen zu versehen.

Das »reine« Data Mesh

Nachdem Sie nun die vier Prinzipien verstanden haben, sollten Sie sich Abbildung 13-1 ansehen. Die Abbildung zeigt im Überblick eine Data-Mesh-Architektur, die die vier Prinzipien verkörpert. Die ersten beiden Prinzipien sind dezentralisiert orientiert, wobei jede Domain analytische Daten mithilfe ihres eigenen IT-Teams und ihrer eigenen Infrastruktur erzeugt. Die anderen beiden Prinzipien setzen jedoch zentralisierte Teams voraus – eines für die Implementierung einer Dateninfrastrukturplattform und eines, das eine gemeinsame Governance einrichtet, die von allen Domains genutzt werden kann.

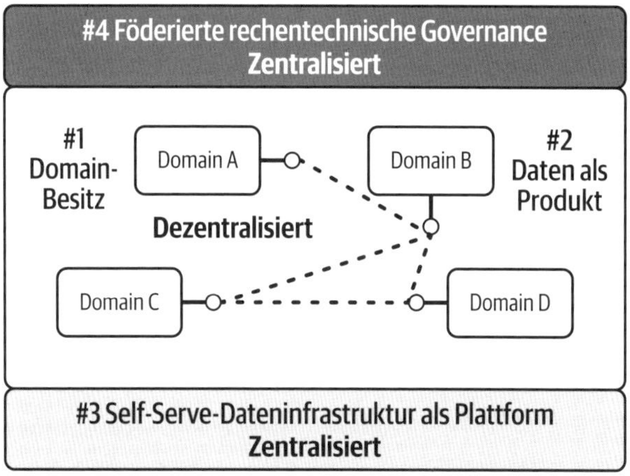

Abbildung 13-1: Data-Mesh-Architektur

Was macht also ein *echtes* Data Mesh aus? Hier beginnt die Verwirrung. Es gibt keine allgemeingültigen Regeln dafür, wann eine Lösung als Data Mesh bezeichnet werden kann.

Wenn ein Unternehmen ein Data Mesh aufbaut, das alle vier Prinzipien vollständig befolgt, können wir diese Lösung getrost als »reines« Data Mesh betrachten. Was aber, wenn sich die Lösung nur an drei der vier Prinzipien hält? Können wir sie dann immer noch Data Mesh nennen? Wie sieht es mit zwei Prinzipien aus?

Was ist, wenn die Lösung alle vier Prinzipien berücksichtigt, aber nicht alle Anforderungen der Prinzipien erfüllt? So könnten Sie beispielsweise Prinzip #2 befolgen, aber die Domains dieselbe Infrastruktur nutzen lassen, indem Sie einen physischen Data Lake einrichten, der logisch in domainspezifische Ordner unterteilt ist, auf die nur die jeweiligen Domains zugreifen können, oder indem Sie mehrere Domains einem von einer Handvoll Rechenclustern zuweisen. In einem weiteren Beispiel für Prinzip #3 könnte die zentrale IT Skripte anbieten, die beim Aufbau von Domainspeicher und -verwaltung helfen, es bleibt aber den Domains selbst überlassen, die restliche Infrastruktur aufzubauen.

Und noch ein weiteres Beispiel: Für Prinzip #4 könnte die zentrale IT-Abteilung Standards für Datensicherheit und Vorschriften festlegen, den Domains aber die Freiheit lassen, selbst auf Compliance zu achten und Datenqualität und -modellierung nach eigenem Ermessen vorzunehmen.

Einige Unternehmen bauen eine Lösung mit zwei oder drei partiell implementierten Prinzipien auf und bezeichnen sie als Data Mesh. Andere erstellen separate Data Lakes für jede Domain und sagen, sie hätten ein Data Mesh aufgebaut. Allerdings ist es bei Weitem noch kein Data Mesh, wenn man Daten nach Geschäftsabteilungen gruppiert oder Daten in Domains organisiert. Selbst wenn man davon ausgeht, dass sie ihre Domains ordnungsgemäß konzipiert haben (das Thema des nächsten Abschnitts), wendet dieser Ansatz lediglich Prinzip #1 an, aber keines der anderen.

Einige Anbieter werden Ihnen sagen, dass Sie ein Data Mesh betreiben, wenn Sie ihr Produkt verwenden, obwohl es bei einem Data Mesh um einen organisatorischen und kulturellen Wandel geht, nicht um Technologie. Ich habe sogar schon gehört, dass Sie ein Data Mesh allein dadurch erstellen können, dass Sie alle Ihre Data Lakes und Data Warehouses mithilfe von Virtualisierungssoftware verbinden! Dabei ist es völlig egal, dass dies keinem der vier Prinzipien entspricht.

Wie Sie sehen, kann es innerhalb jedes Prinzips viele »Ausnahmen« vom reinen Data Mesh geben. Wie viele Ausnahmen sind nötig, damit eine Lösung nicht mehr als Data Mesh betrachtet wird (stellen Sie sich dies als minimal brauchbares Netz vor)? Wenn die vier Prinzipien insgesamt nicht allgemein akzeptiert werden, können wir nicht einmal versuchen, diese Frage zu beantworten. Und sollten wir uns alle zu 100 % an Dehghanis Definitionen halten oder sie auf der Grundlage des Feedbacks von anderen in der Branche anpassen? Brauchen wir ein Branchenkomitee, das eine überarbeitete Definition eines Data Mesh herausbringt? Und wie vermeiden wir Feedback, das ausschließlich auf Eigeninteresse beruht?

Ich fürchte, nicht alle Antworten parat zu haben. Aber ich hoffe, dass dieses Buch eine gesunde Diskussion in Gang bringt, indem es etwas Klarheit über die gängigen Datenarchitekturkonzepte und die Architekturen schafft, die Data Mesh vorausgegangen sind.

Datendomains

Der Entwurf einer domainorientierten Architektur – auch als *Domain-driven Design* (DDD) bezeichnet – ist schwierig und zeitaufwendig. DDD stammt aus dem Softwareentwurf, doch die Schwierigkeiten nehmen zu, wenn es um Daten geht. Im ersten Schritt definieren Sie, was *Domain* (Domäne) im Kontext Ihres Unternehmens bedeutet.

Dem ersten Prinzip von Dehghani entsprechend sollten die Besitzer der analytischen Daten die Geschäftsdomains sein, die ihnen am nächsten stehen – entweder die Quelle der Daten oder ihre Hauptkonsumenten. Dehghani definiert drei Arten von domainorientierten analytischen Daten:

An der Quelle orientierte Domaindaten
: An der Quelle orientierte Domaindaten sind analytische Daten, die den operativen Quellen, aus denen die Daten stammen, weitgehend entsprechen. Die Daten werden aus den operativen Datenbanken der Quellanwendung in die Domain kopiert und so transformiert, dass sie zu kollaborativen analytischen Daten werden. Diese Daten werden nicht für einen bestimmten Konsumenten angepasst oder modelliert. Quellenorientierte Domains haben eine oder mehrere Quellen: Die Daten stammen normalerweise von den operativen Systemen dieser Domain, können aber auch operative oder analytische Daten von anderen Domains sein. So könnte beispielsweise ein Unternehmen, das Bücher online verkauft, seine Daten in Domains gliedern, die auf dem Kaufverhalten des Kunden basieren: Produktsuche, Stöbern, Kaufabwicklung und Bezahlung. Das Schwierige beim Erstellen von Domains ist der Besitz. Wenn zum Beispiel ein Unternehmen derzeit in Anwendungsdomains gegliedert ist (Domains, die nur auf der Unterstützung einer bestimmten Anwendung basieren), stattdessen aber in Geschäftsdomains unterteilt werden muss (basierend auf Geschäftsfähigkeiten), könnte eine Geschäftsdomain mehr als eine Anwendung besitzen.

Aggregierte Domaindaten
: Aggregierte Domaindaten sind analytische Daten, die Daten aus anderen Domains kombinieren und/oder aggregieren. Ziel ist es im Allgemeinen, die Abfrageleistung zu verbessern. Zum Beispiel könnten Sie Daten aus der Fertigungs- und der Verkaufsdomain kombinieren, um einfacher und schneller einen Gewinn-Verlust-Bericht zu erstellen oder ein Datenmodell zu konstruieren, das für die Konsumenten viel einfacher anzuwenden ist.

Auf Konsumenten ausgerichtete Domaindaten
: Konsumentenorientierte Domaindaten sind analytische Daten, die transformiert wurden, um den Anforderungen einer oder mehrerer spezifischer Abteilungen oder Anwendungsfälle zu entsprechen. Fast immer erhalten konsumentenorientierte Domains ihre Daten von quellenorientierten Domains. Zum Beispiel lassen sich die Domaindaten für die Fertigungsdomain auf zwei verschiedene Arten modellieren und beschreiben: eine für diejenigen, die sich mit der Fertigung auskennen (quellenorientiert), und eine für diejenigen außerhalb der Fertigung (konsumentenorientiert). Ein weiteres Beispiel ist die Umwandlung von quellenorientierten Daten in konsumentenorientierte Daten, um das Training von Modellen für das Machine Learning zu erleichtern.

Für weitere Details zu Datendomains und Domain-driven Design empfehle ich *Data Management at Scale* von Piethein Strengholt, zweite Auflage (O'Reilly, 2023) (*https://oreil.ly/data-mgmt-at-scale-2e*).

Logische Data-Mesh-Architektur

Abbildung 13-2 zeigt, wie eine logische Data-Mesh-Architektur für ein Unternehmen mit einer Handvoll Domains aussehen könnte. Jeder dieser Domains würden ein oder mehrere Produkte zugeordnet sein.

In Abbildung 13-2 sind Fertigung, Vertrieb und Zulieferer quellenorientierte Domains. Jede Domain besitzt ihre eigenen operativen und analytischen Daten. Zum Beispiel könnte die Vertriebsdomain mit Salesforce alle Informationen über ihre Kunden (operative Daten) verfolgen. Der Vertrieb könnte dann seine Daten in einer Data-Lakehouse-Architektur (siehe Kapitel 12) ablegen und sie mit anderen Datenquellen, die operative Daten enthalten, und mit analytischen Daten aus der Zulieferdomain kombinieren. Auf diese Weise würden analytische Vertriebsdaten entstehen, die dann im Data Lakehouse landen könnten. Der Vertrieb erstellt auch APIs, um diese analytischen Daten und die zugehörigen Metadaten mit anderen Domains und Konsumenten zu teilen.

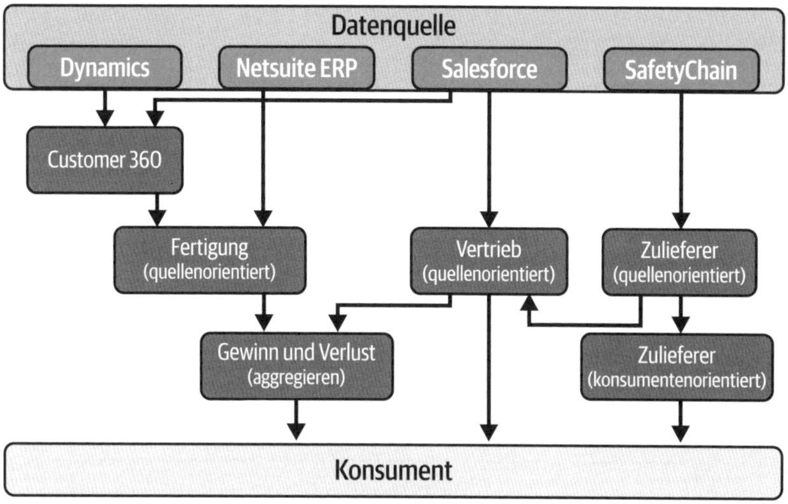

Abbildung 13-2: Logische Data-Mesh-Architektur

Beachten Sie die konsumentenorientierte Domain für Zulieferer. Diese Domain wurde geschaffen, weil die analytischen Daten in der quellenorientierten Zuliefererdomain zu komplex waren, um für Personen außerhalb der Zuliefererdomain verständlich zu sein. In der konsumentenorientierten Zuliefererdomain wurde das Datenmodell vereinfacht und der Zuliefererjargon verständlicher gemacht.

Es gibt auch eine aggregierte Gewinn-und-Verlust-Domain, die mit Daten aus der quellenorientierten Fertigungsdomain und der quellenorientierten Vertriebsdomain aufgebaut wird. Dies geschieht größtenteils aus Performancegründen. Abfragen oder Berichte auszuführen, die Daten aus mehreren Domains kombinieren, kann zu langsam sein, wenn diese Domains über separate Data Lakes verfügen, die geografisch sehr weit voneinander entfernt sind.

Schließlich gibt es eine Customer-360-Domain, die Kundendaten (wie zum Beispiel demografische Daten, Verhaltensdaten, Transaktionsdaten und Daten aus Kundenfeedback) aus verschiedenen Quellen übernimmt, bereinigt, mastert (siehe Kapitel 6) und kombiniert, um ein vollständiges Bild des Kunden zu erhalten. Alle Domains, die Kundendaten benötigen, greifen auf diese Customer-360-Domain zurück. Diese Lösung ist viel besser, als wenn jede Domain die Kundendaten selbst abruft, bereinigt und mastert.

Wie Sie sich selbst überzeugen konnten, kann eine Vielzahl von Domains zu einem komplizierten Durcheinander führen. Stellen Sie sich vor, wie das Diagramm in Abbildung 13-2 mit Dutzenden oder gar Hunderten von Domains aussehen würde. Aus diesem Grund ist das Domaindesign so wichtig. Weiter oben in diesem Kapitel bin ich auf diesen Punkt bereits eingegangen, aber ich empfehle Ihnen, sich weitere Quellen anzusehen, die dieses Thema vertiefen. Bevor Sie mit dem Aufbau Ihres Data Mesh beginnen, müssen Sie im Vorfeld viel Zeit für die Gestaltung von Domains und Produkten aufwenden. Ansonsten laufen Sie Gefahr, dass Sie Monate später zurückgehen und den bisherigen Entwurf von Grund auf überarbeiten müssen.

Verschiedene Topologien

Es gibt viele mögliche Variationen oder Topologien einer Data-Mesh-Architektur. Abbildung 13-3 zeigt drei Typen, auf die ich eingehen werde.

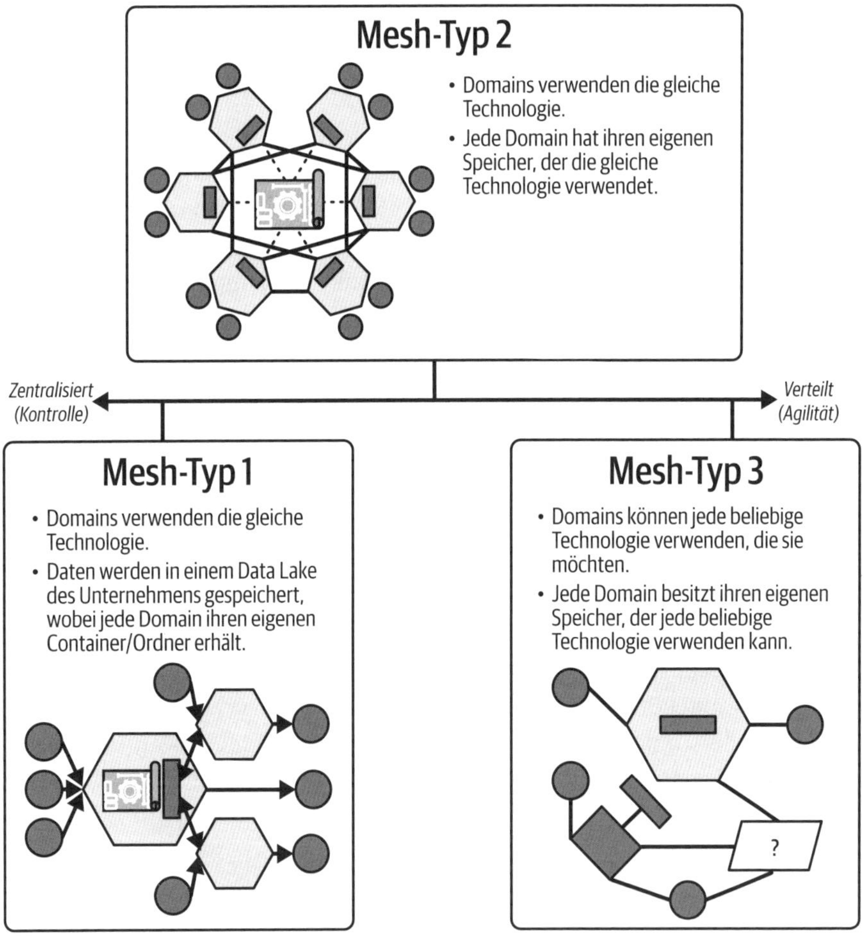

Abbildung 13-3: Drei Data-Mesh-Topologien in einem Spektrum von Kontrolle bis Agilität

Mesh-Typ 1

In dieser Architektur arbeiten alle Domains mit der gleichen Technologie. Zum Beispiel könnten sie alle denselben Cloud-Provider verwenden und auf die Produkte dieses Providers beschränkt sein, sodass jede Domain dieselben Produkte für Speicherung, Datenpipelines, Sicherheit, relationale Data Warehouses, Reporting, Metadatenkatalog, Stammdatenverwaltung, Datenvirtualisierung, APIs, Tools für Machine Learning usw. verwenden würde. Möglicherweise gibt es bei einigen Produkten ein paar Optionen, doch die Auswahlmöglichkeiten wären minimal. Zudem würde jede Domain über ihre eigene Infrastruktur verfügen, sodass alles – mit Ausnahme der Speicherung – dezentralisiert wäre. Anstatt dass jede Domain ihren eigenen Data Lake hat, gäbe es einen Enterprise Data Lake, in dem jede Domain ihren eigenen Container oder Ordner bekommt, auf den nur sie zugreifen kann.

Logisch gesehen, hat dann jede Domain ihren eigenen Data Lake, aber physisch befinden sich die Daten für alle Domains in einem einzigen Data Lake. Viele Kunden verwenden den Mesh-Typ 1 aufgrund der Performanceprobleme, die entstehen, wenn sie Daten aus mehreren physischen Data Lakes, die kilometerweit voneinander entfernt sein können, kombinieren. Darüber hinaus ist es mit einem einzigen physischen Data Lake einfacher, die Daten zu sichern und zu überwachen sowie Backups für die Notfallwiederherstellung anzulegen.

Mesh-Typ 2

In dieser Architektur verwenden Domains die gleiche Technologie wie in Mesh-Typ 1. Es gibt aber nicht nur einen Data Lake des Unternehmens für alle Domaindaten, sondern jede Domain ist mit einem eigenen Data Lake ausgestattet. Alle Data Lakes verwenden die gleiche Technologie. Dies macht die Infrastruktur wirklich dezentralisiert, was allerdings seinen Preis hat: die technische Herausforderung, sämtliche Data Lakes miteinander zu verknüpfen und eine akzeptable Performance zu bekommen, wenn Daten aus mehreren Domains kombiniert werden. Deshalb sehe ich mehr Unternehmen, die Mesh-Typ 1 verwenden.

Mesh-Typ 3

In dieser Architektur kann jede Domain jede beliebige Technologie und jeden beliebigen Cloud-Provider verwenden und mit einem eigenen Data Lake ausgestattet sein (der ebenfalls jede beliebige Technologie nutzen kann). So könnten DomainA und DomainD mit Azure arbeiten, DomainB auf AWS setzen und DomainC die GCP-Dienste in Anspruch nehmen, während DomainA für ihr relationales Data Warehouse Azure Synapse wählt und DomainD sich für SQL Server in einem virtuellen Computer für ihr Data Warehouse entscheidet. Zu den Herausforderungen gehört es, mit unterschiedlichen Sicherheitstypen für jede Domain klarzukommen, Fachleute für Dutzende Produkte zu finden und zu unterstützen, Governance-Standards für viele Produkte in verschiedenen Clouds zu erstellen (Prinzip #4), eine automatisierte Infrastruktur zu erschaffen, die diese Vielfalt zulässt (Prinzip #3), *und* zu versuchen, Daten aus mehreren Produkten in verschiedenen Clouds zu kombinieren. Das fällt in die Kategorie des reinen Data Mesh, wie dieses Kapitel weiter oben bereits beschrieben hat. Diese beeindruckende Liste ist der Grund, warum sich Mesh-Typ 3 meiner Meinung nach nie durchsetzen wird.

Auf der linken Seite von Abbildung 13-3 sind die Architekturen am stärksten zentralisiert, und die Architekturen werden nach rechts hin immer verteilter.

Data Mesh vs. Data Fabric

Data Fabric und Data Mesh sind beides wichtige Konzepte in der heutigen Datenlandschaft, aber sie haben unterschiedliche Funktionen und sollten nicht verwechselt werden. Im Kern ist eine Data Fabric ein *architektonisches Framework*, das für den Einsatz in einer oder mehreren Domains innerhalb eines Data Mesh konzipiert ist. Das Data Mesh ist jedoch ein *ganzheitliches Konzept*, das Technologien, Strategien und Methodiken umfasst. In der Tat ist seine Definition so umfassend, dass ich es gar nicht so recht als Architektur bezeichnen möchte.

Auf der anderen Seite des Spektrums können die technologischen und architektonischen Grundlagen einer Data Fabric so zugeschnitten werden, dass sie die verschiedenen Feinheiten und Komponenten innerhalb eines Data Mesh unterstützen. Ihre Beziehung hat nichts mit Konkurrenz oder Austauschbarkeit zu tun, sondern eher mit Synergie. Ein einzelnes Data Mesh kann mehrere Data Fabrics umfassen, die jeweils auf die besonderen Bedürfnisse der jeweiligen Domain zugeschnitten sind.

In diesem Zusammenhang kann man sich jede Domain im Data Mesh als eigenes Ökosystem vorstellen. In diesem Ökosystem kann die Domain ihre eigene Data Fabric erstellen, verfeinern und betreiben. Damit ist sichergestellt, dass sie den spezifischen Anforderungen und Zielen genügt. Anders ausgedrückt: Während das Data Mesh eine Vorlage für einen dezentralisierten und domainorientierten Ansatz für Daten liefert, richten Data Fabrics die architektonische und technologische Infrastruktur ein, die diese Domain versorgt. Koppelt man beide Konzepte, lässt sich eine besser integrierte und effizientere Dateninfrastruktur realisieren. Das gilt auch für die Kombination aus Data Mesh und einer Modern-Data-Warehouse- oder Data-Lakehouse-Architektur.

Anwendungsfälle

Hoffentlich haben Sie inzwischen ein gutes Verständnis des von Dehghani beschriebenen Data Mesh, das ich als »reines« Data Mesh bezeichnen möchte. Während das reine Data Mesh in der Theorie großartig klingt, ist es sehr hypothetisch und verfügt nur über eine begrenzte Technologie, um es zu unterstützen. Daher werden praktische Data-Mesh-Lösungen viele Ausnahmen von Dehghanis Vision aufweisen. Bei den meisten realisierten Lösungen gibt es so viele Ausnahmen vom reinen Data Mesh, dass diese »Data-Mesh-Implementierungen« nicht annähernd die Bezeichnung Data Mesh verdienen.

Stellen Sie sich vor allem folgende Frage: Wollen Sie lediglich eine Datenföderierung erreichen – d.h. Daten aus mehreren unterschiedlichen Quellen integrieren, ohne die Daten physisch zu konsolidieren oder in einem einzelnen Repository zu speichern, das der IT gehört –, oder versuchen Sie wirklich, ein Data Mesh aufzubauen? Datenföderierung bekommen Sie allerdings auch ohne Data Mesh, denn eine grundlegende Datenföderierung kann man sich so vorstellen, dass sie Prinzip #1 eines Data Mesh erfüllt, nicht aber die anderen drei Prinzipien. Wenn Sie diesen Weg einschlagen, sollte Ihre Lösung dann immer noch als Data Mesh bezeichnet werden? Nennen Sie es, wie Sie wollen, aber vielleicht ist es genauer, von einer Enterprise-Data-Lakehouse- oder einer Data-Fabric-Architektur zu sprechen – vor allem wenn jede Domain über ihren eigenen Arbeitsbereich verfügt. Am genauesten lässt sich Ihre Lösung vielleicht beschreiben als eine Enterprise-Data-Lakehouse- oder Data-Fabric-Architektur mit mehreren Arbeitsbereichen (ein Arbeitsbereich für jede Domain). Denken Sie daran, dass Sie Prinzip #1 eines Data Mesh erfüllen können, wenn jede Domain die analytischen Daten besitzt, die aus ihren operativen Daten abgeleitet sind, selbst wenn die IT-Abteilung die analytischen Daten erzeugt. Allerdings können Sie Prinzip #2 nur dann erfüllen, wenn jede Domain ihre eigenen analytischen Daten erzeugt *und* die Schnittstelle einrichtet, um diese Daten gemeinsam nutzen zu können.

Denken Sie auch daran, dass Ihre Organisation die Umstrukturierung nach Geschäftsbereichen absolviert haben muss, um Prinzip #1 zu erfüllen. Ich bezweifle allerdings, dass es sich lohnt, Domains einzurichten, wenn Sie nicht auch Prinzip #2 (Data-as-a-Product) umsetzen. Werden die Daten von der IT-Abteilung und nicht von den Domains bereinigt, verpassen Sie ein wichtiges Kriterium dafür, was ein Data Mesh ausmacht.

Nehmen wir als Beispiel an, Ihr Unternehmen erwirbt eine Reihe anderer Unternehmen. Jede dieser Neuerwerbungen besitzt ihre eigenen Daten, und die IT-Abteilung greift auf diese Daten über Virtualisierungssoftware zu. In diesem Szenario haben Sie es zwar zu einer Datenföderierung gebracht, aber Sie haben sicherlich kein Data Mesh. Ihr Unternehmen teilen Sie nicht nach Datendomains auf (es sei denn, Sie definieren Domains nach Geschäftsfunktionen und entscheiden, dass übernommene Unternehmen ihre eigenen Domains sind, was keinen Sinn ergibt, weil Sie dann beispielsweise mehrere HR-Domains mit doppelten HR-Produkten hätten). Aber auch hier gilt wieder, dass nur Prinzip #1 erfüllt ist, wenn Sie Domains auf der Grundlage von Akquisitionen organisieren. Meiner Ansicht nach muss auch Prinzip #2 erfüllt sein, um die Architektur Data Mesh zu nennen, da sie die beiden größten Vorzüge eines Data Mesh verwirklicht: organisatorische und technische Skalierung.

Ein letzter Punkt: Bei der Suche nach einem Gleichgewicht zwischen Zentralisierung und Dezentralisierung innerhalb eines Data Mesh ist es entscheidend, die Verteilung der Verantwortlichkeiten zu verstehen. Die Skala in Abbildung 13-4 zeigt, wo jeder Verantwortungsbereich für einen fiktiven Anwendungsfall liegen könnte.

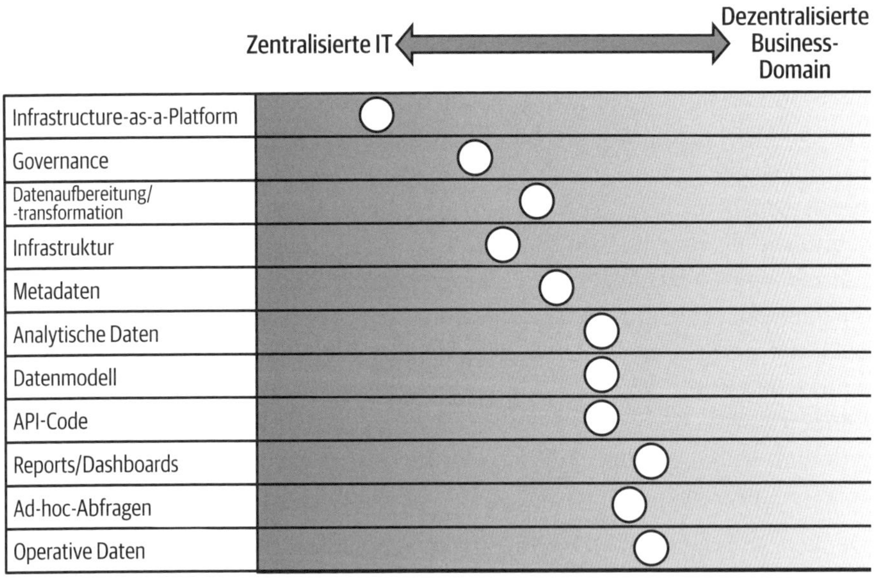

Abbildung 13-4: Aufteilung der Verantwortlichkeiten und des Besitzes zwischen einer zentralisierten IT-Abteilung und dezentralisierten Geschäftsdomains (fiktives Beispiel)

Die linke Seite von Abbildung 13-4 stellt die zentralisierte IT-Abteilung dar, der rechte Teil ist den dezentralisierten Geschäftsdomains zugeordnet. Ein Punkt ganz links bedeutet, dass die zentrale IT-Abteilung gänzlich für das jeweilige Element zuständig ist, während ein Punkt ganz rechts heißt, dass die dezentralen Geschäftsdomains die betreffende Aufgabe komplett übernehmen. Dazwischenliegende Punkte zeigen, welcher Teil der Zuständigkeit wo in diesem Spektrum einzuordnen ist.

Wenn bei Ihnen die meisten Punkte links erscheinen, weist Ihre Lösung so viel Zentralisierung auf, dass es nicht passend ist, von einem Data Mesh zu sprechen. Die Lösung wäre dann besser als Data Fabric des Unternehmens oder als Data Lakehouse zu klassifizieren.

Zusammenfassung

Dieses Kapitel hat einen umfassenden Überblick über das Konzept des Data Mesh und dessen fundamentale Prinzipien gegeben. Es begann mit einer vergleichenden Analyse von Zentralisierung und Dezentralisierung, wobei der Übergang von einer monolithischen Architektur zu einer dezentralisierten Datenlandschaft im Mittelpunkt stand. In dieser Landschaft gelten die Daten als wertvolles Produkt, das sich im Besitz von funktionsübergreifenden Teams befindet. Anschließend habe ich die vier Prinzipien des Data Mesh erläutert: dezentralisiertes Domain Ownership, Data-as-a-Product, Self-Serve-Infrastructure-as-a-Platform und Federated Computational Governance. Diese Konzepte verdeutlichen, wie wichtig es ist, Daten als ganzheitliche Entität zu verstehen, die im Besitz von spezifischen Domainteams ist und von diesen gepflegt und genutzt wird. Die Idee ist, jede Dateneinheit als individuelles Produkt mit eigenem Lebenszyklus zu behandeln, das dem Team unterliegt, das seinen Wert und seine Verwendung am besten versteht.

Das Kapitel hat zunächst die Grundprinzipien erläutert und dann das reine Data Mesh in seiner unverfälschten Form vorgestellt. Anschließend wurden Datendomains untersucht, wobei deren Rolle hervorgehoben wurde, die sie bei der Strukturierung der dezentralen Umgebung spielen. Des Weiteren wurden die logische Data-Mesh-Architektur und die verschiedenen Topologien, die das Data Mesh unterstützen, erörtert, und ihre Auswirkung auf den Datenfluss und die Interaktion wurde aufgezeigt. Ein Vergleich zwischen Data Mesh und Data Fabric hat deren unterschiedliche Eigenschaften und Anwendungen verdeutlicht. Schließlich wurden Anwendungsfälle für das Data Mesh erörtert.

Obwohl der Data-Mesh-Ansatz die Art und Weise, wie wir mit Daten umgehen, grundlegend verändern kann, ist er nicht ohne Hürden und Schwierigkeiten, auf die ich im nächsten Kapitel näher eingehen werde. Außerdem werde ich mich mit einigen der häufigsten Missverständnisse in Bezug auf das Data Mesh beschäftigen und Ihnen helfen, herauszufinden, ob es für Ihr Unternehmen der richtige Schritt ist, ein Data Mesh einzuführen.

KAPITEL 14

Data Mesh einführen? – Mythen, Bedenken und die Zukunft

Um es gleich vorwegzunehmen – dieses Kapitel über die Herausforderungen von Data Mesh ist eines der längsten in diesem Buch. Das liegt nicht daran, dass ich ein Data Mesh für eine schlechte Idee halte oder dass die anderen Architekturen, die ich bisher besprochen habe, besser sind, sondern daran, dass es eine Menge Mythen, Bedenken und Herausforderungen gibt, die Sie kennen sollten. Wenn Sie ein Data Mesh aufbauen möchten, sollten Sie eine fundierte Entscheidung treffen und sich nicht zu sehr vom Hype beeinflussen lassen.

Auf den folgenden Seiten analysiere ich die Missverständnisse rund um Data Mesh, spreche die echten Bedenken an, die oft unausgesprochen bleiben, helfe Ihnen zu beurteilen, ob sich ein Data Mesh für Ihre Unternehmensstruktur eignet, und gebe Ihnen realisierbare Empfehlungen für eine erfolgreiche Implementierung an die Hand. Abschließend werfe ich einen Blick auf den potenziellen Horizont, der sich auf dem Weg des Data Mesh abzeichnet, und schließe mit einer Diskussion über den besten Anwendungsfall für jede der vier Datenarchitekturen.

Mythen

Während das Data-Mesh-Konzept in der technischen Community an Zugkraft gewinnt, sind verschiedene Missverständnisse aufgekommen, die oft das Verständnis für den tatsächlichen Umfang, die Vorteile und die Herausforderungen verschleiern. In diesem Abschnitt möchte ich diese Mythen entmystifizieren und eine detaillierte Perspektive darauf bieten, was Data Mesh wirklich bedeutet und wie es in die breitere Datenarchitekturlandschaft passt

Mythos: Data Mesh ist eine Silberkugel, mit der sich alle Datenprobleme schnell lösen lassen

In Wirklichkeit ist das genaue Gegenteil der Fall. Ein Data Mesh aufzubauen, dauert viel länger als der Aufbau der anderen in diesem Buch erwähnten Architekturen. Dehghani behauptet auch nicht, dass ein Data Mesh ein Allheilmittel ist, aber im Medienrummel werden seine Ideen oft so dargestellt. Deshalb ist es wichtig, die Komplexität und die Herausforderungen beim Einsatz von Data Mesh zu erörtern.

Mythos: Ein Data Mesh ersetzt Ihren Data Lake und Ihr Data Warehouse

Wie Sie in Kapitel 13 gelernt haben, benötigt jede Domain in einem Data Mesh immer noch einen Data Lake und möglicherweise auch noch ein relationales Data Warehouse. Eines hat sich aber geändert: Es gibt keinen »zentralen« Data Lake und kein RDW mehr, deren Besitzer ein zentrales IT-Team ist. Die Daten für alle Domains landen jetzt nicht mehr in einem Data Lake und einem RDW, sondern jede Domain behält ihre eigenen Daten. Mit einem Data Mesh haben Sie also in Wirklichkeit *mehrere* Data Lakes und Data Warehouses, mit denen die Domains zusammenarbeiten müssen.

Mythos: Data-Warehouse-Projekte scheitern alle – ein Data Mesh löst dieses Problem

Oft höre ich die Behauptung, dass die derzeitigen Big-Data-Lösungen nicht skalierbar sind. Als Lösung wird dann ein Data Mesh vorgeschlagen. Diesem Argument muss ich widersprechen. Während Hunderttausende von Unternehmen erfolgreiche Big-Data-Lösungen implementiert haben, gibt es sehr wenige Data Meshes in der Produktion (von denen keines ein »reines« Data Mesh ist).

In meiner 15-jährigen Tätigkeit im Bereich Data Warehousing habe ich gesehen, dass viele »monolithische« Architekturen ihre Technologie und die IT-Mitarbeiter sehr gut skalieren und sogar Petabytes an Daten unterstützen.

Sicherlich scheitern viele Big-Data-Projekte. Die meisten scheitern jedoch aus Gründen (in der Regel im Zusammenhang mit Menschen und Prozessen), die auch ein Data Mesh scheitern ließen. Die verfügbare Technologie zur Zentralisierung von Daten hat sich stark verbessert und wird sich weiter verbessern. Serverlose Optionen erfüllen jetzt die Big-Data-Bedürfnisse der meisten Unternehmen und ermöglichen die Skalierung von Lösungen bei gleichzeitiger Kosteneinsparung.

Mythos: Ein Data Mesh aufbauen bedeutet, absolut alles zu dezentralisieren

Dies ist wahrscheinlich der am weitesten verbreitete Mythos. Tatsache ist, dass auch bei einem reinen Data Mesh ein zentrales IT-Team immer noch dafür verantwortlich ist, eine Infrastructure-as-a-Service zu erstellen (Prinzip #3), um die Infrastruktur jeder Domain in Gang zu setzen. Ein zentrales IT-Team ist auch dafür verantwortlich, die Data-Governance-Richtlinien zu erstellen und zu überwachen, die jede Domain befolgt (Prinzip #4). Es ergäbe keinen Sinn, wenn jede Domain ihre eigene Infrastruktur von Grund auf neu errichten würde. Auch wäre es nicht sinnvoll, dass jede Domain ihre eigenen Data-Governance-Richtlinien erstellt – am Ende gäbe es so viele Arten der Sicherheit und Interpretationen von Standards und Vorschriften, wie es Domains gibt.

Mythos: Mit Datenvirtualisierungen lässt sich ein Data Mesh erstellen

Ich habe viele Befürworter der Datenvirtualisierung sagen hören, dass Sie zu einem Data Mesh kommen, wenn Sie per Datenvirtualisierung alle Ihre Data Lakes und Data Warehouses verknüpfen! Dieser Ansatz ignoriert aber völlig die vier Prinzipien des Data Mesh (siehe Kapitel 13).

Es ist ein Mythos, dass sich auf eine einzelne Data Fabric des Unternehmens (Kapitel 11) Datenvirtualisierung anwenden und das Ganze dann in ein Data Mesh überführen lässt. Zwar können Sie das versuchen, doch ist das Ergebnis alles andere als ein Data Mesh – es ist eine *Datenföderierung*, was bedeutet, dass Daten aus mehreren unterschiedlichen Quellen integriert werden, ohne sie physisch zu konsolidieren oder in einem einzigen zentralen Repository zu speichern. Dezentralisierung ist nur ein kleiner Teil dessen, was ein Data Mesh ausmacht – Virtualisierung lediglich hinzuzufügen, würde keines der vier Data-Mesh-Prinzipien erfüllen!

Nehmen wir zum Beispiel an, eine Firma hat eine Enterprise Data Fabric, die Datenvirtualisierung verwendet. Jede Domain generiert ihre eigenen analytischen Daten, und die Data Fabric stellt die Verbindung zu diesen Daten über Datenvirtualisierungssoftware her. Ist dies ein Data Mesh? Wenden wir die vier Prinzipien an, um es herauszufinden:

- Prinzip #1 betrifft den Domainbesitz (Domain Ownership). Handelt es sich um echte Datendomains oder einfach um getrennte Organisationen innerhalb der Firma?

- Bei Prinzip #2 geht es um die Behandlung der Daten als Produkt (Data-as-a-Product). Besitzt jede Domain ihr eigenes Team, das die analytische Lösung erstellt, und zwar mithilfe der domaineigenen Infrastruktur? Halten sich diese Teams an einen Datenvertrag, der regelt, wie die Daten und Metadaten für alle anderen zur Verfügung zu stellen sind? Und nutzt diese Organisation Datenvirtualisierung, um alle Domains zu verbinden oder nur einige?

Wenn nicht jede Domain über ihr eigenes Domainteam und ihre eigene Infrastruktur verfügt, stellt ein abgeschottetes Daten-Engineering-Team immer noch einen IT-Engpass dar. Ähnlich sieht es aus, wenn einige Domains keine Datenvirtualisierung verwenden, denn dann müssen ihre Daten gesammelt und zentralisiert werden. Die Unterstützung bei der Skalierung der Infrastruktur und der Organisation sind die beiden Hauptvorteile eines Data Mesh. Und wenn die Domains das Prinzip #2 nicht befolgen, kommen sie auch nicht in den Genuss dieser Vorteile.

- Für Prinzip #3 können wir fragen: Erstellt ein separates Team eine Self-Serve-Infrastructure-as-a-Platform?
- Und für Prinzip #4: Gibt es ein separates Team, das Federated Computational Governance schafft?

Wie Sie sehen, besteht ein großer Unterschied zwischen einer echten Data-Mesh-Lösung und einer Data-Fabric-Lösung, die Datenvirtualisierung verwendet.

Bedenken

Der Hype um Data Mesh ist groß, aber bisher wurde nur wenig über die Nachteile und Herausforderungen veröffentlicht. Dieser Abschnitt versucht, diese Herausforderungen umfassend zu behandeln, sie thematisch zu gruppieren und Lösungen anzubieten, die helfen, die Probleme zu überwinden, sofern das möglich ist. Wenn Sie sich alle genannten Bedenken durchgelesen haben und sicher sind, dass Sie alle Probleme überwinden können, dann ist das großartig! Ein Data Mesh könnte das Richtige für Sie sein. Und wenn Sie später auf eines dieser Bedenken stoßen – Sie werden vorbereitet sein. Ich hoffe, dass Sie diese Probleme kennen und sich mit ihnen auseinandersetzen können, bevor Sie loslegen, denn das dürfte Ihre Erfolgschancen deutlich erhöhen.

Diese Liste ist zwar auf Data Mesh ausgerichtet, aber viele der Probleme gelten auch für andere Architekturen. Es ist also sinnvoll, sie alle zu überprüfen. Selbst wenn Sie eine der anderen Datenarchitekturen verwenden, kann ich aus eigener Erfahrung sagen, dass das Wissen über Data Mesh eine lebhafte Diskussion auslösen kann, die Ihnen sicherlich dabei hilft, die von Ihnen verwendete Architektur zu verbessern.

Philosophische und konzeptionelle Fragen

Die ursprünglichen Blogs und das Buch von Zhamak Dehghani über Data Mesh haben den Standard gesetzt, aber die Menschen haben ihre Schriften auf viele verschiedene Arten interpretiert. Einige haben »Ausnahmen« vom reinen Data Mesh entwickelt und andere Vorstellungen davon, was ein Data Mesh sein sollte. Wenn Sie also ein Data Mesh aufbauen wollen, welche Definitionen werden Sie dann verwenden? Es kann Monate dauern, bis sich alle am Aufbau des Data Mesh Beteiligten auf eine Definition geeinigt haben. Besonders schwierig ist es, wenn die Hersteller der vielen Produkte, die für den Aufbau eines Data Mesh erforderlich sind, unterschiedliche Vorstellungen davon haben, was ein Data Mesh ist.

Um Ihr Team für das Verständnis des Data Mesh auf einen gemeinsamen Nenner zu bringen, sollten Sie ein funktionsübergreifendes Governance-Komitee bilden, das grundlegende Definitionen und Standards festlegt. Nutzen Sie Stakeholder-Workshops und dokumentierte Definitionen, um sicherzustellen, dass alle Beteiligten auf derselben Seite stehen. Pilotprojekte können als Praxistests für die Definitionen dienen, sodass Sie sie bei Bedarf anpassen können. Offene Kommunikation und regelmäßige Überprüfungen tragen dazu bei, dass diese Abstimmung bei der Implementierung Ihres Data Mesh erhalten bleibt.

Eine *Single Source of Truth* trägt dazu bei, dass das Unternehmen seine Entscheidungen auf zuverlässige Daten stützen kann, ohne dass es zu Unklarheiten oder Unstimmigkeiten darüber kommt, welche Daten korrekt sind. Wenn alle Beteiligten mit denselben Informationen arbeiten, werden die Abläufe effizienter und effektiver.

In einem Data Mesh können Daten aus der einen Domain gelesen und von einer anderen Domain transformiert und gespeichert werden. Diese dynamische Topologie erschwert es mitunter, eine Single Source of Truth aufrechtzuerhalten. In der Tat hat Dehghani die Idee einer Single Source of Truth als »Mythos« bezeichnet.[1] Ich bin da ganz anderer Meinung, denn ich habe mich persönlich davon überzeugen können, dass Dutzende von Firmen eine Single Source of Truth in verschiedenen Datenarchitekturen implementiert haben, und von Hunderten weiterer Unternehmen habe ich gelesen. Zweifellos lässt sich dies mit einem Data Mesh realisieren, wenn die Organisation strenge Data Governance einführt und einen zentralisierten Datenkatalog nutzt (siehe Kapi-

1 Zhamak Dehghani, Data Mesh: *Delivering Data-Driven Value at Scale* (O'Reilly, 2022), p. 26.

tel 6). In Verbindung mit domainübergreifenden Datenqualitätsmetriken und einer engen Zusammenarbeit zwischen den Domains ist nicht nur eine Single Source of Truth machbar, sondern auch die Flexibilität und die Skalierbarkeit des Data Mesh lassen sich verbessern.

Ein Data Mesh zu implementieren, birgt enorme Risiken, insbesondere im Vergleich zum erwiesenen Erfolg des Data Warehouse. Es erfordert drastische organisatorische Veränderungen und eine gänzlich neue Architektur. Zudem setzt das Data Mesh voraus, dass jedes Quellsystem dynamisch skaliert werden kann, um die Nachfrage der Kunden zu befriedigen. Dies kann besonders schwierig werden, wenn bestimmte Datenbestände zu »Hot Spots« innerhalb des Ökosystems werden – also ein plötzlicher Anstieg bei Abfragen oder Nutzung zu verzeichnen ist.

Daten in einer dezentralisierten Umgebung kombinieren

Für Abfragen oder Berichte müssen Sie immer Daten aus mehreren Domains kombinieren. Manchmal müssen Sie vielleicht Daten aus Dutzenden von Domains kombinieren, die sich in vielen separaten Data Lakes und an geografisch weit voneinander entfernten Orten befinden könnten. Sie müssen sich genau überlegen, wie Sie Performanceprobleme überwinden, denn Lösungen wie Datenvirtualisierung (siehe Kapitel 6) und aggregierte Domains haben ihre eigenen Nachteile.

Ein weiterer Nachteil autonomer Domains besteht darin, dass jede Domain dazu neigt, sich nur auf Datenprodukte für die eigenen analytischen Anforderungen zu konzentrieren. Oftmals machen sich die Besitzer aus Nachlässigkeit keine Gedanken darüber, wie sich ihre Daten mit Daten aus anderen Domains kombinieren lassen, und tun wenig, um die Kombination ihres Datenmodells mit anderen zu erleichtern. Wenn jemand Daten aus mehreren Domains kombinieren muss, kann er auf verschiedene Schwierigkeiten stoßen.

Prinzip #4 kann Ihnen dabei helfen, einer Reihe von Datenmodellierungsregeln zu folgen, setzt aber voraus, dass jemand *sämtliche* Domains versteht – ein Merkmal zentralisierter Architekturen, das das Data Mesh zu umgehen versucht. Durch den internen Fokus der Domains in einem Data Mesh gibt es im Unternehmen möglicherweise niemanden, der nach Möglichkeiten sucht, einen Mehrwert aus kombinierten Daten zu ziehen. Daher muss man unbedingt sicherstellen, dass es eine solche Person gibt.

Wenn Sie mit einem gemeinsamen Datenmodell (*Common Data Model*, CDM, siehe Kapitel 8) arbeiten, muss es jede Domain verwenden. Dann müssen Sie dafür sorgen, dass jede Domain über ihren eigenen Satz von eindeutigen IDs mit den gleichen Datentypen wie andere Domains (wie zum Beispiel Kunden oder Produkte) verfügt. Wenn Sie andernfalls Daten aus mehreren Domains kombinieren, haben Sie es möglicherweise mit doppelten IDs zu tun. Dies kann zu Zählfehlern, Aggregierungsfehlern und Dateninkonsistenzen in Abfragen und Berichten führen. Um doppelte IDs in einem CDM über mehrere Domains zu vermeiden, können Sie einen *Globally Unique Identifier* (GUID) verwenden oder ein zentralisiertes ID-Managementsystem einrichten, um eindeutige IDs zuzuweisen. Alternativ können Sie auf Namespaces zurückgreifen, bei denen jede ID mit einem domainspezifischen Code als Präfix oder Suffix versehen wird.

Wenn Domains ihre Produkte und Datenmodelle bauen, werden andere Domains und Konsumenten deren Daten konsumieren und Daten aus mehreren Domains basierend auf diesen Datenmodellen kombinieren. Ändert dann eine Domain ihr Datenmodell oder ihre Schnittstelle, können Abhängigkeiten zu Problemen für die anderen Domains und Konsumenten führen, wenn sie diese mit Kerndatenmodellen oder Abfragen verwenden, die Domaindatenmodelle verknüpfen. Deshalb müssen Sie dafür sorgen, dass sich alle Domains koordinieren, wenn eine Domain ihr Datenmodell ändert.

Schließlich haben die Domainteams möglicherweise verschiedene Vorstellungen davon, welche Daten als »sauber« oder »standardisierte« gelten. Wenn sich die Domains nicht einig sind, ob zum Beispiel Bundesländer mit Abkürzungen oder der vollständigen Bezeichnung definiert werden sollen, ist das Chaos vorprogrammiert, wenn Daten aus mehreren Domains kombiniert werden. Und wie sieht es aus, wenn die Domains nicht die Zeit haben, den Code so zu schreiben, dass er die Daten ordnungsgemäß bereinigt? Um Inkonsistenzen bei der Datenbereinigung in verschiedenen Domains zu beseitigen, sollten Sie ein zentralisiertes Governance-Framework einrichten, das Standarddefinitionen für saubere oder standardisierte Daten festlegt. Bieten Sie Vorlagen oder gemeinsame Bibliotheken für die Datenbereinigung an, um Zeit zu sparen und Einheitlichkeit zu gewährleisten. Ein Governance-Komitee oder ein Datensteward kann dabei helfen, diese Standards durchzusetzen, sodass es einfacher wird, Daten aus mehreren Domains problemlos zu kombinieren.

Andere Probleme der Dezentralisierung

Aggregierte und konsumentenorientierte Domains (siehe Kapitel 13) sind nicht dezentralisiert. Um eine aggregierte Domain zu erstellen, nehmen Sie Daten aus mehreren Domains und zentralisieren diese Daten. Bei aggregierten und konsumentenorientierten Domains müssen Sie entscheiden, wer sie besitzt, erstellt und verwaltet – ein Problem, das durch Prinzip #1 verhindert werden soll. Der

Aufbau derartiger Domains führt auch zur Duplizierung von Daten. All dies scheint dem Geist eines Data Mesh zu widersprechen.

Um aggregierte und konsumentenorientierte Domains mit den Prinzipien eines Data Mesh in Einklang zu bringen, sollten Sie eine gemeinsame Governance und designierte Datenstewards, die diese Domains verwalten, in Betracht ziehen. Nutzen Sie Datenvirtualisierung, um doppelte Daten zu minimieren, und implementieren Sie eine API-Schicht zur Abstraktion. Sorgen Sie mit robusten Metadaten und Audit Trails für Transparenz.

Sicherheit ist ebenfalls ein Thema. In einer zentralisierten Architektur ist ein Team für die Sicherung aller Daten verantwortlich. In einem Data Mesh wird diese Verantwortung auf Dutzende oder Hunderte von Domains übertragen, was Hackern viel mehr Einfalltore bietet, die sie überwinden können. Das erhöht das Risiko von Sicherheitsverletzungen erheblich.

Sie müssen jemanden damit beauftragen, nach personenbezogenen Daten zu suchen, um festzustellen, wer darauf zugreift, sowie jemanden, der das Problem behebt, sollten Dritte Daten zu sehen bekommen, die sie nicht sehen dürfen. Jemand sollte dafür verantwortlich sein, dass alle Domains über ausreichende Sicherheit verfügen.

Es ist auch schwierig, Technologien für alle Domains einheitlich auszuwählen und zu implementieren. Wenn Sie Dutzende Domains haben, deren Teammitglieder über unterschiedliche Qualifikationen und Erfahrungen verfügen, werden sie höchstwahrscheinlich verschiedene Technologien auswählen, ihre Infrastrukturen unterschiedlich einrichten und die Einstellungen für Cloud-Produkte unterschiedlich konfigurieren, obwohl Prinzip #3 (Infrastructure-as-a-Service) dies eigentlich verhindern soll. Dadurch kann es zu erheblichen Problemen beim Konsumieren der Daten kommen.

Zwar könnten Sie die Technologien, die Sie automatisch für jede Domain bereitstellen, vorgeben, doch verstößt das gegen Prinzip #1, weil dann die Freiheit jeder Domain eingeschränkt wird, Technologien für den eigenen Anwendungsfall zu wählen. Verschiedene Technologien zu unterstützen, kann schwierig sein, genauso wie die Schaffung einer gemeinsamen Schnittstelle für alle Domains. Als Kompromiss könnte man einen großen Katalog zugelassener und geprüfter Technologien erstellen, was den Domains die Wahl lässt, aber innerhalb eines Rahmens, der eine einfachere Integration gewährleistet.

Darüber hinaus werden zwar nach Prinzip #4 (Federated Computational Governance) Data-Mesh-Richtlinien erstellt, doch bleibt es jeder Domain selbst überlassen, sie umzusetzen. Dies könnte zu inkonsistenten Implementierungen führen, die möglicherweise Leistungseinbußen und unterschiedliche Kostenprofile zur Folge haben.

Komplexität

Die Ideen hinter Data Mesh sind kompliziert. Ich gebe offen zu, dass ich Dehghanis Blogs Dutzende Male lesen musste, um diese Architektur vollständig zu begreifen. Selbst Jahre später stelle ich manchmal noch fest, dass ich einen Teil davon nicht richtig verstanden habe. Dabei bin ich nicht der Einzige. Fast jeder, mit dem ich spreche, ist verwirrt hinsichtlich Data Mesh. Diese Komplexität in Verbindung mit der fehlenden Standarddefinition eines Data Mesh bedeutet, dass die meisten Teams, die ein Data Mesh aufbauen wollen, im Vorfeld viel Zeit investieren müssen, um sicherzustellen, dass jeder die Architektur versteht (und zwar *richtig*). Wenn es lange dauert, bis die ersten Schritte getan sind, sollten Sie sicher sein, dass Sie vom Data Mesh genügend profitieren, um die Zeit und den Aufwand zu rechtfertigen.

Dieses komplexe Wesen gilt auch für die organisatorische Komplexität, obwohl die Befürworter von Data Mesh das Gegenteil behaupten. In verteilten Teams wirken viel mehr Personen mit, die möglicherweise nicht immer effektiv kommunizieren.

Duplizierung

Dehghani argumentiert, dass die Duplizierung von Quelldaten in Data Mesh kein Problem darstellt, und schreibt, dass es für jede Domain »sehr wahrscheinlich ist, keinen Data Lake zu benötigen, weil die verteilten Protokolle und der Speicher, die die Originaldaten enthalten, für die Exploration von verschiedenen adressierbaren unveränderlichen Datasets als Produkte verfügbar sind.«[2] Allerdings kann man nicht immer direkt auf die Originaldaten aus diesen unveränderlichen Datasets zugreifen, da es oftmals Probleme mit der Sicherheit oder dem sofortigen Abruf gibt. (Ich habe immer noch viele Kunden, die Mainframes betreiben, zu denen sich keine Verbindung herstellen lässt.) Um also irgendetwas mit diesen Quelldaten zu tun, müssen Sie immer noch eine Kopie erstellen und sie in einem Data Lake speichern. In der Tat kann ein Data Mesh zu *mehr* Datenkopien führen als in anderen Architekturen, da Domains möglicherweise Daten aus anderen Domains kopieren müssen, um ihre Datenprodukte zu vervollständigen oder um aggregierte oder kundenorientierte Domains zu erstellen. Alle Kopien synchron zu halten, kann zusätzliche Kosten und einen Mehraufwand verursachen.

---

2 Dehghani, »How to Move Beyond a Monolithic Data Lake to a Distributed Data Mesh« (*https://oreil.ly/cv2sX*), MartinFowler.com, 20. Mai 2019.

In ähnlicher Weise hat die *angepasste Dimension*, wie sie in einem Sternschema (siehe Kapitel 8) verwendet wird, die gleiche Bedeutung für jeden Fakt, auf den sie sich bezieht. Angepasste Dimensionen ermöglichen Ihnen, Fakten und Kennzahlen (wie eine Datums- oder Kundendimension) in der gleichen Weise zu kategorisieren und zu beschreiben, was ein konsistentes Reporting im gesamten Unternehmen sicherstellt. Angepasste Dimensionen sind in einer Lösung mit Sternschema sehr beliebt. In einem Data Mesh müssen diese angepassten Dimensionen in jeder Domain, die über verknüpfte Faktentabellen verfügt, dupliziert werden. Das ist eine Menge doppelter Daten, die synchronisiert werden müssen.

Wahrscheinlich kauft Ihr Unternehmen Daten von Drittanbietern, beispielsweise Wetter-, Börsen- oder Wettbewerberdaten. In einer zentralisierten Architektur verwaltet eine Person oder eine Gruppe diese Daten, sodass die Gefahr, dass zwei Teams in derselben Firma dieselben Daten kaufen, gering ist. In einem Data Mesh kauft jedoch jede Domain ihre eigenen Daten. Wie lässt sich verhindern, dass zwei Domains Geld verschwenden, weil sie dieselben Datasets kaufen? Diesen Bereich scheint keines der Data-Mesh-Prinzipien abzudecken, doch Sie können Prinzip #4 erweitern, indem Sie ein zentrales Team einrichten, das sämtliche Anfragen nach Daten von Drittanbietern bearbeitet.

Trotz des Prinzips #3 werden einige Domains wahrscheinlich ähnliche Plattformen für die Datenerfassung oder -analyse aufbauen. Bei einem zentralisierten Ansatz gibt es nur ein Team, das eine Plattform einrichtet, in einem Data Mesh könnten dies Dutzende von Domains tun. Es empfiehlt sich, die gemeinsame Nutzung dieser Lösungen zu fördern, damit sich die Domains nicht gegenseitig hinsichtlich des Aufwands überlappen oder hilfreiche Lösungen von anderen Domains verpassen.

Machbarkeit

Die Migration zu einem Data Mesh ist ein gewaltiges Unterfangen, das weit mehr als bei den anderen Datenarchitekturen ein riesiges Investment in organisatorische Änderungen und technische Implementierungen erfordert. Dies führt zu viel höheren Kosten und einem viel längeren Zeitrahmen – viele Monate, möglicherweise sogar Jahre, bevor Sie es in die Produktion überführen können. Es braucht viel, um die Domains dazu zu bringen, ihre selbst erstellten Berichte und Dashboards so gut zu nutzen, dass die zentrale IT aufhören kann, sie bereitzustellen. In der Zwischenzeit müssen Sie, sofern Sie nicht ein brandneues Unternehmen sind, Ihre bestehende Plattform lauffähig halten. Dies kann ziemlich schwierig sein, insbesondere wenn neue Domains von der Bereitstellung operativer Daten für die zentrale IT dazu übergehen, die Daten innerhalb ihrer Domain zu halten.

Und noch einmal: Data Mesh ist ein Konzept, keine Technologie. Es geht darum, organisatorische und kulturelle Veränderungen innerhalb eines Unternehmens herbeizuführen. Dehghanis Buch geht nicht darauf ein, wie man bestehende Technologien nutzt, um ein Data Mesh aufzubauen. Das liegt wahrscheinlich daran, dass es große Lücken in der verfügbaren Technologie gibt, und zwar in Bereichen wie Datenquantum, Automation, gemeinsame Nutzung von Produkten, Einrichten einer Domaininfrastruktur und kollaborative Data Governance.

Prinzip #2 erfordert, dass die Technologie verfügbar ist, um Domains bekannt zu machen und gemeinsam zu nutzen, aber die derzeitige Technologie dafür steckt noch in den Kinderschuhen. Prinzip #3 verlangt sehr ausgefeilte Lösungen für die Automatisierung der Infrastrukturprovisionierung, doch aktuelle Lösungen leisten bestenfalls einen kleinen Teil davon. Und das Erstellen und Verwalten globaler Regeln gemäß Prinzip #4 – zur gleichen Zeit, in der Domains ihre eigenen Regeln erstellen und verwalten – bedeutet, man verlässt sich stark auf Automatisierungs- und Codierungslösungen für das Lebenszyklusmanagement von Datenprodukten, Standards als Code, Richtlinien als Code, automatisierte Tests, automatisierte Überwachung und Einbettung der Richtlinienausführung in jedes Datenprodukt. Dies erfordert eine sehr anspruchsvolle Software, die, sofern sie überhaupt existiert, bislang ziemlich beschränkt ist. Unternehmen müssen sie selbst entwickeln oder diesen Schritt einfach überspringen und damit die Data-Mesh-Prinzipien verletzen.

Wie Dehghani schreibt, verfügen Datenprodukte über Ausgangsdatenports (Schnittstellen) mit explizit definierten Verträgen und APIs. Diese APIs würden den Zugriff auf mehrere Modelle, bitemporale Daten und Nur-Lese-Zugriff auf unveränderliche Daten realisieren. Zudem ließen sich riesige Datenmengen übertragen, und es wäre eine Skalierung möglich, um eine große Anzahl von Anfragen zu bewältigen. Darüber hinaus würden sich diese APIs über eine oder mehrere physische Infrastrukturen, mehrere Clouds und lokale Hosting-Umgebungen erstrecken. Bislang ist die Technologie für APIs, die all diese Features unterstützen, nicht vorhanden. Wahrscheinlich wird sie das auch nie.

Außerdem werden APIs selten mit Daten verwendet, denn die Interaktion mit Daten erfolgt in der Regel über SQL-Abfragen. APIs für alle Interaktionen mit Daten zu erstellen, ist ein großer kultureller Wandel, der viel mehr Zeit in Anspruch nehmen würde als die Verwendung von SQL-Abfragen.

In ihrem Buch führt Dehghani mit dem *Datenquantum* eine neue Einheit der logischen Architektur ein, die sämtliche strukturellen Komponenten steuert und kapselt, die erforderlich sind, um Daten autonom als Datenprodukt zu teilen, das von anderen konsumiert werden kann. Dazu gehören Daten, Metadaten, Code (Rechenleistung), Richtlinien und Infrastrukturabhängigkeiten. Daten und Rechenleistung werden logisch als eine Einheit verknüpft, aber die zugrunde liegenden physischen Infrastrukturen, die den Code und die Daten hosten, werden getrennt gehalten. Dafür gibt es derzeit keine Technologie. Zwar hat Dehghani ein Unternehmen gegründet, um mit Datenproduktcontainern ein Datenquantum zu schaffen, doch könnte es noch Jahre dauern, bevor ihr oder ein anderes Unternehmen Komponenten entwickelt, um den Großteil dieser Anforderungen zu erfüllen.

Meiner Meinung nach ist ein Datenquantum ein sehr riskantes Konzept. Sicherlich können Sie ein Data Mesh aufbauen, ohne es zu nutzen. Denken Sie an die Datenherkunft unter Verwendung eines Datenquantums. Wenn die Metadaten jeder Domain nur innerhalb des Datenprodukts selbst verfügbar sind, müssten Sie komplexe föderierte Abfragen gegen *alle* Datenprodukte ausführen, um die Metadaten, die Herkunft oder die Informationen zur Datenqualität zu sehen. Es wäre möglich, alle Metadaten an einem zentralen Ort zu replizieren, doch würde das eine ständige Synchronisierung erfordern und die Gesamtarchitektur viel komplizierter machen. Dann wäre da noch die Frage der Sicherheit: Sie müssten Metadaten aktualisieren, wie zum Beispiel Vertraulichkeitskennungen, Datenschutzklassifizierungen und Informationsbesitz für Daten, die sich physisch an mehreren Orten befinden.

Die Probleme beim Kopieren von Daten erstrecken sich auch auf Datenprodukte. Werden sie kopiert, werden auch ihre Metadaten kopiert, was zu mehreren Kopien derselben Metadaten führt, die synchronisiert werden müssen. Alle Aktualisierungen der Metadaten müssten gleichzeitig in mehreren Datenproduktcontainern durchgeführt werden, sodass diese Container immer verfügbar und zugänglich sein müssen. Damit laufen Sie Gefahr, dass dieselben Metadaten verschiedene Besitzer haben.

Wenn Sie Hunderte oder sogar Tausende kleiner Datenprodukte gleichzeitig ausführen, steigt die Auslastung der Infrastrukturressourcen und Netzwerke, wird das Konfigurationsmanagement erschwert, und es entstehen Probleme mit der Performance und der Konsistenz von Referenzdaten.

Dehghani vertritt die Ansicht, dass man, da bisher noch keine Data-Mesh-nativen Technologien entwickelt wurden, »Data-Warehousing-Technologien als zugrunde liegende Speichertechnik und den SQL-Zugriffsmodus verwenden kann, aber jedem Datenprodukt ein eigenes Schema zuweist«[3], und so die Re-

---

3 Zhamak Dehghani, *Data Mesh: Eine dezentrale Datenarchitektur entwerfen*, (O'Reilly, 2023), Seite 342.

chenleistung gemeinsam nutzt. Dies führt jedoch zu einer zentralisierten Infrastruktur, die gegen Prinzip #1 verstößt und den größten Vorteil eines Data Mesh zunichtemacht: die technische Skalierung.

Mitarbeiterinnen und Mitarbeiter

Für jede Domain müssen Sie gute Ingenieurinnen und Ingenieure sowie andere qualifizierte Fachkräfte finden und einstellen. Es ist schwer genug, gute Leute für ein zentrales IT-Team zu finden, aber in einem Data Mesh hat jede Domain nicht nur die Aufgabe zu lernen, wie eine Infrastruktur und eine analytische Plattform aufgebaut wird, sondern auch ihr eigenes Mini-IT-Team zu konzipieren und einzustellen. Bei vielen Domains sind das *viele* Personen mehr, als Sie in einer zentralisierten Architektur benötigen würden – ein riesiger Kompromiss, wenn Sie horizontal skalieren.

Prinzip #3 zielt darauf ab, ohne spezielle technische Kenntnisse auszukommen und stattdessen universelle funktionsübergreifende Qualifikationen zu nutzen. Dies verleitet oftmals Organisationen dazu, Mitarbeitende aus Geschäftsdomains damit zu beauftragen, die Implementierung in jeder Produktgruppe vorzunehmen, anstatt auf erfahrene Leute mit fundierten technischen Fertigkeiten zu setzen, zumal es schwierig ist, genügend Menschen mit guten technischen Fähigkeiten zu finden. Unerfahrene Mitarbeitende neigen dazu, teure, komplexe, leistungsschwache Datenprodukte zu entwickeln.

Data Mesh geht davon aus, dass zentrale IT-Dateningenieure weder Geschäfts- noch Fachwissen haben und es daher besser ist, Personen einzusetzen, die mit den Domains vertraut sind, denen die Daten gehören. Außerdem wird davon ausgegangen, dass jedes Domainteam über die notwendigen Fähigkeiten verfügt, robuste Datenprodukte zu schaffen, oder sich diese Fähigkeiten aneignen kann.

Das ist nicht immer der Fall. Erstaunlicherweise habe ich erlebt, dass zentrale ITler mit mehr Fachwissen als die Domainexperten aufwarten konnten! Die IT-Mitarbeitenden wissen auch, wie man Daten aus verschiedenen Domains kombiniert. Manchmal verstehen die Menschen, die die operativen Systeme betreiben, sehr wenig von ihren Daten, insbesondere aus einer analytischen Perspektive. Sie sind einfach darauf fixiert, die Maschinerie in Gang zu halten. Wenn zentrale IT-Dateningenieure nicht über das nötige Fachwissen verfügen, warum sollten sie sich dieses Wissen nicht aneignen, um die Kommunikation zwischen IT und Domains zu verbessern? Das könnte eine bessere Lösung sein, als eine völlig neue Arbeitsweise einzuführen.

Die Befürworter von Data Mesh rühmen sich damit, dass Data Mesh keine Datenspezialisten mit profundem Fachwissen auf nur einem Gebiet braucht, sondern *Generalistinnen* und *Generalisten* ermutigt. Keiner arbeitet an einem isolierten Schritt. Data Mesh stellt sich funktionsübergreifende Teams mit Teammitgliedern vor, die mittlere Fertigkeiten auf vielen Gebieten besitzen: zum Beispiel Streaming, ETL-Stapelverarbeitung, Data-Warehouse-Design und Datenvisualisierung zusammen mit praktischen Kenntnissen in Softwaretechnik, wie Codieren, Testen und kontinuierliche Bereitstellung (DataOps). Denken Sie an »von allem etwas verstehen, jedoch nirgends Meister sein«. Wenn Sie viele Domains haben, bedeutet dies wiederum, dass viele Rollen zu besetzen und Gehälter zu zahlen sind. Es ist nicht einfach, jemanden mit einem so breiten Spektrum an Fähigkeiten zu finden und einzustellen, geschweige denn viele. Es ist fraglich, ob diese Personen mit umfangreichen Fähigkeiten besser sind als Personen mit jahrelanger Erfahrung in einem Fachgebiet.

Hürden auf Domainebene

Nehmen wir an, Ihre Domain hat endlich die Genehmigung erhalten, von der zentralen IT dringend benötigte Features zu den Analysefunktionen der Domain hinzufügen zu lassen, damit Sie einen echten Nutzen aus Ihren Daten ziehen können. Mit der zentralen IT-Abteilung haben Sie einen Plan ausgearbeitet, um in den nächsten Monaten die Analysefunktionen zu erstellen. Dann erfahren Sie, dass Ihr Unternehmen ein Data Mesh aufbauen will und es bei Ihnen liegt, ein komplett neues Team einzustellen, um die benötigten Funktionen und die dazugehörigen APIs zu entwickeln. Dann werden Sie gebeten, das Projekt um Monate zu verzögern, während das Unternehmen die Prinzipien #3 und #4 implementiert, die Datendomains entwirft und den Vertrag schreibt, der die Upgrades der einzelnen Domains regelt.

Wie würden Sie sich fühlen? Und was wäre, wenn die Mitarbeitenden in Dutzenden von Domains genauso empfinden würden? Das Unternehmen darf keine abtrünnige Domain haben. Sowohl die Konsumenten als auch andere Domains sind darauf angewiesen, dass Daten aus jeder Domain verfügbar sind. Deshalb müssen Sie:

- überzeugende Anreize bieten, um die zusätzliche Arbeit, den Ärger und die Verzögerung auszugleichen. Es genügt nicht, ihnen zu sagen, sie täten es »für das Allgemeinwohl«.
- Zustimmung von jeder Domain für die Implementierung eines Data Mesh gewinnen.
- sich die Unterstützung der obersten Führungsebene sichern.
- eine klare Vision vermitteln, die die Vorteile für jede Domain aufzeigt.

- Pilotprogramme durchführen, um die Wirksamkeit des neuen Ansatzes zu demonstrieren.
- sowohl finanzielle als auch nicht finanzielle Anreize bieten, um die Teilnahme zu fördern.
- transparente Kanäle für die laufende Kommunikation schaffen.
- Unterstützung über Kompetenzzentren anbieten.

Planen Sie, was zu tun ist, wenn sich eine Domain nicht an die Regeln halten will. Dies könnte insbesondere bei den Standards für Datensicherheit und Datenqualität problematisch sein. Wenn Sie beschließen, dass Domains, die sich nicht an die Regeln halten, nicht am Data Mesh teilnehmen können, bekommen Sie Datensilos.

Es könnte auch Domains geben, die dem Data Mesh *nicht beitreten können*, selbst wenn sie es wollten. Vielleicht verfügen sie nicht über das Budget, um ein Team aufzubauen, das eine Analyseplattform erstellen kann, oder die Umstände zwingen sie dazu, an einer älteren Technologie festzuhalten, die mit einer Analyseplattform nicht umgehen kann. Um deren Daten in das Data Mesh einzubinden, benötigen Sie neben dem Data Mesh eine zentralisierte Architektur.

Eine effektive gemeinsame Produktnutzung ist entscheidend für den Erfolg Ihres Data Mesh. Die gemeinsame Nutzung von Produkten innerhalb und außerhalb der einzelnen Domains in einem Data Mesh unterscheidet sich stark von der gemeinsamen Nutzung von Daten. So benötigen Sie für andere Domains oder Konsumenten eine Möglichkeit, alle Domains in Ihrem Unternehmen und deren Datenprodukte zu verfolgen. Dazu müssen alle Metadaten der Domain irgendwo katalogisiert werden – mit einem Suchmechanismus und einer Möglichkeit, Zugriff anzufordern: eine Art Datenmarktplatz, wie in Kapitel 6 beschrieben.

Die großen Cloud-Provider bieten viele Softwarelösungen für die gemeinsame Nutzung von Daten an, aber nur sehr wenige für die gemeinsame Nutzung von Datenprodukten (und diese sind erst kürzlich veröffentlicht worden, als dieses Buch entstanden ist). Somit müssen Sie sich entscheiden: Kaufen Sie eine solche Lösung, oder erstellen Sie Ihre eigene?

Ein Data Mesh führt zu einer Verlagerung auf ein Self-Serve-Modell für Datenanfragen, was eine Herausforderung darstellt. Traditionell haben sich Domains auf zentrale IT-Abteilungen verlassen, um ihren gesamten Bedarf an analytischen Daten zu decken. Das umfasste alles von der Datenverwaltung bis hin zu spezifischen Anfragen wie Abfragen und Berichten. Mit Data Mesh wird diese Verantwortlichkeit dezentralisiert und liegt nun direkt bei den einzelnen Domains, um diese Datenanforderungen zu erfüllen. Ein potenzielles Risiko besteht darin, dass einigen Domains das Fachwissen fehlt, um diese Aufgaben effizient zu bewältigen. Außerdem können sie nicht einfach die von der zentralen IT-Abteilung implementierten Lösungen kopieren, sondern müssen sie verbessern, um den Wert eines Data Mesh zu zeigen. Da sie ihre eigenen Lösungen entwickeln, besteht die Möglichkeit, dass diese nicht einmal so effektiv und robust sind wie die zentralisierten Systeme, die sie ersetzen.

Organisatorische Bewertung: Sollten Sie ein Data Mesh einführen?

Inzwischen wissen Sie, was ein Data Mesh ist und welche Probleme es mit sich bringen kann. Wenn Sie immer noch der Meinung sind, dass ein Data Mesh infrage kommt, sollten Sie als Nächstes anhand einer gründlichen Bewertung herausfinden, ob Ihr Unternehmen *bereit* ist, ein erfolgreiches Data Mesh aufzubauen. Hierzu können Sie die Kriterien in Tabelle 14-1 heranziehen, die aus Dehghanis Buch stammen.[4] Dehghani empfiehlt, dass Unternehmen den Aufbau eines Data Mesh nur in Betracht ziehen sollten, wenn alle Kriterien einigermaßen oder in hohem Maße zutreffen.

Tabelle 14-1: Selbsteinschätzung der Bereitschaft Ihres Unternehmens für Data Mesh

Kriterium	Nicht zutreffend	Etwas zutreffend	Sehr zutreffend
Die organisatorische Komplexität unseres derzeitigen Systems ist zu groß, und unsere bestehende Datenarchitektur hat sich zu einem Hindernis entwickelt; sie lässt sich nicht schnell genug skalieren, um aus Daten von vielen Teilen des Unternehmens Nutzen zu ziehen.	☐	☐	☐
Unser Unternehmen verfügt über eine datenorientierte Strategie und eine strategische Vision für die Nutzung und Verwertung von Daten.	☐	☐	☐
Unsere Führungskräfte unterstützen die Kultur- und Arbeitsveränderungen, die für ein Data Mesh erforderlich sind, und setzen sich dafür ein, die gesamte Organisation zu motivieren, die Arbeitsweise zu ändern.	☐	☐	☐

4 Dehghani, *Data Mesh*, Seite 313 bis 317.

Tabelle 14-1: Selbsteinschätzung der Bereitschaft Ihres Unternehmens für Data Mesh (Fortsetzung)

Kriterium	Nicht zutreffend	Etwas zutreffend	Sehr zutreffend
Wir betrachten Daten als wertvolles Gut und sammeln sie regelmäßig, analysieren sie und nutzen sie, um Geschäftsentscheidungen zu treffen. Wir haben unsere Abläufe, Entscheidungsprozesse, Kultur und Strategien auf Daten gestützt. Wir investieren massiv in eine Infrastruktur für Datentechnologie, Analyseplattformen und Machine Learning. Unsere Mitarbeitenden sind datenkompetent.	☐	☐	☐
Unser Unternehmen steht gerne an »vorderster Front« und gehört immer zu den Ersten, die neue Technologien und Innovationen implementieren, selbst wenn das mit einem gewissen Risiko verbunden ist.	☐	☐	☐
Unser Unternehmen setzt moderne technische Verfahren und Technologien ein, einschließlich datengestützter Entscheidungsfindung und benutzerorientierten Designs, was viel kleinere Teams anstelle eines großen, zentralisierten Teams ermöglicht.	☐	☐	☐
Unsere Organisation ist nach bestimmten Geschäftsbereichen oder Datendomains strukturiert. Diese verfügen jeweils über spezielle technische Teams, die die Produkte für diese Domain erstellen und unterstützen. Jede Domain verfügt über ein Budget (oder wird in Kürze darüber verfügen), um analytische Daten aus seinen operativen Daten zu erstellen und um ihre eigene Data-Mesh-Infrastruktur aufzubauen.	☐	☐	☐
Auch wenn es lange dauert, ist unser Unternehmen entschlossen, Machine Learning und Analytik zu nutzen, um einen Wettbewerbsvorteil gegenüber unseren Konkurrenten zu erlangen. Wir engagieren uns für einen Prozess des kulturellen Wandels und für die Entwicklung und den Aufbau der Technologie, die für Data Mesh erforderlich ist, sowie für ein Netzwerk von domainorientierten Teams.	☐	☐	☐

Meiner Erfahrung nach findet nur ein winziger Prozentsatz der Unternehmen – vielleicht 1% – *alle* diese Kategorien »einigermaßen« oder »komplett« zutreffend. Hohe Bewertungen bei Kategorien wie Erstanwender, domainorientiert und modernes Engineering sind besonders selten.

Empfehlungen für die Implementierung eines erfolgreichen Data Mesh

Wenn Sie über eine aktuelle Datenlösung verfügen und sich für den Aufbau eines Data Mesh entscheiden, empfehle ich ein Hub-and-Spoke-Modell, bei dem Sie das Data Mesh als Erweiterung einer zentralisierten Datenlösung aufbauen (siehe Abbildung 14-1). So könnten Sie anfangs mit neuen Daten neue Data-Mesh-Domains erstellen, aber diese Domains mit Ihrer aktuellen zentralisierten Datenlösung ergänzen, wobei Sie sich an den Geschäftsanforderungen orientieren. Migrieren Sie Ihre zentralisierten Daten langsam in Data-Mesh-Domains, wenn Sie im Laufe der Zeit weitere neue Domains aus neuen Daten hinzufügen. Versuchen Sie nicht, alle Ihre zentralisierten Daten auf einen Schlag in Data-Mesh-Domains zu überführen.

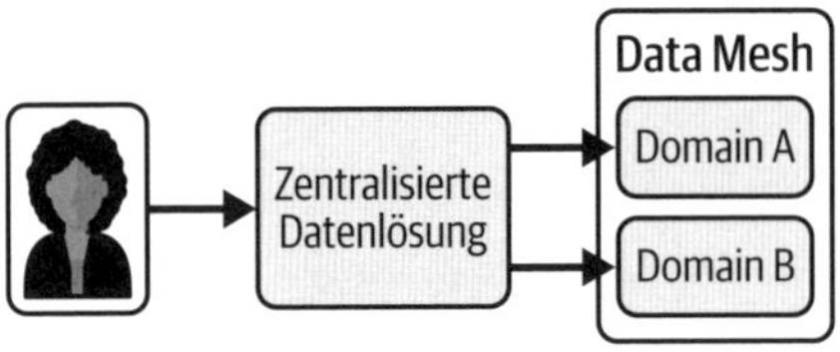

Abbildung 14-1: Ein Hub-and-Spoke-Modell, bei dem ein Data Mesh eine zentralisierte Datenlösung ergänzt und erweitert

Wenn Sie das Data Mesh schrittweise implementieren, halten Sie die Risiken in Grenzen, die mit einer vollständigen Umgestaltung der bestehenden Datenarchitektur verbunden sind. Fällt ein Teil des Data Mesh aus, bleibt der Schaden begrenzt und wirkt sich nicht auf das gesamte System aus. Damit erhalten Sie eine bessere Kontrolle über Compliance- und Sicherheitsmaßnahmen und haben mehr Zeit, um geeignete Governance- und Sicherheitsprotokolle einzurichten. Dieser allmähliche Ansatz verteilt zudem die Kosten und die Anforderungen an die Arbeitskräfte. Bestehende Geschäftsprozesse, die sich auf die zentralisierten Daten stützen, können während der Umstellung reibungslos weiterlaufen, sodass der Geschäftsbetrieb nur minimal gestört wird.

Was ich vorschlage, ist ein iterativer Ansatz. Wenn Sie neue Domains schrittweise implementieren, lernen Sie von jeder Phase, nehmen notwendige Anpassungen vor und wenden diese Erkenntnisse auf nachfolgende Domains an, wodurch auf lange Sicht ein robusteres System entsteht. Außerdem können Sie so von Ihren vorhandenen Technologieinvestitionen profitieren, während Sie einer neuen, moderneren Architektur entgegenstreben.

Außerdem handelt es sich um einen agilen Ansatz. Er gibt Ihnen die Flexibilität, bestimmte Domains zu priorisieren, die einen größeren unmittelbaren Nutzen bieten oder mit strategischen Geschäftsinitiativen in Einklang stehen. Er ermöglicht eine Anpassung an die geschäftlichen Anforderungen statt einer erzwungenen Hauruckmigration. Zudem haben Sie die Gelegenheit, die Performance der Infrastruktur jeder Domain zu optimieren und sie auf die spezifischen Bedürfnisse und Einschränkungen der jeweiligen Domain zuschneiden.

Schließlich ebnet der Hub-and-Spoke-Ansatz den Weg für einen kulturellen Wandel im Laufe der Zeit, indem er funktionsübergreifende, domainorientierte Zusammenarbeit zwischen Datenproduktbesitzern, Ingenieurinnen und Stakeholdern des Unternehmens fördert.

Diese stückweise Implementierung von Data Mesh ist ein strategischer Ansatz, der eine sorgfältige Planung, ein Risikomanagement und eine Ausrichtung auf die Unternehmensziele ermöglicht. Er unterstützt einen allmählichen Übergang von einer zentralisierten zu einer dezentralisierten Datenarchitektur, wobei in der Übergangszeit sowohl die alten als auch die neuen Systeme genutzt werden. Dieser Ansatz ist anpassungsfähiger und resilienter als der Versuch einer vollständigen »Gewaltumstellung«, die mit Risiken und Komplexität belastet ist.

Die Zukunft von Data Mesh

Ich habe mit vielen Menschen gesprochen, die glauben, dass die Idee eines zentralisierten Teams, das die gesamte Datenarchitektur aufbaut, ausstirbt und dass schließlich jedes Unternehmen zu einem dezentralisierten Modell übergehen wird. Schließlich lassen sich zentralisierte Modelle nicht gut skalieren.

Dies wurde in den Tagen der Kimball- und Inmon-Debatte diskutiert (siehe Kapitel 8). Im Inmon-Lager hat die IT alles zentralisiert, während im Kimball-Lager die Methodik darin bestand, lose zentralisierte, nach Themen gegliederte Data Marts aufzubauen und sie mithilfe von angepassten Dimensionen mit einer Busarchitektur zusammenzuhalten. In der Praxis gab es jedoch viele Domains, die ihre eigenen Data Marts isoliert aufgebaut haben, manchmal mit verschiedenen Technologien, was zu einer dezentralisierten Architektur geführt hat. Mussten Daten aus mehreren Domains verknüpft und aggregiert werden, wurden zusätzliche Data Marts und/oder OLAP-Cubes erstellt.

Manchmal hat diese Strategie gut funktioniert, doch oft zu doppelten Anstrengungen geführt, bei denen alle Arten von verschiedenen Technologien und Produkten zum Einsatz kamen. Außerdem war es schwierig und ließ die Kosten häufig außer Kontrolle geraten. Um diese Probleme zu vermeiden, ist das Unternehmen dann wieder zu einem zentralisierten Modell zurückgekehrt.

Wird das Data Mesh zum gleichen Problemkreislauf führen? Was ist dieses Mal anders? Obwohl die Technologie seit der Zeit der Data Marts einen weiten Weg zurückgelegt hat, ist das Problem nicht wirklich ein technologisches – es ist ein Problem der Menschen und Verfahren, und wir sind bei der Lösung dieser Probleme nicht annähernd so weit gekommen. Sie können sich noch so viele coole Schlagwörter und Methoden ausdenken, aber es ist äußerst schwer, die Menschen dazu zu bringen, sich zu ändern – und Data Mesh erfordert jede Menge Veränderungen.

Ich sage voraus, dass nur sehr wenige Unternehmen Data-Mesh-Architekturen einführen werden, und ich glaube nicht, dass eine dieser Lösungen ein reines Data Mesh sein wird. Bei denjenigen, die ihre Lösung als Data Mesh bezeichnen, schätze ich, dass die meisten – vielleicht 90% – das Domain Ownership (Prinzip #1) übernehmen werden, während weniger – vielleicht 70% – Data-as-a-Product (Prinzip #2) umsetzen werden. Vielleicht ein sehr kleiner Prozentsatz von diesen Unternehmen wird es auf das Niveau eines Datenquantums bringen. Etwa ein Drittel der Unternehmen wird eine Form der automatisierten Infrastruktur für jede Domain nutzen (Prinzip #3: Self-Serve-Infrastructure-as-a-Platform, und vielleicht die Hälfte wird eine Federated Computational Governance einführen (Prinzip #4). Ich erwarte, dass ein sehr großer Prozentsatz der Lösungen die Technologien, die jede Domain nutzen kann, einschränkt.

Anstatt zu versuchen, jedes Element eines Data Mesh zu implementieren, empfehle ich, sich darauf zu konzentrieren, wie Sie Ihre Datenteams in die Lage versetzen können, schneller und häufiger Mehrwert für Ihre Kunden zu liefern. Von dort aus können Sie rückwärts arbeiten, um spezifische Elemente eines Data Mesh zu identifizieren und zu übernehmen, die Ihnen helfen werden, dieses Ziel zu erreichen.

Letzten Endes ist ein Data Mesh ein Kampf zwischen Zentralisierung und Dezentralisierung. In jeder Data-Mesh-Lösung wird es immer eine Mischung aus beidem geben. Es kommt darauf an, das richtige Gleichgewicht für Ihren Anwendungsfall zu finden.

Blick über den Tellerrand: Datenarchitekturen und ihre Anwendungen

In der modernen Welt des schnellen technologischen Fortschritts stehen Unternehmen an einem Scheideweg, umgeben von einer Fülle von Daten. Richtig genutzt, können diese Daten nie dagewesene Erkenntnisse liefern, Abläufe rationalisieren und Wettbewerbsvorteile schaffen. Um dieses Potenzial freizulegen, ist die Architektur entscheidend – der Rahmen, der bestimmt, wie Daten gespeichert, verarbeitet und abgerufen werden.

Im Verlauf dieses Buchs habe ich mich eingehend mit den Feinheiten der verschiedenen Datenarchitekturen, ihrer Entwicklung und ihrer praktischen Anwendung beschäftigt. Jetzt, da ich mich darauf vorbereite, dieses Kapitel abzuschließen, ist es wichtig, einen Schritt zurückzutreten und die Landschaft von einer höheren Warte aus zu betrachten.

Ihnen stehen viele Optionen zur Auswahl zur Verfügung. Wie können Sie wissen, welche die richtige für Ihr Unternehmen ist? Um diese Frage zu beantworten, wollen wir uns einige Anwendungsfälle für jede Architektur ansehen, geordnet nach Kosten und Komplexität.

Modern Data Warehouse
: MDWs sind vor allem geeignet für Unternehmen, die nur geringe Datenmengen verarbeiten und bereits an relationale Data Warehouses gewöhnt sind, was einen sanften Übergang ermöglicht.

Data Fabric
: Wenn Unternehmen wachsen und sich diversifizieren, müssen sie sich oftmals mit Daten aus unzähligen Quellen auseinandersetzen, die sich in Größe, Geschwindigkeit und Art unterscheiden. Data Fabric ist die Architektur der Wahl für diejenigen, die einen nahtlosen Übergang benötigen, um diese verschiedenen Datenströme zu integrieren.

Data Lakehouse
: Diese Lösung kann als Mittelweg gelten. Auf ein Data Lakehouse sollten Sie sich als primäre Lösung einlassen, bis sie an ihre Grenzen stößt. In diesem Fall können Sie bestimmte Datensätze in ein RDW übertragen, um den Anforderungen Ihres Unternehmens besser gerecht zu werden.

Data Mesh
: Das Data Mesh ist auf sehr große, domainorientierte Unternehmen zugeschnitten und eignet sich für Organisationen, die mit erheblichen Herausforderungen hinsichtlich der Skalierbarkeit konfrontiert sind und über die Ressourcen und die Zeit verfügen, in eine robuste Lösung zu investieren.

Diese Architekturen schließen sich nicht gegenseitig aus. In der Realität steht nur selten etwas absolut fest. Die meisten Unternehmen werden feststellen, dass ihre individuellen Bedürfnisse ein Mosaik von Features aus mehreren Architekturen bilden. Eine derartige maßgeschneiderte Lösung kann Aspekte einer oder aller dieser Architekturen kombinieren, angepasst an die spezifischen Datenverwendungsfälle des Unternehmens und seine sich entwickelnden Geschäftsmöglichkeiten.

Zusammenfassung

Dieses Kapitel hat die gängigen Mythen über Data Mesh angesprochen, berechtigte Bedenken geklärt und seine Eignung für verschiedene Organisationsstrukturen bewertet. Ich habe wichtige Empfehlungen für eine erfolgreiche Implementierung gegeben, die auf realen Praktiken und Fallstudien fußen. Wir haben die Zukunft von Data Mesh im Kontext der sich entwickelnden Technologien und Geschäftstrends betrachtet. Schließlich habe ich alle Datenarchitekturen zusammengefasst, um Sie bei der Auswahl der für Ihre spezifischen Geschäftsanforderungen am besten geeigneten Datenarchitektur zu unterstützen. Ich hoffe, dass Sie nun sowohl über ein theoretisches Verständnis als auch über praktische Erkenntnisse verfügen und somit in der Lage sind, fundierte Entscheidungen über die Einführung von Data Mesh zu treffen.

Die geschäftliche Zukunft ist untrennbar mit der Zukunft der Daten verbunden. Die Architekturen, für die wir uns entscheiden, werden nicht nur bestimmen, wie wir unsere Daten speichern und darauf zugreifen, sondern auch darüber, wie unsere Unternehmen wachsen, Neuerungen einführen und im Wettbewerb bestehen können. Es ist wichtig, diese Entscheidung mit einem profunden Verständnis, Anpassungsfähigkeit und einer Vision für die Zukunft zu treffen. Denken Sie daran, dass die Architektur, für die Sie sich heute entscheiden, den Weg für Ihr Unternehmen von morgen ebnet. Wählen Sie mit Bedacht und lassen Sie sich von Ihren Daten leiten.

Die vorangegangenen Kapitel dieses Buchs haben die technischen Aspekte von Datenarchitekturen behandelt. In den Kapiteln 15 und 16 befassen wir uns mit den beiden entscheidenden Themen »Menschen« und »Prozesse«, wobei wir die Organisation von Teams, die Ursachen von Projektfehlern und die Schlüssel zum Projekterfolg untersuchen.

TEIL IV

Menschen, Prozesse und Technologien

Herzlichen Glückwunsch! Sie haben die grundlegenden Abschnitte, die allgemeinen Datenarchitekturkonzepte und die vier Datenarchitekturen absolviert. Doch noch sind Sie nicht fertig. Kapitel 15 befasst sich mit den wichtigsten Faktoren für den Erfolg der von Ihnen entwickelten Lösung: Menschen und Prozesse. In Kapitel 16 geht es um Datenarchitekturtechnologien. Um zu gewährleisten, dass das Buch auch in den kommenden Jahren noch relevant ist, wird dieses Thema aus einer anbieterneutralen, historischen und einer übergeordneten Perspektive diskutiert.

KAPITEL 15
Menschen und Prozesse

In der komplizierten Welt der Datenarchitekturen stehen zwar Technologie und Tools im Vordergrund, aber das Herz und die Seele sind *Menschen und Prozesse*. Während Unternehmen von traditionellen Datenmodellen zu innovativen Strukturen wie MDW, Data Fabric oder Data Lakehouse und sogar weiter zu dezentralisierten Paradigmen wie Data Mesh übergehen, bleibt das menschliche Element zentral. Doch warum?

In den vielen Jahren, in denen ich Data Warehouses, Anwendungen und Berichtsprojekte entwickelte, konnte ich sehen, was Projekten zum Erfolg verhilft und was sie scheitern lässt. Stellen Sie sich vor, Sie konstruieren ein architektonisches Wunderwerk – einen Wolkenkratzer mit hochmodernen Annehmlichkeiten. Der Bauplan ist makellos, die Werkstoffe sind erstklassig. Doch wenn die Bauherren, die Ingenieurinnen und die Manager ihre Visionen nicht aufeinander abstimmen oder wenn es keine Prozesse gibt, die ein kohärentes Vorgehen gewährleisten, scheitert das Projekt möglicherweise, bevor es überhaupt begonnen hat.

In ähnlicher Weise erfordert die Umgestaltung einer Datenarchitektur nicht nur technologische Umstellungen, sondern auch tiefgreifende Veränderungen der Unternehmenskultur. Eine Änderung, wie Daten verwaltet, verarbeitet und bewertet werden, bedeutet eine Neuausrichtung der Art und Weise, wie Teams über Daten denken und mit ihnen umgehen. Es bedeutet, etablierte Normen infrage zu stellen und neue Methodiken zu akzeptieren. Derartige Übergänge sind niemals nur technischer Art, sondern zutiefst menschlich.

Ein zentraler Punkt für dieses menschliche Element ist die Abgrenzung der Rollen. Wer macht was? Wer trägt die Verantwortung dafür, dass die Daten reibungslos fließen, dass sie korrekt verarbeitet werden und dass sie ethisch einwandfrei und effektiv genutzt werden? Wenn Sie diese Rollen missverstehen und unterschätzen, stehen Sie am Rande der Ineffizienz oder, schlimmer noch, vor dem Scheitern des Projekts. Umgekehrt ist die richtige Rollenverteilung –

die Sicherstellung, dass jedes Teammitglied seine Aufgaben versteht und über die entsprechenden Ressourcen verfügt – so etwas wie ein solides Fundament für Ihr architektonisches Wunderwerk.

Doch wie bei jedem größeren Vorhaben gibt es auch bei Datenprojekten Erfolgsgeschichten und abschreckende Beispiele. Der Unterschied zwischen einer erfolgreichen Datenumstellung und einer gescheiterten Lösung lässt sich oft darauf zurückführen, wie die Mitarbeitenden geführt und die Prozesse gestaltet wurden. Aus den Erfolgen und Fallstricken zu lernen, bietet unschätzbare Einblicke in die Herausforderungen und die Komplexitäten von Umstellungen der Datenarchitektur.

Im Laufe dieses Kapitels untersuchen wir die Feinheiten der Teamorganisation, die Nuancen der Rollen in verschiedenen Datenframeworks und die entscheidenden Faktoren, die über Erfolg und Misserfolg von Datenprojekten entscheiden. Am Ende dieser Reise werden Sie verstehen, dass sich Tools und Technologien zwar weiterentwickeln, dass aber die Menschen und Prozesse darüber entscheiden, ob sie erfolgreich eingesetzt werden oder in den Annalen der verpassten Chancen verschwinden.

Teamorganisation: Rollen und Verantwortlichkeiten

Eine Datenarchitektur aufzubauen, erfordert ein Team (oder viele Teams) mit unterschiedlichen Fähigkeiten und Rollen. Dieser Abschnitt beschreibt einige Schlüsselrollen, ihre Zuständigkeiten und ihr Zusammenwirken, um ein Modern Data Warehouse, eine Data Fabric oder ein Data Lakehouse aufzubauen. (Für ein Data Mesh benötigen wir zusätzliche Rollen, auf die ich im nächsten Abschnitt eingehe.) In kleineren Unternehmen kann eine Person mehrere Rollen übernehmen. Zum Beispiel kann dieselbe Person sowohl als Data-Governance-Manager als auch als Datenqualitätsmanager fungieren. In größeren Unternehmen füllen gegebenenfalls mehrere Personen dieselbe Rolle aus. Beispielsweise könnten Sie ein Dutzend Dateningenieure beschäftigen.

Rollen für MDW, Data Fabric oder Data Lakehouse

Schauen wir uns zunächst die allgemeinen Rollen an:

Datenarchitekt
: Entwirft die High-Level-Struktur der Datenarchitektur (MDW, Data Fabric oder Data Lakehouse) und entscheidet, welche Technologien und Data-Governance-Richtlinien das Projekt verwenden soll.

Dateningenieur

Verantwortlich für den Aufbau, das Testen und die Wartung der Datenarchitektur. Er schreibt Skripte zum Extrahieren, Laden und Transformieren von Daten (ELT) aus verschiedenen Quellen in die Datenlösung und arbeitet eng mit dem Datenarchitekten zusammen, um die entwickelte Architektur zu implementieren.

Datensteward

Verantwortlich für Datenqualität und Data Governance. Er definiert und implementiert Regeln für Datennutzung und Standards, überwacht die Datenbereinigung, verwaltet Datenzugriffsberechtigungen und arbeitet mit Benutzern zusammen, um Probleme mit der Datenqualität oder dem Datenzugriff zu lösen.

Datenbankadministrator (DBA)

Verantwortlich für den Betrieb, die Wartung und die Performance des Datensystems. Er implementiert Sicherungs- und Wiederherstellungspläne, optimiert Abfragen in Bezug auf die Performance und sorgt für einen reibungslosen Betrieb des Systems.

Datenanalyst

Sammelt und verarbeitet Daten und führt statistische, deskriptive und diagnostische Analysen großer Datensätze durch, er identifiziert Muster und Trends, wandelt diese komplexen Erkenntnisse in verständliche Einsichten um und kommuniziert sie an die Beteiligten. Datenanalysten erstellen umfassende Reports und Dashboards, um Geschäftskennzahlen zu verfolgen.

Data Scientist

Nutzt fortschrittliche statistische Verfahren, prädiktive Modellierung und Machine Learning, um wertvolle Erkenntnisse aus Daten zu gewinnen und komplexe Probleme zu lösen. Er entwirft und implementiert ML-Modelle, führt prädiktive und präskriptive Analysen sowie A/B-Tests durch und untersucht die Daten. Außerdem trägt er zu datengestützten Erkenntnissen und Empfehlungen bei, um strategische und operative Entscheidungen zu beeinflussen.

Wirtschaftsanalytiker

Kommuniziert mit dem Datenteam und den Geschäftsnutzern, hilft, die Geschäftsanforderungen für die Datenarchitektur zu definieren, und übersetzt sie dann in technische Anforderungen. Außerdem validiert er die Erkenntnisse der Datenanalysten und Data Scientists und vermittelt sie den Geschäftsanwendern.

Projektmanager/Scrum Master
: Koordiniert die Arbeit des Teams, stellt sicher, dass es seine Ziele erreicht, und beseitigt alle Hindernisse. Außerdem kommuniziert er den Projektstatus an die Stakeholder und managt alle Risiken.

Datenschutzbeauftragter
: Sorgt für die Compliance mit den Datenschutzbestimmungen, arbeitet mit dem Datensteward zusammen, um Nutzungsrichtlinien festzulegen, und reagiert auf Datenschutzvorfälle. In einigen Sektoren oder Regionen ist diese Rolle per Gesetz vorgeschrieben.

Data-Governance-Manager
: Sorgt für die Verfügbarkeit, Brauchbarkeit, Integrität und Sicherheit der Unternehmensdaten und erstellt Richtlinien und Verfahren für die Datenverwaltung und setzt diese durch, um optimale Verfahren in allen Geschäftsbereichen zu gewährleisten.

Datenqualitätsmanager
: Überwacht die Vollständigkeit, Konsistenz und Genauigkeit von Daten, einschließlich der Implementierung von Datenqualitätsregeln, der Überwachung von Datenqualitätsmetriken und der Koordinierung mit anderen Teams zur Behebung von Datenqualitätsproblemen.

Rollen für Data Mesh

Wie Sie in den Kapiteln 13 und 14 gelernt haben, betrachtet der Data-Mesh-Ansatz Daten als gemeinsames Gut für verschiedene Domains innerhalb eines Unternehmens. Anstatt ein zentrales Datenteam damit zu betrauen, alle Aspekte der Daten zu behandeln, verteilt der Data-Mesh-Ansatz die Verantwortlichkeiten auf funktionsübergreifende Teams. Jedes Team ist für die von ihm produzierten Daten verantwortlich, d.h., es muss die Daten als Produkt bereitstellen, ihre Qualität gewährleisten und sie für andere zugänglich machen. Dadurch ergeben sich beträchtliche Änderungen bei den erforderlichen Teams, Rollen und Zuständigkeiten. Schauen wir uns das Team für Team an.

Domainteams

Jede Domain hat ein Domainteam. Seine Mitglieder sind dafür verantwortlich, die analytische Lösung ihrer Domain aufzubauen und Governance-Richtlinien sowie die Data-Mesh-Prinzipien (siehe Kapitel 13) zu implementieren. Die meisten Rollen im Domainteam, wie zum Beispiel Domaindateningenieure, Datenanalysten und Domaindatenstewards, spiegeln die Rollen, die oben für ein MDW, eine Data Fabric oder ein Data Lakehouse aufgeführt sind, jedoch mit dem Unterschied, dass sie für eine bestimmte Domain und nicht für das gesamte Unternehmen zuständig sind. Da jede Domain ihre eigene Lösung hat, gibt es die meisten dieser Rollen in jeder Domain – wenn nicht sogar alle. Eine zusätzliche Rolle, die für Data Mesh spezifisch ist, ist die des Product Owner für Daten.

Ein Product Owner für Domaindaten übernimmt die Verantwortung für die Daten, die die jeweilige Domain produziert. Dazu gehört es, den Lebenszyklus zu verwalten, die Qualität zu sichern, die Daten zugänglich zu machen und sie auf die Geschäftsbedürfnisse auszurichten. Der Product Owner sollte sowohl die technischen als auch die geschäftlichen Aspekte der Daten verstehen.

Self-Service-Dateninfrastruktur-Plattformteam

Ein Plattformteam, das auf eine Self-Service-Dateninfrastruktur fokussiert ist, kann entsprechend dem Data-Mesh-Prinzip #3 den Domainteams die technologische Infrastruktur, Tools und Richtlinien zur Verfügung stellen, um ihre Datenprodukte zu erstellen und zu verwalten. Zu den Rollen in diesem Team gehören:

Data-Mesh-Architekt
: Entwirft die allgemeine Architektur und die Richtlinien, koordiniert die Arbeiten der Domainteams und erleichtert die Kommunikation und das Lernen. Während jedes Domainteam seine Daten verwaltet, sorgt diese Architektenrolle für die Gesamtkohärenz des Data Mesh.

Plattformarchitekt
: Entwirft die Gesamtarchitektur der Datenplattform, um die Anforderungen der Domains zu unterstützen und eine Vielzahl von Datentypen, Arbeitslasten und Analysewerkzeugen unterzubringen.

Plattformingenieure/-entwickler
: Erstellt und verwaltet die Plattforminfrastruktur, einschließlich Datenbanken, APIs, Containerorchestrierung und anderer Aspekte.

Dateningenieur
: Arbeitet an den Pipelines, die Daten innerhalb der Plattform bewegen und transformieren. Er stellt sicher, dass die Daten sauber, konsistent und für alle, die sie benötigen, verfügbar sind.

DevOps-Ingenieur
: Automatisiert Deployment, Skalierung und Verwaltung der Plattform und stellt sicher, dass die Plattform stabil und zuverlässig ist sowie die Anforderungen des Datenteams erfüllen kann.

DataOps-Ingenieur
: Verwaltet und optimiert den Lebenszyklus von Daten und Data-Science-Modellen von Anfang bis Ende, indem unter anderem die Datenqualität überwacht und die Erfüllung der Datenschutz- und Compliance-Anforderungen sichergestellt ist.

Sicherheits- und Compliance-Beauftragter
: Stellt sicher, dass die Plattform alle erforderlichen Vorschriften und Best Practices für die Datensicherheit und den Datenschutz einhält.

Product Owner/Manager
: Agiert als Bindeglied zwischen dem technischen Team und den geschäftlichen Stakeholdern, setzt Prioritäten und verwaltet Plattformfeatures und -erweiterungen, um sie an den Bedürfnissen der Benutzer und an den Unternehmenszielen auszurichten.

UX-Designer (UX – User Experience, Benutzererlebnis)
: Entwirft die Schnittstellen, über die die Domainteams mit der Plattform interagieren, und achtet dabei auf Benutzerfreundlichkeit und Effektivität.

Support- und Schulungspersonal
: Unterstützt die Domainteams bei der Nutzung der Plattform, behebt Probleme und schult neue Benutzer.

Federated-Computational-Governance-Plattformteam

Im Einklang mit Data-Mesh-Prinzip #4 konzentriert sich ein weiteres Plattformteam speziell auf die föderierte Computational Governance. Hierfür stellt es jeder Domain die Vorlagen zur Verfügung, um sie bei der Einhaltung der Sicherheits- und Datenschutzvorschriften zu unterstützen. Die meisten Domainteams implementieren diese Pläne selbst, aber dieses Plattformteam kann manchmal auch globale Richtlinien implementieren. Es stellt die notwendigen Leitlinien zur Verfügung, damit jedes Domainteam seine Daten in Übereinstimmung mit den Richtlinien und Standards des Unternehmens verwalten kann. Dieses Team muss ein tiefes Verständnis von den spezifischen Datenbedürfnissen der einzelnen Domains haben und daran arbeiten, diese Bedürfnisse mit den allgemeinen Data-Governance-Anforderungen des Unternehmens in Einklang zu bringen. Zu den Rollen in diesem Team gehören:

Data-Governance-Lead
: Leitet die gesamte Governance-Strategie und stellt sicher, dass die Initiativen des Teams mit den strategischen Zielen des Unternehmens übereinstimmen. Er stimmt sich mit verschiedenen Domainvertretern und Fachleuten ab, um Governance-Standards und -Richtlinien zu definieren.

Data-Governance-Spezialist
: Erstellt und überwacht Datenstandards und -richtlinien, arbeitet eng mit Domainteams zusammen, um sicherzustellen, dass sie die Richtlinien korrekt anwenden.

Datenschutz- und Compliance-Beauftragter
: Stellt sicher, dass Domainteams die Datenschutzbestimmungen und internen Compliance-Richtlinien einhalten. Er leitet sie in Zusammenarbeit mit externen Rechts- und Compliance-Experten zu rechtlichen und regulatorischen Überlegungen an.

Datensicherheitsanalytiker
: Definiert die Sicherheitsstandards und -verfahren, die die Domainteams befolgen müssen, gibt ihnen Anleitungen und stellt sicher, dass sie die Sicherheitsaspekte der Governance-Richtlinien befolgen.

Datenqualitätsspezialist
: Definiert Qualitätsstandards und -verfahren, um die Qualität der Daten zu gewährleisten, die im gesamten Unternehmen erzeugt werden. Er arbeitet mit Domainteams zusammen, um Datenqualitätsmetriken und Überwachungssysteme einzurichten.

Domainvertreter
: Dient als Vertreter seiner Domainteams, bringt domainspezifisches Datenwissen in das Governance-Plattformteam ein und stellt sicher, dass die Governance-Richtlinien mit den Bedürfnissen seiner Domain übereinstimmen.

Datenarchitekt
: Definiert Datenmodellierungsstandards, einschließlich der Entwicklung und Verwaltung logischer und physischer Datenmodelle.

DataOps-Ingenieur
: Automatisiert die Implementierung und Überwachung der Data-Governance-Richtlinien. Er kann auch die Systeme und Tools verwalten, die die Datenmarkierung und andere Mechanismen zur Identifizierung und Verwaltung von Daten ermöglichen.

Die genauen Rollen und Zuständigkeiten der einzelnen Teams variieren je nach den Besonderheiten des Unternehmens und seines Data Mesh. Vor allem aber übernimmt jedes Domainteam die Verantwortung für die Daten der Domain als Produkt.

Diese Rollen müssen eng zusammenarbeiten, um sicherzustellen, dass die Datenarchitektur den Anforderungen des Unternehmens und der Benutzer gerecht wird. Die Architektur sollte flexibel sein, um mit Änderungen in der Geschäfts- und Technologielandschaft umgehen zu können, und robust genug, um Datenqualität und -verfügbarkeit zu gewährleisten.

Bei der Vertiefung des Verständnisses für die Feinheiten der Teamdynamik muss man sich darüber im Klaren sein, dass selbst die am besten organisierten Teams vor unvorhergesehenen Herausforderungen stehen können. Lenken wir unseren Fokus von den Rollen, die für den Erfolg entscheidend sind, auf die häufigsten Fallstricke, die ein Projekt behindern können – und darauf, wie Sie vorbeugende Maßnahmen treffen können.

Warum Projekte scheitern: Fallstricke und Prävention

Sprechen wir nun über die häufigsten Gründe für das Scheitern von Big-Data-Projekten. Einige Studien (*https://oreil.ly/ZwGQY*) zeigen hohe Misserfolgsquoten; so berichtete VentureBeat 2019 (*https://oreil.ly/JmAw5*), dass es »87 % der Data-Science-Projekte nie in die Produktion geschafft haben«. Dieser Abschnitt umreißt einige der häufigsten Gründe für das Scheitern, die ich gesehen habe, sowie Möglichkeiten, wie sich diese Fallstricke vermeiden lassen.

Fallstrick: Führungskräfte denken, dass BI »einfach« ist

Ich habe eine Reihe von Führungskräften kennengelernt, die sehr unrealistische Vorstellungen davon haben, wie lange es dauert, eine Datenarchitektur aufzubauen. Oftmals drängen sie die Projektmanager dazu, unrealistische Zeitpläne und Meilensteine festzulegen, wodurch das Projekt von vornherein zum Scheitern verurteilt ist.

Um zu verhindern, dass Sie in diese Falle tappen, müssen Sie die Führungskräfte aufklären. Helfen Sie ihnen, den Prozess zu verstehen, wie eine Lösung ordnungsgemäß aufgebaut und getestet wird, und machen Sie klar, wie lange dies dauert. Ich habe sogar schon Führungskräfte an einem eintägigen Programmierkurs teilnehmen lassen, damit sie aus erster Hand erfahren, wie schwierig es ist, eine Datenlösung zu entwickeln.

Fallstrick: Die falschen Technologien verwenden

Wenn Unternehmen es versäumen, sich über alle verfügbaren Datenlösungsprodukte und deren Use Cases zu informieren, kann es passieren, dass sie letztlich das falsche Produkt für die Aufgabe verwenden. (Zum Beispiel kenne ich ein Unternehmen, das SQL Server als Data Lake verwendet hat!) Die Leute wissen nicht, was sie nicht wissen, also verwenden sie nur Produkte, von denen sie schon gehört haben. Wie man so schön sagt: »Wer als Werkzeug nur einen Hammer hat, sieht in jedem Problem einen Nagel.«

Um dies zu verhindern, müssen die Entscheidungsträger Zeit investieren, um alle möglichen Werkzeuge zu verstehen, damit sie dann das richtige Werkzeug für die jeweilige Aufgabe auswählen können. Bilden Sie am besten mehrere Komitees, von denen sich jedes auf die Erforschung einer bestimmten Produktgruppe konzentriert, zum Beispiel ETL-, Analyse- oder Berichtstools (Reporting-Tools).

Fallstrick: Zu viele Geschäftsanforderungen sammeln

Ich habe einige Zeit als Entwickler für ein Unternehmen gearbeitet, das über ein Jahr lang Geschäftsanforderungen für eine Datenlösung sammelte, während wir herumsaßen und darauf warteten, dass sie fertig wurden. Am Ende waren es Hunderte von Seiten mit Anforderungen, die alles in Verzug brachten. Niemand hat das gesamte Dokument gelesen; die Anforderungsphase hatte so lange gedauert, dass wir nur einige wenige Abschnitte gelesen haben, bevor wir mit der Entwicklung begannen.

Um diesen Fallstrick zu vermeiden, sollten Sie nur einige Wochen Zeit in die Anforderungen investieren und so viel sammeln, dass die Entwickler mit der Programmierung beginnen können. Parallel zur Codierung sammeln Sie dann weitere Anforderungen.

Fallstrick: Zu wenige Geschäftsanforderungen sammeln

Manche Projektteams verbringen kaum Zeit mit den Endbenutzern, um Anforderungen zu sammeln, andere überlassen es den Entwicklern, zu erraten, was die Endbenutzer wollen. Am Ende entwickeln sie oft die falschen Features und geben den Benutzern gar nicht das, was sie brauchen oder wollen.

Mit einer iterativen Methode für die Projektentwicklung können Sie dieses Problem vermeiden. Bei diesem Ansatz konstruiert man Teile der Lösung und überarbeitet dann die Entwurfs- und Planungsphasen, sodass Anpassungen auf der Grundlage von Rückmeldungen und sich herausbildenden Anforderungen in einem kontinuierlichen Zyklus möglich sind.

Fallstrick: Berichte präsentieren, ohne ihren Inhalt zuvor zu validieren

Wenn Sie einem Endbenutzer einen Bericht über eine neue Lösung, die Sie gerade entwickeln, vorlegen und dieser eine falsche Zahl enthält, wird der erste Eindruck ein schlechter sein. Geht das Vertrauen der Benutzer in Berichte verloren, ist es sehr schwer, es wieder zurückzugewinnen. Unternehmen verzichten aus Zeitgründen manchmal darauf, Berichte auf Korrektheit zu kontrollieren, was schlimme Auswirkungen haben kann.

Halten Sie sich an einen strengen Qualitätssicherungsprozess, der auch die Berichtssummen in der neuen Lösung mit denen in einem als gültig anerkannten Produktionsbericht vergleicht. Bitten Sie, wenn möglich, die Endbenutzer um Hilfe. Sie können nicht nur bestätigen, dass die Berichte korrekt sind, sondern empfinden durch die Beteiligung an der Entwicklung der neuen Lösung auch eine gewisse Eigenverantwortung.

Fallstrick: Unerfahrene Berater beauftragen

Die meisten Unternehmen haben nicht die Zeit oder das Fachwissen, um eine Data-Warehouse-Lösung aus eigener Kraft zu entwickeln, und beauftragen daher Berater mit der Entwicklung. Das ist eine gute Idee, solange Sie das richtige Beratungsunternehmen auswählen. Es könnten schon Fachleute sein – allerdings für eine ganz andere Art von Projekt. Beratungsunternehmen ziehen manchmal Experten mit einschlägiger Erfahrung hinzu, wenn sie versuchen, Ihren Auftrag zu gewinnen, und ersetzen sie dann durch weniger erfahrene Leute, sobald das Projekt beginnt.

Um zu verhindern, dass Sie in diese Falle tappen, sollten Sie Fragen stellen. Haben die Berater Erfahrung mit der Entwicklung der von Ihnen gewünschten Lösung? Wenn ja, werden diese Leute an Ihrem Projekt arbeiten?

Fallstrick: Eine Beratungsfirma beauftragen, die die Entwicklung an Offshore-Arbeiter outsourct

Beratungsunternehmen nutzen Offshore-Entwickler, um Kosten zu sparen, was aber zu Problemen führen kann. Zeitzonenunterschiede können sich hemmend auswirken, Sprachbarrieren erschweren es, die Anforderungen richtig zu kommunizieren, und die Qualität der Arbeit kann darunter leiden.

Stellen Sie Fragen, um dieses Problem zu vermeiden und um sicherzustellen, dass das Beratungsunternehmen Ihr Projekt nicht an ein Offshore-Team abgibt.

Fallstrick: Projektbesitz an Berater abgeben

Es kann verlockend sein, die »Schlüssel« des Projekts dem Beratungsunternehmen zu übergeben und es nicht nur das Projekt entwickeln, sondern das Projekt auch komplett verwalten zu lassen. Dies kann zu einer mangelnden Transparenz führen, das Projekt wird gegebenenfalls zu einer »Blackbox«, bei der Sie keine Ahnung haben, woran die Berater arbeiten oder wie gut sie ihre Arbeit machen.

Vergewissern Sie sich, dass Sie die vollständige Story des Projektfortschritts erfahren. Statusberichte genügen nicht. Setzen Sie Projektmanager ein, um die Dinge genau im Auge zu behalten.

Fallstrick: Den notwendigen Wissenstransfer zurück in die Organisation vernachlässigen

Wenn Sie ein Beratungsunternehmen beauftragen, wollen Sie nicht, dass die Berater ins Haus kommen, das Projekt realisieren und sich wieder verabschieden, ohne Sie über das, was sie aufgebaut haben, zu unterrichten. Denn Sie müssen in der Lage sein, Fehler zu beheben und Features hinzuzufügen, ohne das Beratungsunternehmen erneut zu beauftragen.

Lassen Sie einige Ihrer Mitarbeiter zusammen mit den Beratern arbeiten, wenn sie die Lösung erstellen, selbst wenn es nur für ein paar Wochen ist, um sich mit der Lösung vertraut zu machen. Planen Sie Zeit für den Wissenstransfer gegen Ende des Projekts ein und lassen Sie das Beratungsunternehmen Schulungs- und Überprüfungssitzungen abhalten, um Ihre Organisation über die neue Lösung zu unterrichten.

Fallstrick: Das Budget auf halbem Weg durch das Projekt kürzen

Schlecht geplante Projekte schöpfen manchmal ihre Budgets aus, und kurz vor der Ziellinie geht ihnen das Geld aus. Wenn Sie mit Sicherheit scheitern wollen, sollten Sie Kürzungen vornehmen. Dazu gehören Maßnahmen wie die Entlassung von Entwicklern, Testern, Programmmanagern oder DBAs, Abstriche bei der Hardware für die Lösung oder Reduzierung der Endbenutzerschulungen für das neue System. Nehmen Sie in diesen Bereichen besser keine Kürzungen vor!

Entweder erhöhen Sie das Budget, oder Sie kürzen in weniger kritischen Bereichen, um diesen Fallstrick zu vermeiden. Zum Beispiel könnten Sie die Anzahl der Datenquellen reduzieren und sie sich für die nächste Projektphase aufheben.

Fallstrick: Von einem Enddatum aus rückwärts arbeiten

Die Konzentration auf eine strenge Deadline kann die Qualität des Projekts beeinträchtigen. Erstens schleichen sich Fehler und Ineffizienzen ein, wenn Sie die komplizierten Phasen der Datenbeschaffung, Integration, Festlegen von Qualitätsstandards, Erstellen von ETL-Prozessen, Entwerfen von Datenmodellen und Kreieren von Benutzeroberflächen überstürzt abwickeln. Zweitens kann ein strikter Zeitplan auch die wichtigen Entdeckungs- und Erkundungsphasen des Projekts einschränken, was zu einem System führen kann, das nicht den tatsächlichen Bedürfnissen des Unternehmens entspricht. Drittens ist es unrealistisch, anzunehmen, dass Sie das Projekt mit einem perfekten Verständnis des Projektumfangs beginnen. Ein starres Enddatum macht es schwierig, unerwartete Änderungen oder neue Anforderungen zu berücksichtigen, die im Laufe des Projekts auftauchen, was zu Verzögerungen oder unvollständigen Ergebnissen führen kann. Schließlich kann ein unflexibles Enddatum die wichtige Zusammenarbeit mit den Stakeholdern einschränken, was ein Produkt ergibt, das nicht allen Benutzern adäquat gerecht wird.

Machen Sie keine starren Deadlines und Zeitpläne! Akzeptieren Sie, dass Zeitpläne möglicherweise geändert werden müssen, wenn neue Umstände eintreten.

Fallstrick: Das Data Warehouse so strukturieren, dass es die Quelldaten und nicht die Geschäftsbedürfnisse widerspiegelt

Quelldaten werden aus operativen Systemen abgeleitet, die in der Regel nicht für umfassende Datenanalysen oder Business-Intelligence-Aufgaben ausgelegt sind, was die Nutzbarkeit Ihres MDW einschränken kann. Diese Systeme sind auch nicht auf die strategischen Ziele und KPIs des Unternehmens ausgerichtet, wodurch gegebenenfalls wertvolle Einblicke verpasst werden (was sich wiederum negativ auf die Entscheidungsfindung auswirkt). Wenn Sie Ihr System nach den Quelldaten ausrichten, bedeutet dies auch, dass Änderungen an den operativen Systemen, die bei der Weiterentwicklung von Unternehmen durchaus üblich sind, erhebliche Modifikationen an Ihrem Warehouse erforderlich machen, was zu Instabilität und erhöhtem Wartungsaufwand führt.

Strukturieren Sie Ihr MDW (oder Data Lakehouse) entsprechend den Anforderungen Ihres Unternehmens. Spiegeln Sie nicht einfach gedankenlos die Struktur der Quelldaten.

Fallstrick: Endbenutzern eine Lösung mit langen Reaktionszeiten oder anderen Performanceproblemen präsentieren

Ein todsicherer Weg, mit Beschwerden von Endbenutzern überschwemmt zu werden, besteht darin, ihnen eine Lösung anzubieten, die die benötigten Berichte, Dashboards oder Abfragen nur langsam erstellt – vor allem wenn die vorherige Lösung schneller war. Es ist der gleiche Effekt wie bei falschen Daten: Wenn lange Reaktionszeiten bei den Benutzern einen schlechten ersten Eindruck hinterlassen, verlieren sie das Vertrauen in Sie und die Lösung, das sich dann nur schwer zurückgewinnen lässt.

Warten Sie nicht auf Beschwerden, bevor Sie die Performance verbessern. Messen Sie die Reaktionszeiten der migrierten Berichte und stellen Sie die neuen Berichte so ein, dass sie *mindestens* gleich schnell sind. Wenn diese Berichte noch nicht migriert wurden, bitten Sie die Benutzer, ein akzeptables Performanceniveau für das Reporting und die Berichtsinteraktion zu ermitteln.

Fallstrick: Zu viel (oder zu wenig) Design Ihrer Datenarchitektur

Wenn Sie *zu wenig* Zeit in den Entwurf der Datenarchitektur investieren, bringen Sie möglicherweise etwas zustande, das Datenquellen einer bestimmten Größe, eines bestimmten Typs oder einer bestimmten Geschwindigkeit nicht verarbeiten kann, das nicht skalierbar ist, eine schlechte Performance zeigt oder Sicherheitsrisiken birgt. Andererseits kann *zu viel* Architekturdesign zu einer übermäßig komplexen Lösung, mangelnder Flexibilität, Paralyse durch Analyse und zu erhöhten Kosten führen.

Es ist wichtig, ein Gleichgewicht zu finden, wenn Sie eine Datenarchitektur erstellen. Das Design sollte umfassend genug sein, um eine robuste, skalierbare und sichere Struktur zu bieten, aber flexibel und einfach genug, um leicht verstanden, implementiert und an veränderte Anforderungen angepasst werden zu können.

Fallstrick: Mangelnde Kommunikation zwischen IT und Businessdomains

Diese beiden kritischen Gruppen sprechen oft eine unterschiedliche Sprache, haben unterschiedliche Prioritäten und sehen die Dinge aus verschiedenen Blickwinkeln, sodass Meinungsverschiedenheiten zwischen ihnen keine Seltenheit sind. IT-Mitarbeiter konzentrieren sich normalerweise auf technische Aspekte und die Systemimplementierung, während sich die Wirtschaftsexperten auf strategische Ziele und Rentabilität fokussieren. Schlechte Kommunikation kann zu kritischen Problemen wie zum Beispiel nicht abgestimmten Zielen, ineffizienter Ressourcennutzung, verpassten Chancen und sinkender Arbeitsmoral führen.

Der Erfolg eines Datenprojekts hängt in hohem Maße davon ab, dass diese beiden Gruppen zusammenarbeiten. Die IT-Abteilung muss die geschäftlichen Anforderungen verstehen, während das Geschäftsteam das Potenzial und die Grenzen der IT-Infrastruktur kennen muss. Es ist wichtig, eine Kultur des offenen Dialogs und des gegenseitigen Respekts zu fördern. Rollen wie die des Wirtschaftsanalysten können helfen, diese Kluft zu überbrücken, indem sie Geschäftsanforderungen in technische Spezifikationen und umgekehrt übersetzen. Die beiden Gruppen sollten sich regelmäßig treffen, transparente Diskussionen führen und die Anforderungen klar dokumentieren. Effektive Zusammenarbeit kann über Erfolg oder Misserfolg eines Projekts entscheiden.

Tipps für den Erfolg

Nachdem Sie das Minenfeld potenzieller Herausforderungen und Fallstricke, die selbst die vielversprechendsten Projekte zum Scheitern bringen können, hinter sich gelassen haben, ist es angebracht, Ihre Perspektive zu korrigieren. So, wie Sie sich unbedingt im Klaren darüber sein müssen, was schiefgehen kann, so wichtig ist es auch, zu verstehen, was ein Projekt zu seinen Zielen führt. Diese Tipps helfen Ihnen dabei, bewährte Strategien, Best Practices und aufschlussreiche Erkenntnisse zu nutzen, um mögliche Fehltritte zu vermeiden und zum Erfolg zu gelangen.

Knausern Sie nicht mit Ihren Investitionen

Manchmal ist es besser, doppelt so lange zu brauchen und doppelt so viel Geld auszugeben, um eine Lösung zu entwickeln, die den 50-fachen Wert Ihrer alten Lösung bietet. Betonen Sie den langfristigen Wert der Investition in Zeit und Ressourcen für den Aufbau hochwertiger, robuster und skalierbarer Datenlösungen, die fortschrittliche Analysefunktionen unterstützen. Dies ist entscheidend für die Förderung einer datenorientierten Kultur, die Innovation und operative Effizienz begünstigt.

Überstürzte Projekte oder knappe Ressourcen können zu Systemmängeln, ungenauen Ergebnissen und Compliance-Problemen führen. Letztendlich kann die ständige Wartung oder Überholung eines mangelhaften Systems teurer sein, als von Anfang an in die besten Tools zu investieren. Wenn Sie im Vorfeld mehr Zeit und Ressourcen investieren, können Sie besser planen, bessere Mitarbeiter einstellen und bessere Tools einsetzen. Dies alles trägt dazu bei, zuverlässige, genaue und skalierbare Systeme zu schaffen.

Das richtige Fachwissen und die richtigen technischen Kenntnisse im Team zu haben, mag zwar höhere Lohnkosten bedeuten, doch der Aufbau einer Datenlösung verlangt eine unvergleichliche Kombination aus Wirtschaftsverständnis, technischen Qualifikationen und Managementfähigkeiten. Außerdem brauchen Sie *mindestens eine* Person im Projekt, die sich mit Datenarchitekturen auskennt. Diese sollte den Entscheidungsprozess darüber leiten, welche Datenarchitektur zu verwenden ist. Das ist eine äußerst wichtige Entscheidung. Wenn Sie sie Nicht-Experten überlassen, wird die resultierende Lösung wahrscheinlich nicht den Erwartungen entsprechen, woraus sich Leistungsprobleme, die Unfähigkeit, Daten von bestimmten Quellen aufzunehmen, und andere Probleme ergeben. Beziehen Sie Menschen ein, die genau wissen, was sie tun. Dies gilt auch für Reporting-Tools und alle anderen Tools, die Sie verwenden. Achten Sie darauf, dass sich die jeweiligen Mitarbeitenden mit den Features und den Funktionen der Tools auskennen, damit Sie das Beste aus Ihrer Investition herausholen können.

Insgesamt werden die anfänglichen Kosten und der Zeitaufwand durch eine beträchtliche langfristige Rendite ausgeglichen, die sowohl reduzierte langfristige Betriebskosten als auch strategische Vorteile und wertvolle Erkenntnisse umfasst.

Benutzer und Benutzerinnen einbeziehen, ihnen Ergebnisse zeigen und sie begeistern

Beziehen Sie die Endbenutzer frühzeitig ein, damit sie mit Ihnen und nicht gegen Sie arbeiten. Laden Sie sie zu Beginn des Projekts ein, um bei der Entscheidung von Fragen darüber mitzuhelfen, welche Datenquellen infrage kommen und wie die Daten bereinigt, aggregiert und validiert werden sollen. Wenn sie sich einbezogen fühlen, werden sie das Projekt anfeuern und bei der Lösung auftretender Probleme helfen wollen, anstatt sich darüber zu beschweren. Beziehen Sie sie nicht ein, werden sie das Gefühl haben, dass ihnen die Änderungen aufgezwungen werden. Schnell werden sie sich über die Lösung beschweren und sich gegen deren Einsatz wehren.

Wenn Ihre Lösung erfordert, dass Benutzer mit ungewohnten neuen Technologien (zum Beispiel mit Reporting-Werkzeugen) arbeiten, schulen Sie sie! Die

Teilnahme an Schulungen ist eine gute Möglichkeit für die Benutzer, sich auf die neue Lösung vorzubereiten und sogar schnellere und bessere Methoden für ihre Arbeit zu erlernen. Unterstützen Sie sie dabei, alle hilfreichen neuen Merkmale und Funktionen zu verstehen, die das neue Tool bietet, damit sie sich auf eine erfolgreiche Einführung der neuen Lösung freuen können.

Zeigen Sie zu diesem Zweck schnell und häufig Ergebnisse. Lassen Sie die monatelange Projektarbeit nicht ungenutzt verstreichen, ohne den Benutzern und Stakeholdern Ergebnisse zu präsentieren. Verwenden Sie einen interaktiven, agilen Ansatz für die Projektdurchführung mit häufigen Veröffentlichungen. Unterteilen Sie das Projekt in Phasen und streben Sie einen schnellen Erfolg an, der viele Vorteile bietet, die Sie fördern können. Wenn Sie zum Beispiel Quelldaten aufnehmen, sollten Sie mit einer Quelle beginnen, die eine hohe Priorität hat, aber auch klein und einfach ist. Wiederholen Sie dann den Prozess. Auf diese Weise entsteht eine solide Grundlage, und Sie helfen den Entwicklern, Best Practices für den Aufbau der Lösung zu entwickeln.

Mehrwert für neue Berichte und Dashboards

Wenn Sie eine Migration vorhaben – zum Beispiel von On-Premises in die Cloud –, erstellen Sie nicht einfach nur Ihre vorhandenen Berichte neu, sondern schaffen Sie einen Mehrwert, indem Sie den Benutzern neue Funktionen und Möglichkeiten bieten. Erstellen Sie Dashboards mit KPIs, die sie noch nie gesehen haben, zeigen Sie ihnen die Kunst des Möglichen und neue Wege, um Einblicke in ihre Daten zu erhalten. Finden Sie Wege, die ihnen helfen, ihre Arbeit schneller und einfacher zu erledigen. Wenn die neue Lösung nicht besser ist als die alte, werden sie sich fragen: »Warum haben wir so viel Geld ausgegeben, um etwas erneut zu erschaffen, was wir schon haben?« Überzeugen Sie sie, dass das Erstellen einer neuen Lösung gut investiertes Geld ist.

Die Endbenutzer bitten, einen Prototyp zu erstellen

Der einzige Teil der Datenlösung, den die meisten Endbenutzer sehen und nutzen werden, ist das Reporting-Tool. Sie sollten sicherstellen, dass sie mit den meisten, wenn nicht allen Funktionen vertraut sind. Viele Benutzer sind sich nicht einmal der Funktionen bewusst, die ihnen Zeit sparen und ihnen helfen könnten, Erkenntnisse zu gewinnen. Das ist so, als würde man einen Lamborghini im ersten Gang fahren, weil man nicht weiß, dass er noch andere Gänge hat! Schulen Sie sie im Umgang mit dem Reporting-Tools und lassen Sie es sich von einem Experten anhand ihrer eigenen Daten vorführen.

Die Einbeziehung der Endbenutzer in das Erstellen von Prototypen spielt eine Schlüsselrolle für dieses Verständnis. Während Sie die Geschäftsanforderungen für das Projekt bestimmen und die Mitarbeitenden in dem Reporting-Tool schulen, lassen Sie die Endbenutzer einen Prototyp erstellen. Dieser Prototyp sollte aus Beispielberichten bestehen, die sämtliche benötigten Informationen enthalten. Indem Sie diese praktische Darstellung aufbauen, können Benutzer besser die erweiterten Fähigkeiten von neuen Berichten und Dashboards erfassen. Die hochentwickelten Reporting-Tools von heute sind so einfach zu bedienen, dass Sie nur minimale technische Kenntnisse für das Erstellen eines Prototyps benötigen. Es heißt, ein Bild sagt mehr als tausend Worte. Ein funktionierender Prototyp ist eine großartige Möglichkeit für die Endbenutzer, sich aus erster Hand vom Mehrwert und den Einblicken zu überzeugen, die die neue Lösung zu bieten hat.

Einen Projektchampion/Sponsor finden

Ein *Projektchampion* ist eine Führungskraft oder eine einflussreiche Person, die das Projekt unterstützt und befürwortet. Seine Rolle ist wichtig und vielschichtig. Erstens fungiert er als interner Fürsprecher, der die langfristigen Vorteile einer gut konzipierten Datenarchitektur vermittelt, darunter eine verbesserte Entscheidungsfindung, betriebliche Effizienz und strategische Planung. Zweitens ist er maßgeblich an der Beschaffung der erforderlichen Ressourcen und Finanzmittel beteiligt. Da Datenprojekte erhebliche Investitionen in Technologie, Personal und Zeit erfordern, kann ein Projektchampion, der diese Ressourcen mobilisieren kann, von entscheidender Bedeutung sein.

Drittens spielt der Projektchampion eine wichtige Rolle bei der Erleichterung der funktionsübergreifenden Zusammenarbeit zwischen Abteilungen mit unterschiedlichen Interessen, um die Prioritäten aller Beteiligten auf das gemeinsame Projektziel auszurichten. Schließlich kann er den Widerstand gegen Veränderungen – eine große Herausforderung bei den meisten Datenprojekten – überwinden, indem er die Mitarbeitenden einbindet und ihre Bedenken gegenüber neuen Systemen und Prozessen zerstreut. Dies trägt zu reibungsloseren Übergängen bei und erhöht die Wahrscheinlichkeit für den Erfolg des Projekts.

Einen Projektplan erstellen, der auf 80 % Effizienz abzielt

Die Person, die für das tägliche Management und die Durchführung des Projekts verantwortlich ist – oft als *Projektmanager* oder *Projekt-Lead* bezeichnet – sollte sicherstellen, dass alle Beteiligten optimal eingebunden sind. Diese Rolle unterscheidet sich von der des *Projektchampions* oder *-sponsors*, der von einer höheren Ebene aus strategische Unterstützung und Fürsprache bietet. Der Projektmanager befindet sich eher »an der Basis« und koordiniert Aufgaben, Zeitpläne und Ressourcen. Im Idealfall sollte jedes Teammitglied etwa 80 % seiner Arbeitszeit für das Projekt aufwenden. (Die restlichen 20 % sind für Urlaub, Krankheit, projektfremde Besprechungen, Weiterbildung usw. vorgesehen.) Sie brauchen einen gut durchdachten Projektplan, der darauf abzielt, die Zeit zu minimieren, die jeder Einzelne darauf warten muss, dass ein anderer eine abhängige Aufgabe erledigt. Außerdem muss sichergestellt werden, dass die richtigen Personen die richtigen Aufgaben übernehmen und dass alle vor Projektbeginn geschult werden. Alles, was weniger als 80 % Effizienz ausmacht, kann zu Termin- und Kostenüberschreitungen führen.

Zusammenfassung

In diesem Kapitel haben wir uns mit der zentralen Rolle des Menschen in Datenarchitekturen befasst. Zwar mögen Tools und Technologien beeindrucken und Ehrfurcht einflößen, doch in den Händen der Menschen, die sie einsetzen, sind sie nur Instrumente. Die Art und Weise, wie Unternehmen diese Tools einsetzen und wie sie dabei kulturelle Veränderungen bewältigen, kann über Erfolg oder Misserfolg ihrer architektonischen Bestrebungen entscheiden. Wie Sie gelernt haben, ist es für den Erfolg eines Projekts unerlässlich, die richtigen Teamstrukturen festzulegen, klare Rollen und Verantwortlichkeiten zu schaffen und ein tiefes Verständnis von den potenziellen Fallstricken und Erfolgsfaktoren zu haben.

Nehmen Sie sich einen Moment Zeit, um zu verinnerlichen, dass die komplizierteste und fortschrittlichste Technologie nur so leistungsfähig ist wie die Menschen, die sie nutzen, und die Prozesse, die ihre Nutzung regeln. Ein perfekt konzipiertes Data Lakehouse oder ein robustes Data Mesh kann nur dann Wirkung zeigen, wenn es durch ein gut organisiertes, informiertes und befähigtes Team ergänzt wird. Der wahre Erfolg von Datentransformationen liegt in diesem empfindlichen Gleichgewicht zwischen Mensch und Technologie.

Auch wenn diese menschenzentrierte Perspektive von grundlegender Bedeutung ist, dürfen wir die technologischen Wunderwerke, die die Landschaft der Datenarchitekturen in den letzten Jahren umgestaltet haben, nicht ignorieren. Das nächste Kapitel taucht tief in den technologischen Bereich ein und erforscht die Innovationen und Feinheiten der Open-Source-Bewegungen, die bahnbrechenden Möglichkeiten von Hadoop, die transformativen Vorteile der Cloud und die Angebote der großen Cloud-Provider. Außerdem führe ich Sie in die Welt der Multi-Cloud-Strategien ein und mache Sie mit revolutionären Lösungen wie Databricks und Snowflake vertraut.

Mensch und Technologie sind keine Entweder-oder-Entscheidung. Sie müssen eine harmonische Mischung sein, in der der eine den anderen voranbringt. Lassen Sie uns unsere Erkundung fortsetzen, und zwar in dem Bewusstsein, dass sich unsere technologischen Bemühungen nur dann wirklich realisieren lassen, wenn sie durch die richtigen Menschen und Prozesse ergänzt werden.

KAPITEL 16
Technologien

Wenn Sie sich in dieses Kapitel vertiefen, werden Sie zunächst mit der wichtigen Entscheidung konfrontiert, ob Sie Open-Source-Lösungen einsetzen oder ob Sie auf die Angebote von Cloud-Providern setzen wollen. Allerdings gilt es noch mehr zu bedenken. Ich werde Sie anleiten, über den Umfang Ihres Datenbedarfs und die Anforderungen an die Agilität Ihres Unternehmens nachzudenken.

Darüber hinaus werden wir die Landschaft der Cloud-Service-Modelle erkunden, von den großen Anbietern bis hin zur Komplexität von Multi-Cloud-Lösungen. Das Kapitel endet mit einer Einführung in drei wichtige Software-Frameworks: Hadoop, Databricks und Snowflake.

Ihre Antworten auf die Fragen in diesem Kapitel werden Ihre Datenarchitektur grundlegend beeinflussen. Es geht nicht nur um Open-Source- oder proprietäre Lösungen, sondern darum, den perfekten Technologie-Mix für Ihre individuellen Anforderungen in der Welt der Datenarchitektur zu finden.

Eine Plattform auswählen

Die Entscheidung für *Open-Source-Software* (OSS) oder Software von einem *Cloud-Service-Provider* (CSP) hängt von verschiedenen Faktoren ab, darunter von spezifischen Anforderungen, Budget, Fachwissen, Datensensibilität und Kontrollpräferenzen. Evaluieren Sie die Bedürfnisse Ihres Unternehmens sorgfältig und wägen Sie die Vorteile von CSP-Software mit der Flexibilität und Anpassungsfähigkeit von Open-Source-Software gegeneinander ab.

Open-Source-Lösungen

Unter *Open-Source-Software* versteht man Software, die kostenlos vertrieben wird und deren Quellcode von jedermann eingesehen, geändert und weitergegeben werden kann. In der Regel wird sie gemeinsam in einer Community von Programmiererinnen und Programmierern entwickelt, die ihr Wissen und ihre Erfahrung einbringen, um die Software zu erstellen und zu verbessern.

Open-Source-Software (OSS) hat eine lange Geschichte, die sich über mehrere Jahrzehnte erstreckt. Ihren Ursprung hat sie in der Bewegung für freie Software (*Free Software Movement*, *https://www.fsf.org/history*) in den 1980er-Jahren, die von Richard Stallman angeführt wurde und sich für die Freiheit der Software eingesetzt hat. Die 1998 gegründete *Open Source Initiative* (OSI, *https://opensource.org/*) hat die Open-Source-Definition geschaffen und Kriterien für OSS-Lizenzen festgelegt, die sicherstellen, dass die Software frei und offen für jede und jeden nutzbar bleibt. Bei der Verbreitung von OSS hat Linux eine wichtige Rolle gespielt. Die Einführung von Open-Source-Lösungen wurde in den 2010er-Jahren aufgrund ihrer Flexibilität und ihrer geringen Kosten populär. Plattformen für die Zusammenarbeit wie GitHub erleichterten die OSS-Entwicklung, und die Bewegung weitete sich über Software hinaus auf Initiativen für offene Daten und Hardware aus. Zu den wichtigsten OSS-Projekten gehören MySQL, PostgreSQL, MongoDB, Apache Hadoop, Apache Spark, Apache Kafka, Presto und Apache Airflow.

Viele Datenarchitekturen nutzen OSS, aber nur wenige sind vollständig damit aufgebaut. Die meisten Architekturen setzen auf OSS in Kombination mit Produkten von Cloud-Anbietern. Die Einbeziehung von OSS ist für Ihre Datenarchitektur durchaus eine Überlegung wert. Die folgenden Punkte nennen einige der Hauptgründe für die Verwendung von OSS gegenüber Produkten von Cloud-Anbietern:

Kosteneinsparungen
: Die Nutzung von OSS ist in der Regel kostenlos. Das macht dieses Modell zu einer attraktiven Option für Unternehmen, die ihre Budgets optimieren wollen.

Flexibilität und Anpassung
: Bei OSS steht es Ihnen frei, den Quellcode zu modifizieren und an Ihre spezifischen Bedürfnisse anzupassen. So können Sie die Software an die Anforderungen Ihres Unternehmens anpassen und je nach Bedarf Features hinzufügen oder entfernen.

Transparenz und Vertrauen
: Der OSS-Quellcode ist offen zugänglich und kann von jedermann auf Sicherheitslücken, Fehler und mögliche Hintertüren überprüft werden. Diese Transparenz fördert das Vertrauen und begünstigt eine kollaborative Umgebung für die Überprüfung und Verbesserung des Codes.

Schnelle Innovation und Zusammenarbeit
: OSS profitiert von einer globalen Community von Entwicklerinnen und Entwicklern, die ihr Fachwissen und ihre Verbesserungen einbringen. Dieses kollaborative Umfeld fördert schnelle Innovationen, beschleunigt die Softwareentwicklungszyklen und führt zu zuverlässigeren und funktionsreicheren Lösungen.

Anbieterunabhängigkeit
: Mit OSS sind Unternehmen nicht an einen bestimmten Anbieter gebunden oder auf proprietäre Software festgelegt. Sie haben die Freiheit, die Serviceprovider zu wechseln oder die Software nach Bedarf anzupassen.

Es gibt aber auch einige potenzielle Nachteile zu bedenken:

Begrenzter Support
: Im Unterschied zu Software von Cloud-Providern gibt es bei OSS möglicherweise keinen speziellen Kundensupport oder Service-Level-Vereinbarungen. Wenn man sich auf die Unterstützung durch die Community verlässt, kann es zu unterschiedlichen Antwortzeiten kommen, sodass es bei kritischen Problemen länger dauern kann, bis sie behoben sind. Um dieses Problem zu vermeiden, schließen Unternehmen oft einen Supportvertrag mit einem Anbieter ab. Darüber hinaus räumen einige Hardware- und Softwareanbieter der Kompatibilität und dem Support für Lösungen von Cloud-Providern Vorrang vor OSS ein. Dies kann zu einer eingeschränkten Verfügbarkeit von Hardwaretreibern oder zu mangelndem Support für bestimmte Softwareanwendungen führen.

Lernkurve und User Experience
: Mit OSS-Lösungen zu arbeiten, erfordert oft qualifizierte Entwickler oder Technikerinnen, um sie effektiv zu implementieren, anzupassen und zu warten. Dies kann zu zusätzlichen Schulungs- oder Einstellungskosten führen. OSS-Projekte unterscheiden sich auch in Bezug auf die Qualität der Dokumentation, die Benutzerfreundlichkeit der Schnittstellen und die Einfachheit der Installation. Bei manchen Projekten fehlen umfassende Dokumentationen oder intuitive Benutzeroberflächen, was die Ersteinrichtung und Konfiguration erschwert.

Fragmentierung, Standardisierung und Kompatibilität
: Aufgrund des verteilten Charakters der OSS-Entwicklung und der großen Anzahl von OSS-Projekten und -Versionen gibt es nur wenig Standardisierung bei Programmierstilen, Konventionen oder Ansätzen. Die Folge kann eine Fragmentierung sein, die es schwierig macht, die richtige Lösung zu wählen oder die Kompatibilität zwischen verschiedenen OSS-Komponenten sicherzustellen. Die Integration in bestehende Systeme ist gegebenen-

falls mit zusätzlichem Aufwand verbunden. (Mehr zu diesem Thema finden Sie im Abschnitt »Hadoop« auf Seite 300.)

Sicherheit und Haftung
: Selbst unter den kritischen Blicken einer globalen Community gibt es immer noch Schwachstellen und Fehler in OSS. Wenn Sie sie verwenden, müssen Sie bei der Anwendung von Sicherheitspatches und -updates wachsam bleiben. Und wenn Ihr Unternehmen OSS-Code modifiziert, übernimmt es außerdem die Verantwortung für die Aufrechterhaltung der Sicherheit und Integrität der angepassten Version.

Ungewisse Projektwartung
: Nicht alle OSS-Projekte werden aktiv entwickelt oder bieten langfristige Wartung. Manchmal stagnieren die Projekte, und es gibt nur wenige Aktualisierungen oder Sicherheitspatches. Beurteilen Sie den Grad der Aktivität und der Unterstützung durch die Community, bevor Sie eine OSS-Lösung übernehmen.

Überlegungen zum geistigen Eigentum
: Wenn Unternehmen OSS nutzen oder dazu beitragen, müssen sie sich mit rechtlichen Regelungen zum geistigen Eigentum und Lizenzverpflichtungen auseinandersetzen. Es ist wichtig, die Bedingungen der OSS-Lizenzen zu verstehen, um die Vorschriften einhalten zu können und rechtliche Probleme zu vermeiden.

On-Premises-Lösungen

Wenn Ihr Unternehmen über eine On-Premises-Data-Warehouse-Lösung verfügt, wollen Sie sie vielleicht in die Cloud migrieren oder zumindest neue Greenfield-Projekte in der Cloud erstellen. Allerdings gibt es immer noch einige Situationen, in denen Sie Ihre Data-Warehouse-Lösung vor Ort haben möchten:

- Wenn Ihre Internetverbindung langsam oder gar nicht vorhanden ist, wie zum Beispiel in einem tiefen Bergwerk, auf einem U-Boot, einer Bohrinsel oder einem Kreuzfahrtschiff.
- Wenn Sie Reaktionszeiten im Millisekundenbereich brauchen, wie zum Beispiel bei Servern in einer Einrichtung für die Verarbeitung großer Mengen an Post.
- Wenn die Verlagerung Ihrer Anwendungen in die Cloud den Supportvertrag mit einem Drittanbieter verletzen würde.

- Wenn Sie einen langfristigen Mietvertrag mit Ihrem Rechenzentrum abgeschlossen oder gerade eine sehr umfangreiche Ausrüstung angeschafft haben.
- Wenn Sie eine sehr große Menge an lokal generierten Daten haben, die in die Cloud verlagert werden müssten, und Ihre Pipeline in die Cloud zu beschränkt ist, um den Berichtsanforderungen der Benutzer zu genügen. Ihre Berichte spiegeln möglicherweise nicht die aktuellsten Daten wider, was die Entscheidungsfindung verzögern kann.
- Wenn Sie vorhaben, Ihre Anwendungen und Datenbanken in naher Zukunft zu ersetzen oder stillzulegen.
- Wenn Ihre Daten äußerst sensibel sind (obwohl dies viele Unternehmen nicht mehr davon abhält, Daten in der Cloud zu speichern – zudem haben die meisten CSP jetzt streng geheime Clouds).

Wenn dies auf Datenbanken in Ihrem Unternehmen zutrifft, sollten Sie diese Datenbanken vor Ort belassen, doch andere können Sie in die Cloud verlagern. Ich habe in den letzten Jahren mit Hunderten von Unternehmen über dieses Thema gesprochen, und fast jedes von ihnen ist zumindest teilweise in der Cloud. Die meisten haben bereits alle ihre lokalen Rechenzentren stillgelegt. Und für jedes neue Unternehmen ist es eine Selbstverständlichkeit, in die Cloud zu gehen.

Bei einem lokalen Data Warehouse sollten Sie sich folgender Einschränkungen bewusst sein:

Beschränkte Skalierbarkeit
: Die Skalierbarkeit Ihrer Infrastruktur wird durch die Hardware begrenzt, die Sie kaufen können. Ihre Hardware kann eine Einschränkung darstellen, wenn Sie auf bestimmte Anbieter angewiesen sind, wenn es Kompatibilitätsprobleme mit vorhandener Hardware gibt oder wenn Hardwareanbieter Produktionsverzögerungen haben. Außerdem ist die Fläche von Rechenzentren begrenzt. Wenn Sie aus Platzgründen keine weiteren Server mehr aufstellen können, bleiben Ihnen zwei sehr teure Optionen: Ihr Rechenzentrum erweitern oder ein neues Zentrum aufbauen. Beides kann viele Monate dauern.

Vorabkosten
: Die Anschaffung der Hardware für On-Premises-Lösungen ist mit sehr hohen Vorabinvestitionen verbunden. Zur Hardware gehören die Serverhardware, der Platz im Rechenzentrum für die Unterbringung der Hardware, zusätzliche Speichergeräte, Firewalls, Netzwerk-Switches, ein Hochgeschwindigkeitsnetzwerk (mit Redundanz) für den Zugriff auf die Daten, die Stromversorgung

und redundante Stromversorgungen, die benötigt werden, um das System in Betrieb zu halten, sowie die Kosten für die Sicherung und das Backup der Daten.

Wenn Ihr Warehouse unternehmenskritisch ist, müssen Sie auch einen Standort für die Notfallwiederherstellung einrichten, was die Kosten effektiv verdoppelt.

Ich sage Unternehmen oft, dass sie in der Klimatisierungsbranche tätig sind, wenn sie ein eigenes Rechenzentrum vor Ort betreiben, weil sie die gesamte Hardware kühl halten müssen. Würden Sie sich nicht lieber voll und ganz auf die Analyse Ihrer Daten konzentrieren? Die meisten Unternehmen ziehen die jährlichen Betriebskosten der Zusammenarbeit mit einem Cloud-Provider vor.

Personalkosten

Es fallen Kosten an für Ihr Personal oder für Berater mit dem nötigen Fachwissen, um die Hard- und Software einzurichten, zu warten und zu verwalten, die Produkte auf Performance zu optimieren und Produkte und Lösungen in der Produktion bereitzustellen. Dadurch entsteht ein potenzieller Engpass, wenn Probleme auftreten und die Verantwortung für das System beim Kunden und nicht beim Anbieter bleibt.

Softwarekosten

Unternehmen zahlen häufig Hunderttausende von Dollar an Softwarelizenzgebühren für Data-Warehouse-Software und Add-on-Pakete sowie Lizenzgebühren, um zusätzlichen Endbenutzern wie Kunden und Lieferanten den Zugriff auf die Daten zu ermöglichen. Jährliche Supportverträge für derartige Software können leicht 20% der eigentlichen Lizenzkosten ausmachen.

Kommen wir nun zur Cloud.

Cloud-Provider-Lösungen

Die Cloud ist wie ein riesiger, unsichtbarer Speicherraum, der irgendwo da draußen im Äther existiert. Sie erlaubt uns, Daten von überall aus zu speichern, darauf zuzugreifen und sie gemeinsam zu nutzen. Gleichzeitig bewahrt sie uns davor, dass uns der Speicherplatz ausgeht oder wertvolle Daten verloren gehen. Ihr Einfluss erstreckt sich auf alle in diesem Buch beschriebenen Architekturen und verändert die Art und Weise, wie wir mit Daten arbeiten. Cloud Computing bietet einen bedarfsgerechten Zugriff auf gemeinsam genutzte Rechenressourcen wie Server, Speicher und Anwendungen über das Internet, sodass Sie keine physischen Rechenzentren und Server mehr kaufen, besitzen und warten müssen. Dies ermöglicht eine skalierbare, flexible und kosteneffiziente Datenverarbeitung.

Eine Data-Warehousing-Lösung in der Cloud bietet vielfältige Vorteile:

Skalierbarkeit und Elastizität
: CSP-Software ist für eine nahtlose Skalierung konzipiert. Somit können Sie Speicher- und Rechenressourcen dynamisch und in Echtzeit bereitstellen, um die Anforderungen wechselnder Arbeitslasten in Spitzenzeiten und bei gleichbleibender Nutzung zu erfüllen. Kapazität bekommen Sie, wann immer Sie sie brauchen.

Kosten
: Im Cloud-System sind die Komplexitäten und Kosten für Kapazitätsplanung und -verwaltung (wie zum Beispiel Dimensionierung, Ausgleich und Optimierung des Systems) inbegriffen, automatisiert und durch die Kosten Ihres Cloud-Abonnements abgedeckt. Die CSP bieten außerdem flexible Preismodelle, sodass Sie Ihre Kosten optimieren können, indem Sie nur für die tatsächlich genutzten Ressourcen zahlen. Wenn die Nachfrage sinkt, können Sie auch die Hardware reduzieren oder serverlose Optionen nutzen.

  Das bedeutet, dass Sie eine Lösung schnell erstellen können, und wenn sie nicht wie erwartet funktioniert, können Sie einfach alle Cloud-Ressourcen, die das Projekt genutzt hat, löschen. Da sich dadurch die Kosten für ein Scheitern stark verringern, können Sie das Risiko eingehen, neue Dinge auszuprobieren.

  Wichtig sind auch die indirekten Kosteneinsparungen: Sie zahlen weder für Hardware, Strom, das Personal, das das Rechenzentrum aufbaut und wartet, noch für die Entwicklung eigener Upgrades.

Einfache Bereitstellung und Verwaltung
: CSP-Software wird häufig mit integrierten Bereitstellungs- und Verwaltungstools geliefert, die den Einrichtungs- und Konfigurationsprozess vereinfachen. Diese Tools rationalisieren die Provisionierung von Ressourcen sowie Skalierungs-, Überwachungs- und Wartungsaufgaben und reduzieren den betrieblichen Aufwand. Alle benötigten Cloud-Ressourcen (z.B. Rechen-, Speicher- und Netzwerkressourcen) können Sie innerhalb von Stunden, wenn nicht sogar in Minuten, einrichten, während die Einrichtung einer On-Premises-Lösung Wochen oder sogar Monate dauern kann.

Anbietersupport und Service-Level-Vereinbarungen (SLAs)
: Dedizierter Support und Service-Level-Vereinbarungen mit dem Cloud-Service-Provider bieten Unterstützung, Fehlerbehebung und garantierte Serviceverfügbarkeit.

Integrierte Ökosysteme
In der Regel lässt sich die CSP-Software nahtlos in die anderen Services dieses Providers integrieren. Das kann eine einfachere Integration und Interoperabilität zwischen verschiedenen Diensten ermöglichen und Ihnen helfen, von breiter aufgestellten Fähigkeiten des Providers zu profitieren.

Verwaltete Dienste
Die CSP kümmern sich oft um bestimmte Aspekte der Softwareinfrastruktur, wie verwaltete Datenbanken, Dienste für Machine Learning oder Serverless Computing. Diese verwalteten Dienste können die betrieblichen Komplexitäten auslagern, sodass sich Unternehmen auf ihr Kerngeschäft konzentrieren können, anstatt die zugrunde liegende Infrastruktur zu verwalten. Dies erspart Ihnen auch, Dienste von Drittanbietern zu suchen und zu bezahlen.

Kontinuierliche Innovation und Feature-Updates
Die CSP führen regelmäßig neue Features, Dienste und Updates für ihre Softwareangebote ein. Sie profitieren von deren Innovationen, ohne selbst in Upgrades oder Integration neuer Features investieren zu müssen.

Einfachere Einstellungen
Produkte der CSP werden von sehr vielen Menschen genutzt, während die Nutzerbasis bei OSS viel kleiner sein dürfte. Daher kann es viel einfacher sein, Bewerber zu finden, die die von Ihrem Unternehmen verwendeten Cloud-Produkte kennen.

Globale Verfügbarkeit und Hochverfügbarkeit
Die Rechenzentren der Cloud-Service-Provider sind weltweit verteilt, wodurch Sie Ihre Software näher an Ihrer Zielgruppe bereitstellen oder die Redundanz mehrerer Regionen für eine hohe Verfügbarkeit nutzen können. Die CSP führen einen Lastenausgleich durch, um den Datenverkehr gleichmäßig auf mehrere Server zu verteilen, damit einzelne Server nicht überlastet werden und es nicht zu Ausfallszeiten kommt.

Diese globale Infrastruktur gewährleistet Dienste mit geringen Latenzzeiten und ist fehlertolerant. Bei einem Hardware- oder Softwareausfall wird der Dienst automatisch auf eine zweite Instanz umgeschaltet, sodass ein unterbrechungsfreier und zuverlässiger Zugriff gewährleistet ist. Außerdem lässt sich innerhalb weniger Minuten eine Notfallwiederherstellung für die gespeicherten Daten einrichten.

Sicherheit und Compliance
Die CSP investieren viel in Sicherheitsmaßnahmen wie Verschlüsselung, Zugangskontrollen und regelmäßige Audits, um Daten zu schützen und die Einhaltung von Branchenstandards und -vorschriften zu gewährleisten.

Total Cost of Ownership

Alle CSP bieten einen TCO-Rechner (*Total Cost of Ownership*, Gesamtkosten des Betriebs), mit dem Sie die Kosteneinsparungen abschätzen können, die Sie durch die Migration Ihrer Anwendungs- und Datenbank-Workloads in die Cloud erzielen können. Geben Sie einfach eine kurze Beschreibung Ihrer On-Premises-Umgebung ein, um einen sofortigen Bericht von Microsoft Azure (*https://oreil.ly/UlvtP*), Amazon Web Services (*https://calculator.aws/*) oder Google Cloud (*https://oreil.ly/e7_uF*) zu erhalten.

Cloud-Service-Modelle

Für die Bereitstellung und Verwaltung von IT-Ressourcen in der Cloud gibt es drei Haupttypen von Servicemodellen:

Infrastructure-as-a-Service (IaaS)
: Der CSP hostet und verwaltet die Hardwareinfrastruktur. Er bietet virtualisierte Computing-Ressourcen, wie Server, Speicher und Netzwerke, die sich je nach Bedarf nach oben oder unten skalieren lassen. Der Kunde verwaltet das Betriebssystem, die Anwendungen und die Daten. Die meisten Dienste sind in einem virtuellen Computer (*Virtual Machine*, VM) untergebracht, und der Endbenutzer greift remote darauf zu. Dieses Modell bietet mehr Flexibilität und Skalierbarkeit als ein On-Premises-Modell, doch es erfordert immer noch ein gewisses Niveau an IT-Qualifikation, um das Betriebssystem, die Anwendungen und die Datenarchitekturen zu verwalten.

Platform-as-a-Service (PaaS)
: Der CSP bietet eine Plattform für Entwickler, auf der sie Anwendungen und Datenbanken erstellen, testen und bereitstellen können, sowie eine zugrunde liegende Infrastruktur (ähnlich wie IaaS). Dazu gehören auch Entwicklungstools, Datenbankmanagementsysteme und Business-Intelligence-Dienste. Der CSP steuert die Laufzeit-, Middleware- und Betriebssystemumgebungen – es gibt keine VMs. Entwickler können sich somit auf die Programmierung und Verwaltung der Anwendungen konzentrieren, ohne sich um die Verwaltung der Plattform und der zugrunde liegenden Infrastruktur kümmern zu müssen. Dieses Modell ist noch abstrakter und benutzerfreundlicher als IaaS, aber es ist in seiner Flexibilität und Anpassbarkeit eingeschränkt.

Software-as-a-Service (SaaS)
: Der CSP hostet und verwaltet sowohl die Software als auch die Infrastruktur. Kunden greifen über das Internet auf die Software zu und müssen weder Hardware noch Software selbst verwalten. Dies ist das einfachste und am leichtesten zu verwendende Modell, doch seine Flexibilität in Bezug auf Anpassung und Kontrolle ist möglicherweise begrenzt. Einige CSP bieten Datenarchitekturtools an, die »SaaS-ähnlich« sind: Das heißt, sie werden nicht ganz so vollständig verwaltet wie ein echtes SaaS-Tool à la Salesforce, sondern erfordern nur ein geringes Anwendungsmanagement.

Mit jedem der Cloud-Service-Modelle erhalten Sie die neueste Version des von Ihnen verwendeten Datenbankprodukts. Zum Beispiel ist die Cloud-Datenbank von Azure, SQL Database, eine neuere Version eines On-Premises-Datenbankprodukts namens SQL Server 2022. Betrachten Sie SQL Database als SQL Server 2022+. Alle paar Wochen kommen neue Funktionen hinzu – Sie können wählen, ob Sie sie nutzen möchten oder nicht. Alle paar Jahre werden diese neuen Features gesammelt und der Boxversion von SQL Server hinzugefügt – mit SQL Database erhalten Sie sie dagegen sofort. Und auch Ihr Code wird nicht scheitern, wenn es ein Upgrade gibt.

Alle CSP bieten eine integrierte fortschrittliche Bedrohungserkennung. Mithilfe von Überwachung werden anormale Aktivitäten erkannt, die auf ungewöhnliche und potenziell schädliche Versuche, auf Datenbanken zuzugreifen oder diese zu nutzen, hinweisen. Bewertungen helfen Ihnen, potenzielle Datenbankschwachstellen zu entdecken, zu verfolgen und zu beheben. Zudem erlauben es erweiterte Funktionen, die vertraulichen Daten in Ihren Datenbanken zu erkennen, zu klassifizieren, zu kennzeichnen und zu melden.

Wie der Überblick in Abbildung 16-1 zeigt, stellen diese vier Modelle verschiedene Abstraktions- und Kontrollniveaus für die IT-Infrastruktur und den Software-Stack dar. Eine On-Premises-Lösung bietet vollständige Kontrolle, erfordert aber erhebliche Investitionen und Fachkenntnisse, während IaaS, PaaS und SaaS ein zunehmendes Maß an Abstraktion und Benutzerfreundlichkeit bieten – auf Kosten von Kontrolle und Anpassung.

Welches Servicemodell Sie wählen, hängt von den Bedürfnissen und Zielen Ihres Unternehmens ab. Ich persönlich bevorzuge PaaS für Data Warehouses, wo es möglich ist. Dafür sprechen einige Gründe. Erstens muss man sich nicht mit einem virtuellen Computer (VM) befassen. Zwar existiert er irgendwo und hostet die Datenbanken, aber Sie müssen nie remote auf einen Server zugreifen oder ihn in irgendeiner Weise verwalten – alles machen Sie über das CSP-Portal oder über Tools von Drittanbietern. Auch für Patches oder Upgrades sind Sie nicht zuständig – die meisten CSP-Datenbanken werden ohne Ausfallzeiten gepatcht. Datenbankkopien sind unmittelbar einsatzbereit, eine weitere Einrichtung und eine Überwachung sind nicht erforderlich.

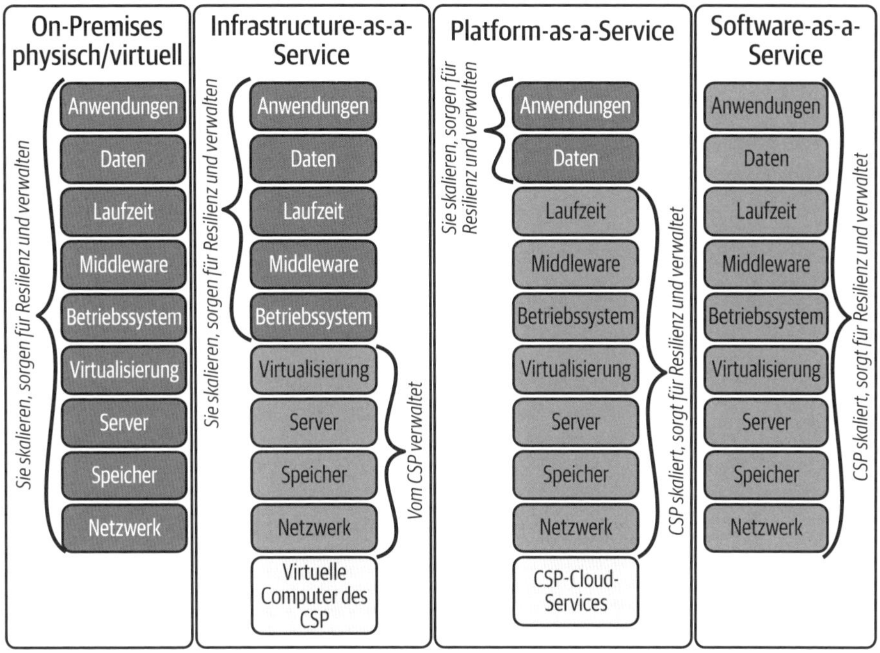

Abbildung 16-1: Vergleich von Servicemodellen

Schließlich vereinfacht PaaS die Notfallwiederherstellung (DR). Die meisten IaaS-DR-Lösungen sind äußerst mühsam einzurichten und zu überwachen. Dagegen müssen Sie bei PaaS im Grunde nur anklicken, in welchem Gebiet des Landes die DR-Datenbank liegen soll. Der CSP kümmert sich auch um die Einrichtung und den Betrieb der Datenbank.

Große Cloud-Provider

Die drei großen CSP, Microsoft Azure (*https://azure.microsoft.com/*), Amazon Web Services (AWS, *https://aws.amazon.com/*) und Google Cloud Platform (GCP, *https://cloud.google.com/*), haben den größten Marktanteil (schätzungsweise 65% [*https://oreil.ly/oOIx-*] im zweiten Quartal 2023). Für detailliertere und aktuelle Informationen über die Angebote der einzelnen Provider empfehle ich Ihnen, die jeweiligen Websites zu besuchen. Tabelle 16-1 vergleicht die wichtigsten Funktionen, um Ihnen einen umfassenden Überblick zu geben.

Tabelle 16-1: Vergleich der großen drei Cloud-Provider

Kriterien	Azure	AWS	GCP
Jahr der Ankündigung	2008	2006	2008
Regionen mit Rechenzentren	60	31	24
Weltweiter Marktanteil	23%	32%	10%
Angebotene Dienste	Mehr als 200 Dienste in verschiedenen Kategorien.	Um die 200 Dienste in verschiedenen Kategorien.	Über 100 Dienste, bekannt für Datenanalyse und Machine Learning.
Preisgestaltung	Kostenvorteile für Microsoft-Benutzer.	Mehr Optionen für Instanztypen.	Unkompliziert und kundenfreundlich.
Integration/Open Source	Enge Integration mit Microsoft-Produkten.	Breites Spektrum an Open-Source-Integrationen.	Gute Integrationen mit verschiedenen Open-Source-Plattformen.
Lernkurve	Leichter für diejenigen, die mit anderen Microsoft-Produkten vertraut sind.	Breites Spektrum an Diensten führt zu steilerer Lernkurve.	Benutzerfreundliche Oberfläche, leichtere Lernkurve.
Analytische Produkte	Azure Synapse Analytics, Microsoft Fabric	Amazon Redshift	Google BigQuery

Jeder dieser drei großen Cloud-Service-Provider hat einzigartige Stärken, und die Wahl zwischen ihnen hängt oft von Ihren spezifischen Anforderungen und der vorhandenen Infrastruktur ab. Ein Unternehmen, das tief in das Microsoft-Ökosystem eingebettet ist, könnte sich für Azure entscheiden, ein Unternehmen, das sich auf fortgeschrittenere Datenverarbeitung konzentriert, optiert vielleicht für GCP, und ein Unternehmen, das ein breites Spektrum von Diensten benötigt, könnte zu AWS tendieren. Letztlich geht es bei der Entscheidung um die Abwägung zwischen technischen Anforderungen, Kosten und der strategischen Ausrichtung des Unternehmens.

Multi-Cloud-Lösungen

Viele Unternehmen stehen vor der Entscheidung, einen der drei großen CSP zu akzeptieren oder die Dienste mehrerer CSP in Anspruch zu nehmen, was man auch als *Multi-Cloud-Ansatz* bezeichnet. Einige Unternehmen haben das Gefühl, »alles auf eine Karte zu setzen«, wenn sie sich nur auf einen CSP verlassen, oder sie fürchten, dass der CSP zu einem Konkurrenten für ihr Unternehmen werden könnte. (Dies ist zum Beispiel passiert, als Amazon Whole Foods gekauft hat und damit zu einem Konkurrenten für andere Supermarktunternehmen wurde.)

Dieser Ansatz hat einige große Vorteile, vor allem weil er von den Stärken und Schwächen der einzelnen CSP profitiert. Wenn ein CSP eine geringere Latenzzeit und ein anderer eine bessere Verfügbarkeit oder Notfallwiederherstellung bietet, könnte die Nutzung beider Provider die Fähigkeit des Unternehmens verbessern, seine SLAs zu erfüllen. Ähnliche Vergleiche können Sie für Kosten, Kapazität und verschiedene Features und Produkte anstellen. Wenn ein CSP nicht alles bietet, was Sie haben wollen, wählen Sie einfach einen anderen, der dies wettmacht. Allerdings ist das heutzutage weniger relevant als früher, da alle drei CSP inzwischen sehr ähnliche Angebote haben und nur wenige einzigartige Funktionen oder Produkte bieten.

Auch die Datenhoheit ist ein Faktor. Nicht alle CSP haben die gleichen Cloud-Regionen, was für die Einhaltung von Vorschriften sehr wichtig sein kann. Wenn Sie beispielsweise MongoDB in Azure verwenden, Azure aber keine Region in Taiwan hat, könnten Ihre taiwanesischen Betriebe MongoDB in AWS verwenden.

Stellen Sie sich einen fiktiven globalen E-Commerce-Riesen vor, den wir TechTreasures Inc. nennen wollen. TechTreasures hat seinen Sitz in den Vereinigten Staaten, genauer gesagt in Ponte Vedra, Florida, ist aber weltweit tätig, unter anderem in Nordamerika, Europa und Asien.

Um optimale Performance, Zuverlässigkeit und Compliance mit regionalen Datenvorschriften zu gewährleisten, verfolgt TechTreasures einen Multi-Cloud-Ansatz. Das Unternehmen nutzt Microsoft Azure für seine nordamerikanischen Aktivitäten, da Azure über ein robustes Netzwerk mit geringer Latenz und Rechenzentren in der Region verfügt. In Europa setzt das Unternehmen auf GCP aufgrund seiner fortschrittlichen Datenanalysefunktionen und seiner starken Präsenz in den europäischen Cloud-Regionen. Für den Betrieb in Asien setzt TechTreasures auf AWS, das Cloud-Regionen in wichtigen asiatischen Märkten, einschließlich Taiwan, anbietet.

Mit dieser Multi-Cloud-Strategie kann TechTreasures seinem globalen Kundenstamm schnelle und zuverlässige Dienste anbieten und gleichzeitig die Compliance mit Vorschriften zur Datenhoheit gewährleisten. Es ist eine strategische Entscheidung, die es dem Unternehmen ermöglicht, die einzigartigen Stärken jedes großen Cloud-Service-Providers zu nutzen, um den Geschäftsbetrieb zu optimieren.

Es gibt aber auch jede Menge Nachteile bei einer Multi-Cloud-Lösung. Da diese Clouds nicht für eine Zusammenarbeit konzipiert sind, kann das Hin- und

Herschieben von Daten und Rechenleistung langsam und umständlich sein. Auch die Interoperabilität ist ein Problem: Produkte des einen CSP funktionieren nicht immer gut mit denen anderer CSP. Das Verschieben von Daten und Anwendungen von einem CSP zu einem anderen und die Einführung eines anderen Produkts können sehr kostspielig sein, insbesondere wenn Sie Anwendungen für die Unterstützung mehrerer Clouds neu entwickeln müssen. Zudem erheben die CSP Austrittsgebühren, wenn Sie Daten aus deren Cloud in die Cloud eines Wettbewerbers verschieben, und das macht die Migration zu einem anderen CSP nicht gerade einfach. Und wenn Sie in eine größere Internetpipeline wie ExpressRoute von Azure investiert haben, müssen Sie bei jedem anderen CSP, den Sie nutzen, eine ähnliche Investition tätigen. Außerdem erhöht das Speichern Ihrer Daten in mehreren Clouds die Anfälligkeit für Sicherheitsbedrohungen.

Wenn Sie leichter von einer Cloud in eine andere wechseln wollen, müssen Sie ein IaaS-Servicemodell anstelle von PaaS verwenden, wodurch viele der höherwertigen Services, die jeder CSP bietet, wegfallen – ein großer Kostenfaktor.

Was das Personal angeht, so müssen Sie Personen einstellen und/oder schulen, die sich mit zwei oder mehr Clouds auskennen, was die Kosten erheblich erhöht. Einen zusätzlichen CSP zu managen, die Sicherheit zu handhaben und Richtlinien, Standards und Prozeduren dafür zu erstellen, erfordert ebenfalls mehr Personal und mehr Fähigkeiten. Außerdem müssen Sie verschiedene Arten von Sicherheit einrichten und dafür sorgen, dass sie zusammenwirken können. Darüber hinaus haben Sie zwei Stellen, an denen Sie Benutzer hinzufügen, löschen oder aktualisieren können, zwei Stellen, um die Daten zu überwachen, und zwei Sätze von Zahlungsanweisungen, was die administrative Komplexität (und die Kosten) erheblich in die Höhe treibt.

Und schließlich ist es unwahrscheinlich, dass Sie mit zwei Cloud-Providern vor einem Ausfall geschützt sind. Die CSP haben ihre Netzwerke speziell so konzipiert, dass ein Ausfall in einer Region keine Auswirkungen auf andere Regionen hat. Ihre Lösung für die Notfallwiederherstellung sollte in einem Failover zu einer anderen Region innerhalb desselben CSP bestehen, nicht zu einem anderen CSP.

Viele Menschen glauben, dass der Multi-Cloud-Ansatz die CSP in eine Konkurrenzsituation zwingt, die es Ihnen ermöglicht, ein besseres Angebot auszuhandeln. Dies ist jedoch meist ein Mythos. Bei Unternehmenslizenzverträgen (*Enterprise Licence Agreements*, ELAs) gewähren die CSP höhere Rabatte je nach Nutzungsverhalten in ihrer Cloud – je mehr Sie nutzen, desto höher sind die Rabatte.[1] Wenn Sie die stufenbasierte Preisgestaltung und die Rabatte für die dauerhafte Nutzung hinzurechnen, werden Sie wahrscheinlich mehr sparen, wenn Sie bei nur einem CSP bleiben. Einige Unternehmen drohen jedoch, zu einem anderen CSP zu wechseln, um auf die Preisgestaltung Einfluss zu nehmen. Wenn Sie sich für nur einen CSP entscheiden, können Sie auch von Partnerschaften profitieren, wenn Ihr Unternehmen ein Großunternehmen ist. Zum Beispiel arbeitet Microsoft mit Ernst & Young zusammen, um eine Wachstumschance von 15 Milliarden Doller und technologische Innovationen in verschiedenen Branchen zu fördern.

Ich erwarte nicht, dass der Multi-Cloud-Ansatz größere Akzeptanz erlangt. Die meisten Unternehmen werden sich meiner Ansicht nach mit der Zeit auf einen CSP festlegen und bei diesem bleiben, um dessen Dienste, PaaS und SaaS sowie das Ökosystem in vollem Umfang zu nutzen. Einige sehr große Unternehmen werden sich für mehrere Clouds entscheiden, wenn die CSP unterschiedliche Dinge anbieten, die für das Arbeitsaufkommen von Vorteil sind. Das ist sinnvoll, wenn ein genügend großes Unternehmen Zeit und Personal aufwenden kann, um sich mit beiden zu beschäftigen und die PaaS-Services der einzelnen Provider zu nutzen.

Nach den Cloud-Service-Modellen beschäftigen wir uns als Nächstes mit Software-Frameworks, wobei wir nach der Schaffung der Datenarchitekturfundamente dazu übergehen, die Tools zu erläutern, die von diesen Fundamenten profitieren. Im folgenden Abschnitt befassen wir uns mit den wichtigsten Software-Frameworks, die die Cloud-Infrastruktur nutzen, um das volle Potenzial Ihrer Daten freizusetzen.

Software-Frameworks

In der Welt der Datenarchitekturen kann Ihre Wahl der Software-Frameworks einen entscheidenden Einfluss darauf haben, wie effektiv Sie Ihre Daten verarbeiten, analysieren und Erkenntnisse daraus ableiten. Diese Frameworks dienen als Motor für Ihre Datenoperationen und ermöglichen Ihnen, wertvolle Informationen zu extrahieren und datengesteuerte Entscheidungen zu treffen. In diesem Abschnitt begeben wir uns in das Reich der Software-Frameworks, wobei wir drei prominente Akteure untersuchen: Hadoop, Databricks und Snowflake. Jedes dieser Frameworks bringt einzigartige Stärken mit sich, und das Verständnis ihrer Fähigkeiten ist für den Aufbau einer Datenarchitektur, die Ihren spezifischen Anforderungen und Zielen entspricht, unerlässlich.

1 Die CSP verwenden verschiedene Bezeichnungen für diese bindungsbasierten Rabatte; Sie können hier auf Begriffe wie »Reserved Instance Pricing« (reservierte Instanzpreise), »Pre-commit Discounts« (Pre-Commit-Rabatte), »Commercial Pricing Discounts« (kommerzielle Preisnachlässe) oder »Volume-based Discounts« (volumenbasierte Rabatte) treffen.

Hadoop

Hadoop ist ein OSS-Framework, das 2005 von der Apache Foundation entwickelt wurde. Konzeptionell soll es die Leistung der verteilten Datenverarbeitung nutzbar machen. Verschiedene Tools und Bibliotheken erweitern die Fähigkeiten von Hadoop und machen es zu einer beliebten Wahl für Unternehmen, die mit großen Datenmengen arbeiten und nach einer kostengünstigen Skalierbarkeit suchen.

Im Kern besteht Hadoop aus zwei Hauptkomponenten. Erstens kann das *Hadoop Distributed File System* (HDFS) Big-Data-Workloads effizient speichern und verarbeiten, indem es die Daten in kleinere Blöcke aufteilt und auf mehrere Knoten und Computercluster verteilt, wie Abbildung 16-2 zeigt. Dies ermöglicht eine hohe Fehlertoleranz und Aufgaben wie Stapelverarbeitung, Datenintegration und Analysen. HDFS realisiert einen Datenzugriff mit hohem Durchsatz und bietet selbst bei Hardwareausfällen Zuverlässigkeit.

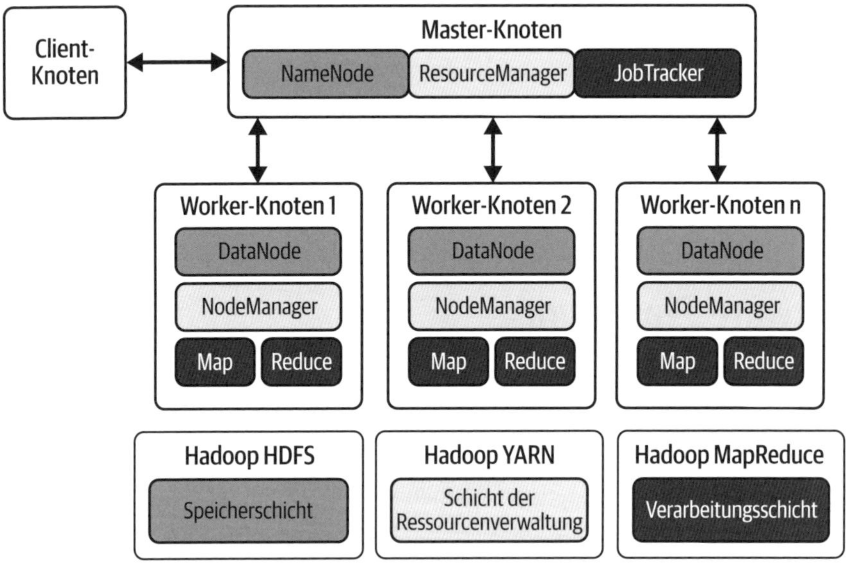

Abbildung 16-2: Die Clusterarchitektur von Hadoop

Zweitens ist das MapReduce-Framework als Programmiermodell darauf ausgelegt, große Datensätze über einen Cluster hinweg parallel zu verarbeiten und zu analysieren. Auch hier wird die Arbeitslast in kleinere Aufgaben zerlegt, und diese werden auf mehrere Knoten im Cluster verteilt. Es unterteilt große, komplexe Berechnungen in mehrere Aufgaben und weist diese Aufgaben einzelnen Worker-Knoten zu, die die Ergebnisse koordinieren und konsolidieren. Das MapReduce-Framework realisiert automatisch Parallelverarbeitung, Fehlertoleranz und Datenverteilung. Ein MapReduce-Programm besteht aus einer `Map()`-Prozedur, die die Daten filtert und sortiert (zum Beispiel Studenten nach dem Vornamen in Warteschlangen – eine für jeden Namen), und einer `Reduce()`-Prozedur, die die Daten zusammenfasst (also zum Beispiel die Anzahl der Studenten in jeder Warteschlange zählt und die Häufigkeit der Namen ermittelt). MapReduce-Bibliotheken wurden in vielen Programmiersprachen (üblicherweise in Java) mit verschiedenen Optimierungsebenen geschrieben.

Hadoop zeichnet sich unter anderem durch folgende Vorteile aus, die es zu einer beliebten Wahl für die Verarbeitung von Big Data machen:

Skalierbarkeit
: Hadoop bietet eine skalierbare Architektur, die mit großen Datenmengen umgehen kann. Es ist recht einfach, die Speicher- und Verarbeitungsfunktionen zu skalieren, indem man einfach weitere Standardhardware in den Cluster einfügt – eine kostengünstige und flexible Lösung.

Verteiltes Computing
: Hadoop verteilt die Daten und die Verarbeitungsaufgaben auf einen Cluster von Rechnern und ermöglicht so eine parallele Verarbeitung. Durch die Aufteilung der Arbeit auf mehrere Knoten lassen sich große Datensätze schneller verarbeiten.

Fehlertoleranz
: Hadoop repliziert Daten über mehrere Knoten im Cluster und stellt so sicher, dass die Daten auch bei einem Ausfall der Hardware erhalten bleiben und verfügbar sind. Wenn ein Knoten ausfällt, leitet Hadoop die Aufgaben an andere verfügbare Knoten weiter und gewährleistet somit eine unterbrechungsfreie Verarbeitung.

Kostengünstige Speicherung
: HDFS erlaubt es, große Datenmengen auf kostengünstiger Standardhardware zu speichern, die Sie von der Stange kaufen können, statt auf teuren, spezialisierten Speichersystemen.

Standort der Daten
: Hadoop optimiert die Datenverarbeitung, indem die Berechnung näher dorthin verlagert wird, wo die Daten gespeichert sind, anstatt sie über das Netzwerk zu übertragen. Das reduziert den Netzwerk-Overhead und verbessert die Gesamteffizienz.

Flexibilität und Kompatibilität
: Hadoop ist mit verschiedenen Datenformaten kompatibel und kann strukturierte, halb strukturierte und unstrukturierte Daten verarbeiten. Es unterstützt eine breite Palette an Programmiersprachen, sodass Entwickler

mit ihrer bevorzugten Sprache arbeiten und verschiedene Komponenten in ihre Datenpipelines integrieren können.

Ökosystem von Tools

Hadoop verfügt über ein reiches Ökosystem von Tools und Frameworks, die seine Fähigkeiten erweitern und Abstraktionen auf höherer Ebene, Datenverarbeitungssprachen und Analysefunktionen bereitstellen. Dazu gehören:

- YARN (*https://oreil.ly/xGJCB*) für Ressourcenverwaltung und Aufgabenplanung
- Hive (*https://hive.apache.org/*) für Data Warehousing
- Pig (*https://pig.apache.org/*) für die Datenanalyse
- HBase (*https://hbase.apache.org/*), eine NoSQL-Datenbank
- Spark (*https://spark.apache.org/*) für speicherinterne Verarbeitung
- Presto (*https://prestodb.io/*) für verteiltes SQL

Hadoop-Anbieter verkaufen Plattformen, die mehrere OSS-Produkte einbinden, testen und vorab integrieren, womit Sie sich den Zeit- und Arbeitsaufwand ersparen, die verschiedenen Komponenten in eigener Regie zu integrieren und zu testen.

Community-Support

Hadoop verfügt über eine große und aktive Open-Source-Community, die zu seiner Entwicklung, Verbesserung und Unterstützung beiträgt und den Benutzern eine Fülle von Ressourcen, Dokumentationen und Fachwissen zur Verfügung stellt.

Zu den potenziellen Nachteilen von Hadoop gehören:

Komplexität

Hadoop hat eine steile Lernkurve, und es kann kompliziert sein, es einzurichten und zu verwalten. Hadoop erfordert spezielle Kenntnisse und Fachwissen über verteilte Systeme, was für Unternehmen ohne vorherige Erfahrung oder spezielle Ressourcen eine Herausforderung darstellen kann.

Latenz

MapReduce, das zentrale Verarbeitungsframework von Hadoop, basiert auf Stapelverarbeitung, was mit Latenzzeiten verbunden ist und sich daher nicht für Echtzeit- oder interaktive Datenverarbeitungsszenarios eignet. Am effektivsten ist Hadoop für umfangreiche Datenverarbeitungsaufgaben, wie zum Beispiel Batch-Analysen und die Verarbeitung massiver Datensätze. Wenn Sie sofortige oder echtzeitnahe Erkenntnisse benötigen, sind alternative Lösungen oder Frameworks wie Apache Kafka oder Apache Flink möglicherweise besser geeignet.

Hardwareanforderungen
: Die verteilte Architektur von Hadoop erfordert einen Cluster von Computern, um effizient zu funktionieren. Einen derartigen Cluster inklusive der Hardware- und Netzwerkinfrastruktur einzurichten und zu verwalten, kann mit erheblichen Kosten und Komplexität verbunden sein.

Overhead bei der Datenverwaltung
: Zwar bietet das HDFS von Hadoop Fehlertoleranz und Replikation, aber die Replikation von Daten über Knoten verbraucht Speicherplatz. Dies führt zu zusätzlichem Aufwand bei der Datenspeicherung.

Komplexes Ökosystem
: Das Hadoop-Ökosystem ist zwar umfangreich und breit gefächert, gleichzeitig aber auch komplex, sodass es schwierig sein kann, seine Komponenten zu verwalten und zu integrieren. Es ist unabdingbar, die Fähigkeiten und die Kompatibilität der einzelnen Tools zu verstehen sowie die Konfigurationen und Abhängigkeiten der Tools zu pflegen.

Datensicherheit und Governance
: Das verteilte Wesen und die Datenreplikation können einzigartige Herausforderungen in Bezug auf Datensicherheit, Datenschutz und Governance mit sich bringen. Im Gegensatz zu herkömmlichen Datenspeichersystemen erfordert die verteilte Natur von Hadoop, dass Unternehmen über die Standardsicherheitspraktiken hinausgehen und spezielle Sicherheitsmaßnahmen und Zugriffskontrollen einführen, die auf die Besonderheiten von Hadoop zugeschnitten sind. Diese Maßnahmen sind unerlässlich, um den Datenschutz zu gewährleisten und die Hadoop-spezifischen Anforderungen und Best Practices sicherzustellen.

Hadoop wurde in den frühen 2010er-Jahren stark angenommen, doch mit der Weiterentwicklung der Big-Data-Landschaft und des Cloud Computing, der Einführung von Technologien wie Serverless Computing, Cloud Data Warehouses und Data-Streaming-Plattformen hat die Nutzung von Hadoop nachgelassen. Heute kann die Cloud-Infrastruktur an die Stelle von Hadoop-Clustern treten, und Cloud-Objektspeicher können das HDFS ersetzen. Die Kernprinzipien wie verteilte Speicherung und Verarbeitung sind nach wie vor relevant, aber die spezifischen Komponenten und Tools haben sich in unterschiedlichem Maße durchgesetzt. So haben zum Beispiel Technologien wie Apache Spark als Alternativen oder Ergänzungen zu MapReduce an Popularität gewonnen.

Databricks

Databricks ist eine Cloud-basierte Plattform, um Arbeitslasten in Apache Spark auszuführen, einer Open-Source-Analyse-Engine für die Verarbeitung großer Datenmengen. Spark wurde ursprünglich im Jahr 2009 am AMPLab der University of California in Berkeley entwickelt, um die Grenzen von MapReduce zu überwinden.[2] Es sollte schneller und einfacher zu bedienen sein und sowohl Stapelverarbeitung als auch Datenstreaming in Echtzeit ermöglichen. Es soll Unternehmen dabei unterstützen, Spark zu nutzen, ohne sich um die Einrichtung und Wartung ihrer eigenen Infrastruktur kümmern zu müssen, sodass fortschrittliche Analysen und Machine Learning einem breiteren Benutzerkreis zugänglich gemacht werden.

Seit seiner Gründung hat Databricks einen bedeutenden Beitrag zu Apache Spark geleistet und an der Verbesserung der Verarbeitungsgeschwindigkeit mithilfe von Project Tungsten gearbeitet, einer Reihe von Optimierungen, die darauf abzielen, moderne CPU-Architekturen zu nutzen, um die Effizienz zu steigern. Außerdem hat das Unternehmen ein optimiertes System zur automatischen Skalierung entwickelt, das die Anzahl der einem Auftrag zugewiesenen Computer dynamisch an die Rechenanforderungen anpasst und damit sowohl die Kosteneffizienz als auch die Performance verbessert.

Databricks hat verschiedene Bibliotheken eingeführt, um die Fähigkeiten von Spark zu erweitern, zum Beispiel MLlib (für Machine Learning), GraphX (für Graphenberechnungen) und Spark Streaming (für Echtzeitdaten). Auch bei der Schulung und Unterstützung der Spark-Community hat Databricks eine entscheidende Rolle gespielt, was die Akzeptanz beschleunigt und den Benutzern ermöglicht hat, die Fähigkeiten von Spark besser zu nutzen.

Zudem hat sich Databricks darauf konzentriert, Spark leichter nutzbar zu machen. So wurden High-Level-APIs in Python, Java und Scala eingeführt, damit sich Spark-Anwendungen besser schreiben lassen. Des Weiteren wurden mit Databricks-Notebooks interaktive Umgebungen entwickelt, in denen Data Scientists, Ingenieurinnen und Ingenieure Spark-Code schreiben, ihre Ergebnisse visualisieren und Modelle erstellen können. Diese Plattform ermöglichte den Data Scientists und Dateningenieuren, effektiver zusammenzuarbeiten, indem sie Data Science, Data Engineering und Business Analytics vereinte.

Um die Grenzen von Data Lakes zu überwinden und die Zuverlässigkeit und Datenqualität zu verbessern, führte Databricks auch Delta Lake (siehe Kapitel 12) ein, eine Open-Source-Speicherschicht, die auf bestehenden Data Lakes

2 Spark wurde 2010 unter einer BSD-Lizenz (*Berkeley Software Distribution*) als Open-Source-Projekt veröffentlicht und ist seit 2013 ein Projekt der Apache Software Foundation.

läuft. Sie erweitert die Big-Data-Kapazitäten von Spark durch ACID-Transaktionen, skalierbare Metadatenverarbeitung und einheitliche Streaming- und Batch-Datenverarbeitung. Delta Lake stellt sich den Herausforderungen traditioneller Data Lakes in Bezug auf Datenqualität, Zuverlässigkeit und Performance. Databricks hat Delta Lake im Jahr 2019 als Open Source veröffentlicht und das Projekt in die Linux Foundation eingebracht, um einer breiteren Community die Möglichkeit zur Mitarbeit zu geben. Heute hat Delta Lake eine breite Akzeptanz gefunden.

Im Jahr 2020 hat Databricks eine neuartige Datenarchitektur eingeführt, das Data Lakehouse (ebenfalls in Kapitel 12 beschrieben). Diese Innovation hat einen bedeutenden Paradigmenwechsel in der Datenverwaltung bedeutet. Anstatt zwischen Data Lakes und Data Warehouses wählen zu müssen, können sich Unternehmen für eine hybride Architektur entscheiden, die die Skalierbarkeit und Kosteneffektivität mit der robusten Struktur, der Zuverlässigkeit und der Performance von Data Warehouses verbindet.

Nach Ansicht von Databricks sollten moderne Datenarchitekturen offen und kollaborativ sein und mit allen Arten von Daten und fortschrittlichen Analyseanwendungen umgehen können. Daher werden Architekturen unterstützt, die sich skalieren lassen, wenn Unternehmen mit der Zeit wachsen und sich verändern.

Mit seiner Unified Data Analytics Platform und Tools wie Delta Lake könnte Databricks die zugrunde liegende Infrastruktur für jedes Datenprodukt oder jede Domain innerhalb eines Data Mesh (siehe Kapitel 13 und 14) bereitstellen. Die Plattform kann eine Vielzahl von Datentypen verarbeiten, sie unterstützt sowohl Batch- als auch Echtzeitdatenverarbeitung und ist somit universell genug, um die Anforderungen verschiedener Datendomains zu erfüllen. Die Schlüsselfunktionen von Delta Lake, wie ACID-Transaktionen, Schemaerzwingung und Versionierung, können die Datenqualität und -konsistenz innerhalb jeder Datendomain sicherstellen. Darüber hinaus bietet sie die Möglichkeit einer »Zeitreise« (Zugriff auf frühere Versionen von Daten). Dies kann insbesondere in einem Data Mesh nützlich sein, in dem Teams möglicherweise Änderungen in ihren jeweiligen Domains überprüfen oder rückgängig machen müssen. Die kollaborative Umgebung von Databricks kann auch funktionsübergreifende Teams innerhalb eines Data Mesh in die Lage versetzen, effizienter zusammenzuarbeiten, was dem Grundsatz entspricht, domainorientierte, dezentralisierte Teams zu ermöglichen.

Snowflake

Snowflake ist eine vollständig verwaltete, Cloud-basierte Data-Warehousing-Lösung zum Speichern, Organisieren und Analysieren großer Datenmengen, die sich gegenüber anderen Lösungen dadurch auszeichnet, dass sie zusätzlich zu den herkömmlichen Data-Warehouse-Funktionen auch als Data Lake dienen kann.

Das Unternehmen wurde 2012 gegründet, um die Grenzen herkömmlicher Data-Warehousing-Lösungen zu überwinden. Die Gründer entwickelten eine einzigartige Architektur, die Rechen- und Speicherfunktionen voneinander trennt und so effiziente Datenanalysen und Arbeitslasten ermöglicht, die unabhängig und automatisch je nach Bedarf skaliert werden können. Die 2014 gestartete Plattform wurde für ihre Fähigkeit bekannt, verschiedene Datentypen zu verarbeiten und eine breite Palette an Datenformaten zu speichern und zu verarbeiten, darunter CSV, JSON, Parquet und Avro. Ihr Cloud-nativer Ansatz und ihre Architektur haben ein breites Spektrum von Kunden aus verschiedenen Branchen angezogen. Die Plattform bietet nutzungsabhängige Preise, robuste Sicherheit, Flexibilität und Zuverlässigkeit.

Daten können Sie in verschiedenen Formaten wie bei einem Date Lake direkt in Snowflake laden, ohne dass die Daten vor der Aufnahme transformiert oder vorverarbeitet werden müssen. Snowflake vereinfacht den Prozess weiter, indem es das Schema aus den eingelesenen Daten automatisch ableitet. Sind die Daten geladen, bietet Snowflake eine strukturierte und skalierbare Umgebung für die Organisation und Katalogisierung der Daten, in der Benutzer Tabellen erstellen, Schemas definieren und Metadaten-Tags anwenden können. Dies gewährleistet eine effiziente Organisation und eine einfache Zugänglichkeit.

Die Verwendung von Snowflake als Data Lake beinhaltet die Vorteile einer einheitlichen Datenplattform, die eine separate Data-Lake-Infrastruktur überflüssig macht und die Komplexität reduziert. Snowflake bietet eine skalierbare und performante Umgebung, um verschiedene Datentypen speichern, verwalten und analysieren zu können. Damit ist sie eine attraktive Wahl für Unternehmen, die die Power eines Data Lake innerhalb eines einheitlichen Ökosystems nutzen möchten.

Die Stärke von Snowflake liegt in den hoch optimierten Data-Warehousing-Funktionen und den effizienten Abfragen und Analysen innerhalb der Plattform. Wenn Sie jedoch bestimmte Berechnungen oder spezialisierte Verarbeitungen benötigen, die besser von anderen Rechen-Engines erledigt werden können, ist es üblich, die Daten aus Snowflake zu exportieren und auf die jeweiligen Engines zurückzugreifen. Snowflake bietet zwar nahtlose Datenexportfunktionen, unterstützt aber nicht direkt die Ausführung externer Rechenmodule oder Tools auf den in der Plattform gespeicherten Daten.

Snowflake lässt sich gut mit den Data-Mesh-Prinzipien (in Kapitel 13 behandelt) in Einklang bringen. Das Unternehmen ist sich bewusst, wie wichtig es ist, Domainexperten und -teams die Verantwortung für ihre Daten zu übertragen. Mit Snowflake können verschiedene Geschäftsbereiche oder Domains über getrennte Konten oder virtuelle Warehouses verfügen, sodass sie ihre eigenen Datenbestände verwalten und kontrollieren können. Dieser dezentralisierte Ansatz fördert Agilität und Autonomie und ermöglicht den Domainteams, datengesteuerte Entscheidungen zu treffen und die Verantwortung für die Qualität und Nutzbarkeit ihrer Daten zu übernehmen.

Die robusten Datenverwaltungsfunktionen von Snowflake, einschließlich Schemamanagement, Metadaten-Tagging und Katalogisierung, ermöglichen Ihnen, Ihre Daten als wertvolles Gut zu behandeln, auf das andere Teams innerhalb des Unternehmens zugreifen und es nutzen können. Dies fördert auch das Denken in Datenprodukten. Snowflake entspricht ebenfalls den Skalierbarkeits- und Elastizitätsaspekten des Data-Mesh-Konzepts: Seine Cloud-native Architektur ermöglicht eine unabhängige Skalierung von Rechenressourcen, sodass sich Teams an veränderte Anforderungen anpassen und Datenverarbeitung und -analyse effizient durchführen können. Alles in allem lässt sich sagen, dass Snowflake Unternehmen in die Lage versetzt, einen Data-Mesh-Ansatz zu verfolgen, der Zusammenarbeit, Autonomie und Agilität in ihren Datenökosystemen fördert.

Zusammenfassung

Die Entscheidungen, die Sie in Bezug auf Datenarchitekturtechnologien treffen, werden für den Erfolg Ihrer Dateninitiativen von entscheidender Bedeutung sein. Dieses Kapitel hat Sie durch die grundlegenden Auswahlmöglichkeiten geführt, die die Grundlage für Ihre Dateninfrastruktur bilden.

Wir haben uns mit drei wesentlichen Software-Frameworks beschäftigt: Hadoop, Databricks und Snowflake, die jeweils einen einzigartigen Ansatz für die Datenverarbeitung und -analyse bieten. Unabhängig davon, ob Sie sich für Open-Source-Lösungen entscheiden, die Angebote von Cloud-Providern nutzen oder beides kombinieren, sollten Sie den Umfang Ihres Datenbedarfs und die Agilitätsanforderungen Ihres Unternehmens berücksichtigen.

Bedenken Sie außerdem, dass die Welt der Datentechnologie nicht binär ist. Sie erstreckt sich über die ganze Landschaft der Cloud-Service-Modelle, in der die großen Provider ein breites Spektrum von Diensten bieten und Multi-Cloud-Lösungen Ihre Entscheidungsfindung noch komplexer machen.

Wenn Sie Ihre Reise durch die Datenarchitektur fortsetzen, sollten Sie auch daran denken, dass die in diesem Kapitel getroffenen Entscheidungen nicht isoliert dastehen, sondern untereinander Verbindungen aufweisen und die Landschaft Ihrer Datenumgebung prägen werden. Es ist nicht damit getan, Open-Source- oder proprietäre Lösungen auszuwählen – Sie sollten versuchen, eine harmonische Mischung von Technologien zu kreieren, die den Zielen und Herausforderungen Ihres Unternehmens gerecht werden. Mit diesen Überlegungen im Hinterkopf sind Sie gut gerüstet, um sich in der sich ständig weiterentwickelnden Welt der Datenarchitekturtechnologien zurechtzufinden.

Viel Spaß bei der Entschlüsselung!

Index

B

C

D

Über den Autor

James Serra arbeitet als Architekt für Big-Data- und Data-Warehousing-Lösungen bei Microsoft, wo er den größten Teil der letzten neun Jahre verbracht hat. Er ist ein Vordenker bei der Nutzung und Anwendung von Big Data und Advanced Analytics, einschließlich Datenarchitekturen wie Modern Data Warehouse, Data Lakehouse, Data Fabric und Data Mesh. Zuvor war er als unabhängiger Consultant tätig und arbeitete als Architekt und Entwickler von Data-Warehouse- und Business-Intelligence-Anwendungen. Als SQL Server MVP hat er über 35 Jahre IT-Erfahrung. Er ist ein beliebter Blogger und Speaker, der auf Dutzenden von wichtigen Veranstaltungen wie SQLBits, PASS Summit, Data Summit und der Enterprise Data World-Konferenz aufgetreten ist.

Kolophon

Das Tier auf dem Cover von *Datenarchitekturen* ist ein Diskusfisch (*Symphysodon aequifasciata*), ein Süßwasserfisch aus der Familie der Buntbarsche (*Cichlidae*), der in den Nebenflüssen des Amazonas im tropischen Südamerika zu finden ist. Sein Körperbau ist äußerst hochrückig (diskusartig, fast kreisrund) und seitlich stark abgeflacht. Die wellenförmige Zeichnung und Färbung machen Diskusfische zu beliebten Aquarienfischen, aber ihr natürlicher Lebensraum kann schwierig zu reproduzieren und zu pflegen sein. Damit ist er kein typischer Fisch für Einsteiger in die Aquaristik.

Diskusfische, auch Diskusbuntbarsch genannt, ernähren sich sowohl pflanzlich als auch tierisch, bevorzugen aber fleischhaltige Nahrung wie Würmer und kleine Krebstiere. Ihr Habitat sind tiefe und felsige Bereiche mit vielen Spalten und Wurzelverstecken. In der freien Natur werden sie in der Regel zwischen 12 und 16 Zentimeter groß, aber ihre Größe kann unter optimalen Bedingungen auch bis zu 20 Zentimeter betragen. Sie können bis zu 14 Jahre alt werden. Die Jungtiere ernähren sich zunächst vom Hautsekret ihrer Eltern, später von Plankton.

Viele der Tiere auf den O'Reilly-Covern sind vom Aussterben bedroht. Doch jedes einzelne von ihnen ist für den Erhalt unserer Erde wichtig.

Die Umschlagillustration zu diesem Buch stammt von Karen Montgomery, sie basiert auf einem Stich aus einem Band der Akademie der Wissenschaften. Das Design der Buchreihe stammt von Edie Freedman, Ellie Volckhausen und Karen Montgomery. Den Umschlagsentwurf haben Karen Montgomery und Michael Oréal erstellt. Auf dem Cover verwenden wir die Schriften Gilroy Semibold und Guardian Sans, als Textschrift die Linotype Birka, die Überschriftenschrift ist die Adobe Myriad Condensed, und die Nichtproportionalschrift für Codes ist LucasFont's TheSans Mono Condensed.